苏州本土品牌企业发展报告

老字号卷

主编/魏文斌　洪海

苏州大学出版社

图书在版编目(CIP)数据

苏州本土品牌企业发展报告. 老字号卷 / 魏文斌，洪海主编. —苏州：苏州大学出版社，2014.12
ISBN 978-7-5672-1018-9

Ⅰ. ①苏… Ⅱ. ①魏…②洪… Ⅲ. ①企业管理－品牌战略－研究报告－苏州市②老字号－研究报告－苏州市 Ⅳ. ①F279.275.33

中国版本图书馆 CIP 数据核字(2014)第 278616 号

书　　名：苏州本土品牌企业发展报告·老字号卷

主　　编：魏文斌　洪　海
责任编辑：王　亮
装帧设计：吴　钰

出版发行：苏州大学出版社(Soochow University Press)
社　　址：苏州市十梓街 1 号　邮编：215006
印　　刷：苏州市正林印刷有限公司
网　　址：www.sudapress.com
邮购热线：0512-67480030
销售热线：0512-65225020

开　　本：787 mm×1 092 mm　1/16　印张 22　字数 398 千
版　　次：2014 年 12 月第 1 版
印　　次：2014 年 12 月第 1 次印刷
印　　数：1～3000 册
书　　号：ISBN 978-7-5672-1018-9
定　　价：45.00 元

《苏州本土品牌企业发展报告·老字号卷》编委会

前　言

作为一座具有2 500 多年历史的文化名城,苏州深厚的文化底蕴曾孕育了一大批具有鲜明地域特色的老字号企业,但经过沧桑变迁,数百年洗礼,能够依然生存到今天的已不到百家。本课题对苏州72 家老字号企业的调查统计显示,目前这些老字号大都已改制为民营企业,其中61 家为百年老店,有的是20 世纪90 年代国内贸易部批准的“中华老字号”成员,有的是中国商业联合会批准的“中华老字号”会员,有的是中国商务部认定的“中华老字号”,其中仅商务部认定的“中华老字号”就有30 家,数量在全国处于前列。

根据对苏州老字号的始创时间及创办年间的统计,截止到2014 年,苏州老字号的平均寿命至少有170 年,其中“年纪”最小的是“环绣山庄”刺绣、“红艺”牌红木雕刻和“虎丘”牌民族乐器(均创办于1954 年),距今有60 年历史,“年纪”最长的为陆慕御窑金砖(始建于明永乐年间),距今有600 余年的历史,有记载明确创办时间的是中国最早琢玉品牌——子冈玉坊,始创于1539 年,至今已有475 年。由商务部认定的苏州“中华老字号”企业平均寿命约为185 年。

老字号不仅是苏州经济社会发展的历史见证,也是一种文化情结和城市名片。苏州老字号品牌的形成是苏州地域文化繁荣、经济发达、商业繁盛的产物。明清时期的苏州乃“中国一等繁华之地”,明代时期的阊门石路及山塘街是苏州最繁盛的商业区。入清以后,苏州经济很快得到恢复和持续发展,苏州商业中心由山塘街移到观前街。辛亥革命后,百货业在观前街迅速发展,饮食业在太监弄兴旺发达,一时“吃煞太监弄”成为俗谚。这期间出现了一批著名商号,它们分布在食品、餐饮、医药、建材、工艺、珠宝首饰、酱品、酒业、茶叶、丝绸等十多个行业之中,不仅大多数与苏城百姓日常生活密切相关,而且与明清时期帝王将相有着千丝万缕的联系。陆慕御窑、子冈玉坊品牌的影响得益于朝廷采购。而江南经济发达，国家财赋又大半来源于此，所以康熙、乾隆都利用下江南加强与江南地主士绅的联系，以巩固统治。康熙、乾隆皇帝六下江南，除处理政务外，不可缺少的是品尝当地美味佳肴，一定程度上带动了苏州老字号的发展，并肯定了其地位。

改革开放后，苏州老字号纷纷开始进行企业改革，面向市场，独立经营。一些老字号利用市场机遇寻求新的发展途径，也有些老字号被动适应市场转变，还有些老字号无法适应市场竞争，生存艰难，甚至就此消失。老字号如何传承和保护，如何与时俱进，走上复兴之路？这是摆在我们面前的一项现实、紧迫而又艰巨的课题。因此，加强对苏州老字号品牌发展的研究不仅有利于老字号企业自身的传承和发展，而且对提升苏州城市品牌起着战略性的重要作用。

苏州市工商行政管理学会和苏州大学 MBA 案例研究中心于 2012 年 6 月合作成立了“企业案例研究基地”，以“研究本土品牌企业，促进企业持续成长”为宗旨。我们首先确定了以苏州驰名商标为研究课题，出版了《苏州本土品牌企业发展报告·驰名商标卷》一书。该书得到了国家工商行政管理总局、江苏省工商行政管理局、苏州市政府有关部门领导和苏州驰名商标企业高管的肯定。调研报告《苏州驰名商标发展的现状、问题与建议》刊载于苏州市政府研究室《调研通报》2013 年第 12 期，取得了良好的社会效果。今年，我们选择了苏州老字号为重点研究项目，申报了“苏州老字号品牌发展战略研究”课题，该课题获得了苏州市社会科学应用研究和苏州大学人文社会科学院的立项（项目编号分别为 2014LX026、AZ11000914）。课题组选择苏州老字号企业为研究样本，设计调查问卷发放 72 家老字号企业，并先后进行了 10 多次调研，选择采芝斋、松鹤楼、万福兴、乾泰祥、稻香村、雷允上、新聚丰、绿杨馄饨、如意檀香扇、太仓肉松、子冈玉坊、姜思序堂等老字号企业进行了访谈。在问卷调查中，共回收有效问卷 68 份，为本书的样本统计分析提供了重要的数据支持。

本书是苏州市工商行政管理学会和苏州大学 MBA 案例研究中心合作研究、众多人共同参与完成的集体成果。本课题在调研和编写过程中，得到了苏州工商行政管理局刘海东局长和朱雪明副局长、下属各工商局领导以及各下属工商行政管理学会的大力支持，得到了苏州市老字号协会储敏慧会长、刘骥秘书长以及老字号企业和被调查管理人员的积极配合，得到了苏州市哲学社会科学联合会、苏州大学东吴商学院领导、苏州大学出版社沈海牧总编辑的关心和支持，在此一并表示感谢！

《苏州本土品牌企业发展报告·老字号卷》作为一种学术资料性著作，力求忠实地记录苏州老字号的历史传承和发展轨迹，客观分析苏州老字号企业的经营状况，专题探讨老字号保护和发展问题，总结苏州老字号传承、发展和创新的成功经验，努力做到资料翔实，数据全面，案例典型。本书是在大量史料及研究文献、苏州老字号企业问卷调查统计分析和调研访谈的基础上编撰而成的，共分概述篇、地区篇、行业篇、专题篇、案例篇、附录等部分。我们期望本书能够为苏州市政府相关部门贯彻落实《商务部关于实施“振兴老字号工程”的通知》、传承和发展苏州老字号以及制定政策法规提供基本依据，为苏州老字号企业复兴献计献策，为企业品牌建设和基业长青提供启示。本书也可供从事老字号品牌研究的理论工作者、企业管理人员、工商管理专业学生及有兴趣的社会人士阅读。当然，由于我们研究水平和能力有限，以及被调查老字号因年代久远记录不够完整、史料不够全面，书中肯定存在不足甚至错误之处，敬请读者批评指正。

编　者

2014 年 9 月

目录

概述篇

地区篇

行业篇

专 题 篇

案 例 篇

概述篇

苏州老字号的前世今生

一提到苏州，人们总是想起它的古老。历史学家顾颉刚先生经过考证，认为苏州城为中国现存最古老的城市之一。的确，具有 2 500 多年历史、作为中国首批历史文化名城之一的苏州，是吴文化的发祥地和集大成者，历史上长期是江南地区的政治、经济、文化中心。苏州是天下闻名的江南鱼米之乡，农业和手工业生产发展迅速，经济富庶，社会文明。因此，苏州自古以来就是东南一大都会，明清时期更成为全国最重要的商业中心之一。商业的发达，促进了生产和消费，促进了物资交流和贸易，也推动了苏州老字号的形成和发展。

老字号不仅是苏州经济社会发展的历史见证，也是一种文化情结和城市名片。苏州老字号品牌形成于明清时期，但经过沧桑变迁和数百年洗礼，能够依然生存到今天的已不到百家。根据对苏州 72 家老字号的始创时间及创办年间的统计，截止到 2014 年，苏州老字号的平均寿命至少有 170 年，其中，61 家为百年老店，"年纪"最小的是"环绣山庄"刺绣、"红艺"牌红木雕刻和"虎丘"牌民族乐器（均创办于 1954 年），距今有 60 年历史，"年纪"最长的为陆慕御窑金砖（始建于明永乐年间），距今有 600 余年的历史，有记载明确的创办时间的是中国最早琢玉品牌——子冈玉坊，始创于 1539 年，至今已有 475 年。由商务部认定的苏州 30 家"中华老字号"企业平均寿命约为 185 年。

根据本课题对苏州老字号的调研和梳理，按时序大体可把苏州老字号品牌的历史分为五个阶段：明清时期为形成期；从清末至新中国成立之前为分化期；新中国成立至改革开放前为断层期；改革开放至 2003 年改制前为阵痛期；2003 年改制至今为复兴期。

一、苏州老字号品牌形成期

明代苏州,随着人口的增多、农业产量的提高和手工业的发达,市镇开始兴起,著名的洞庭商帮即形成于这个时期。明成化年间,苏州已是“列巷通衢,华区锦肆,坊市棋列,桥梁栉比”,阊门石路及山塘街是苏州最繁盛的商业区。当时的苏州城镇商贾云集,市肆繁荣,贸易发达,已显繁华景象。

从明代开始,苏州相城区陆慕御窑村烧制的御窑金砖就受到历朝历代帝王的青睐,成为皇宫建筑的专用产品。明永乐年间,明成祖朱棣迁都北京(故宫始建于1406年,落成于1420年,1421年的新年朝贺大典就在新落成的奉天殿即现在的太和殿举行,标志正式迁都北京),大兴土木建造紫禁城。经苏州香山帮工匠推荐,陆慕砖窑被工部看中,由于所产金砖质量优良,博得了永乐皇帝的称赞,赐名窑场为“御窑”。此后至晚清,陆墓御窑一直是官府定点烧制皇家砖瓦的主要基地。

史料记载,中国琢玉技艺在明代发展至巅峰。以陆子冈为代表的“苏帮”琢玉巨匠技艺高超,名震京师,故明代《天工开物》有“良工虽集京师,工巧则推苏帮”之说。琢玉工艺家、雕刻家陆子冈(一作子刚)是明代嘉靖、万历年间苏州太仓人。明嘉靖十八年(1539年),陆子冈学艺出师后在苏州开设了自己的琢玉作坊。他的琢玉作坊,人称“子冈玉坊”,其技艺尊享“吴中绝技”。他为明帝定制大婚吉祥物玉合卺杯,上书铭文“镌子冈款”。自此以后,中国的手艺人开始有了在自己制作的玉器上留名字的权利。后来这些艺人的名字就慢慢演变成“字号”、“商标”和现代人所称的“品牌”,如“泥人张”“张小泉”“王致和”“王麻子”等中华老字号都由此而来。由此可见,陆子冈为中国民间手工艺品品牌的产生做出了重大贡献。因陆子冈是中国琢玉艺人中第一个将名字刻在作品上的人,所以“陆子冈”被称为“中国最早的琢玉品牌”。

苏式菜肴名闻遐迩,著名老字号“得月楼”创建于明代嘉靖年间,当时店址位于苏州虎丘半塘野芳浜口,为盛苹州太守所筑,距今已有400多年历史。明代戏曲作家张凤翼赠诗“得月楼”云:“七里长堤列画屏,楼台隐约柳条青。山公入座参差见,水调行歌断续听。隔岸飞花游骑拥,到门沽酒客船停。我来常作山公醉,一卧垆头未肯醒。”野芳浜俗称冶坊浜,位于半塘桥和普济桥之间,同虎丘隔河相望,山水交融,景色优美,从张凤翼的诗中,可以想象当年得月楼的盛极一时。沧海桑田,得月楼随着历史的变迁和改朝换代,或经移址和湮灭,只成为历史上的一笔记载，直至乾隆年间，仍有不少文人墨客题诗赞美“得月楼”。

苏州传统医药历史悠久，到了明清时期更是繁盛，逐渐形成了具有地域特色的吴门医派。苏州城内的中药铺，几乎遍布大街小巷，大部分老店经历了百年风雨，至今仍置身街市，其中，尤以宁远堂药铺历史最长。明崇祯十七年（1644年），宁远堂由宁波药商成氏创办于苏州西部重镇木渎，至今已有370年历史。同治三年（1864年），宁远堂迁址阊门外山塘街星桥堍，是苏州创设年份最久、至今仍在营业的著名药店之一。吴门医派的重要一员——苏州名医雷大升创办于雍正十二年（1734年）的雷允上“诵芬堂”药铺，至今有280年历史，因药效特别灵验而声誉鹊起。民国十一年（1922年），雷允上已发展成拥有十几个门类、几百个品种的庞大的经营中成药的王国，与北京同仁堂齐名于海内外，时有“南有雷允上，北有同仁堂”之说，其商标“九芝图”是我国最早的注册商标之一。

入清以后，苏州经济很快得到恢复和持续发展，与北京、汉口、佛山并称全国“四聚”之一，至乾隆年间，苏州人口达百万之多。顾公燮《消夏闲记摘抄》卷上记道：“以吾苏而论，洋货、皮货、绸缎、衣饰、金玉、珠宝、参药诸铺，戏园、游船、酒肆、茶店，如山如林，不知几千万人，有千万人之奢华，即有千万人之生理。”徐扬作于乾隆二十四年（1759年）的《盛世滋生图》，绘有230余家有市招的店铺，涉及五十多种行业。又据《桐桥倚棹录》等记载，清中期在山塘街等处出售的特色产品有花露、陈皮、藤痄药、首乌粉等中成药，葵扇、琉璃灯、竹夫人等日用品，糕团、皮蛋等食品，自走洋人、绢人，生绒花等玩具与饰品，洋琴、牙筹、促织盆等娱乐品。当时苏州阊门内外，“居货山积，行人水流，列肆招牌，灿若云锦，语其繁华，都门不逮”（孙嘉淦《南游记》卷1）。

目前存活的苏州老字号大部分始创于清代，尤以康熙、乾隆、光绪时期为多。由于太平天国（1851—1864年）战事席卷江南，繁华的山塘街和阊门一带付之一炬，苏州商业受到很大打击。同治二年（1863年），清军收复苏州，商业在废墟上重建，苏州商业中心由山塘街移到观前街。

苏州老字号的商铺招牌即市招，除好用吉祥含义的字词外，以店主姓名命名的较多，这与独家经营和家族传承有关，其中不少就是著名的店招。如陆稿荐熟肉店，沐泰山、潘资一、王鸿翥药铺，汪瑞裕茶庄，黄天源糕团店，叶受和糖果店，朱鸿兴面店，石家饭店、王四酒家，等等，都是以人名作为店招的。另外，苏州市招还具有风雅的特点，如稻香村、采芝斋、松鹤楼、得月楼、月中桂等，都具有相当浓郁的文化气息。

在本课题调研的苏州72家老字号企业中，创设于清代的有54家，其中著名的老字号有陆稿荐、稻香村、乾生元、黄天源、采芝斋、太仓牌肉松、松鹤楼、石家饭店、奥灶馆、恒孚银楼、雷允上、汪瑞裕、三万昌、沙洲优黄等，在此不一一介绍，可参阅本书案例篇及附录《苏州市老字号创办年表》。

苏州老字号品牌是苏州地域文化、经济发达，商业繁盛的产物，大多数老字号与苏城百姓日常生活密切相关，同时，与明清时期帝王将相也有着千丝万缕的联系，如陆慕御窑、子冈玉坊品牌的影响即得益于朝廷采购。而江南经济发达，国家财赋又大半来源于此，所以康熙、乾隆都利用下江南加强与江南地主士绅的联系，以巩固统治。康熙、乾隆皇帝六下江南，除处理政务外，不可缺少的是品尝当地美味佳肴，一定程度上带动了苏州老字号的发展，并肯定了其地位。

二、苏州老字号品牌分化期

清末至新中国成立之前这一时期的苏州老字号，由于遭受战乱，国家权力严重丧失，在经营环境恶化、后代经营能力弱化等因素的影响下，山塘街和阊门一带的大部分老字号都陷入了经营困境，发展停滞。

太平天国运动后苏州的商业中心转移到观前街，辛亥革命后百货业在观前迅速发展，至1927年共有40多个行业，120余户商铺。1930年观前街开始拓宽后，两侧店铺纷纷缩进并改建门面或新建楼房，故观前街都为民国建筑，式样上是西洋和上海风格，颇为独特，例如叶受和、乾泰祥、良利堂等。与此同时，北局（原明清织染局旧址）、太监弄一带饮食店增多。1934年，国货商场（今人民商场）建成开业，北局顿时兴起市面。1939年太监弄拓宽，先后来此择址开业的有三和菜馆、味雅菜馆、上海老正兴、北平老正兴、苏州老正兴、新新菜饭店、功德林素菜馆、大春楼面馆、大东粥店、老宝和酒店及清真馆等。百米多长的太监弄顿时被饮食店占领，夜宵尤其热闹，松鹤楼、丹凤楼（大成坊口）、月宫菜社（北局）、青年会大菜馆等宾客满堂，一时"吃煞太监弄"成为俗谚。

令人惋惜的是恒孚银楼的衰落。1914年，恒孚银楼联合六家大金铺银楼（老万年、宝成、天丰行、同丰永恒记、晋福、天益丰）从安怀公所独立出来，另建毓伦社，为大银楼议事公所。翌年，重新整修原飞金（金箔）业废弃的丽泽公局，将毓伦社迁入，更名为丽泽公所，恒孚成为当时苏州银楼业的首领。1916年，恒孚进一步向外发展，先后在上海南市小东门（南恒孚）、南京路（新中国成立前称英大马路北恒孚）、无锡北门内打铁桥、常熟南街、盐城西门大街等处设立分号，这时的程氏恒孚已是拥有七家独资银楼、一家合资金铺的金银业首富，在业内已举足轻重，成为沪宁线上著名大银楼之一。1932 年“一·二八”事变后，世事动荡，人心不安，恒孚采取紧缩对策，将上海、盐城、无锡、常熟四处分号以及苏州同丰永恒记先后关闭，只保留苏州东、西恒孚两家及上海北恒孚一家。1948 年，旧政府规定统一收购黄金、白银、美钞，逾期不兑，一律没收，此时银楼业已处于开门而无营业的状态。1948 年年底，上海北恒孚首告歇业，翌年初，苏州东、西恒孚亦只能宣告歇业，荣耀了一百多年的旧恒孚银楼在社会的动荡变革中退出了历史舞台。

这一时期，虽然时局动荡，山塘街和阊门一带的老字号发展停滞，有的甚至就此衰落，但苏州商业中心观前街和太监弄的拓宽反而推动了百货、食品、餐饮、珠宝、银行、医药、茶叶、丝绸等一批老字号的发展。

三、苏州老字号品牌断层期

新中国成立后，百废待兴，中国开始向社会主义时期过渡，政府开始重视老字号企业的发展，通过公私合营等形式挽救和扶持了一批濒临倒闭的老字号，一些规模较大的老字号在政府的扶持下得到了恢复，使老字号的传统和技艺得到传承。有的苏州老字号甚至名扬海外，如 1954 年周恩来总理出席日内瓦会议，带去采芝斋的脆松糖、软松糖、轻松糖招待各国客人，引起国际友人的极大兴趣，“三松糖”被誉为“中国糖”。

新中国成立前夕，大房陆稿荐经营艰难，一度衰落。1956 年，陆稿荐公私合营，1958 年，其后方工场并归为平江区食品厂，1963 年又恢复陆稿荐工场。“文革”时期，陆稿荐改为苏州熟食店。

新中国成立初期的乾泰祥，以经营高档丝绸和呢绒为主，不能适应大众需求，导致商品积压滞销而经营困难，1954 年率先成为国营苏州花纱布公司的代销点才走出困境。“文革”伊始，乾泰祥更名为“苏州第二绸布店”，1967 年又改称“解放绸布店”，1975 年再改为“春光绸布店”，直到 1979 年才恢复为“乾泰祥绸布店”。

1958 年“大跃进”时期，以稻香村后坊为主体建立了平江区第一个糖果糕点厂(后改名苏州糕点厂)。1960 年 3 月改为稻香村糖果糕点厂。1962 年恢复稻香村前店后坊。

1956 年,经过公私合营,汪瑞裕茶号继续在观前街发展,但隶属于平江区日用杂品店,1964 年后,隶属苏州市杂品公司。"文革"开始后,改名春蕾茶庄。

乾生元 1956 年公私合营时和老乾元、康乐、采芝村等合并,仍取名乾生元,隶属国营商业吴县木渎办事处。"文革"中,乾生元招牌被砸,老店被迫改名,枣泥麻饼也停止了生产。

1958 年 6 月,雷允上所属的苏州市公私合营中西药总店提出筹建"联合制药厂"规划,厂名定为"苏州市公私合营联合制药厂"。雷允上制药厂划归苏州市卫生局领导后,中共苏州市委于 1962 年 8 月 1 日批复同意建立中共苏州雷允上制药厂支部委员会。在"文革"期间,原雷允上药厂全部正直、有责任心的职工仍坚持生产、坚持技术改革、坚持新产品开发,雷允上药厂在逆境中发展。

1958 年 8 月,经太仓县人民委员会研究决定,公私合营倪鸿顺肉松店并入国营太仓食品加工厂,成立肉松车间。这期间太仓肉松生产质量得到充分提高,一度是太仓肉松传人们的骄傲。

但是,"文革"期间,中国经济严重倒退,生产停滞,老字号企业正常的恢复和发展也被打断。"文革"后,国有化的老字号企业经营模式已发生根本性转变,打断了家族传承关系,老字号的整体发展停滞不前。如公私合营采芝斋糖果商店的"私"字被涂抹,"商"字上打"×",金字招牌被砸个稀巴烂,店名被改为"红旗商店",上海采芝斋的店名也改为"向阳商店",前店后坊的传统特色被取消,采芝斋名不存,实也亡,陷入了创业以来最濒危的境地。"稻香村"三个字的真金字招牌被砸烂,改号"红太阳茶食糖果商店"。

1972 年,在周恩来总理关于工艺美术实行"保护、提高、发展"方针指导下,苏州工艺美术在经受"文革"冲击后开始复苏,并成立苏州工艺美术厂,金银首饰作为一个品种在该厂内重新恢复生产。1976 年 8 月,苏州工艺美术厂中生产金银饰品的部门被划出,单独建立了苏州金属工艺厂,这才使金银饰品加工生产得以维持。

这一时期,根据国家政策,老字号企业通过公私合营变成国有企业或国有控股企业,从而得到一定程度的保护,但"文革"等历史原因使得老字号的保护和传承受到了严重的冲击,很多老字号名存实亡,其商业"血脉"也一度中断。

四、苏州老字号品牌阵痛期

改革开放后，苏州老字号纷纷开始进行企业改革，面向市场，独立经营。有的老字号得到了恢复经营，如得月楼；有的老字号得到了进一步发展，如雷允上、稻香村、太仓肉松、沙洲优黄等；但也有些老字号不太适应新的市场机制，发展停滞，生存空间受到挤压，如东来仪、国际照相馆、馀昌钟表店等；有的老字号甚至已经难觅踪迹，如观前街上的生春阳腌腊店、月中桂化妆品店、戎镒昌皮鞋店等。

1986 年，生产苏式糕点的苏州糕点三厂严重亏损，经当时的行政主管苏州食品工业公司决定，并入采芝斋苏式糖果厂。第二年，同样处于亏损中的苏州食品饮料厂又并入采芝斋。三厂合一后的采芝斋，表面上是“壮大”了，实际上是负担加重了，离退休职工的医药费负担沉重地压在企业身上。1993 年 4 月与日商合资开办“采芝斋夜总会”。1995 年 5 月，夜总会因违法组织淫秽表演而被有关部门取缔，一时苏城舆论大哗。夜总会取缔后，外资方继续租赁原址开办“苏州市泰戈商贸有限公司”。一年后，公司又倒闭，采芝斋为此在声誉上和经济上都遭到很大损失。到 1996 年年底，采芝斋已处在入不敷出的经营亏损状态。

从 1986 年起，由于体制和管理问题，乾生元麻饼经营出现了亏损，且逐年减产。到 1992 年，乾生元终于承受不住残酷的竞争，被迫停产。直到 1996 年才得以重新恢复生产。

20 世纪 90 年代中期开始，随着服装业的迅速兴起，人们改变了请裁缝做衣服的传统，转向以选购成衣为主。苏州众多绸布店由此风光不再，30 多家国营绸布店纷纷关停并转。至 20 世纪末仅存乾泰祥一家老字号，乾泰祥面临了前所未有的考验，1999 年观前街改造后才有所好转。

1997 年 3 月，经苏州市工商行政管理局登记，雷允上药业集团公司（苏州）将沐泰山、王鸿翥、童葆春等 15 家药店合并组成“苏州雷允上国药连锁总店”，属雷允上药业集团公司（苏州）的全资子公司。1997 年，由中国远大集团公司出资 70%，苏州医药集团有限公司以所属雷允上药业集团公司（苏州）和苏州雷允上国药连锁总店的净资产，经评估出资 30%，组建雷允上（苏州）药业有限公司，2001 年更名为雷允上药业有限公司。雷允上虽被远大集团控股，但总体经营得以发展。

这一时期，苏州老字号和全国大多数老字号一样，处于计划经济与市场经济新旧体制转变的阵痛期，一些老字号试图利用市场机遇寻求新的发展途径，也有些老字号被动适应市场转变，还有些老字号无法适应市场竞争，生存艰难，甚至就此消失。

五、苏州老字号品牌复兴期

2003 年,苏州大部分老字号企业先后完成了改制,除部分老字号的招牌和商标等无形资产外,国有资本已全部退出,职工身份已全部置换,老字号企业基本上成了独立的市场竞争主体。苏州老字号在市场竞争中彰显了老字号的活力和魅力,大部分老字号走上了复兴之路,部分老字号摆脱了体制的束缚,创新经营思路,企业进入了快速发展阶段。

(一) 新建生产基地

2003 年,采芝斋为了进一步适应市场经济发展,对企业进行了第二次改制,国有股全部退出,职工身份也彻底改变,企业按《公司法》和《公司章程》的要求实行经营和管理。进行市场化操作后的采芝斋,更加注重产品质量和营销服务。2005 年 5 月,采芝斋在苏州工业园区购地新建生产基地,百年老店终于告别了前店后坊模式,迈入真正现代化的生产经营模式。

陆稿荐于 2003 年进一步深化改制,更名为苏州陆稿荐食品有限公司,生产基地也转移至相城区经济开发区,是苏州传统卤菜中规模最大的现代化生产基地。目前,陆稿荐是保留得最为完整的前店后坊式传统食品加工企业之一,主要产品有肉、禽、水产、蔬菜四大类熟食系列五十余品种,在苏州激烈的卤菜市场竞争中绽放着老字号的魅力,深受广大消费者欢迎。

2004 年 3 月,随着国家和社会的改革,稻香村为了继承并光大百年基业,在苏州稻香村食品厂的基础上整合北京、保定等地的人才、资本、技术资源而成立了股份制企业——苏州稻香村食品工业有限公司,新企业斥资数千万元在苏州工业园区新建一座管理先进、设施一流的现代化、开放式的模范食品工厂,并将“稻香村”注册商标同时转让到新公司,使“稻香村”成为发源地、历史文化和商号商标完整知识产权融为一体的老字号企业。新的企业遵循“厚道做人,地道做事,成人达已,追求卓越”的企业管理理念,使得苏州稻香村进入了一个新的发展壮大时期。

陆稿荐、稻香村、黄天源、采芝斋等原来都是前店后坊的生产模式,现在分别到苏州相城区、苏州工业园区建造了现代化的工厂,老字号发展有了新的空间。

(二) 积极开展连锁经营

松鹤楼开设连锁店已达 15 家,开到了北京、上海、南京等地。朱鸿兴的小吃餐饮也有了自己的中心厨房,对连锁店做到了统一配送、统一装潢、统一管理的“三统一”规范连锁。万福兴以灵活、便民的方法在社区、街道、菜场开设具有传统特色的糕团连锁经营店10多家,店前天天排队,受到了消费者的欢迎。其他一些餐饮食品老字号,如得月楼、石家饭店也在苏州工业园区的李公堤开了新店,义昌福、朱鸿兴、绿杨混沌、近水台、聚新春、观振兴、乾生元等采取加盟连锁形式不断扩大(其中前3家的连锁店均超过50家),三万昌茶叶连锁店已达20家。

雷允上除了恢复了老字号药店的坐堂医外,连锁药店布遍苏州的大街小巷,达到50家,老字号的金字招牌,人所皆知,方便群众,童叟无欺。特别值得一提的是苏州子冈玉坊,从2006年开始走出苏州,以灵活机动的业务模式和稳健的市场推广策略,发展到现在的600家连锁店、柜台,在华东、华南、华北设立了连锁总部,使全国各地都有苏州子冈玉坊玉器销售。

(三)注重品牌宣传,借力网络平台

太仓牌肉松备受国内新闻媒体青睐,尤其是当品牌遭遇侵权时,媒体予以正名扬名。2003年11月11日《解放日报》以题为《太仓肉松遭遇"地震"》、2003年11月19日《扬子晚报》题为《金华火腿、太仓肉松为何遭遇"灭顶灾"——地方特产早就该分灶吃饭》、2004年4月26日《人民日报》以题为《跳出肉松看危机:太仓肉松误读多少年》、2005年8月11日《中国食品报》以题为《用现代科技助老字号腾飞》予以正面报道,提升了太仓牌肉松的品牌形象。

子冈玉坊经过多年连锁经营的积淀,2013年品牌升级,新组建子冈玉坊产品研发中心、子冈玉坊市场管理运营中心和苏工大师精品艺术馆、中华网络玉文化馆,用现代诠释传统,努力打造国内翡翠玉器文化第一品牌。

2007年8月,采芝斋突破传统销售模式,通过现代化网络中的淘宝、天猫等交易平台,建立了苏州老字号第一家网上商店。2014年以来,"老字号"采芝斋网店不仅各种月饼销量攀高,散装芝麻薄皮、四味酥糖、贝母贡糖等特色产品也被美食爱好者们争着下单。统计显示,2014年上半年采芝斋网上销售超过300万元。网上商店不仅创造了良好的经济效益,而且为全国各地的消费者做好了服务工作,宣传了企业,提高了知名度。

总之,从时间上看,苏州老字号寿命最长的有600余年历史,最短的也有60年历史,85%的老字号是百年老店;就发展阶段而言,苏州老字号从形成到分化、断层、阵痛后走上了复兴之路,在传承的同时以创新求发展,正所谓:历经沧桑老字号,传承创新焕新貌。

(魏文斌、姜　艳)

苏州市老字号企业发展概述

一、苏州市老字号发展概况

苏州是一座具有2 500多年的历史文化名城,发达的经济和昌盛的文化造就了众多老字号,苏州老字号的历史之久、数量之多、门类之全,在江苏省内乃至全国都名列前茅。苏州老字号作为苏州的一张靓丽名片,是“文化苏州”的窗口,行走在苏州,总能看到一些耳熟能详的苏州老字号:陆稿荐、稻香村、采芝斋、乾生元、黄天源、得月楼、松鹤楼、奥灶馆、太仓肉松、子冈玉坊、恒孚银楼、雷允上、三万昌、沙洲优黄、乾泰祥,等等。而观前街上更是林立着苏州大部分的老字号店,从观前东街到观前西街,在这条历史步行街上这些百年老店给这座古老而又现代的城市增添了浓浓的文化气息,成为姑苏城一道独特的风景线。

老字号是指历史悠久,拥有世代传承的产品、技艺或服务,具有鲜明的中华民族传统文化背景和深厚的文化底蕴,取得社会广泛认同,形成良好信誉的品牌。由此可见,老字号最有价值之处是其文化内涵。翻开苏州老字号的历史,人们会感受到浓厚的苏州地域文化气息。本课题调查和访谈的苏州市72家老字号企业分布于食品、餐饮、医药、工艺、茶叶、珠宝首饰、酱园、建材、丝绸、酒类等10多个不同行业和苏州市下辖的10个地区,其中由商务部认定的中华老字号有30家。从苏州老字号的始创时间来看,苏州现存老字号企业中“年纪”最长的是创建于明永乐年间的陆慕御窑金砖,距今有600余年的历史,有记载明确创办时间的是中国最早琢玉品牌——子冈玉坊,始创于1539年,至今已有475年历史;从行业分布来看,苏州市老字号企业最多的是餐饮业,共有20家,占总数的

27.8%;从地区分布来看,苏州市老字号企业最多的是姑苏区,共有41家,占总数的56.9%。

二、受访的苏州老字号地区分布情况

苏州市72家老字号企业中,从地区分布来看,常熟有2家,占总数的2.8%;张家港有1家,占总数的1.4%;太仓、相城区及工业园区各有4家,占总数的5.6%;昆山、吴江区和高新区各有3家,占总数的4.2%;吴中区有7家,占总数的9.7%;而姑苏区有41家"老字号"企业,占总数的56.9%,占据了苏州老字号的"半壁江山"。见图1。

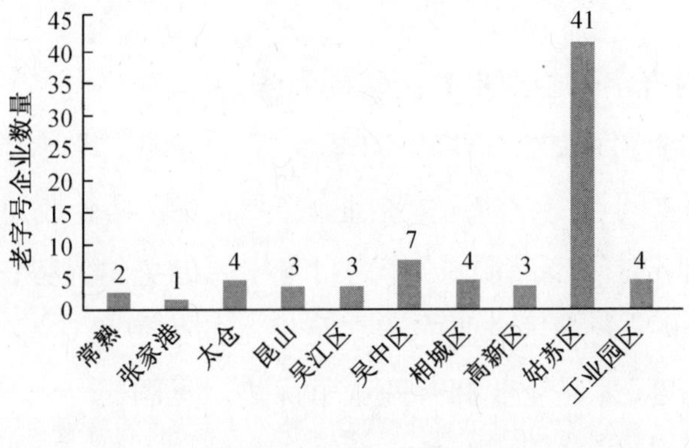

图1　苏州市72家老字号的地区分布情况

三、受访的苏州老字号行业分布情况

苏州市72家老字号企业中,从行业分布来看,有14家属于食品类,占总数的19.4%;有5家老字号来自于酱园类,占总数的6.9%;有20家属于餐饮类,占总数的27.8%;而建材类、珠宝首饰类、茶叶类及其他类各有3家企业,占总数的4.2%;有7家来自于工艺类,占总数的9.7%;医药类则有10家企业,占总数的13.9%;酿酒类及丝绸类也各有2家,占总数的2.8%。见图2。

由图2可见,食品类、餐饮类和医药类老字号企业共有44家,占总数的61%,而剩下的28家老字号分散在其余8个不同行业,苏州市老字号在行业分布上与地区分布一样,都存在着比较明显的不均衡现象。

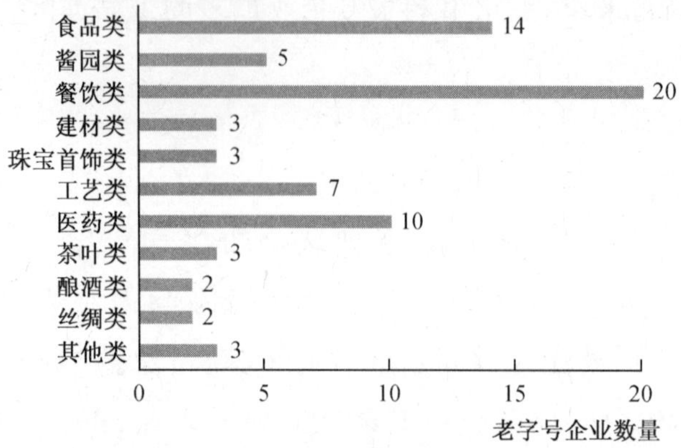

图2　苏州市72家老字号的行业分布情况

四、受访人对老字号企业自身经营的看法

本课题调查问卷发放给苏州市72家老字号企业，共回收有效问卷68份。在回收的68份调查问卷中，有65家企业认为“品牌”是企业目前最重要的竞争优势；有62家企业选择“产品质量”作为自身主要的竞争优势；有59家企业表示“传统工艺技术”也是老字号企业能够立足根本的优势所在；此外，还有49家企业选择了“服务态度”才是企业拥有的竞争优势。见图3。

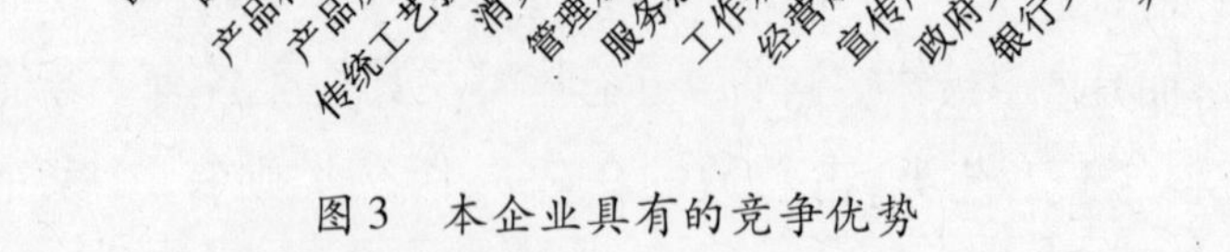

图3　本企业具有的竞争优势

在回收的68份调查问卷中，有47家企业管理人员表示“经营成本”成了本企业目前最主要的竞争劣势；还有26家企业管理人员分别选择了“价格”及“政府支持”作为企业现存的主要竞争劣势。见图4。

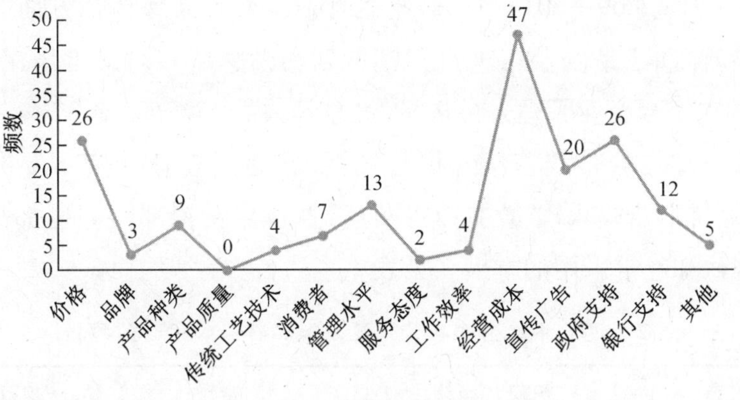

图4　本企业存在的竞争劣势

通过对比图3与图4可知，老字号企业具有的几项最突出的竞争优势恰好是竞争劣势直方图中出现最少的几项。这一方面说明了本次调查问卷结果的真实性、合理性；另一方面，我们找出了这些老字号企业目前主要的竞争优势、劣势，这对于分析老字号企业发展存在的问题及提出相应的对策、建议都有很大的帮助。

关于近五年（2009—2014年）企业在经营发展方面的举措，受访的老字号企业管理人员认为，“提高服务水平”是企业在经营发展方面最常采用的举措，占总频数的13.7%；另外还有44家企业管理人员选择了“增加新产品”，占总频数的12.8%；此外，还有41家企业管理人员表示，“增加宣传广告”也是企业在经营发展上经常会采用的措施。见表1。

表1　近五年本企业在经营发展方面的举措

举措	频数	占比(%)	举措	频数	占比(%)
增加新产品	44	12.8	降低成本	31	9
增加新的生产线	13	3.8	增大投资	16	4.7
增加销售网点	40	11.7	扩大到其他行业	22	6.4
提高服务水平	47	13.7	优化业务流程	4	1.2
增加宣传广告	41	12	增加员工人数	10	2.9
增加新的工艺技术	25	7.3	其他	0	0
增加新的分公司	11	3.2	总计	343	100
改善经营环境	39	11.4			

关于近五年(2009—2014 年)企业在营销策划和品牌认知方面的举措,“关注消费者的新需求”是企业在进行营销策划和品牌认知时最常采用的措施,有46 家受访的老字号企业管理人员选择,占总频数的 17.2%;有 37 家受访的企业管理人员认为,“结合传统节庆开展营销活动”也是企业非常重要的手段和措施;另外,“增加广告投入”“增加销售网点”及设立营销部门等也都是企业营销策划和品牌认知经常采用的举措。见表 2。

表 2 近五年本企业在营销策划和品牌认知方面的举措

举措	频数	占比(%)	举措	频数	占比(%)
设立营销部门	27	10.1	改善销售环境	26	9.7
增加营销人员的数量	24	9	关注消费者的新需求	46	17.2
高薪引进营销人才	12	4.5	结合传统节庆开展营销活动	37	13.8
提高营销人员的工资	10	3.7	增加经销商	11	4.1
增加销售网点	29	10.8	其他	3	1.1
增加广告投入	32	11.9	总计	268	100
增加代理商	11	4.1			

关于近五年(2009—2014 年)企业在品牌建设方面的措施,“广告投入增加”是最经常采用的措施,有 34 家受访的老字号企业选择,占总频数的 19.2%;有31 家企业选择“公司有形象代言人”作为本企业在品牌建设方面主要的措施;另外,“在传统节庆时进行品牌推广”“更新公司内部装修风格”“举办大型活动推广品牌”等也都是老字号企业经常采用的措施。见表 3。

表 3 近五年本企业在品牌建设方面的举措

举措	频数	占比(%)	举措	频数	占比(%)
更新公司标识	12	6.8	设立品牌推广部门/岗位	2	1.1
更新公司广告词	12	6.8	举办大型活动推广品牌	14	7.9
广告投入增加	34	19.2	在传统节庆时进行品牌推广	27	15.3
采用品牌经理制	13	7.3	更新公司内部装修风格	24	13.6
宣传广告渠道增多	3	1.7	其他	5	2.8
公司有形象代言人	31	17.5	总计	177	100

关于近五年(2009—2014 年)企业在品牌传承方面所做的努力,受访的老字号企业管理人员的选择比较集中,有 61 家受访的企业管理人员选择“保留传统

工艺、技术”，占总频数的22.2%；有59家受访的企业管理人员认为“延续品牌形象”是本企业在品牌传承方面必需的措施，占总频数的21.5%；有58家受访的企业管理人员表示“保留传统的产品（服务）”是老字号企业经常采用的举措；另外，“传承品牌文化”也是企业经常采用的措施。见图5。

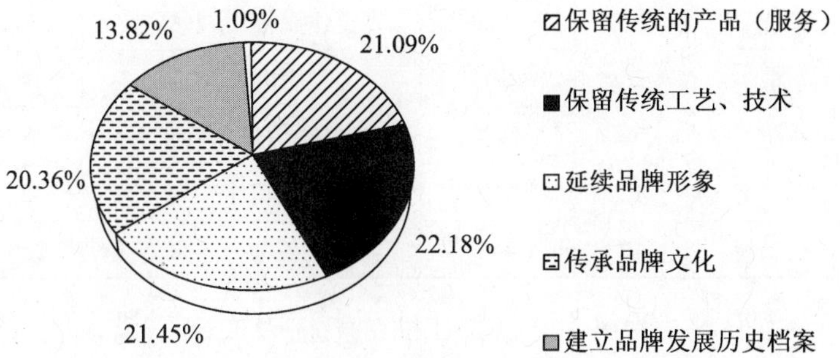

图5　近五年本企业在品牌传承方面所做的努力

关于近五年（2009—2014年）企业在新产品开发和品牌创新方面的举措，受访的老字号企业管理人员表示，“迎合新的消费需求”将是企业在进行新产品开发和品牌创新时最常使用的措施；有37家受访企业管理人员选择“迎合传统消费”作为企业自身经常采用的举措，占总频数的13.5%；还有36家受访企业管理人员认为“开发新的生产工艺”同样十分重要，占总频数的13.1%。见表4。

表4　近五年本企业在新产品开发和品牌创新方面的举措

举措	频数	占比（%）	举措	频数	占比（%）
设立研发部门	20	7.3	改善生产环境	34	12.4
增加研发人员数量	16	5.8	迎合新的消费需求	44	16
高薪引进研发人才	13	4.7	迎合传统消费	37	13.5
提高研发人员的工资	11	4	降低生产成本	23	8.4
开发新的生产工艺	36	13.1	其他	3	1.1
增加新的生产线	13	4.7	总计	275	100
增建新厂房	25	9.1			

关于近五年（2009—2014年）企业在信息化管理方面的举措，有44家受访的老字号企业认为，“建立公司网站”是自身在进行信息化管理时最常采用的措施，占总频数的17.6%；“财务信息化系统”也是企业经常采用的方法，有36家受访的老字号企业选择此项，占总频数的14.4%；此外，“办公自动化系统”“销售信息化

系统”等,也都是这些老字号企业在信息化管理中经常采用的措施。见表5。

表5　近五年本企业在信息化管理方面的举措

举措	频数	占比(%)	举措	频数	占比(%)
办公自动化系统	32	12.8	人力资源信息化系统	13	5.2
销售信息化系统	32	12.8	建立公司网站	44	17.6
采购信息化系统	25	10	采用网上销售	28	11.2
财务信息化系统	36	14.4	上述整套信息化管理系统	14	5.6
研发/设计信息化系统	12	4.8	其他	2	0.8
生产制造信息化系统	12	4.8	总计	250	100

关于近五年(2009—2014年)企业在社会责任方面的举措,受访的老字号企业管理人员比较一致地认为,“关注消费者权益”是企业在社会责任方面最重要的措施,占总频数的15.1%;另外,“关注员工权益”也是很多老字号企业不可忽视的一部分,有59家受访的企业选择,占总频数的14.4%;但“将其作为企业战略内容”“设立社会责任岗位/部门”等这些涉及企业文化、更高层次的措施,很多老字号企业关注得还不够。见图6。

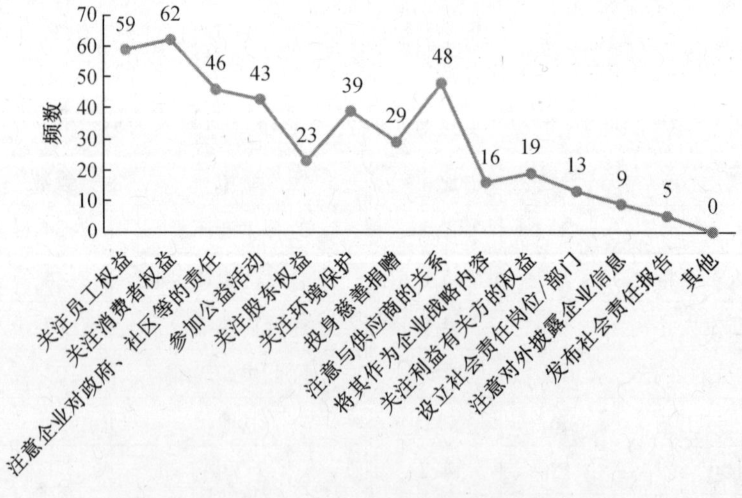

图6　近五年本企业在社会责任方面的举措

关于近五年(2009—2014年)企业在品牌价值提升方面的努力,受访的老字号企业中,有62家企业管理人员认为“加强客户关系管理”是企业在进行品牌价值提升时最经常使用的措施,占总频数的22.06%;此外,“提高员工素质”“重视品牌文化建设”等措施也都是企业经常会采用的举措。见图7。

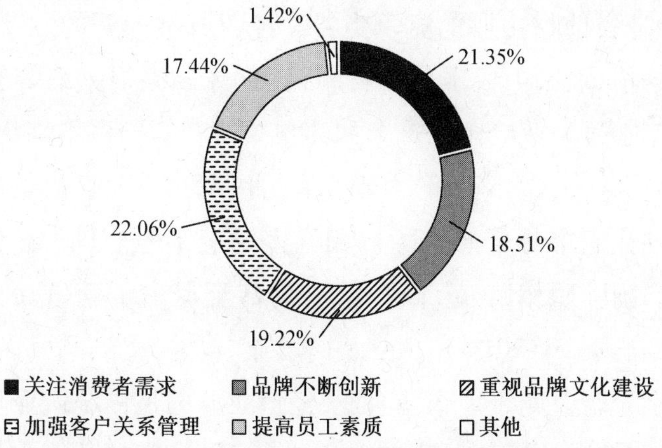

图7　近五年本企业在品牌价值提升方面的努力

五、苏州市老字号企业发展存在的问题

通过对苏州市老字号发展历史、生产经营和品牌建设情况的调查和访谈可知，苏州市老字号企业在2003年改制后走上了复兴之路，总体上经营良好，但由于历史原因和体制转换等因素的影响，老字号企业在发展中面临许多新情况和新问题。概括而言，主要有以下几个方面。

（一）老字号品牌保护意识淡漠

近年来，老字号侵权事件经常发生，多次出现老字号这一“金字招牌”被假冒的不法行为和搭便车的现象。有些老字号未注册商标，注册商标的老字号保护也比较单一化，往往只有商标注册，没有外观设计或专利申请。姑苏区除“津津”“黄天源”等为数不多的老字号企业重视商标的申报和保护外，大多企业商标意识淡薄。如“采芝斋”商标被上海某公司抢注，只能另行注册“采芝图”商标。

由于苏州老字号的历史因素，国内存在几家公司共用同一字号的现象，如北京的稻香村、桂香村，上海雷允上，杭州采芝斋，无锡陆稿荐，等等。此外，对于老字号制作技艺的商业秘密保护也欠缺制度规范性流程，对员工的保密约束有限。

老字号还存在权属隐患问题。苏州的老字号大都经历个人经营、公私合营、转制经营这样的历程，但有部分老字号权属纠纷没有彻底解决，有些还属于公私合营的集体或国有企业，现在真正在运营的企业可能只拥有老字号的部分权益。

（二）经营成本相对偏高

在本课题回收的68份调查问卷中，有47家老字号企业管理人员表示“经营成本”成了本企业目前最主要的竞争劣势。经营成本上升的主要原因是老字号企业经营场地的租金、人力成本和原材料价格上涨,银根紧缩等客观因素,这些客观因素导致老字号企业经营困难。如苏州餐饮老字号多半都集中在热闹繁华的观前街或是山塘街,很多老字号由于没有房屋所有权而靠租赁房屋经营,而水涨船高的租金则让老字号倍感压力。相当多的老字号店铺“缩水”,如新聚丰、老正兴、东来仪、国际照相馆、乾泰祥等,有的甚至退出了竞争,如在太监弄经营了三十年的王四酒家,于2014年7月关门歇业。

大多数老字号企业属于中小微企业,经营业务也是传统产业居多,产品多为纯手工制品,利润较微薄,税费相对较重,未能享受政府的政策支持。如陆稿荐,是在苏州市卤菜行业中缴纳增值税较多的企业,仅2014年1—6月已缴纳增值税72万元,税负的加重严重影响了企业的发展。

(三)治理结构不够完善,管理方式落后

虽然改制后许多老字号的企业名称由原来的“店”“厂”改成了“有限公司”,但企业并未真正建立起现代企业制度,相当多的老字号企业的经营管理方式仍以家族化经营管理为主。老字号辉煌的成绩主要是属于过去的,在历史的发展过程中,老字号企业形成了以业主制和合伙制为主的企业管理形式,这种古典的经营管理方式适应了老字号企业大多数进行手工作坊式生产、商业机密不外传等特殊性。不少老字号是小批量生产或手工制作,老字号企业产品的产量、质量往往缺乏稳定性,其背后的关键是缺乏由手工生产上升到工厂化、标准化的工业化阶段所配套的研发生产制造能力和现代化管理体系。

苏州老字号企业基本上都是劳动密集型企业,大多沿袭过去家庭作坊式的经营模式。改革开放后,许多老字号仍停留在计划经济时期的思维与管理模式上,用人机制不活、沟通渠道不畅、基础管理工作薄弱等现象较为普遍。在全国建立市场经济体制和市场竞争的大潮下,老字号企业进行了制度变革,纷纷改制,在公司化发展过程中,“家族管理”“传统管理”与“现代管理”的矛盾在公司治理中日益突出。在本课题回收的68份调查问卷中,老字号企业采用整套信息化管理系统的占比仅为5.6%。

(四)老字号传承和发展的人才短缺

老字号的魅力绝不仅仅在于它让人津津乐道的老故事,还有其身后世代传承的独家技艺,以及它在发展过程中的不断创新。老字号独特技艺的传承和发展需要源源不断的“新鲜血液”，关键是人才。人才问题已经成为老字号企业能否传承和复兴的关键问题。在实际工作中，一些老字号企业管理人员仍采取简单的命令式管理方法，忽视老字号企业接班人才的培养工作。员工培养仍沿用师傅传徒弟的模式，没有系统、科学的培训手段，未能建立符合市场要求的激励机制、绩效考核和薪酬制度，严重影响了员工的积极性和活力。因此，现在许多年轻人宁愿挤破头去争抢一份公司白领的工作，也不愿意去从事技术工作，不愿意进老字号企业。苏州老字号正面临着技术丢失、继承人难找的尴尬境地。

如恒孚银楼存在生产制作技术人员培养后继无人的忧患。苏州本是全国工艺美术重要生产基地，对从事工艺美术行业的人才需求量很大，单靠企业自身引进和企业内部培养，已经不能满足企业发展的需要。再如，檀香扇厂的员工工资低、福利甚微，难以吸引青年人进入企业学艺。目前企业各生产工序基本上是后继无人，处于失传的状态；一些关键工艺、关键技术已经失传，如绢面檀香扇的生产已经停了10多年了。从事檀香扇的细画、矾绢、糊面、沿边等工艺的员工都年事已高，退休散落民间。传统技艺的传承进入了濒危的状态。

（五）缺乏系统化的品牌管理

市场经济是一种资源配置经济，企业良好的品牌形象可以吸引众多的投资者、合作者及消费者。世界级品牌管理者皆有一套长期、规范的品牌运作系统来积聚和管理品牌资产。然而，就目前苏州老字号企业的经营情况看，品牌效应发挥有限，品牌保护、品牌认知、品牌延伸、品牌联盟、品牌创新、品牌传播、品牌文化等品牌运作和管理缺乏系统性。很多老字号企业缺乏在品牌上进行长期投资的意识，大多侧重于短期的经济利益指标。有的老字号企业加盟门槛低，甚至随意变卖“老字号”，一定程度上影响了老字号的信誉。苏州老字号企业尽管改制较早，但几十年计划经济体制的管理弊端对大多数老字号企业的运营仍然产生了不良影响，相比本地人，外地人、“新苏州人”对苏州老字号企业了解得并不多。大多数老字号企业品牌主动宣传意识不强，有的老字号多年来就仅仅依靠自己的一两个拳头产品“啃老本”，品牌创新乏力，品牌营销渠道和传播方式仍然停留在以前的老方式、老方法上，不能与时俱进。

六、苏州市老字号品牌发展的对策建议

苏州老字号具有非常浓郁的地域文化特点，是苏州城市品牌和城市形象的

重要体现,应从政府层面和企业层面采取相应政策和措施,坚持“保护与发展并重,传承与创新并举”的原则,形成促进老字号发展的合力,使苏州老字号焕发新的生机。

(一) 政府层面

1. 从战略角度,尽快出台《关于保护和促进苏州老字号发展的实施意见》

根据《商务部关于实施“振兴老字号工程”的通知》、14部委《关于保护和促进老字号发展的若干意见》、文化部关于《国家级非物质文化遗产保护与管理暂行办法》等法规,在苏州市政府《关于实施商标战略、建设品牌强市的实施意见》及借鉴北京、上海等保护和促进老字号发展经验的基础上,尽快出台《关于保护和促进苏州老字号发展的实施意见》。通过制定政策法规,明确保护和促进老字号发展的指导思想、工作目标和基本原则,确定近五年工作重点和推进措施,以及长期发展略思路,从战略角度实施苏州老字号的振兴工程,力争用5至10年时间打造10家在全国有较高知名度和品牌影响力的苏州老字号企业。

2. 加大财政、税收、金融政策支持力度

(1) 设立苏州老字号品牌发展专项基金,成立苏州老字号品牌发展服务中心。可采取投资、融资等办法筹资,设立老字号品牌发展基金,扶持有发展潜力的老字号企业,依托老字号品牌发展服务中心,为老字号品牌发展提供所需服务。可借鉴北京西城区的做法,北京西城区在“十二五”期间给予每年2 000万元资金支持用于老字号的保护和发展。

(2) 在税收政策方面,政府可对进行品牌创新的老字号企业实行税收优惠政策,减少企业的税赋,增加其留利,使从事品牌创新的老字号企业能够加大科技投入,增强自我开发和自我发展的能力。

(3) 在金融政策方面,政府可在信贷计划中增加老字号品牌创新贷款的比例,进一步扩大商业信贷规模。在利率政策上向老字号企业倾斜,对于积极进行品牌创新的老字号企业应给予低息贷款。发展风险投资事业,积极帮助老字号企业吸收海内外资金,支持企业的品牌创新。

3. 加强市场监管和法律保护

针对老字号企业商号频被抢注、盗用及搭便车的情况,基于目前专门针对老字号保护方面的法律法规还不够健全、完善的现实,首先政府部门应当完善这方面的行政法规,对于市场上出现的商标抢注、仿冒行为给予严厉的打击;其次司法部门应当尽快完善老字号保护方面的法律法规,对于一些模糊的违法行为应该有明确的法律规定,让现存的这些违法违规行为受到应有的惩罚,工商等职能部门应加强打击假冒老字号品牌的行为的力度。

在实践中,由于"老字号"商标所有权仍归属于国家,政府长期保留大部分对无形资产的管理控制权,与现代法律制度并不协调一致。政府如果出于对保护老字号的考虑,可在归还企业相关权利的同时与企业签订协议,从控制老字号商标流向等角度对企业的行为进行一定的约束,如企业欲转让老字号商标或企业面临破产、兼并、关闭等事由时,应由政府享有优先购买权等。

老字号作为优秀民族文化,属于特定历史条件下特殊的文化遗产,也是地区形象的组成元素,地方政府可出台相应的登记、管理和保护老字号的法规,以避免老字号的流失、淡化或湮灭;同时,理顺老字号与其他知识产权的冲突规范,激发老字号企业在市场竞争中进行品牌创新,以保障老字号企业的持续发展。

4. 加快人才培养,保障老字号传承和发展后继有人

人才是老字号企业传承和创新的根本,政府可加大人才特别是老字号特殊制造技艺人才以及企业经营管理人才的培养力度,以人才来有效运作老字号品牌资产,挖掘老字号的品牌优势,使老字号"金字招牌"取得应有的量化价值。

在老字号非物质文化遗产保护方面,还要加大对传承人的支持。传统的技艺要发扬下去,传承人在其中起了重要作用。因此,在社会地位、经济支持、技术认证方面,政府可给予传承人便利的政策支持和经济保障,并协助和支持老字号企业培养传承人。

此外,作为全国工艺美术品的重要生产基地,苏州对从事工艺美术行业的人才需求量很大,企业品牌影响力的提升需要高、中、低不同层面的技艺人员,但是单靠企业自身引进和企业内部培养,已远远不能满足企业发展的需要。具备一定规模的老字号企业还可与大专院校合作,突破传统师徒之间传授的方式,对口开设相关理论和实践课程,培养老字号企业需要的运营管理人才。另外,政府还可支持举办老字号企业人才专场招聘会,鼓励高校和中等职业学校毕业生到老字号企业就业,支持职业经理人参与老字号企业经营管理,为老字号企业持续发展提供坚强的人才保障。

5. 搭建老字号旅游平台,积极宣传老字号文化

(1) 老字号是城市独具特色的旅游文化资源,政府在规划城市发展中,可考

虑将老字号的建设归入其中。比如在发展旅游产业、文化产业的同时，将老字号结合到这些行业中去，可以听老品牌故事、参观原址、了解工艺流程等，既大力宣传老字号，又利用其来提升城市的整体文化形象。在这方面，苏州山塘街的改造已显示出一定的示范效应。借鉴北京西城区打造中华老字号的集聚区，上海打造“中华老字号第一街”和“中华老字号商城”等经验，可再次提升观前街商业区老字号的集聚度，打造苏州“中华老字号”集聚区，集中展示苏州老字号品牌。

（2）进一步挖掘和整合老字号旅游、文化功能，开发老字号旅游文化线路，将苏州老字号纳入苏州旅游宣传营销体系，设计苏州老字号系列纪念品，提升老字号品牌的美誉度和知名度。目前，苏州市旅游局的宣传渠道包括官方网站、微博、微信，以及报纸专版、签约媒体合作栏目、记者网友体验活动等多种渠道，老字号企业可在宣传平台上发布信息。

（3）在观前老字号文化展示馆基础上建立苏州老字号博物馆。观前老字号文化展示馆的性质是一个地区性的地志类单项目展示馆，建立之初为展示地方某方面的历史文化特色；有一个基本陈列，然而所展出的展品数量和质量都很有限，有些展品是居民从皮市街等旧货市场“淘”来的。在研究工作方面，由于人员构成的制约和缺少必要的学术研究环境，基本处于零状态，更不可能达到研究的深度和创造真正的学术价值。因此，为更好地传承老字号文化，建议在展示馆基础上建立老字号博物馆，尽可能多搜集老字号的档案并进行集中展示，同时深入研究老字号文化，真正实现老字号文化的传承与保护。

（4）与苏州城市品牌联动，每年举办“苏州老字号文化节”。通过举办或承办中华老字号博览会、老字号旅游购物节、“食在苏州”美食文化节、老字号创意文化展示周、苏州玉石珠宝文化节、苏州丝绸（或刺绣）文化节、苏州茶文化节等一系列活动，提升苏州老字号的知名度和社会影响力。

（二）企业层面

苏州老字号经过数百年沧桑变迁，能够长久延续发展、走向复兴的关键在于其上乘的产品质量、良好的商号信誉以及品牌文化的传承和创新。现阶段导致老字号企业产生分化的因素除外在因素外，更主要的是企业自身因素。在市场竞争条件下，老字号企业除了应完善现代企业制度，强化科学管理，运用连锁化、信息化、网络化等管理方式外，还应重点围绕老字号品牌文化建设提升企业竞争力。为此，本文在借鉴国内外老字号企业发展经验的基础上，以《商务部关于实施"振兴老字号工程"的通知》、14 部委《关于保护和促进老字号发展的若干意见》、文化部关于《国家级非物质文化遗产保护与管理暂行办法》等文件为指导，从企业层面提出苏州老字号发展战略的"1 +3"模式，即以"品牌文化"为核心的三条发展路径。具体如下：

1. 挖掘、提炼老字号品牌的文化价值内涵

文化是老字号发展的基石，也是老字号企业区别于普通企业的关键所在，因此，挖掘老字号文化传统是所有老字号企业必须进行的工作。

苏州老字号是苏州历史文化的宝贵遗产，有着浓郁的地域特色，已经成为苏州这座历史文化名城的重要标志。苏州老字号品牌的文化价值，应该体现"苏州味道"。本课题把苏州老字号品牌的文化内涵概括为"信""雅""和"。具体可参阅本书《苏州老字号品牌的文化内涵》《老字号文化的传承与保护》《茶中半日偷消闲》等内容。

2. 第一条发展路径：大众化

苏州老字号涉及十多个行业，大都与老百姓的日常生活密切相关，如食品、餐饮、酱品、医药、茶叶、酒类等。这些企业拥有相当多的年长消费者和较高的顾客忠诚度，但随着年轻消费者的加入和大众消费习惯的改变，以及消费者对自身健康的关注，老字号企业应采取适应性的变化经营和生产模式，跟随主流消费人群和消费热点，重点转向健康养生产业，加大健康养生服务领域的产品和服务创新。

3. 第二条发展路径：高档化

苏州历史上人文荟萃，吸引了一批又一批高端人士来此定居，而且经济较为发达。有些老字号，如丝绸、刺绣、玉石、珠宝首饰、工艺、高档建材等，在大众市场缺乏竞争优势，但可依靠传统品牌和文化内涵优势，切入高端市场。企业根据自身实力可采取差异化和集聚化战略，将资源积聚在满足某一区域或者特定人群的需求上，通过特色化的产品和服务开发，打造苏州老字号的高雅气质。

4. 第三条发展路径：体验化

体验营销被认为是21 世纪营销战中最有力的秘密武器，它能最有效地与消费者进行沟通和互动。尽管体验营销在我国还处于萌芽阶段，但其所释放出的能量以及效应，让我们必须重视这一发展趋势，越来越多的行业开始实践体验营销。老字号企业往往是服务业中具有品牌号召力的企业，而且其特有的文化和

服务传统也能够带给消费者独特的感受和体验,因此通过加大体验式服务的开发,不仅能够弥补高端服务消费的不足,还能够获取高端利润,提升品牌层次。这不仅有利于开拓老字号的服务领域,获得新的市场空间,还能够通过顾客体验传播老字号品牌文化。

总之,苏州老字号拥有丰厚的文化内涵,悠久的历史,美丽的传说,动人的故事,这些都是老字号品牌传承和创新的宝贵财富,是竞争对手无法获取的核心竞争力。当今时代,企业之间的竞争已提升到品牌尤其是文化竞争阶段,苏州老字号发展应以品牌文化为核心,通过大众化、高档化、体验化的发展途径,使老字号企业在传承品牌文化的同时,大胆创新,满足顾客新需求,从而实现老字号的复兴和持续发展。

参考文献:

[1] 许敏玉,王小蕊. 中华老字号品牌发展瓶颈及对策[J]. 企业经济. 2012(1).

[2] 陶骏,李善文. "中华老字号"品牌复兴:品牌延伸及反馈[J]. 经济管理,2012(2).

[3] 刘巨钦,田雯霞. 老字号企业品牌文化创新研究[J]. 商业研究,2012(5).

[4] 郑伦幸,聂鑫. 论"老字号"法律保护的法理学基础[J]. 湖南社会科学,2012(5).

[5] 赖阳,黄满. 对北京老字号发展战略与策略的思考[J]. 时代经贸,2012(5).

[6] 王方明,廖雪华. 论中华老字号的文化传承与创新[J]. 湖北社会科学,2012(8).

[7] 张永,张洁. 中国老字号企业连锁经营模式研究——以全聚德为例[J]. 管理学报,2012(12).

[8] 安贺新,李喆. 中华老字号顾客体验管理问题研究[J]. 管理世界,2013(2).

[9] 王洋. 中国老字号品牌战略的创新与发展[J]. 中外企业家,2013(4).

[10] 刘啸. 推进中华老字号品牌发展的对策建议[J]. 改革与开放,2013

(4).

[11] 王成."老字号"品牌创新模式探究[J].商业时代,2013(6).

[12] 潘月杰,田耕耘,张筝.中华老字号品牌文化继承与创新发展研究[J].生产力研究,2013(10).

[13] 杜宪.老字号企业文化的发展现状及变革[J].产业与科技论坛,2013(1).

[14] 阚景阳.中华老字号的经营困境与对策分析[J].企业改革与管理,2014(3).

[15] 蒋尊国,廖菲,陈恩维.地方老字号的传承与振兴研究[J].江苏商论,2014(4).

[16] 石章强.上海老品牌复兴之路[M].杭州:浙江人民出版社,2013.

(魏文斌、洪　海)

苏州市“中华老字号”企业调查分析报告

一、苏州市“中华老字号”发展概况

中华老字号(China Time-honored Brand)是指历史悠久,拥有世代传承的产品、技艺或服务,具有鲜明的中华民族传统文化背景和深厚的文化底蕴,取得社会广泛认同,形成良好信誉的品牌。在近代历史上,老字号曾经经历过辉煌阶段,新中国成立初期,中华老字号企业约有16 000家,在市场经济环境下,随着国内新品牌的诞生和越来越多国外品牌的涌入,中华老字号日渐式微,原国内贸易部在1991年进行的评定中,全国有1 600余家老字号企业被授牌,目前仅存1 000多家,发展面临诸多新的挑战。为了更好地传承和发展中华老字号,商务部于2006年重新启动了“振兴老字号工程”,制定了中华老字号的认定规范。商务部对中华老字号进行了清晰的界定,在认定条件中提出:企业拥有商标所有权或使用权;品牌创建年龄须超过50年;传承独特的产品、技艺或服务;有传承中华民族优秀传统的企业文化;具有中华民族特色和鲜明的地域文化特征,具有历史价值和文化价值;具有良好信誉,得到广泛的社会认同和赞誉;国内资本及港澳台地区资本相对控股,经营状况良好,且具有较强的可持续发展能力。商务部先后于2006年和2010年认定了两批中华老字号。

苏州这座千年古城孕育了一批闻名遐迩的“老字号”企业,她们是苏州2 500多年历史长河中一颗璀璨耀眼的明珠,每一块“老字号”的招牌都承载着古城的一段人文历史,饱含了民族文化丰厚的内涵。目前苏州市共有30家企业被商务部认定为中华老字号企业,位列江苏省第一。其中,在商务部认定的第一批中华老字号企业中,苏州市有10家企业入围,占江苏省总数的29%;在商务部认定的第二批中华老字号企业中,苏州市共有20家企业入选,占江苏省总数的1/3。这些中华老字号是苏州的"金字招牌",更是苏州的城市名片。但由于一些中华老字号企业经营模式老化、专业化人才匮乏以及存在一些历史遗留问题,老字号的发展遇到了很大的困难和挑战,因此,对这些中华老字号企业进行调查分析,不仅对这些企业的发展有着重要的指导意义,而且能引起政府及社会对中华老字号的关注和保护。

二、受访的中华老字号地区分布情况

在受访的苏州市30家中华老字号企业中,常熟有2家,占总数的6.7%;张家港、太仓、昆山、吴江区、相城区、高新区及工业园区各有1家,各占总数的3.3%;此外,吴中区有4家中华老字号企业,占总数的13.3%;而姑苏区分布着17家中华老字号,占总数的56.7%。见图1。

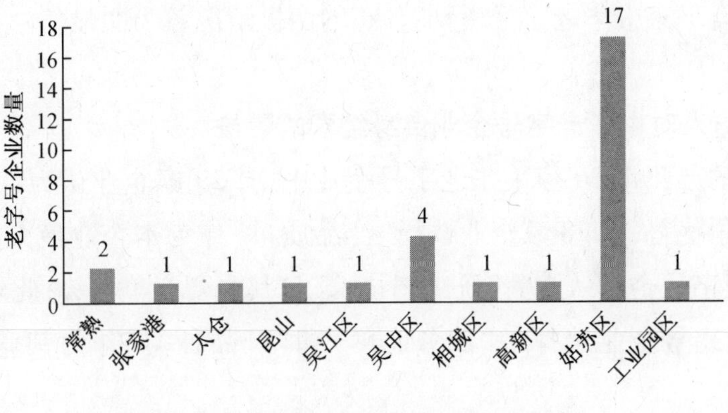

图1 苏州市中华老字号的地区分布情况

通过图1,我们可以初步了解苏州市的中华老字号地域分布情况,其中姑苏区占据了"半壁江山",除了常熟和吴中区外,其他所有区域都有且仅有1家中华老字号,中华老字号的地区分布呈现出明显的不均衡状态。

三、受访的中华老字号行业分布情况

在受访的苏州市30家中华老字号企业中,有8家属于食品类,占总数的26.7%;有10家来自于餐饮行业,占总数的33.3%;有3家属于茶叶类,占总数的10%;有4家来自于医药行业,占总数的13.3%;还有2家是酱园类企业;除此之外,珠宝行业、丝绸行业及酿酒行业都各有1家中华老字号。见图2。

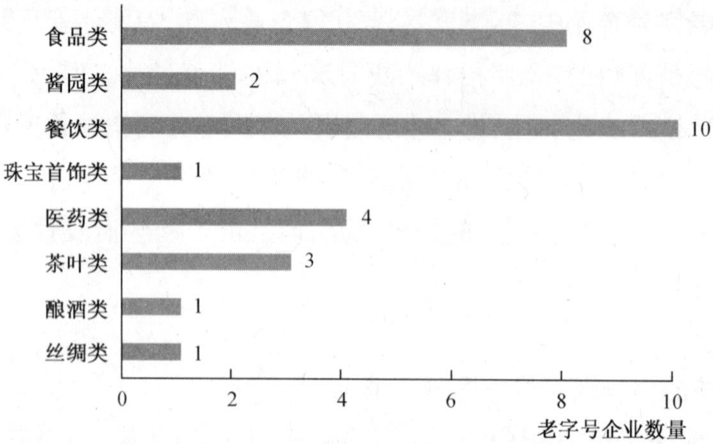

图 2　苏州市中华老字号的行业分布情况

通过图 2,我们发现中华老字号的行业分布跟地区分布存在一个共同的问题,就是分布不均衡。食品类和餐饮类占到了总数的 60%,而珠宝类、酿酒类及丝绸类均只有 1 家中华老字号,行业分布的两极情况较为明显。

四、受访人对中华老字号企业自身经营的看法

在受访的苏州市 30 家中华老字号企业中,有 29 家企业认为“品牌”是本企业最大的竞争优势;有 28 家企业选择“产品质量”作为本企业最大的竞争优势;还有 26 家老字号企业认为“传统工艺技术”是其主要竞争优势;此外,分别有 22 家及 18 家老字号企业选择了“服务态度”和“产品种类”作为其竞争优势。见图 3。

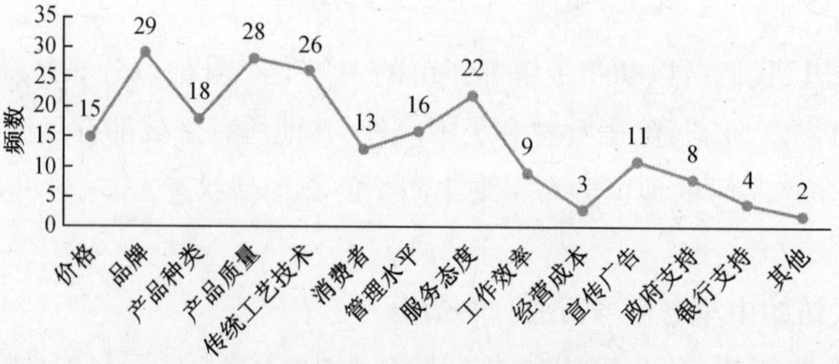

图 3　本企业具有的竞争优势

在受访的中华老字号企业中,有 24 家企业将“经营成本”视为其现存最大的竞争劣势;有 12 家企业认为“政府支持”是目前最大的劣势;另外还有 11 家选择

“价格”作为其当前的主要竞争劣势。见图4。

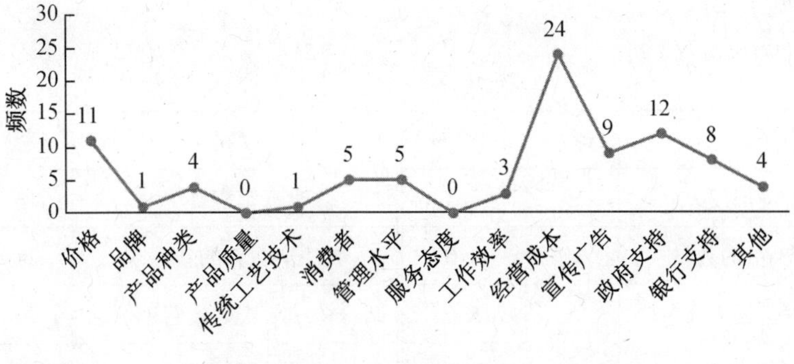

图4　本企业存在的竞争劣势

对比图3和图4,可以更清晰地凸显出苏州市中华老字号企业目前主要的竞争优势和劣势。

关于近五年(2009—2014年)企业在经营发展方面的举措,受访的中华老字号企业管理人员表示,“提高服务水平”是本企业最常采用的措施,占到了总频数的15.6%;有20家老字号企业选择“改善经营环境”作为自身经营发展的主要举措;此外,还有19位老字号企业管理人员倾向于“增加新产品”和“增加宣传广告”。见表1。

表1　近五年本企业在经营发展方面的举措

举措	频数	占比(%)	举措	频数	占比(%)
增加新产品	19	11	降低成本	17	9.8
增加新的生产线	7	4	增大投资	9	5.2
增加销售网点	19	11	扩大到其他行业	9	5.2
提高服务水平	27	15.6	优化业务流程	2	1.2
增加宣传广告	19	11	增加员工人数	5	2.9
增加新的工艺技术	14	8.1	其他	0	0
增加新的分公司	6	3.5	总计	173	100
改善经营环境	20	11.6			

关于近五年(2009—2014年)企业在营销策划和品牌认知方面的举措,有17.1%的受访中华老字号企业管理人员认为“关注消费者的新需求”是本企业最重要的措施;另外,分别有14.3%、12.1%及11.4%的受访企业管理人员分别选

择了“结合传统节庆开展营销活动”“增加广告投入”“改善销售环境”及“增加销售网点”。见表2。

表2 近五年本企业在营销策划和品牌认知方面的举措

举措	频数	占比(%)	举措	频数	占比(%)
设立营销部门	13	9.3	改善销售环境	16	11.4
增加营销人员的数量	12	8.6	关注消费者的新需求	24	17.1
高薪引进营销人才	5	3.6	结合传统节庆开展营销活动	20	14.3
提高营销人员的工资	3	2.1	增加经销商	7	5
增加销售网点	16	11.4	其他	1	0.7
增加广告投入	17	12.1	总计	140	100
增加代理商	6	4.3			

关于近五年(2009—2014年)企业在品牌建设方面的举措,有19家受访的中华老字号企业管理人员表示,会将“广告投入增加”作为品牌建设最常用的措施;有18家受访的中华老字号企业管理人员选择“公司有形象代言人”作为主要措施;除此之外,“在传统节庆时进行品牌推广”“更新公司内部装修风格”也是这些中华老字号企业经常会采用的举措。见图5。

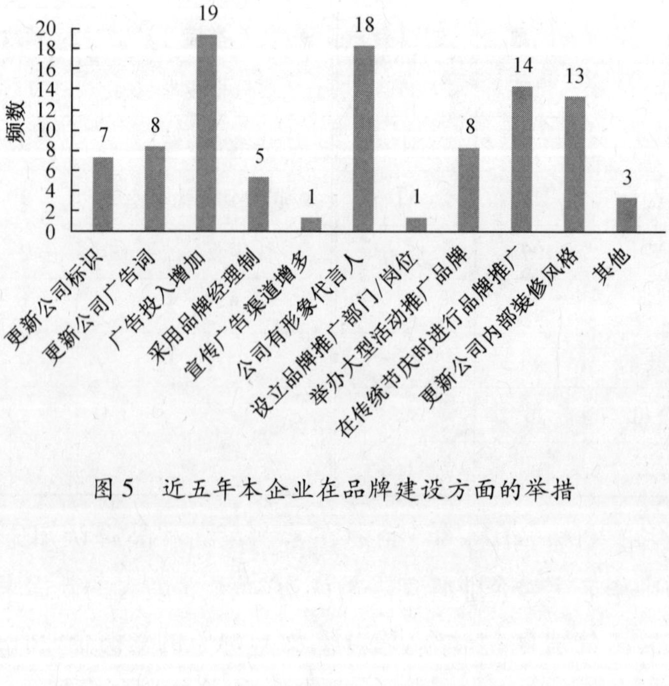

图5 近五年本企业在品牌建设方面的举措

关于近五年(2009—2014 年)企业在品牌传承方面所做的努力,受访的老字号企业管理人员的回答相对比较集中,有 29 位受访管理人员选择"保留传统工艺、技术"作为企业进行品牌传承的主要举措;有 28 位受访管理人员认为"保留传统的产品(服务)"是品牌传承必不可缺的措施;有 27 位受访管理人员表示"传承品牌文化"将是进行品牌传承的核心;另外还有 26 位受访管理人员选择了"延续品牌形象"。见表 3。

表 3　近五年本企业在品牌传承方面所做的努力

举措	频数	占比(%)	举措	频数	占比(%)
保留传统的产品(服务)	28	21.5	建立品牌发展历史档案	19	14.6
保留传统工艺、技术	29	22.3	其他	1	0.8
延续品牌形象	26	20	总计	130	100
传承品牌文化	27	20.8			

关于近五年(2009—2014 年)企业在新产品开发和品牌创新方面的举措,受访的中华老字号企业管理人员认为,"迎合新的消费需求"是本企业在营销策划和品牌认知方面最常用的措施,占总频数的 17.1%;其次,"改善经营环境"和"迎合传统消费"也是这些中华老字号企业经常会采取的措施,均占总频数的 13.6%。见表 4。

表 4　近五年本企业在新产品开发和品牌创新方面的举措

举措	频数	占比(%)	举措	频数	占比(%)
设立研发部门	9	6.4	改善生产环境	19	13.6
增加研发人员数量	9	6.4	迎合新的消费需求	24	17.1
高薪引进研发人才	5	3.6	迎合传统消费	19	13.6
提高研发人员的工资	3	2.1	降低生产成本	11	7.9
开发新的生产工艺	17	12.1	其他	2	1.4
增加新的生产线	9	6.4	总计	140	100
增建新厂房	13	9.3			

关于近五年(2009—2014 年)企业在信息化管理方面的举措,有 21 位受访的中华老字号企业管理人员选择"建立公司网站"作为本企业在信息化管理方面最主要的措施,占总频数的 16.7%;有 18 位受访的企业管理人员认为"办公自动化系统"及"财务自动化系统"也是公司进行信息化管理的主要举措,占总

频数的14.3%。见表5。

表5 近五年本企业在信息化管理方面的举措

举措	频数	占比(%)	举措	频数	占比(%)
办公自动化系统	18	14.3	人力资源信息化系统	7	5.6
销售信息化系统	16	12.7	建立公司网站	21	16.7
采购信息化系统	14	11.1	采用网上销售	13	10.3
财务信息化系统	18	14.3	上述整套信息化管理系统	8	6.3
研发/设计信息化系统	4	3.2	其他	1	0.8
生产制造信息化系统	6	4.8	总计	126	100

关于近五年(2009—2014年)企业在履行社会责任方面的举措,"关注消费者权益"是受访的中华老字号企业管理人员一致认同的措施;有26位受访的企业管理人员认为"关注员工权益"对于本企业履行社会责任也是非常重要的;还有22位受访的企业管理人员选择了"注意企业对政府、社区等的责任",说明老字号企业也非常注重对政府、社区等的社会责任问题。见图6。

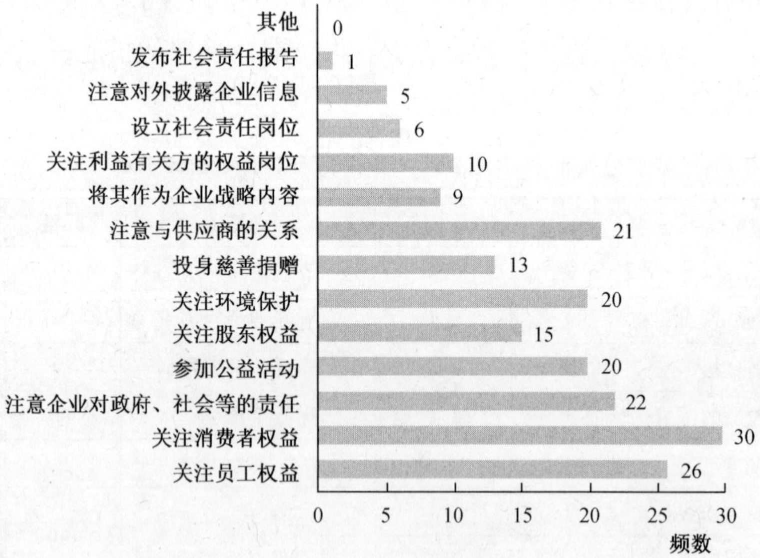

图6 近五年本企业在履行社会责任方面的举措

关于近五年(2009—2014年)企业在品牌价值提升方面的努力,有21%的受访的中华老字号企业管理人员表示,"关注消费者需求""重视品牌文化建设"及"加强客户关系管理"这三项措施是本企业在进行品牌价值提升方面最常用的。

见图7。

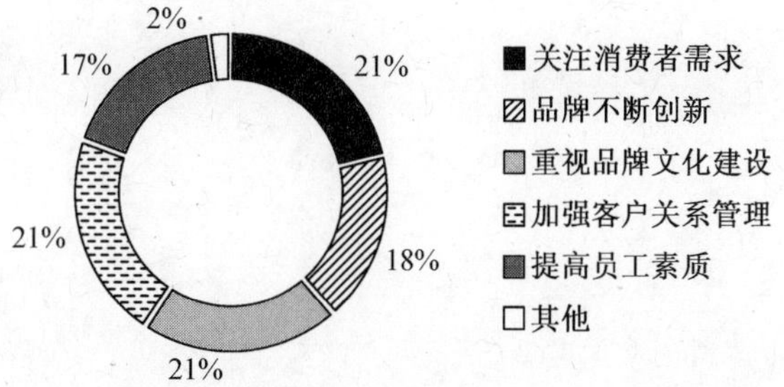

图7　近五年本企业在品牌价值提升方面的努力

五、总结

由于历史原因和体制转换等因素的影响，苏州的中华老字号企业在发展中遇到了许多新情况和新挑战，但这些中华老字号企业依靠“品牌”“产品质量”“传统工艺技术”“服务态度”和“信誉”等优势，近五年来，在经营发展、营销策划和品牌认知、品牌建设、品牌传承、新产品开发和品牌创新、信息化管理、社会责任以及品牌价值提升等方面采取了多项举措，仍然取得了长足的发展，重振了老字号的活力，总体上具有较强的竞争力。同时，也应看到，“经营成本”“价格”等成为这些中华老字号企业存在的竞争劣势，因此，苏州市政府应出台相关实质性的政策，给予其更多的政策支持。

（洪　海、魏文斌、汤　华）

地区篇

太仓市老字号发展报告

近年来,在经济全球化和市场激烈竞争的大环境下,在城市化加速进程的浪潮中,老字号发展面临着机遇和挑战,老字号的振兴与发展已成为社会各界关注的问题。在此背景下,本文通过调查苏州太仓市4家老字号企业的发展现状和存在的问题,探讨老字号企业的发展之道。

一、太仓市老字号企业发展概况

(一) 太仓市老字号企业现状

太仓自古为文化之乡,历代人文荟萃,其饮食文化同样自具特点,积淀厚实,底蕴丰富。自三国吴于此建仓屯粮,渐次发展,元代于刘家港开创漕粮海运后,各业日益繁盛,同样也催生了众多老字号的繁荣。斗转星移,随着经济社会等外部环境的不断变化,到目前全市官方存留的老字号仅剩4家,其中"太仓肉松"被国家商务部认定为"中华老字号",太仓糟油食品有限公司、太仓市双凤镇俞长盛羊肉店、太仓市双凤镇孟家餐饮有限公司被中国商业联合会中华老字号工作委员会批准为"中华老字号"会员单位。

太仓肉松食品有限公司前身可追溯至1876年肉松发明人倪德开设的字号为"倪鸿顺"的肉松店铺。新中国成立后,通过公私合营改造并入地方国营太仓食品加工厂,1980年成立太仓县食品公司肉松厂,2000年转制成立太仓肉松食品有限公司。清代《太仓州志》记载:"肉松制法创于倪德,以猪鸡鸭虾肉为之。德死,其妻继之。味绝佳,可久贮,远近争购,他人效之弗及也。"1915年,"太仓肉松"漂洋过海,在美国旧金山举办的巴拿马国际食品博览会上获得甲级大奖,

1925年获江苏省第二届地方食品博览会金奖,2010年8月被国家商务部认定为"中华老字号"。2011年太仓肉松制作技艺被收录入江苏省非物质文化遗产名录。

太仓糟油食品有限公司的太仓糟油由清嘉庆年间商人李梧江创制,当时店名"老易诚"。新中国成立后公私合营定名为国营太仓酱厂。20世纪80年代后,更名为国营太仓糟油厂。2001年整体转制为太仓糟油食品有限公司。清袁牧《隋园食谱》记载:"糟油出太仓,愈陈愈佳。"《太仓州志》说:"色味俱胜,他邑所无。"1915年太仓糟油参加巴拿马国际博览会时曾获超等大奖和金质奖章一枚,1988年荣获首届中国食品博览会金奖。2006年4月太仓糟油食品有限公司被中国商业联合会中华老字号工作委员会批准为"中华老字号"会员单位。

太仓市双凤镇俞长盛羊肉店始创于清光绪年间,俞氏先辈俞长盛在双凤创设"俞长盛羊作坊",从事熟羊肉的经营,当年收购活羊用的一杆老秤传承至今。1988年3月,俞氏后人重开羊肉店,取名"俞长盛羊肉馆"。2011年5月,俞长盛羊肉制作技艺被纳入苏州市非物质文化遗产保护名录,2010年6月该店被中国商业联合会中华老字号工作委员会批准为"中华老字号"会员单位。

太仓市双凤镇孟家餐饮有限公司始创于清光绪十六年(1890年),太仓双凤人孟一同在双凤老街西市开了"孟家羊肉面馆",成为"双凤孟家羊肉面"第一代创始人。1989年,李永康(第五代传人)传承孟家技艺的羊肉面馆开张。2010年5月,李永康成立了太仓市双凤孟家餐饮有限公司。2009年9月,该企业被江苏省烹饪协会评为江苏餐饮名店,2011年8月被中国商业联合会中华老字号工作委员会批准为"中华老字号"会员单位。

(二)太仓市老字号的特点

根据调查分析,太仓老字号呈现以下特点:

一是从行业分布看,4家老字号中食品制造业和传统餐饮业各占一半,行业分布相对狭窄。二是从区域分布看,太仓肉松位于城厢镇,其余的3家位于双凤镇。在该市6镇3区中,发展并不平衡,特别是本地人所称的三大古镇(城厢、沙溪、浏河)中,沙溪镇和浏河镇并无老字号,不免让人遗憾。三是从经济类型看,双凤俞长盛羊肉为个体工商户,其余3家均为公司制企业。四是从经营规模看,太仓肉松年经营额在4 000万元以上,其余3家年经营额均在500万元以下,总体经营规模相对较小。

（三）太仓市老字号的发展特色

历史悠久、特色鲜明、诚信至上、货真价实、童叟无欺是老字号企业的共同特点，是其在长期发展中形成的传统商业文化。太仓 4 家老字号在发展过程中还具备以下特色：

一是保持良好发展态势。中国品牌研究院的调查数据表明，新中国成立初期全国老字号企业有 16 000 余家，但如今已缩减至 1 600 余家，并且现存老字号盈利的只有 10%，20% 仅能维持生计，70% 举步维艰。太仓的 4 家老字号虽然规模不大，但销售额逐年稳步增长，经营情况尚好，这也与苏州地区老字号企业整体状况相契合，普遍好于全国。

二是树立商标品牌意识。21 世纪企业间的竞争已提升到品牌竞争阶段，要想在激烈的市场竞争中立于不败之地，企业经营者们就应高度重视品牌建设。值得欣慰的是，太仓市 4 家老字号品牌意识较高，均进行了商标注册。如太仓糟油早在 1983 年就申请注册了“香玉”商标，双凤俞长盛于 1999 年 3 月注册了“俞长盛”商标，双凤孟家餐饮于 2011 年申请注册了“双凤孟家”商标，太仓肉松更是在 20 世纪 80 年代初就注册了“太仓牌”商标，并在 1992 年被评为江苏省著名商标，2008 年 3 月被认定为中国驰名商标。

三是重视网络媒体宣传。太仓市 4 家老字号均很重视宣传，特别是在网络与新媒体宣传和营销方面进行了有益的尝试。4 家老字号均建立了自己的网站进行企业和产品宣传，太仓肉松和太仓糟油在淘宝上开设了网店进行网络营销，太仓肉松还开通了微信公众号进行宣传。

（四）“中华老字号”对太仓老字号企业的影响

一是有利于树立良好的企业形象。企业形象是企业在消费者心目中地位的体现，是在激烈的市场竞争中立于不败之地的有力武器。“中华老字号”所传承的特色产品和精湛技艺，是几代人苦心经营、不断创新的结果，含金量十足，企业形象良好。如消费者在选购肉松产品时会首选“太仓牌”肉松，太仓在每年双凤羊肉节宣传时都重点提到“俞长盛”和“孟家”两个老字号，这都是老字号企业良好形象的体现。

二是促进企业经济效益的稳步提升。被认定为“中华老字号”后，各企业均保持着良好发展势头，企业的销售额、利润额及总资产均呈稳步增长之势。如“太仓牌肉松”在 2010 年 8 月被商务部认定为“中华老字号”后，太仓肉松食品有限公司每年的销售额达20%～25%的增长,目前已达到4 000多万元。其余3家在成为“中华老字号”会员单位后销售额也都有20%以上的增长率。

三是促进企业在本地行业中脱颖而出。双凤俞长盛、孟家两家羊肉馆和太仓糟油这三家企业在被批准为“中华老字号”会员后迅速扩大经营、打响名气,成为本地各自行业中的佼佼者。而太仓牌肉松被认定为“中华老字号”后,在省内市场占有率达35%,国内市场占有率达12.5%,在本行业省内及国内占有率稳居三甲。

二、太仓市老字号发展的机遇及存在的问题

(一) 太仓市老字号发展面临的机遇

一是经济增长给老字号发展创造了条件。太仓市位于长三角经济带,多年来位居全国百强县排名前十,经济呈现出了持续快速发展的良好势头。太仓人均收入在江苏省处于领先位置,消费需求不断增长,市场规模进一步扩大,这些变化给太仓老字号的发展创造了良好的经济社会环境。

二是旅游业的发展为老字号提供了契机。根据《太仓市旅游业总体规划》,太仓将被打造成长三角区域旅游带的重要组成部分、上海都市旅游的副中心、江苏省重要的休闲度假旅游目的地,主打浏河长江口旅游度假区、新浏河滨河旅游带、“德国中心”、沙溪古镇、双凤羊肉美食街、现代农业园区等旅游品牌。这对有一定知名度的老字号来说,是不可多得的契机。

三是消费者的喜爱给老字号发展增添了动力。消费者对老字号的熟悉程度比较高,对老字号的情感比较深厚,老字号伴随他们成长,成为生活中不可缺少的部分。如很多在外地工作的太仓人都要随带“太仓牌肉松”,认为这就是家乡的味道。

(二) 太仓市老字号发展存在的问题

一是传承和创新如何兼顾。现代消费者与老字号创立之时的消费者在经济、文化、心理和消费观上相比已有较大变化。老字号如果不能与时俱进,不能在传承和创新上把握好平衡,终将会被时代所淘汰。如手机巨头诺基亚,曾经多么辉煌,却由于不能与时俱进而逐渐逝去。老字号的产品不能抱着老传统不放,必须紧跟时代,紧跟需求。在这方面,太仓老字号仍需进行充分的市场研究和探索。老字号是一座需要去开采的金矿,而不是一座可以随便享用的金山,只有与

时俱进、不断创新，金字招牌才会永不褪色。

二是缺乏管理和营销人才。调研中，太仓市4家老字号企业都不约而同地谈到了人才匮乏的问题，特别是紧缺管理和营销人才。确实，老字号目前最需要的其实就是管理和营销。虽然也很想召入现代管理和营销人才，但体制里仍留有计划经济或家族式管理的烙印，无法真正适应市场的要求，也无法真正吸引或留住优秀人才。

三是与城市旅游结合度不高。很多人到某地旅游，都会买本地特色产品带回，此时老字号产品应当成为首选。而在太仓，这种老字号和旅游的结合度并不高，太仓糟油等老字号企业在调研中也提到了此种需求。其实文化是旅游的一个要素，而老字号可以说是文化的展现，老字号和旅游的结合不仅仅体现在吸引游客购买特产上，绝对大有文章可做，值得更深层次地探索和实践。

四是消费层次和区域限制。许多老字号都有这样的窘境，就是年轻人对老字号没有品牌记忆，太仓老字号也存在这样的情况。太仓糟油的朱俊杰经理就提到，对糟油有所了解的一般都是本地人，而且是上了年纪的人。如何抓住新一代消费者，扩展老字号的消费层次，是关系到老字号长远发展的现实问题。此外，老字号在形成的初期，几乎都是地方名特产品，最先的受众是当地民众。其产品开发必然与当地经济发展、饮食习惯、文化心理等高度契合，这就导致产品易受消费区域限制，走出本地进行产品市场扩延存在一定难度。

五是老字号企业含金量不高。在激烈的市场竞争环境中，与快速成长的新型企业相比，太仓老字号企业存在着规模小、竞争能力弱的现象。虽然4家老字号均较早注册了商标，但受制于企业规模，仅“太仓牌肉松”获得江苏省著名商标和中国驰名商标称号。有限的规模降低了中华老字号的品牌价值，并对老字号商标保护有一定影响。此外，太仓市4家老字号企业中也无一家企业上市，整体实力偏弱。

六是品牌文化建设尚有欠缺。品牌文化建设是一个系统工程，包括品牌核心价值的挖掘、品牌文化的整合传播以及物化的品牌形象等诸多方面。由于受到人才、资金以及经营体制等因素限制，太仓老字号并没有对其品牌文化进行系统开发，通常只停留在某一方面，缺少品牌故事的收集整理、产品或服务形式的复古设计、原址原迹的调查等，缺乏生动的品牌文化和传统技艺的展示推广。

三、太仓市老字号企业发展的对策建议

一是加大政府扶持力度。政府应制定和出台相关保护政策和优惠措施，对老字号进行必要的保护和支持，使保护老字号不再流于口头形式，而是有据可依。在调研中部分老字号企业还提出，希望地方政府能多搭设一些老字号品牌宣传或展销平台，帮助打响名气，扩大销售渠道。此外，由于历史原因，老字号企业的资金实力均比较薄弱，为使其能适应市场经济的竞争，加大技术改造力度，建议政府能在税收、规费和融资等方面给予一定的优惠政策。

二是充分发挥老字号协会的作用。一方面，发挥老字号协会的桥梁纽带作用，通过协会加强老字号企业与政府、老字号企业之间的沟通与交流，建立为老字号服务的信息支持体系，最大限度地为老字号企业营造有利的经营环境；另一方面，发挥老字号协会的传承挽救作用，由其出面组织有关专家，挖掘整理老字号的传统产品和技艺，建立老字号资料库，完善老字号档案，挽救不断消逝的老字号珍贵档案，传承发展老字号宝贵资源。

三是促进老字号与城市旅游文化产业接轨。老字号是城市独具特色的旅游文化资源，政府在规划城市发展中，可以考虑将老字号的建设归入其中。比如在发展旅游业、文化业的同时，将老字号结合到这些行业中去，可以设置听老品牌故事、参观原址和了解工艺流程等环节，既大力宣传老字号，又利用其来提升城市的整体文化形象。此外，在打造文化旅游城市的过程中，美食是不可或缺的部分，双凤两家老字号羊肉店可以联合旅行社推出旅游特色餐饮，建立品牌特色旅游营销模式。

四是实施全面创新来推动企业发展。老字号企业的经营和管理也需要及时革新。要建立现代企业制度，引进新的管理模式，采取科学管理方法，建立高效、协调、有序的管理体系，实现现代企业规模化生产。此外，还要坚持运行现代营销手段，大力实施品牌连锁经营、广告宣传、质量跟踪、网络营销等一系列现代营销战略，这样才能使老字号企业在不断创新升级中走向全国、走向世界。

五是保持年轻的商业年龄来吸引消费者。尽管老字号的历史经历了沧桑，但应当显示出老当益壮而不是老态龙钟的姿态来获得更多的市场认可。从产品内在品质来说，要把产品的传统元素与现代科技有机结合起来；从产品的外在形象来说，要改变品牌元素土气的事实，为其注入时尚的元素；从沟通方式来说，要借用现代化的宣传手段使之深入人心，在保持原有消费群的基础上打动年轻消

费者,推动老字号长远发展。

六是开发新产品来扩大消费市场。老字号不能固守老产品,要根据不同区域消费者的需求和偏好以及市场趋势来对产品进行变革和创新,通过改良技术不断推出新品种、新花色、新样式,提升企业产品定位,从而破除产品区域限制,扩大消费市场。如加多宝公司对"王老吉"凉茶的口感进行重新定位,把"药茶"浓重的药味替换为消费者喜欢的口感,通过弱化明显的区域性,将凉茶这种南方消暑佳品成功推向了全国。

七是要注重人才的培养和引进。人才是企业兴旺发达的根本,应加大人才特别是管理和营销人才的引进、培养力度,以人才来有效操作企业无形资产,挖掘老字号的品牌优势,使老字号"金字招牌"取得应有的量化价值。具备一定规模的老字号企业还可以主动与大专院校合作,对口开设理论和实践课程,培养企业需要的专业人才,为今后发展提供坚强的人才保障。

八是复活老字号品牌文化旧元素。消费者对老字号品牌具有难以割舍的怀旧情结,通过深入挖掘老字号宝贵的旧元素,提炼其精髓,从而打造出老字号的品牌文化经典。太仓的老字号企业就可以通过讲解品牌故事和展示工艺传承实景等策略来进行品牌文化的复活,如构建本企业的品牌展示馆或老字号陈列室,全面展示自己的老字号历史文化、发展轨迹,使之成为一个宣传基地,一个独特的景点,一个全面保护历史遗存的场所。充分运用品牌文化怀旧这个手段,使老字号在新时期焕发新的活力。

（钱　俊）

昆山市老字号发展报告

一、昆山老字号的发展现状

老字号是指历史悠久，拥有世代传承的产品、技艺或服务，具有鲜明的中华民族传统文化背景和深厚的文化底蕴，取得社会广泛认同，形成良好信誉的品牌。我国是一个历史悠久的文明古国，千百年的社会经济发展，孕育了众多具有浓郁民族特色、匠心独具、享誉国内外的老字号。老字号所传承的独特产品、精湛技艺和经营理念，具有不可估量的品牌价值、经济价值和文化价值。老字号承载着优秀的中华民族文化，是新时期开展诚信兴商、弘扬商业文明的核心内涵和宝贵财富。

由于历史原因和体制转换的影响，昆山老字号企业在发展中遇到许多新情况和新问题。部分老字号企业组织化程度低，体制、技术、管理落后，市场开拓能力较弱，发展后劲不足。特别是长期以来，由于对老字号的重视和支持力度不够，缺乏合理的发展规划，保护措施不到位，继承和发展老字号传统特色技艺与文化方面缺少必要的政策支持，制约了老字号的发展。提高全社会对老字号振兴发展的重视程度，切实做好保护和促进老字号发展工作，已经成为当前一项十分重要和紧迫的任务。

昆山市作为物产丰饶、历史悠久的苏南城市，其老字号积淀了深厚的文化底蕴，是昆山工商业文明的重要载体，在满足消费需求、丰富群众生活、倡导诚信经营、延伸服务内涵、传承和展现优秀文化等方面发挥了重要作用。据统计，目前昆山市“中华老字号”企业有 3 家：奥灶馆、同德堂、周市太和爊鸭。从行业构成来看，昆山老字号主要涉及餐饮、医药、食品这三大行业。从区域分布上看，昆山市老字号主要分布在人民路、亭林路、青阳路。

奥灶馆，坐落在昆山市亭林路半山桥边，前身是天香馆、复兴馆，创立于1908年，创始人颜陈氏，以“红油爆鱼面”闻名。1956年公私合营，正式取名为“奥灶馆”，从此挂上了“国营奥灶馆”的招牌。2009年“昆山奥灶面制作技艺”被列入江苏省非物质文化遗产名录，2010年“奥灶馆”被商务部评为“中华老字号”企业。奥灶馆在保持传统特色的基础上开发了奥灶方便面、奥灶卤鸭等十多种系列产品，2013年承包方上缴利润为800万元人民币。

同德堂，位于昆山市人民路正阳桥畔，始创于1864年，原名徐泰山堂，创始人徐杏桥，在经营中重视树立信誉，以“货真价实、老少无欺”得到顾客信任，经营范围逐步扩大。1956年徐泰山堂参加公私合营，进入昆山县药材公司并更名为“同德堂”。2011年正式加入华润医药商业集团公司，至今拥有49家连锁门店，其中6家设立在太仓，其他均在昆山，2013年全年销售额为1.7亿人民币。

周市太和爊鸭，创始于1878年，创始人吴少堂，有“一家烧煮，满街飘香”之雅誉。1998年周市太和爊鸭食品厂在周市镇民营工业区建成，2012年被国家商业联合会评定为“中华老字号”会员单位，同年企业扩建新厂房3 700平方米并于年底正式投产。在保持传统制作工艺的基础上，周市太和爊鸭采用了高温灭菌、真空包装等新工艺，解决了久藏远运的问题。为了迎合不同顾客的口味，周市太和爊鸭还开发了牛肉、爊鸡、酱蹄等一系列爊味产品，丰富了产品线。除了每天配送供应昆山市区内的各大饭店宾馆外，周市太和爊鸭还进入了昆山大润发、易初爱莲等知名卖场销售，目前在昆山市区共有5家销售门店，2013年销售额1 000万元人民币。

二、制约昆山老字号发展的主要原因

（一）体制机制制约，发展后劲不足

昆山奥灶馆在新中国成立后改制成了国有企业，在计划经济时代，利润都上缴了国库，企业财力积累有限。同时国企弊端的惯性使得企业内部机制不灵活，技术与管理骨干流失，难以招到一流人才，致使企业发展后劲不足。再加上国有企业老字号职工人数多，离退休人员也多，包袱重，而现有雇员也普遍年龄老化，文化水平不高，影响了企业活力和经营管理水平的提高。

（二）人才流失问题日益严重

老字号的核心竞争力是独有技术，它们往往靠传统的师承制方式传承。一

些老字号由于自身机制和效益不佳等原因，身怀一技之长的员工经常被其他企业挖走，这些技术师傅往往把他们掌握的无形资产带到新的工作单位，作为谋求高薪丰酬的筹码。而急需的人才又难以引进，造成后继乏人，现在奥灶馆的主厨师傅只剩三人，两位55岁，一位45岁，且面临一位徒弟都没有的窘境。同时，不重视管理人才引进，像奥灶馆、周市太和爊鸭就急需优秀的、懂得现代企业制度的职业经理人操盘。

（三）融资信贷难，流动资金紧缺

周市太和爊鸭食品厂作为一家私营企业，融资信贷难成了其发展瓶颈。2013年，刚投入大量的资金建完厂房，再加上禽流感的影响，资金严重短缺，需要政府出台相应的政策，引导银行等金融机构加强对老字号企业的资金支持。

（四）“只此一家，别无分店”的经营理念

不少中华老字号企业的经营者长期信奉“只此一家，别无分店”的经营理念，认为企业最重要的是保证质量，开分店会导致产品质量难以控制，会出现假冒产品，会危及产品的声誉。比如面对大量的顾客需求仍然不开设分店的奥灶馆。

（五）“酒香不怕巷子深”的营销理念

许多老字号企业依然信奉“酒香不怕巷子深”的观念，认为质量是最好的宣传，老字号的名声也不是宣传得来的，而是靠过硬的质量赢得的，自己宣传不如顾客的口碑。同德堂、周市太和爊鸭等近年来都未加大在宣传方面的投入。而在市场经济条件下，社会开始变化，渐渐地从熟人社会转向陌生人社会，人们交往的减少也使得口碑宣传变得难以为继，这也制约了老字号企业的发展壮大。

（六）“小富即安”的盈利理念

老字号是历史的延续，许多经营理念也代代相传，“小富即安”的思想一直主导着许多经营者的思维。不少经营者认为“够吃够花就行了”，不求很多盈利，只求维持生计，更没有发展壮大的思想。这一传统盈利观念使得老字号企业缺乏竞争的压力和意识，无法积累进一步发展的资金，严重影响了企业的发展。同时，老字号大多为手工操作，靠的是独特的工艺和口味，更多地强调“继承传统”和保持“传统特色”，企业经营机制和管理方式不能适应市场变化，尤其是在产品开发和市场销售方面缺乏创新。

（七）严肃有余、热情不足的服务理念

有些老字号企业延续了计划经济条件下卖方市场的思维和服务模式，对顾客缺乏热情,不推荐自己的产品,服务员对待消费者的态度大有“我的东西好,你爱买不买”的架势,在顾客不能得到期望的产品时也很少挽留顾客,对顾客而言不仅感受不到微笑服务,而且体现不出“顾客就是上帝”。与此形成鲜明对比的是,很多私营饭店和酒店早以服务员开门微笑、热情服务并提供专职化全程服务为经营理念了。竞争中孰优孰劣,自然已经十分分明。

(八) 缺乏创新、墨守成规的市场定位理念

老字号的区域性是普遍存在的,很多老字号都以“区域特产”自居,这大大局限了产业的发展,很多消费者认为在其他地方购买到的就是假货。在很多老字号企业中,一个口味,一卖就是几十年上百年,认为老字号的产品就是这个味儿,换了就不是老字号了。现代社会是一个物产丰富的社会,消费者喜欢尝试不同的产品口味,进行新鲜的产品体验。老字号若是一味地墨守成规将会严重制约自身的发展。

三、保护和促进昆山老字号发展的对策建议

政府重点做好规划指导、政策引导、资金扶持和协调推动的基本职能,坚持以市场需求为导向,充分发挥企业市场主体作用。同时既要深挖老字号传统技艺和品牌内涵,弘扬老字号优秀传统文化和服务理念,又要积极引入现代管理生产技术,开发特色产品服务,增强老字号竞争力。

(一) 推进体制机制改革、服务和技术创新,提升老字号品牌价值

(1) 体制机制改革。鼓励和引导老字号企业建立健全现代企业制度,增强自主发展能力经营体制创新。按照“资产整合,业务重组、体制改革、机制创新”的原则,根据市场变化选择发展战略,增强企业活力,提高赢利能力。

(2) 服务创新。鼓励和支持品牌化、特色化发展的老字号企业在保持传统服务特色的基础上,以精细化管理创新为突破口,积极推进服务创新,不断提升服务品质,着实做到惠民便民,不断提升老字号品牌资产价值的时代内涵。

(3) 技术创新。鼓励和支持老字号企业在传承优秀传统技艺的基础上,通过合理运用高新技术和先进适用技术紧贴市场推陈出新、深度培育自主品牌、完善经营设施,吸引新顾客,开拓新市场,获得新发展。

(二) 发展现代流通,大力开拓市场,延伸产业链

利用“老字号”品牌优势,逐步完善产业链,促进老字号企业可持续发展。

鼓励奥灶馆、周市太和爊鸭形成围绕主营业务进行产业链延伸，实现食品加工、物流配送和零售网络一体化经营。支持同德堂医药企业从单一的售卖西药、中成药等扩大到药食同源产品、中医养生服务、DTP 药品等多个领域，开展特色经营。

引入连锁经营模式。积极支持有市场、有实力的老字号企业在中心城市圈以及社区商圈、乡镇商圈布局设点，发展连锁经营；支持和培育老字号企业建设形象店和品牌店；支持和鼓励大型超市和商场引入老字号企业进行集中经营。

（三）依靠网络平台，实施网络宣传和采取网络销售模式

现代网络技术的迅猛发展使得电子商务环境也日趋成熟和稳定，这样一种网络销售模式也是老字号企业再一次发展和光大的大好机遇，例如支付宝这个强大的第三方交易平台，为老字号企业的网上销售提供了有效的方向和渠道，为老字号赢得更多的网上用户。积极构建“老字号网店”，进一步开发老字号企业文化的电子网络资源，形成老字号整体推介、集中售卖的公共交易平台，充分发挥老字号品牌的社会凝聚力和感召力。

（四）协助解决老字号融资信贷问题

鼓励和引导有关金融机构对老字号企业创新发展所需的贷款给予支持，鼓励和引导信用担保机构对老字号的创新发展给予担保方面的支持。鼓励发展较好的老字号企业开展资本运作，支持符合条件的老字号企业上市。加大老字号企业招商引资力度，拓宽老字号企业的融资渠道。

（五）统筹协调，加强知识产权保护和非物质遗产、知识产权保护

引导老字号企业进行商标注册、专利申请工作，依法加强对老字号企业商标的保护，依法严厉打击侵犯老字号商标权、专利权、著作权及企业名称、商业秘密的行为。引导和支持老字号企业加快在境外注册商标，通过各种形式向老字号企业介绍知识产权保护知识，提高保护自主知识产权的自觉性和主动性。鼓励老字号企业实施品牌战略和标准化战略，支持老字号争创著名商标、驰名商标，并给予政策优先和相应奖励。

加强老字号文化和技艺的研究、保护和传承工作。加强老字号自身对技艺、服务、经营管理、文化等特色的挖掘、研究、保护和传承工作。鼓励老字号传人开展传习活动，积极组织老字号企业参与非物质文化遗产申报和文物普查工作，逐步把符合条件的老字号传统建筑、老字号技艺优先纳入非物质文化遗产体系。

鼓励有条件的老字号和相关单位收集、整理、保管、展示老字号史料，积极整合开发其旅游功能。对传统文化特色鲜明、具有广泛群众基础的老字号传统产品、技艺和品牌，要创新经营机制，吸引社会资本参与，不断创新发展。

（六）广泛利用多媒体开展老字号宣传工作，扩大品牌知名度

积极引导新闻出版、广播电视、互联网等媒体对促进老字号振兴发展工作进行宣传报道，营造促进老字号振兴发展的良好氛围，赢得全社会对老字号的重视和支持。在公共交通工具、饭店等旅游窗口单位发放昆山老字号消费指南、手册和地图，营造有利于老字号发展的社会氛围和消费环境。对不同历史时期的企业管理文件、文书档案等进行广泛征集、整理登记、妥善保管，并积极开展学术研究。同时发挥网络和移动互联优势，宣传发扬昆山老字号。

借助昆山国际啤酒节、海峡两岸中秋灯会、国际文化旅游节等平台，深度挖掘老字号传统文化和品牌内涵，举办“昆山老字号巡展”“老字号特色旅游文化线路”等活动，提升品牌附加价值，把老字号的历史文化价值转化为经济价值。

（徐蓉蓉）

苏州市吴中区老字号发展报告

一、苏州市吴中区老字号发展概况

（一）吴中区老字号基本情况

“中华老字号”企业是指在长期的生产经营活动中，沿袭了中华民族优秀的文化传统，具有鲜明的地域文化特征和历史痕迹、具有独特的工艺和经营特色，取得了社会广泛认同和良好商业信誉的企业名称或产品品牌。2006 年，商务部开始在全国实施“振兴老字号工程”，并在当年 11 月认定了第一批“中华老字号”，吴中区乾生元食品有限公司和石家饭店两家入围。2011 年 3 月，商务部在杭州召开“全国中华老字号工作会议”，公布了第二批“中华老字号”名录，吴中区老庆泰羊肉馆和角直酱菜厂两家入围。本文主要对吴中区的 4 家中华老字号（以下简称老字号）企业发展情况进行分析。

（二）吴中区老字号企业概况

1. 乾生元

苏州乾生元食品有限公司始创于清乾隆四十六年（1781 年），原店名为“费萃泰”，清光绪七年（1881 年）更名为“乾生元”，以乾坤八卦为首称。2010 年改建股份有限公司，注册资本 100 万元，2010 年设立苏州乾生元食品有限公司观前街商店。公司先后荣获“中国国际食品博览会金奖”“中国知名食品信誉品牌”“苏州知名商标”“江苏省名牌产品”等多项荣誉。

2. 石家饭店

石家饭店创立于乾隆五十五年（1790 年），初名“叙顺楼菜馆”，1929 年李根源先生将其更名为“石家饭店”。1956 年实行公私合营，成为国有企业，2003 年转制为民营企业。2010 年开设灵岩山店,2012 年开设李公堤店。企业现有员工 120 余人。

3. 老庆泰羊肉馆

老庆泰羊肉馆始创于清光绪二十四年(1898 年),作为首批在苏州开办的藏书堂吃羊肉馆,以其独特的品位驰名江南。成立 100 多年期间,经营规模扩大至山塘街、石路、皋桥等地。在 20 世纪 90 年代后期,“老庆泰”抓住吴中区藏书镇政府扶持政策,入驻“藏书羊肉美食城”,将店开回起源地。2003 年元月,“老庆泰”经国家工商行政管理总局商标局注册。

4. 甪直酱品厂

甪直酱品厂始创于清朝同治年间,前身由“张源丰”“沈成号”“鼎康”三家酱油、酱菜、糕饼作坊合并而成。1956 年公私合营,成立“甪直酱品厂”。2003 年企业转制后成为个人独资企业,现名为“苏州市吴中区甪直酱品厂”。公司现有员工 64 人,拥有 9 家加盟店。

二、吴中区老字号企业的发展特点和问题

(一) 吴中区老字号企业的发展特点

1. 企业类型以食品、餐饮类为主

吴中区老字号企业的行业分布说明传统食物制售工艺在当地得到了较好的保存,这也和苏州市老字号类型分布情况一致。

2. 地域分布集中在两个古镇

在 4 家老字号企业中,木渎镇 3 家,甪直镇 1 家,这与当地较为悠久的历史文化氛围有一定联系,表明企业沿袭和传承了古镇传统文化而积累起独特的制造工艺。

3. 企业类型均为民营

2000 年后,传统老字号纷纷改制为股份有限公司。公司制管理制度为企业充分参与市场竞争、加速发展壮大奠定了良好的基础。

4. 发展速度不断加快

2010 年左右,老字号企业纷纷开设加盟店、分店,企业规模不断壮大。乾生元共有食品公司两家,且企业已经涉足酒店管理、房地产开发等领域,集团化、规模化发展趋势明显。老庆泰也已经走出苏州,在全省各地开设了十余家分店,营

业规模也不断扩大。

（二）吴中区老字号发展存在的问题

1. 品牌开发有待提升

老字号自身的知名度就是其最大的资产，具有潜在的无形价值，但在实践中，老字号对品牌保护、利用尚缺乏提升空间，并没有完全将老字号的无形价值转变为实际生产力。在利用产品之“优”开发市场之“势”方面还有待提升。

2. 品牌传播力度不够大

在品牌传播上，“皇帝的女儿不愁嫁”等陈旧观念仍然存在。老字号品牌主要凭借口头传播，大大限制了品牌传播的速度和广度，消费者会由此逐渐淡忘老字号，使其丧失竞争优势。

3. 缺乏品牌文化创新

品牌代表利益认知、情感属性、文化传统和个性形象等价值观念。一个具有丰富文化内涵且不断发展的品牌才具有持久的生命力。“中华老字号”一头连接着厚重的珍贵文化遗产，另一头通向日新月异的现代社会。“老”是一种资本，有时也会成为突破的束缚。目前，老字号企业在经营中更加注重恪守古训、信守商业道德一面，而在创新品牌文化、满足目标市场消费者需求方面还有很大空间。

三、促进吴中区老字号企业发展的建议

1. 构建科学目标，树立正确的品牌经营理念

老字号企业必须更新观念，树立品牌意识，注重品牌塑造，把自身经营理念和行为从以产品经营为核心转变为以品牌经营为中心。科学设定企业目标，在品牌发展过程中，企业目标不仅包含产品经营中的主要目标，即销量、利润、占有率等，更要包含品牌发展相关指标，如品牌忠诚度、品牌个性、品牌价值等，从而构建起科学目标发展体系。

2. 强化质量基础，实行科学的品牌发展战略

以质量为品牌的基础，加强员工质量意识教育，抓好产品研制、生产和销售各环节的基础管理工作，把质量隐患消灭在各环节之中。以规模求品牌发展，遵循客观经济规律，在合适条件下积极组建跨地区、跨行业、跨所有制的企业集团，扩大老字号企业规模，降低企业交易成本，实现规模经济效益。

3. 加强创新研发,保持老字号品牌活力

老字号品牌的生命力与活力来源于新技术、新产品的开发与创新。创新是老字号企业核心竞争力的源泉。面对不断变化的市场需求和市场环境,老字号企业只有不断加大技术开发投入,开发自主核心技术,提高独立创新能力,深入挖掘企业内外的文化潜力,建立和培育体现时代特色、企业特色、产品特色的品牌文化,才能保持老字号品牌活力。

4. 探索可行的品牌管理模式

一是从实体经营逐步向虚拟经营发展。虚拟化经营也是一种通过专业化生产提高效益的行为,有利于老字号企业技术开发、拓展市场、共同筹资、多元化经营,有利于老字号企业取得竞争中的最大优势,实现超常规的发展。在实践中,老字号企业可通过保留自身最关键的功能,而将其他功能通过联合、委托、外包等方式,借助外部的资源力量进行整合来实现企业经营目标。

二是实施品牌关系管理,提升和管理顾客资产。品牌关系管理不仅仅是一种思想或一种活动与努力,更是一种全新的品牌管理方法,它交叉了产品生命周期与顾客生命周期,将传统的纯粹收益管理转变为以顾客为中心的收益管理,强调品牌与顾客之间的交流与关系,它是一种互动式的营销管理。在互动过程中,培养顾客的品牌体验与品牌感觉,帮助企业进行个性化的销售活动,让顾客融入销售流程,这可以增加顾客的参与感,满足其个性化需求。

(张桑桑)

苏州市相城区老字号发展报告

一、苏州市相城区老字号发展概况

老字号是我国经济发展的历史见证,也是我国传统文化传承和手工艺发展的重要舞台。苏州市相城区现有老字号企业4家,均属于“中华老字号”成员单位,其中,陆稿荐被商务部认定为“中华老字号”,4家企业总体发展情况良好。见表1。

表1 苏州市相城区老字号企业一览表

企业名称	老字号	始创时间(年)	行业分类
苏州市相城区陆慕御窑砖瓦厂	御窑金砖	明永乐年间	建材
苏州陆稿荐食品有限公司	陆稿荐	1663	食品
苏州市相城区黄埭天福食品厂	天福(黄埭西瓜子)	1868	食品
苏州市中平砖雕文化发展有限公司	袁氏堂/中平澄泥堂	1867	建材

1. 御窑金砖

苏州市相城区陆慕镇西的御窑村烧制各类古建筑砖瓦具有悠久的历史,为历代宫廷皇陵、寺观园庭建筑烧制大量秦砖汉瓦、明清金砖。以质量上乘、品位高档受到明朝永乐皇帝的称赞,并被赐名为“御窑”。2006年6月5日,苏州市相城区陆慕御窑砖瓦厂被列入江苏省第六批文保单位;同年,苏州御窑金砖制作技艺被列入国家级非物质文化遗产名录。

2. 陆稿荐

陆稿荐始创于清康熙二年(1663年),迄今已有三百多年历史,是古城苏州声誉卓著、历史悠久的老字号名店之一。新中国成立后,陆稿荐于1956年公私合营;1958 年“大跃进”时期,其后方工场改为平江区食品厂。1999 年,经股份制改造为有限责任公司,2003 年又经深化改制,更名为“苏州陆稿荐食品有限公司”,生产基地也迁至相城经济开发区。

3. 天福(黄埭西瓜子)

黄埭西瓜子始创于清同治七年(1869 年),初始名为“殷瑞记”。在 1927 年改名为“天福糖果店”,是一家前店后作坊的家庭工场。1956 年公私合营归于黄埭供销社,更名为“吴县黄埭供销社天福糕饼加工场”,后迁址扩建。“天福糕饼加工场”在“文革”期间停产,于 1976 年复产,名为“吴县黄埭供销社天福食品厂”。后吴县撤县建市,成为“吴县市黄埭供销社天福食品厂”。2001 年,吴县市并入苏州市,设相城区,厂名即改为现行厂名“苏州市相城区黄埭天福食品厂”。

4. 袁氏堂/中平澄泥堂

“中平澄泥堂”其前身为“袁氏堂”,由制盆名家袁鸿石于清同治年间(1867 年)所创。袁氏堂的蟋蟀盆、砖雕之所以著名,主要是因为其地区土质细腻,碱性适宜,再加之层层过滤、反复揉制、阴干等严谨的传统制作工序。“中平澄泥堂”于 2006 年被中国商业联合会中华老字号工作委员会批准为“中华老字号”会员单位,2009 年被评为江苏省非物质文化遗产。

二、苏州市相城区老字号发展现状和问题

(一) 相城区老字号企业发展现状

1. 老字号企业优势与劣势并存

优势:一是老字号品牌的影响力,老字号企业品牌历史悠久,信誉有保障;二是独特的传统工艺技术,区内这 4 家老字号企业都有着自己传统的特殊工艺,质量控制严格,长期坚守着质量信念。

劣势:一是经营成本高,老字号企业由于采用传统的特殊工艺,无法与现代机械化技术对接,人工成本居高不下;二是消费客体范围过于集中、狭小,例如蠡口袁氏澄泥蟋蟀盆工作室制作的促织盆、砖雕饰品,陆慕御窑砖瓦厂生产的建筑用砖、收藏用御窑金砖并不是百姓生活日常用品,其高昂的价格使其无法走入寻常百姓家。

2. 老字号企业发展存在局限性

一是文化的局限性。在市场经济蓬勃发展、经济全球化程度日益提高的今

天,展现在消费者面前的产品和服务异彩纷呈,五光十色,老字号产品和服务的替代品越来越多。在当前这个以年轻人为消费主体的社会,老字号在文化形象上往往给人"老古董"的联想,缺乏文化创新和形象创新。

二是技术的局限性。相城区的 4 家老字号企业都有固有的传统工艺,技术传承仍沿用师傅传徒弟的模式,没有现代技术开发体系,没有系统、科学的培训手段,缺少技术创新。

三是营销的局限性。相城区的老字号企业发展仅局限于苏州,经营规模小,经营半径短,只有本土化,没有全国化,更谈不上国际化,缺乏现代化的营销意识。

(二)相城区老字号企业存在的问题

一是传统工艺技术人才缺乏。袁氏澄泥和御窑金砖的技艺都是祖辈留传下来的,其他老字号企业的传统工艺技术传承也都是师傅传徒弟,边学边带,没有规范的制作流程,大多靠师傅的经验和祖传的配方。无论是御窑金砖的制作技艺还是陆稿荐苏式卤菜的制作技艺,都是工作环境差、体力活重、收入一般,难以吸引现代年轻人来学艺,传统工艺技术的传承面临严峻的考验。

二是产品技术创新缺乏。老字号企业势单力薄,技术投入以及产品研发能力不够,且对时代的发展变化考虑不足,对消费者的喜好和消费观念的变化研究不够,只信奉产品的传统特色,大多不愿进行产品创新,导致产品陈旧、品种单一,跟不上现今消费者的需求。

三是政策支持缺乏。政府一直很重视老字号的保护和发展,但无具体可操作的措施,特别是困扰广大老字号企业的税收政策问题一直无法解决,使得老字号企业的日常经营受到很大限制。

四是品牌营销理念缺乏。长期以来,老字号一直借助口头传播建立声誉,这在当今信息社会制约着老字号品牌传播的速度和广度。同时,品牌定位不准确,重在宣传其传统特色,没有时代色彩,导致不能吸引当今消费者的关注。

三、苏州市相城区老字号发展的对策建议

1. 政府重视

一是与区内应用技术类院校联合办学,建立传统工艺技术传承体系,如可以设立御窑金砖制作技艺、陆稿荐苏式卤菜制作技艺等专门的班级,吸收有志从事老字号传承的年轻人学习传统技艺,毕业后进入老字号企业工作,为传统技艺培

养源源不断的接班人。

二是与相城区的旅游文化经营接轨，打造相城区的文化名片，比如可以在区内开辟专门的传统老街保护区，吸引区内的老字号企业和其他传统手工艺商家入驻，“老街”靠“老字号”扬名，“老字号”又以“老街”为网点聚集人缘，集中展示老字号丰富的文化内蕴，彼此相得益彰。

三是区政府专门立项保护，提出老字号发展长远规划，切实解决税收、银行贷款难题，引导老字号快步向前发展。

2. 企业自身努力

一是重视品牌维护和价值提升。老字号的品牌本身就是一笔巨大的无形资产，因此其优势要予以充分的发挥。首先要强化商标注册意识，重视无形资产的评估；其次要不断充实品牌文化内涵，重新审视品牌在消费者心目中的形象和价值，找出品牌建设的不足之处加以改进。

二是两条腿走路，传统与创新结合。创新是企业长生不老的源泉，世界上几乎没有一种永恒不变的产品始终受到市场的青睐，老字号要在与现代品牌尤其是跨国品牌的激烈竞争中取得生存和发展，就必须适时地调整产品策略，创新产品。同时要对消费者进行研究，懂得消费者需求的变化，并对自己产品的档次进行定位，进行准确的市场细分，推出针对适当人群的相应的产品。

三是创新营销手段。老字号企业要抛弃“酒香不怕巷子深”的陈旧的营销观念，树立参与市场竞争的意识，充分利用现今发达的各类媒体资源和网络资源，在品牌宣传上做点文章。另外还可以借助老字号深厚的历史内涵，将老字号的历史发展故事撰写成一部部内容丰富的文艺作品，运用宣传片、微电影、电视剧等现代宣传手段，将老字号送进千家万户。

3. 老字号协会抱团帮扶

一是继续搭建两个平台，做好服务工作。一方面，继续带领区内的老字号企业走出苏州、走出江苏，甚至走出国门，参加各类传统文化交流活动；另一方面，定期将老字号企业发展中遇到的问题、需要寻求的帮助反映给政府相关部门，助力老字号企业的长远发展。

二是帮助企业形成抱团合力，抵抗市场经济浪潮。可以某一知名度很高的老字号企业为龙头，组成一个强势群体，一批集团公司，抵抗市场经济浪潮。

（吴　洁）

苏州市姑苏区老字号发展报告

苏州市的大部分老字号企业集中在姑苏区,其数量占据了苏州市全部老字号的"半壁江山"。为助推老字号企业健康发展,本课题专门对姑苏区老字号企业进行了问卷调查和走访调研。本文分析了姑苏区老字号的特点及其面临的问题,并提出了相应的对策建议。

一、苏州市姑苏区老字号简述及其特点

苏州老字号代表着苏州文化,每一家老字号都有深厚的文化底蕴和鲜明的历史文化背景,分布在食品、餐饮、建材、茶叶等十多个领域,姑苏区以食品和餐饮居多,占到了47.7%。

(一)部分老字号简述

1. 黄天源

黄天源创建于清道光元年(1821年),坐落在中国苏州市观前街闹市中心,是江浙沪一带生产规模较大、历史悠久、闻名中外的中华老字号名店,以经营各色糕团为主,兼营面馄及各类食品。

2. 采芝斋

采芝斋创始于清同治九年(1870年),在苏州观前街设店起家,至今已有130多年历史,产品分为苏式糖果、苏式糕点、苏式炒货、苏式蜜饯、苏式咸味5大类,有300多个品种,1 000多个包装。2007年,该公司注册淘宝网店,拓展了网上销售渠道。

3. 叶受和

叶受和创始于清光绪十二年(1886年),原名"叶受和茶食糖果号",开设在

观前街东段,叶受和糕点以苏式为主,苏式中夹有宁式。注册商标“和合”。

4. 万福兴

万福兴糕团店创建于清宣统三年正月(1911 年),坚持传统制作和前店后坊经营模式,制作松糕、蜜糕、猪油糕、团子等 50 多个品种及应景时令糕点。

5. 津津

苏州津津食品有限公司由原苏州食品厂改制而成,主要生产苏州著名特产“津津”豆腐干、玫瑰腐乳等系列产品,其前身“老津津牛肉干工厂”首创于清末民初,至今已有近百年历史。“津津”商标于 1982 年申请,1983 年获国家工商总局正式批准使用,荣获第二批全国“中华老字号”称号。津津豆腐干为国家原产地标记产品,卤汁豆腐干制作技艺列入江苏省非物质文化遗产保护名录。

6. 得月楼

得月楼为中华老字号、中华餐饮名店,创建于明代嘉靖年间,1982 年移址苏州繁华中心太监弄。得月楼名师荟萃,技术力量雄厚,传承苏帮菜点,特别擅长制作明代流传下来的船菜船点、吴中第一宴。

7. 松鹤楼

松鹤楼坐落在繁华闹市区观前街太监弄,始创于清乾隆二十二年(1757 年),迄今已有 250 多年历史,是商务部首批认定的“中华老字号”,是目前苏州地区传承最为悠久、饮誉海内外的正宗苏帮菜馆。

8. 恒孚银楼

恒孚银楼始创建于公元 1806 年,至今已有 200 余年历史,是中国历史上最著名的四大银楼之一,2006 年 6 月率先走出苏州本土,在无锡开设门店,现有自营店 16 家,加盟店 20 家。

9. 汪瑞裕

春蕾茶庄,原名“汪瑞裕茶号”,始建于清乾隆年间,自太平天国后世称苏州茶业六大店之一,为百年老店之首,1966 年更名为“春蕾茶庄”,后申请注册“汪瑞裕”系列品牌。

10. 乾泰祥

乾泰祥坐落在苏州观前街中心,是苏州丝绸行业中唯一的中华老字号企业,已有 140 多年的历史,主要经营丝绸面料和丝绸服装。创始于清朝同治年间(1863 年),起初为绵绸店,1998 年和 2012 年分别注册设立苏州乾泰祥丝绸有限公司和苏州乾泰祥丝绸有限公司服装厂。21世纪初乾泰祥开始尝试“走出观前街,走出苏州城”,将自己的品牌丝绸服装先后在苏州市区、无锡市区、南京新街口和夫子庙等处设立了丝绸特约经销点,扩大了知名度和信誉度。

(二)姑苏区老字号企业的特点

1. 历史悠久,文化价值高

苏州姑苏区的老字号历史悠久,传承数百余年,是苏州传统商业文化的重要象征。创立于清乾隆三十八年(1773年)的稻香村、清乾隆二十二年(1757年)的松鹤楼、清道光元年(1821年)的黄天源、清光绪十二年(1886年)的叶受和等,这些老字号企业在数百年的发展沉淀中逐渐形成了世代传承的不可复制的精良产品与独门绝活,成为苏州乃至全国都家喻户晓的商业品牌,具有极其丰富的历史价值与文化价值。

2. 体制变革快,企业活力强

苏州老字号企业体制的改革起步较早。早在2003年,苏州的大部分老字号企业先后完成了改制,除部分“老字号”的招牌和商标等无形资产外,国有资本已全部退出,职工身份已全部置换,老字号企业基本上成了独立的市场竞争主体,这为建立和完善现代企业制度,引进先进的管理经营理念,增强企业的活力,提供了很好的保障。

3. 富含商业价值与旅游价值

姑苏区的老字号企业集中于餐饮、食品等零售业,无一不和旅游景点相毗邻。外地人来到苏州旅游,都会逛一逛观前街、看一看玄妙观、品一品苏州味、买一买颇具江南文化的纪念品。以传统商贸服务业为主的姑苏区老字号企业,为姑苏区乃至苏州地区的经济发展起到了极大的推动作用。

4. 外观精美,味道独特

姑苏区老字号产品具有独特的江南地域特色,外观精美,味道独特。老字号已成为市民日常生活的有机组成部分,察院场的朱鸿兴、观前街上的观振兴、石路的近水台、东中市的万福兴等是比较有名的老字号,在不同的面馆,你不会吃到一碗相同的面,每碗功夫面的汤里都包含了苏州饮食文化中的诸多元素,各家都有自己特有的风味。在餐饮业飞速发展的今天,顾客对传统口味念念不忘,其根本原因是老字号产品已经充分融入市民生活,为其增添便利。

二、姑苏区老字号发展面临的主要问题

老字号有着悠久的历史,但是由于时代的原因经历了三次比较大的冲击,如20世纪50年代的公私合营,70年代的"文革"以及90年代的市场经济转型,很多老字号企业现在依然经受着市场经济的冲击。概括分析,主要有以下几方面的原因:

1. 经营管理理念落后

苏州的老字号企业虽在一定时期形成特定的核心竞争力,但面对社会发展和时代进步所带来的顾客需求和心理变化,大多数老字号企业仍固守成规,保持着传统的经营模式和销售理念,有的规模几十年不变,口味、设计等也无新的创意,原有的竞争优势逐渐淡去,甚至消失。近年来,一些老字号企业在新兴品牌的冲击下,除逢年过节保持较高的人气外,大部分时间均惨淡经营。

2. 品牌意识不强

老字号作为历史传承下来的资深品牌,有着丰厚的文化底蕴,姑苏区除"津津""黄天源"等为数不多的老字号企业重视商标的申报和保护外,大多企业商标意识淡薄。如"采芝斋"商标被上海某公司抢注,只能另行注册"采芝图"商标。其次,一些老字号企业对品牌价值长期忽视,导致自身品牌价值被低估。另外,不少非法商家在产品名称、外观设计、材料使用方面刻意模仿老字号,因价格优势,给老字号企业发展带来了不小的冲击。

3. 主动宣传意识不强

大多老字号企业秉承"只此一家,别无分店""酒香不怕巷子深""小富即安"等落后的理念,然而实际生活中,近半数的人是通过广告了解到老字号企业的。苏州老字号企业尽管改制较早,但几十年计划经济体制的管理弊端对大多数老字号企业的运营仍然产生了不良影响,相比本地人,外地人对苏州老字号企业了解得并不多。同时,不少老字号企业管理落后、加盟门槛低,有的甚至随意变卖"老字号"。

4. 工厂化生产和现代化管理程度不强

苏州老字号企业基本上都是劳动密集型企业,大多都沿袭过去家庭作坊式的经营模式,主要生产经营传统产品,根据调查情况看,产品单一、获利微、负担重、缺乏创新。许多老字号企业为了保持传统的风味特色,沿袭了百年的传统工艺,而在这种传统的工艺中,早已浸润了苏州古城区特有的悠闲和从容,一份恬

淡和保守的心态所造就的产品和技术，已无法适应竞争激烈的市场。老字号要想求生存、求发展，就必须突破“老”传统的束缚，广纳人才，吸收现代经营理念，建立现代企业制度，实施科学管理，否则必然会被现代竞争无情淘汰。

5. 继承人难找

人才问题已经成为姑苏区老字号企业能否再度崛起的核心问题。姑苏区相当一部分的老字号企业还停留在传统的经验管理阶段，不少人还抱有“一招鲜走遍天下”的侥幸思想，奢望通过老字号既有的技术特色继续老字号昔日的辉煌。在实际工作中，一些管理人员还采取简单的命令式管理方法，缺乏沟通和协调，忽视接班人才的培养工作，不能建立符合市场要求的激励机制、绩效考核和薪酬制度，严重影响了员工的积极性和活力。因此，现在许多年轻人宁愿挤破头去争抢一份公司白领的工作，也不愿意去学习技术工作，不愿意进老字号企业。姑苏区老字号正面临着技术丢失、继承人难找的尴尬境地。

三、促进姑苏区老字号发展的对策建议

1. 强化品牌意识，提升老字号的企业形象

老字号品牌拥有悠久的历史，是重要的无形资产。姑苏区老字号企业一定要认识到品牌的重要性，要加强培育商标、使用商标、保护商标的意识，熟悉有关商标的使用规则，并以此为重心，紧紧地围绕品牌，树立品牌意识，以品牌作为企业营销管理的核心，强化品牌的第一重要性，开展相应的商标申报工作。一个没有品牌、没有注册商标的企业，将无法在市场竞争中获得有利的位置，只能处于产业链中的不利位置。同时，政府对老字号企业申报著名商标也应给予优惠，不能只看经济效益，更要看到其品牌所具有的无形资产的长远效益，可以放宽对老字号硬性经济指标的限制，使一些经济效益不十分景气的老字号能跻身著名商标的行列。政府有关部门要把老字号企业作为未注册的驰名商标予以保护，对老字号产品的侵权假冒行为予以严厉打击。

2. 提高创新意识，提升老字号的竞争能力

姑苏区老字号企业只有经营创新，老市场新运作，才能求得生存，才能提高企业竞争力。老字号的产品往往采用传统工艺，产品具有独家特色，几十年甚至上百年不变。这看起来是老字号的优势，但随着市场和消费者消费习惯的变化，这些老字号产品的单一性必然制约品牌全面系统地延伸和发展，这些优势会逐

步丧失甚至转变成劣势。老字号的产品必须创新、降低损耗，有针对性地采取措施，革新工艺，这需要先进设备和现代化管理手段的不断投入，积极引进新工艺、新技术，生产出顺应时代要求和市场趋势的新花样、新品种，来不断地满足消费者的需求。实际上，老字号的传统工艺本身就是积极改进的结果，利用现代科技对老字号的产品和工艺进行积极改进和创新，就是对老字号传统的最好继承。同时，注意引入多元投资主体，创造多种商业机会，并实行规范管理。

3. 加快体制更新，助推老字号的腾飞发展

姑苏区老字号企业大部分早在2003年就完成了体制改革，由于受当时条件的限制，改革并不彻底，只是对有形资产进行改制，而作为老字号企业无形资产的金字招牌、商标的所有权和使用权是分离的，所有权归政府部门掌管，使用权在企业，实行了无形资产和有形资产的“双轨制”，由此衍生了新问题。要突破以上困境，一方面必须赋予老字号企业稳定的有形资产基础，通过政府适当调整和规制，促进老字号企业无形资产长足发展；另一方面必须充分发挥企业家的创新精神，冲破传统观念和计划经济观念的束缚，在建立现代企业制度的基础上，虚心学习世界经济强国先进的管理方法、管理经验，努力使这种新的体制和机制充满活力，使企业焕发青春活力。

4. 加快人才培养，保障老字号后继有人

姑苏区老字号在人才的发展规划和培养工作方面非常欠缺，这严重影响了员工的忠诚度和信心，故而加快人才培养对于加快推进老字号企业的可持续发展具有决定性的重要作用。因此，老字号企业在加强自身建设的同时，一方面可探索尝试与大专院校发展合作，开设重点老字号企业的理论和实践课程，培养一批振兴老字号企业需要的各种专业人才，为老字号企业发展提供坚强的人才保障；另一方面单位领导要以身作则，积极开展传、帮、带工作，各单位的业务能手、行业标兵要耐心地对青年人才进行全心全意的指导、无私帮助，促使新进人员尽快转变角色，尽早找到感觉，积极投入老字号企业的发展工作。

5. 加强政府扶持，引导老字号的合理发展

政府有关部门要充分认识姑苏区老字号企业的价值，高度重视其在国家历史文化名城保护中的作用，要进一步制定政策，加强保护，为它们的发展创造良好的氛围和环境。老字号企业多次向本课题组反映了其在经营过程中遇到的房租上涨、税收过高等问题，因此姑苏区老字号企业要想更好地发展，除了依靠市

场机制自我运作发展外,还应该受到当地政府的扶持与引导,它们是姑苏区的特有文化、历史遗产,政府应该加强力度扶持,对该保护和该抢救的老字号给予特殊保护,以鼓励老字号企业进行品牌创新和品牌打造。此外,政府还应该引导、推动老字号的商业运作,因为老字号的无形资产是丰厚的,是不可遗失的。对于经营情况不同的老字号企业可采取融资、参股等手段,组建企业集团,确立产业化发展方向,设立老字号企业专项发展基金,对老字号企业给予专项资金补助或贷款贴息,同时还可以将老字号濒危的传统技艺的传承工作纳入非物质文化遗产实施保护。

参考文献:

[1] 傅利英,于杨曜,张晓东.“老字号”企业技术创新及专利、商业秘密立体保护措施研究[J].科技与法律,2010(1).

[2] 明洁,姜小琴.江苏老字号企业制度创新发展策略探讨[J].华东经济管理,2008(10).

[3] 卢泰宏,高辉.品牌老化与品牌激活研究述评[J].外国经济与管理,2007(2).

[4] 魏之川.天津老字号发展情况分析及对策刍议(下)[J].环渤海经济瞭望,2011(2).

(胡跃峰、毕士良)

行业篇

苏州市食品类老字号发展报告

一、苏州市食品类老字号发展概况

食品行业是对农、林、牧、副、渔等部门生产的产品进行加工制造以取得食品的生产部门，与人们生活密切相关。自改革开放以来，我国食品行业历经坎坷，在激烈的市场竞争中生存发展。近年来，我国食品行业总产值以年均递增 10% 以上的速度持续快速发展，年平均增速始终高于全国工业的平均增加值。目前食品行业已经发展成为门类比较齐全，既能基本满足国内市场需求，又具有一定出口竞争力的产业。据国家统计局统计，截止到 2012 年年底，我国规模以上食品制造业利润总额达1 423.1亿元，同比增长 15.9%；资产总额达 10 009.68 亿元，同比增加 1.28 倍。食品行业不仅与人民生活质量、健康水平密切相关，而且是消费品工业中为国家提供积累最多、吸纳城乡劳动就业人员最多、与农业依存度最大、与其他行业关联度最强的一个工业门类。食品行业是我国国民经济的重要支柱产业，对推动国民经济持续、稳定、健康发展具有重大的意义。苏州市食品行业在近些年稳步发展，截止到 2012 年年底，规模以上食品制造业工业总产值达 1 674 431 万元，同比增长 25.7%；资产总额达 1 229 079 万元，同比增长 14.8%。

苏州市食品类老字号作为食品类企业的优秀代表，历经岁月的长河，依然活跃在市场经济的舞台。目前，苏州市食品类老字号企业共有 13 家，占总数的 19%，有超过 350 年历史的陆稿荐，也有集“中国驰名商标”和“中华老字号”一身的太仓牌肉松，而且这 13 家全部是民营企业，其中有 8 家被商务部认定为“中华老字号”，获得了良好的社会声誉。但近些年日益严重的食品安全问题给这些老字号企业带来了不小的影响。老字号企业为了能在市场中生存下去,不仅需要应对激烈的市场竞争,更要完善自我,用优质的产品和服务来回馈消费者。

二、食品类老字号受访人对企业自身经营的看法

受访的老字号企业管理人员中有13位表示,本企业最大的竞争优势是"产品质量",占总频数的18.3%;有12位受访的老字号企业管理人员认为"品牌"是本企业主要的竞争优势,占总频数的16.9%;除此之外,"传统工艺技术"及"服务态度"也都被公认为企业主要的竞争优势。见表1。

表1 本企业具有的竞争优势

竞争优势	频数	占比(%)	竞争优势	频数	占比(%)
价格	7	9.9	工作效率	1	1.4
品牌	12	16.9	经营成本	0	0
产品种类	5	7	宣传广告	2	2.8
产品质量	13	18.3	政府支持	1	1.4
传统工艺技术	11	15.5	银行支持	0	0
消费者	4	5.6	其他	1	1.4
管理水平	5	7	总计	71	100
服务态度	9	12.7			

关于企业存在的竞争劣势,在本次被访问调查的老字号企业中,有12家企业选择了"经营成本"为本企业现存最大的劣势,占总频数的24%;有7位受访的企业管理人员表示"管理水平"才是本企业主要的竞争劣势,占总频数的14%;此外,"价格""宣传广告"以及"政府支持"也都被视为企业主要的劣势。见图1。

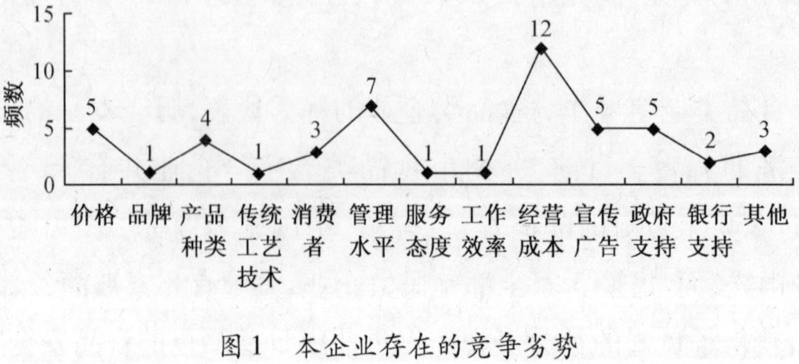

图1 本企业存在的竞争劣势

关于近五年(2009—2014 年)企业在经营发展方面的举措,分别有 10 位受访的“老字号”企业管理人员表示“增加新产品”“提高服务水平”以及“改善经营环境”这三个举措占总数的近三成;另外,“增加销售网点”和“增加新的工艺技术”也是老字号企业经常采用的措施,分别占总频数的 12.3% 和 10.96%。见图 2。

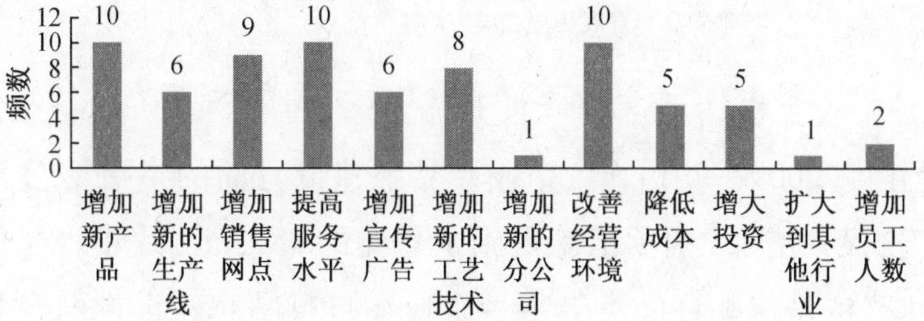

图 2　近五年本企业在经营发展方面的举措

关于近五年(2009—2014 年)企业在营销策划和品牌认知方面的举措,有近一半的食品类老字号企业选择了“增加销售网点”,占总频数的 18%;“增加广告投入”“关注消费者的新需求”及“改善销售环境”等措施也是老字号企业常常会采取的措施,分别占总频数的 16%、14% 及 10%。见表 2。

表 2　近五年本企业在营销策划和品牌认知方面的举措

举措	频数	占比(%)	举措	频数	占比(%)
设立营销部门	4	8	改善销售环境	5	10
增加营销人员的数量	4	8	关注消费者的新需求	7	14
高薪引进营销人才	0	0	结合传统节庆开展营销活动	5	10
提高营销人员的工资	0	0	增加经销商	2	4
增加销售网点	9	18	其他	2	4
增加广告投入	8	16	总计	50	100
增加代理商	4	8			

关于近五年(2009—2014 年)企业在品牌传承方面所做的努力,受访的“老字号”企业管理人员认为,“保留传统的产品和服务”“延续品牌形象”和“传承品牌文化”这三种措施为企业最经常采用,分别占总频数的 23%、23% 及 21%。见图 3。

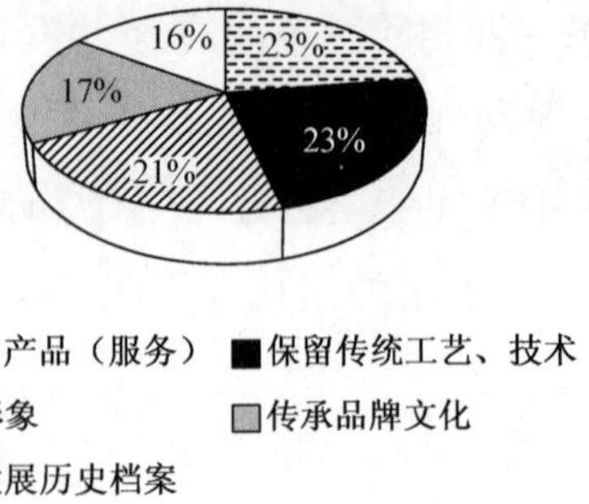

图3 近五年本企业在品牌传承方面所做的努力

关于近五年(2009—2014 年)企业在品牌建设方面的举措,"公司有形象代言人"和"广告投入增加"两项措施占到了总体的48.3%;另外,"在传统节庆时进行品牌推广"也是这些食品类老字号企业在自身品牌建设方面经常推举的措施,有6位受访的企业管理人员选择,占总频数的20.69%。见图4。

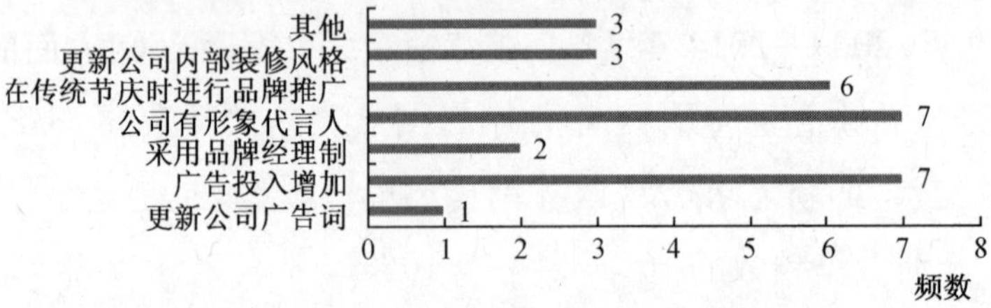

图4 近五年本企业在品牌建设方面的举措

关于近五年(2009—2014 年)企业在新产品开发和品牌创新方面的举措,这些老字号企业采用的措施各有不同,比较分散,其中只有"改善生产环境""开发新的生产工艺"及"增建新厂房"这三项措施比较集中,分别有11位、8位、8位受访的老字号企业管理人员选择,分别占总频数的21.2%、15.4%及15.4%。见图5。

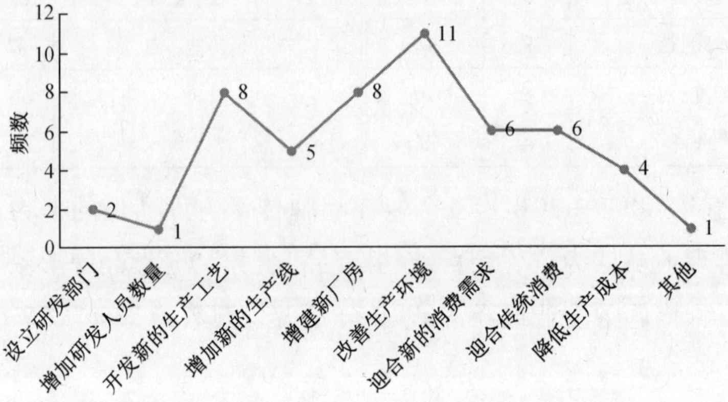

图5 近五年本企业在新产品开发和品牌创新方面的举措

关于近五年(2009—2014 年)企业在信息化管理方面的措施,有 11 家受访老字号企业选择"建立公司网站",占总频数的 22%;此外,有 8 家企业选择"财务信息化系统"和"采用网上销售"作为企业在信息化管理方面的措施,均占总频数的 16%。见表 3。

表 3 近五年本企业在信息化管理方面的措施

举措	频数	占比(%)	举措	频数	占比(%)
办公自动化系统	7	14	人力资源信息化系统	0	0
销售信息化系统	7	14	建立公司网站	11	22
采购信息化系统	5	10	采用网上销售	8	16
财务信息化系统	8	16	上述整套信息化管理系统	0	0
研发/设计信息化系统	1	2	其他	2	4
生产制造信息化系统	1	2	总计	50	100

关于近五年(2009—2014 年)企业在社会责任方面的举措,受访的老字号企业管理人员表示,"关注员工权益"是他们最重要的举措,占总频数的 17.6%;另外,"关注消费者权益"及"关注环境保护"也是企业经常采取的措施,分别有 10 位、9 位受访企业管理人员选择,分别占总频数的 14.7%、13.2%。见图 6。

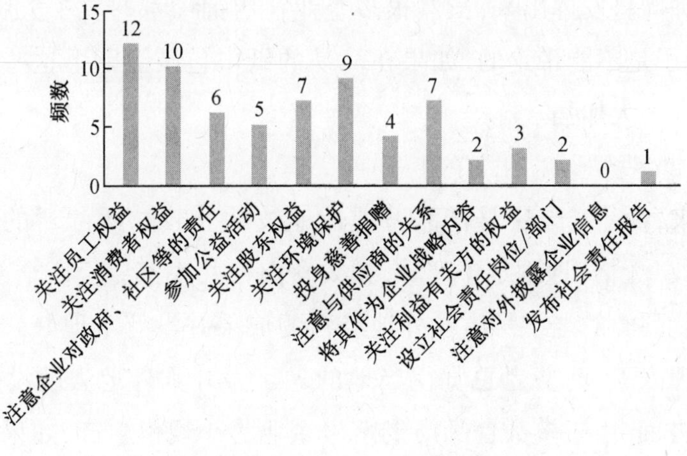

图 6 近五年本企业在社会责任方面的措施

关于近五年(2009—2014 年)企业在品牌价值提升方面的努力,受访的老字号企业管理人员选择比较集中一致,其中"关注消费者需求""重视品牌文化建设"和"加强客户关系管理"是企业最常采取的三项措施,分别有 11 家企业选择,均占总频数的21.2%。见图7。

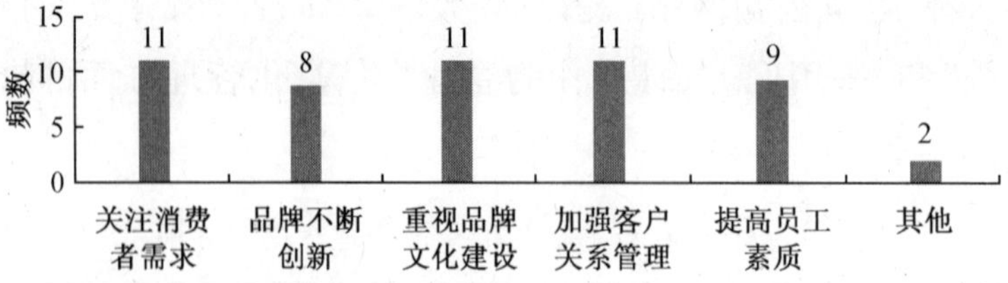

图7 近五年本企业在品牌价值提升方面的努力

三、苏州市食品类老字号发展存在的问题

1. 营销服务意识淡薄

在企业营销的过程当中,营销服务是全过程的,也就是说营销服务应该是贯穿于售前、售中、售后全过程的,它不仅要求食品类老字号企业要认真对待每一个销售环节,同时还要使每一个员工都要树立牢固的服务意识,从而为企业的整体营销目标服务。但食品类老字号企业在这些方面做得远远不够,随着人们生活习惯的改变,人们的偏好也在不断发生改变,但部分食品类老字号企业依旧追随着十年前甚至上个世纪的"流行元素"。另一个问题体现在宣传过程中,食品类老字号企业都拥有着悠久的历史及特色"绝活",但在宣传的过程中却极少有企业能将这种优势发挥出来,虽然很多企业在店铺中都树立了大牌子以宣传企业,但这些牌子是不能带走的,如果在简易的纸巾包装上印上这些宣传材料,其宣传力度就会大大加强。

2. 产品销售被"地方化"了

长久以来,食品类老字号产品习惯性地被贴上"地方特产"的标签,这导致老字号产品被"无情"地限定了区域,如太仓肉松共4家专卖店全部落户在太仓市内。苏州食品类的老字号店在外地经营的成果并没有本地好,一方面是由于消费者的心理因素,消费者总觉得当地的老字号开到外地去就没那么"原汁原味"了;另一方面,由于多数食品类老字号企业为小规模生产,如果在外地经营,企业没有资金实力去配套其生产,这样会间接地增加经营成本。主客观两方面的原因使得食品类老字号企业很难在外地取得大的突破和发展。

3. 品牌保护意识薄弱

老字号通过几代人,经过几十年甚至上百年才得以传承下来,但很多老字号品牌保护意识淡薄，没有注册商标的概念，所以屡屡发生老字号商标被抢注、仿冒的行为，如“采芝斋”商标被抢注，只能注册“采芝图”作为商标，虽然后来经过多次协调才争取到“采芝斋”的商标，但这对企业的发展造成了不小的困扰和阻碍。此外，老字号企业也面临着商标在境外被抢注的严峻挑战，如“稻香村”商标在香港被抢注，甚至在加拿大多伦多存在“中华老字号抢注公司”网站。据不完全统计，迄今为止，已有15%的苏州老字号在境外遭抢注。这对老字号的后期发展将会非常不利，部分食品类的老字号由于是小本经营，往往都忽略了商标的重要性。

四、苏州市食品类老字号发展的对策建议

1. 调整营销理念，提高服务水平

由于目前苏州市食品类老字号企业营销服务意识还比较薄弱，营销服务水平还有待提高，所以食品类老字号企业应当从自身出发，一方面，调整现有的营销理念，真正将自己的服务贯穿于售前、售中、售后的全过程，从实际出发去了解、适应消费者最新的需求，做好营销，提高服务水平；另一方面，老字号企业在营销的过程中，不能忽视细节，要在每个细节都留下自己的“印记”，来潜移默化地影响消费者，引导消费者。

2. 鼓励老字号的传承，打造国际化品牌

老字号的传承是老字号延续的根本，政府应将老字号的代表性传承人作为保护和扶持的重要对象，开展对掌握主要传统手工技艺的老字号代表性传承人的认定，资助代表性传承人授徒传艺，并为其提供必要的传习活动场所，以及开展展示、研讨和宣传活动的条件。只有将老字号的传承工作做好，才能为老字号今后的发展打下良好的基础。此外，食品类老字号企业应当突破地域的局限，这需要食品类老字号企业一方面通过营销来改变消费者的固有观念；另一方面，企业要加大异地经营成本，让老字号企业走出苏州，走向全国甚至全世界，而不仅仅是“土特产”。

3. 重视老字号商标保护，提高品牌保护意识

针对目前食品类老字号企业商标频被抢注、盗用的情况，食品类老字号企业应该重视对商标的保护，通过法定渠道申请商标注册，包括海外注册，以获得相应的商标专用权。只有完成商标注册，食品类老字号的发展才会有一个良好的

环境。除此之外,由于目前专门针对老字号保护方面的法律法规还不是很健全、完善,首先政府部门应当完善这方面的行政法规,对于市场上出现的商标抢注、仿冒行为给予严厉的打击,其次司法部门应当尽快完善老字号保护方面的法律法规,对于一些界定不清的违规行为应该有明确的法律规定,让现存的这些违法违规行为受到应有的惩罚。

参考文献:

[1] 苏州市统计局,国家统计局苏州调查队.苏州市统计年鉴-2013[M].北京:中国统计出版社,2013.

[2] 王增利,樊秦,梅雪莹.老字号食品企业营销策略[J].中国农学通报,2009(4).

[3] 顾燕新.浅论采芝斋的品牌文化建设[J].世纪桥,2009(21).

[4] 王敏红,顾江峰.非物质文化遗产——太仓肉松的传承与发展[J].档案与建设,2014(7).

[5] 徐嘉惠.从"稻香村"商标之争浅谈企业商标管理战略[J].商业经济,2014(12).

(刘　泓、汤　华)

苏州市酱园类老字号发展报告

一、苏州市酱园类老字号企业概况

俗话说,开门七件事:柴米油盐酱醋茶。中国人的菜肴注重色、香、味,因此,调味品是人们生活当中的必需品。酱园的经营范围很广,有酱作、酒作(黄酒)、吊坊(白酒)、醋作、水作(乳腐)、酱菜作等。而酱园类企业,就是指制作和出售这一系列调味品的企业,其产品一般为酱菜、系列酱、酱油、辣油等。

近几年来,我国调味品行业发展迅猛,行业总产量已超过1 500万吨,成为食品行业中新的经济增长点。凯度消费者指数(Kantar Worldpanel)数据显示,截至2013年10月4日的一年里,在食品品类中,调味品市场表现良好,年销售额增长幅度达到了10%,高于食品品类的整体增长。而调味品行业中不可或缺的"老字号"调味品,又包含了更多的品牌价值和文化价值。中国调味品协会于2014中国(国际)调味品及食品配料博览会期间,首次推出中华老字号专区,引导和支持老字号企业开拓市场,加强对民族文化的挖掘和保护,促进传承民族传统文化和技艺的老字号企业加快创新发展。

江苏省的调味品龙头企业——恒顺醋业,是目前国内最大的食醋生产企业,有200多个品种的系列调味品,其生产的醋是中国四大名醋之一。恒顺醋业通过不断改革创新,不仅在国内享有很高的知名度,还逐渐开拓了国外市场。放眼苏州,江南水乡特有的深厚文化底蕴,也造就了一个个百年酱园老字号,它们用传统精良的工艺、自然生态的原料、多样化的产品,赢得了消费者的认可和喜爱。苏州市酱园类老字号企业源远流长,大都起源于清代道光年间至光绪年间,有着百年以上的历史。

苏州市酱园类老字号企业规模不等，大小不一。见表1。例如，“莺湖”老字号酱园注册资本223万元，员工43人，而“公号酱园”老字号酱园注册资本12万元，员工10人；“角直”老字号酱园开了9家连锁加盟店，其余的4家老字号企业没开连锁加盟店。另一方面，由于2003年在政府的支持下苏州老字号企业基本完成转制，国有资产全部退出，职工的大集体身份全部置换，所以，酱园类老字号企业均已属于民营企业。

表1　苏州酱园类老字号企业基本情况

老字号名称	成立时间	注册资本(万元)	现有员工人数	2013年营业收入(万元)	企业性质
角直萝卜	道光年间	464	64	1 200	民营企业
恒兴泰	咸丰元年(1851)	500	80	6 000	民营企业
万康	同治三年(1864)	50	10	—	民营企业
公号酱园	同治四年(1865)	12	10	28	民营企业
平望酱品(莺湖)	光绪十一年(1885)	223	46	2 460	民营企业

二、酱园类老字号受访人对企业自身经营的看法

本问卷调查样本选取了苏州市5家酱园类老字号企业，调查的问题主要分为三个部分：一是受访企业的基本信息；二是老字号企业在发展过程中对自身经营的看法和采取的措施；三是企业对政府相关政策的期望。

老字号企业在经营过程中，首先要认识到自己的优势和劣势，这样才能根据环境找到适合自己的经营方法和战略。相对于同行其他企业，在受访的苏州酱园老字号企业当中，80%的老字号企业管理人员认为本企业在产品质量和服务态度方面占有优势；60%的老字号企业管理人员认为本企业的竞争优势在于品牌和传统工艺技术方面；还有40%的企业管理人员认为优势体现在消费者、管理水平、工作效率方面；此外，只有一家老字号企业的管理人员认为本企业的优势体现在产品种类方面；比较有趣的是，员工人数在50以下的企业认为价格是竞争优势，人数在50以上的企业认为价格是竞争劣势。另外，80%的老字号企业管理人员认为本企业在政府支持方面是处于竞争劣势的；60%的老字号企业管理人员认为本企业在经营成本、宣传广告和银行支持方面处于竞争劣势。见图1。

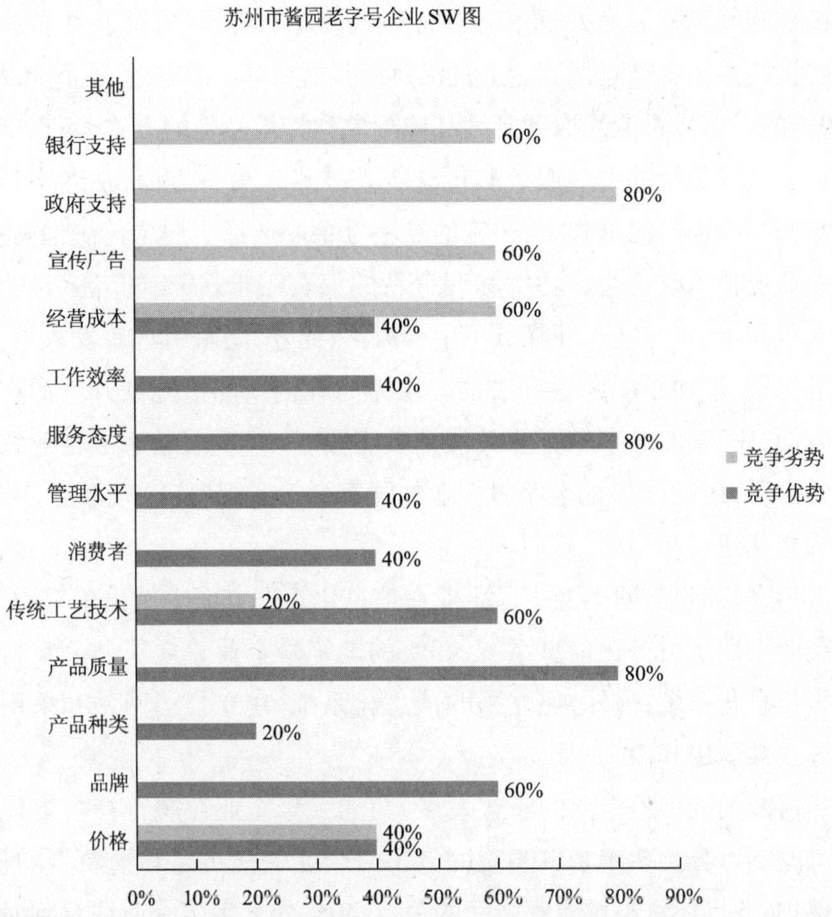

图1　苏州市酱园类老字号企业对自身优势、劣势的看法

调查显示,近五年来在经营发展方面,有80%的苏州酱园老字号企业管理人员认为自己在增加新产品、增加销售网点和改善经营环境方面做出了努力;有60%的老字号企业增加了广告宣传,增大了投资,并且增加了员工人数;40%的老字号企业提高了服务水平。还有一些企业通过增加新的生产线、降低成本和优化业务流程来提高自己的经营发展情况。

近五年来,苏州酱园类老字号企业在品牌建设、发展和价值提升等方面采取了相关措施。在营销策划和品牌认知方面,调查表明,60%的老字号企业设立了营销部门,提高了营销人员的数量,增加了广告投入和经销商;还有40%的老字号企业通过增加营销人数、增加销售网点、增加代理商、关注消费者的新需求和结合传统节庆开展营销活动等方式来进行营销策划。在品牌建设方面,40%的老字号企业采用品牌经理制,增加了广告投入,拓宽了广告宣传渠道,并且更新了公司内部装修风格。另外,更新公司标识、设立品牌推广部门、在传统节庆时进行品牌推广行为也被运用到企业的品牌建设过程中。在老字号企业品牌传承方面,80%的老字号企业采取了延续品牌形象和传承品牌的方式,还有60%的老字号企业保留了传统的产品服务和传统工艺技术。另一方面,在老字号企业开发新产品和品牌创新的过程中,80%的老字号企业选择了迎合传统消费;60%的老字号企业选择了改善生产环境和迎合新的消费需求;40%的老字号企业增加了研发人员和新的生产线,并降低了生产成本;此外,高薪引进研发人员、提高研发人员的工资、增加新厂房等方法也被作为品牌创新的措施展开。而在品牌价值提升方面,100%的老字号企业关注消费者需求;80%的老字号企业致力于提高员工的素质;还有60%的老字号企业加强客户关系管理;40%的老字号企业重视品牌的文化建设和不断创新。

近五年来,苏州酱园类老字号企业在信息化管理方面也做出了努力,60%的老字号企业采用了财务化信息系统;40%的老字号企业建立了办公室自动化系统和销售信息化系统;另外,建立采购信息化系统、建立公司网站和采用网上销售等措施也被运用其中。

苏州酱园类老字号企业的长久发展,与老字号企业在履行社会责任方面做出的贡献密不可分。多年来,100%的老字号企业关注员工和消费者的权益,关注环境保护,并且注意与供应商之间的关系;40%的老字号企业注意到对政府和社区等的责任、参加公益活动、关注股东权益、投身慈善捐助、将履行社会责任作为企业战略内容、关注利益有关方的权益。更甚于此,还有企业设立社会责任岗位部门,对外披露企业信息。

三、苏州酱园类老字号企业发展存在的问题

(一) 品牌创新不足,人才引进力度不够

调查表明,苏州酱园类老字号企业以产品种类为竞争优势的只有一家,而且,所有的老字号企业都保留传统工艺、技术,却从未开发过新的生产工艺。有酱园类老字号企业管理人员就直接指出,“以传统的手工艺制作为主体,生产周期长,以纯劳动力为主,产量低,成本高”,这些都是老字号企业目前发展中所面临的问题。可以说,“老字号”品牌既是一种资本,也是一种束缚。遵循传统工艺固然可保留原有市场,但在市场竞争日益激烈的今天,倘若不求变,不去寻找

新的突破,不进则退。同时,在对问卷的分析过程中,调查组发现老字号企业引进营销人才力度不够,营销人员是在增加,但缺乏关键性的营销人才起引导作用,很难从根本上解决产品创新问题。另一方面,研发部门和研发人才这一块是完全缺失的,缺乏研发,势必制约产品种类的丰富化。

(二)企业规模较小,市场竞争力较弱

苏州酱园类老字号企业的员工人数平均不到100人,2013年的营业收入低于2 000万元的老字号企业,经营成本都成为其竞争劣势,而营业收入在2 000万元以上的老字号企业均认为经营成本是其竞争优势。众所周知,厂房、土地、设备及员工工资等都是企业经营过程中成本的组成部分,酱园产品属于生活必需品,符合经济学中边际递减效应。只有产品生产达到一定的规模,成本控制能力才会增强,融资渠道才会打开,才有足够的市场竞争力。此外,苏州酱园类老字号企业在经营发展的过程中,对降低成本、优化业务流程、扩大到其他行业等措施都没有关注,反过来,使企业规模受制于此。

(三)缺乏品牌建设,难以走进全国市场

有话说,酒香也怕巷子深。在信息化时代,人们接收到的信息量越来越多。消费者的眼球被各式各样的产品和广告所占据,市场上出现更多同质化产品供消费者选择。如果企业不走到消费者眼前,不让消费者了解到企业品牌的存在,即使是"好酒",也会被埋没在市场里。调查结果显示,60%的老字号企业认为宣传广告是企业的竞争劣势。更进一步,在品牌推广上面,近五年来,没有一家企业更新公司的广告词,举办大型活动进行品牌推广;只有一家企业更新了公司标识,设立了品牌推广部门,在传统节庆时进行了品牌推广。而在如今的互联网时代和新传媒时代,酱园类老字号企业对网络平台的运用更是少之又少,广告的运用只停留在传统方式上,造成了网络推广的缺失。在企业信息化管理方面的调查结果中,只有一家企业建立了公司网站,采用了网上销售。品牌建设的力度不够,不结合时代的发展和变化,企业的知名度必定不够,无法走入全国市场。

(四)政府和银行支持力度不够

本次问卷调查显示,80%的苏州酱园类老字号企业认为自身在"政府支持"方面处于竞争劣势,并有40%的企业在"专卖老字号品牌产品场所"的问题上希望能够得到政府的支持。60%的老字号企业认为银行对企业的支持不够,希望成立老字号发展基金等。

四、苏州酱园类老字号企业发展的对策建议

(一) 加强品牌创新,引进创新型人才

老字号企业在品牌传承过程中,要保留上百年的品牌,但也要引进创新型人才,发展品牌,进行品牌创新,在老字号品牌的基础上,用新的思维方式,实行新的管理方法,展开新的品牌经营模式,创造多样化的产品,满足各种层次的需求。通过产品风味的多样化,产品结构的层次化,产品功能的多样化,用新型设备技术研发不同的品种。具体来说,不仅可以依据调味品来定位产品,甚至可以引入健康绿色的产品概念,开发出健康饮料等新产品。

(二) 培养企业研发能力,加快战略转型

苏州酱园类老字号企业不仅要立足于苏州的地域文化,传承天然古法酿造,还应当结合现代技术设备优化企业的工艺流程,革新工艺技术,不断进行技术创新,成立研发部门,招聘研发人才。同时,引进先进的技术,充分运用现代化的科技来改进生产方式,形成规模优势,加快战略转型,从而降低经营成本,使企业从小变大,从弱变强。高质量的产品源于先进的设备、精湛的工艺和现代化的管理手段,这些都需要科技研发的不断投入。老字号品牌想要长远发展,就应当积极引进一流的新工艺与技术,通过生产线使产品做到标准化。

(三) 利用互联网渠道,进一步品牌推广

苏州老字号品牌代表着情感归属、文化传统和价值认知等观念。老字号企业在坚持以传统方式进行品牌推广的同时,也应当运用新传媒的方式进行品牌推广,充分利用互联网提高品牌的知名度和美誉度。因为,老字号品牌不应当仅仅针对苏州市场,还要走出江苏,步入全国市场,甚至国际市场。在本次调研中,课题组发现,“莺湖”老字号品牌在品牌推广上就是值得推选的优秀企业,该企业通过建立公司网站,让更多的群体了解到企业的形象和品牌。并且,网站的设立会带来更多的合作机会,充分利用网站进行品牌推广,也是重要措施。同时也可以运用电子商务,通过线上交易,扩大知名度。更进一步,老字号企业还可以利用微信平台,让来苏州旅游的游客有机会了解到苏州的老字号。

(四) 创建交流平台,加强平台合作

行业协会和当地政府都是整合交流平台、让资源共享的有力倡导者。行业协会对内可以引导优势企业,帮助困难企业,扶危助强;对外可以争取社会各界对老字号的关注和支持。而政府也可以分层次、分阶段培养苏州酱园类老字号,

可以优先重点培育少数优势明显、具有发展潜力的中华老字号,在政策上给予适当倾斜,增强这些企业和品牌的自主创新能力和国际竞争能力,在引导老字号整体发展中发挥龙头作用。同时,行业协会和政府相关部门可以联合制作发行苏州老字号电视宣传片、书籍和画册,开展老字号文化宣传活动,支持和鼓励老字号参加各类品牌展销会,为老字号品牌博览会提供支持,扩大苏州老字号的影响力,宣传老字号企业,宣传苏州。

参考文献:

[1] 明洁.江苏省部分城市“老字号”企业的发展现状及对策探讨[J].江苏商论,2007(11).

[2] 姚圣娟.关于振兴中华老字号的思考[J].华东经济管理,2008(1).

[3] 赵麟远.我国中小型调味品企业市场营销战略的探讨[J].中国调味品,2013(5).

[4] 熊薇.我国调味品行业质量调研报告[J].质量与标准化,2013(7).

[5] 中国调味品消费趋势概览[J].销售与市场,2014(1).

(雷星星、杨　峰)

苏州市餐饮类老字号发展报告

一、苏州市餐饮类老字号发展概况

餐饮业是我国第三产业中的传统服务性行业，在改革开放后的30多年时间里经历了多个阶段的发展，其投资主体、经营理念、经营模式和行业发展方向都进入到了一个新的阶段。“十二五”期间，我国餐饮业总体上保持着良好的发展势头，截止到2012年年底，餐饮业营业额达4 419.8亿元，同比增长16%；年末从业人数达243.73万人，同比增加7%。苏州市作为全国经济的排头兵，其餐饮业在总体上也有相当不错的表现。截止到2012年年底，苏州市限额以上餐饮业营业总额达到669 617万元，同比增长7.7%。见图1。零售或餐饮营业面积达到788 382平方米，同比增长21.8%；年末从业人员数达到41 005人。

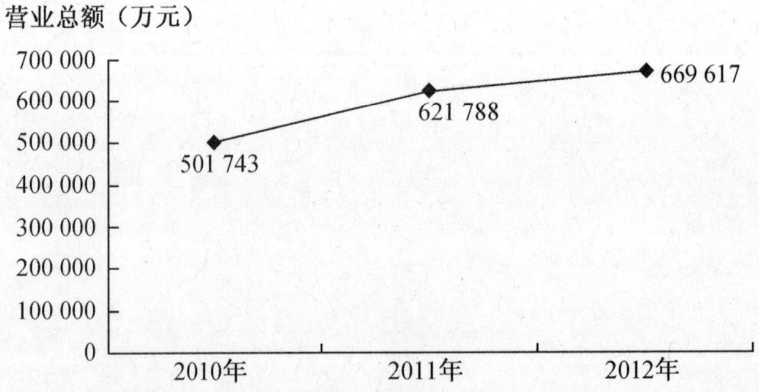

图1　2010—2012年苏州市餐饮业营业额

苏州市餐饮类老字号在历史的长河中，已经与老百姓的生活紧紧联系在一起。那些耳熟能详的老字号并不仅仅代表着饮食，更代表了苏州的文化，这中间蕴藏着无数精彩的故事和美好的回忆。

本课题问卷调查了苏州市19家餐饮类老字号企业，其中被商务部认定为“中华老字号”的有10家。从实际发展来看，苏州市餐饮类老字号在总体上发展比较健康、稳定，以松鹤楼、得月楼为代表的苏帮菜在国内甚至国际上都光彩耀人，但这并不能掩盖其中的一些问题。部分老字号在历史的岁月里能传承到今天已经很不容易，这部分老字号的发展就遇到了很大的障碍，它们的经营模式、工艺技术、发展道路已经跟不上时代的步伐。因此，探讨苏州市餐饮类老字号企业发展的问题和对策，对苏州乃至全国的餐饮文化都具有重要意义。

二、餐饮类老字号受访人对企业自身经营的看法

受访的餐饮类老字号企业管理人员表示，相对于其他同行业企业，本企业具备的最大优势是“品牌”和“管理水平”，其次是“消费者”；另外，“产品质量”“工艺技术”也都被视为主要的竞争优势。见图2。

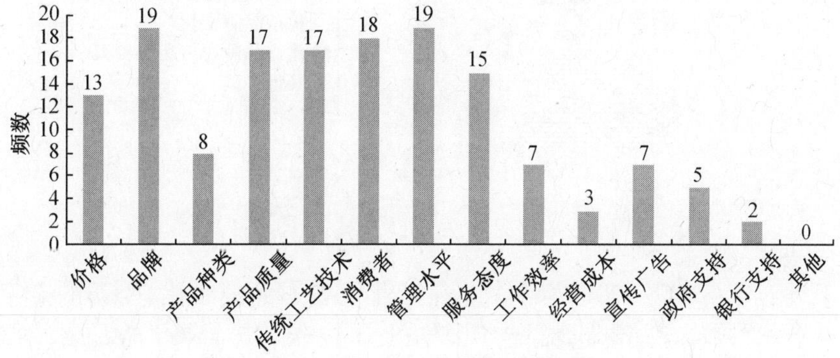

图2 本企业具有的竞争优势

另外一方面，受访的老字号企业管理人员对于企业自身现存的劣势也有不同的看法。其中，“经营成本”被公认为最大的劣势；除此之外，“政府支持”“价格”和“管理水平”等也都占到一定的比例。见表1。

表1 本企业存在的竞争劣势

劣势	频数	占比(%)	劣势	频数	占比(%)
价格	6	11.3	传统工艺技术	2	3.8
品牌	2	3.8	消费者	2	3.8
产品种类	5	9.4	管理水平	5	9.4
产品质量	0	0	服务态度	1	1.9

续表

劣势	频数	占比(%)	劣势	频数	占比(%)
工作效率	1	1.9	银行支持	2	3.8
经营成本	14	26.4	其他	1	1.9
宣传广告	4	7.5	总计	53	100
政府支持	8	15.1			

关于近五年(2009—2014年)企业在品牌传承方面所做的努力,受访的老字号企业管理人员认为比较常用的措施有“保留传统工艺、技术”“保留传统的产品(服务)”“传承品牌文化”及“延续品牌形象”。见图3。

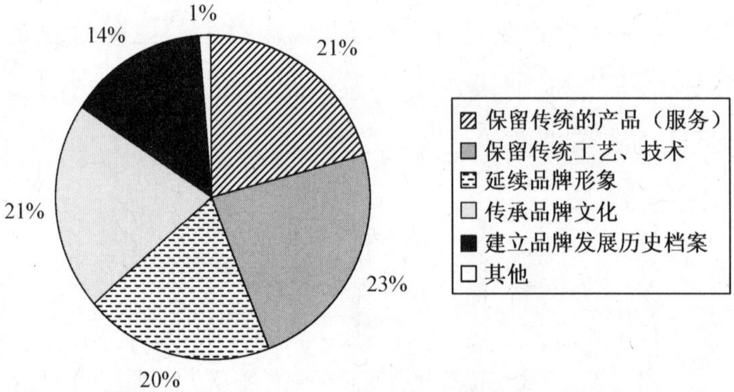

图3 近五年本企业在品牌传承方面所做的努力

关于近五年(2009—2014年)企业在经营发展方面的举措,受访的老字号企业管理人员表示,最常采用的措施是“提高服务水平”,其次如“增加新产品”“改善经营环境”“增加宣传广告”和“降低成本”也都被视为经常采取的措施。见表2。

表2 近五年本企业在经营发展方面的举措

举措	频数	占比(%)	举措	频数	占比(%)
增加新产品	12	12.9	降低成本	10	10.8
增加新的生产线	3	3.2	增大投资	3	3.2
增加销售网点	10	10.8	扩大到其他行业	5	5.4
提高服务水平	15	16.1	优化业务流程	1	1.1
增加宣传广告	11	11.8	增加员工人数	2	2.2
增加新的工艺技术	5	5.4	其他	0	0
增加新的分公司	4	4.3	总计	93	100
改善经营环境	12	12.9			

关于近五年(2009—2014 年)企业在营销策划和品牌认知方面的举措,有 14 家老字号企业选择了“关注消费者的新需求”,有 13 家老字号企业选择了“结合传统节庆开展营销活动”,有 9 家老字号企业选择了“改善销售环境”,有 8 家老字号企业选择了“增加广告投入”。见图 4。

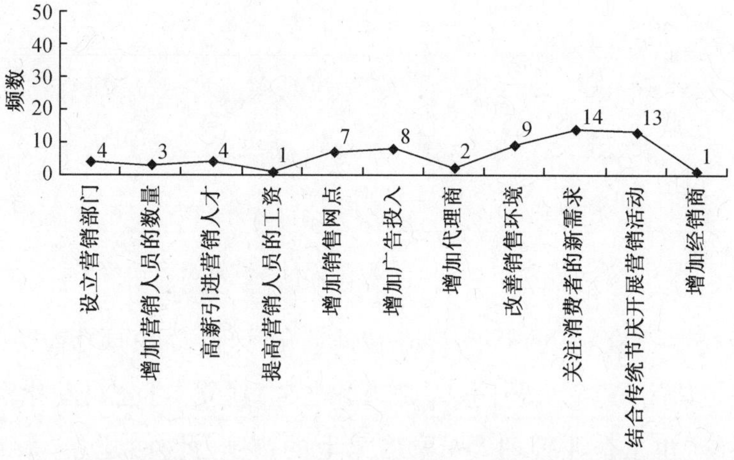

图 4　近五年本企业在营销策划和品牌认知方面的举措

关于近五年(2009—2014 年)企业在品牌建设方面的举措,受访的老字号企业管理人员表示,主要是“在传统节庆时进行品牌推广”,“公司有形象代言人”也是企业经常采用的措施,除此之外,增加广告投入、举办大型活动、实行品牌经理制等也都是企业可能会采取的措施。见图 5。

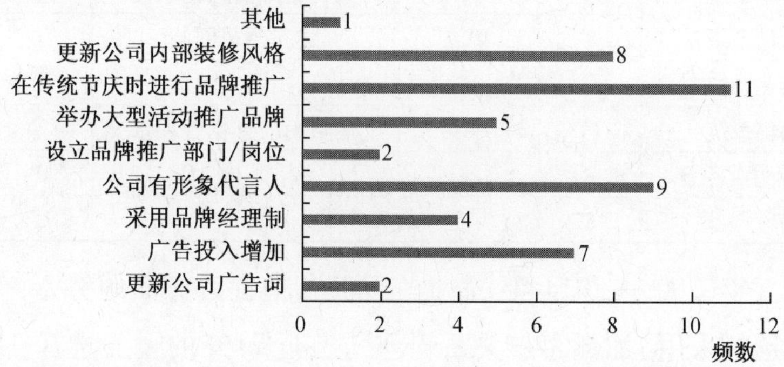

图 5　近五年本企业在品牌建设方面的举措

关于近五年(2009—2014 年)企业在新产品开发和品牌创新方面的举措,有三成多的受访管理人员表示“迎合新的消费需求”和“迎合传统消费”是企业倾向采取的措施。另外,有 10 家老字号企业选择了“降低生产成本”,有 8 家企业选择了“改善生产环境”和“开发新的生产工艺”。见图 6。

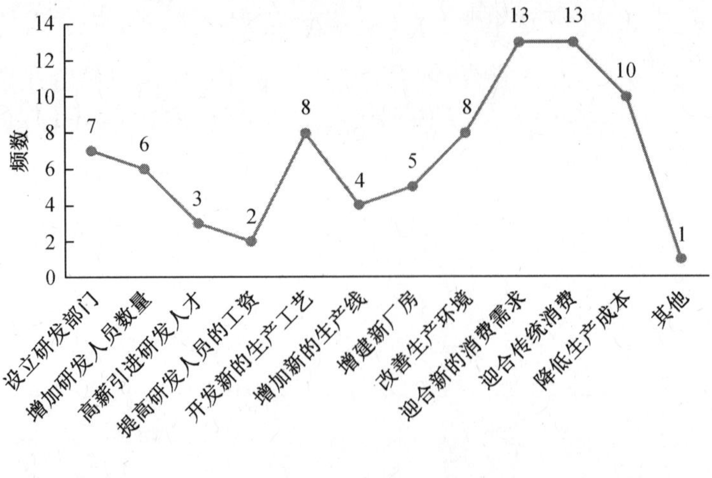

图6　近五年本企业在新产品开发和品牌创新方面的举措

关于近五年(2009—2014年)企业在信息化管理方面的举措,受访的老字号企业管理人员认为"建立公司网站"是当务之急,建立"办公自动化系统"和"财务信息化系统"也是企业管理人员常常采取的措施,此外,建立"采购信息化系统""销售信息化系统"及"人力资源信息化系统"等措施也是这些老字号企业进行信息化管理的有力手段。见表3。

表3　近五年本企业在信息化管理方面的举措

举措	频数	占比(%)	举措	频数	占比(%)
办公自动化系统	11	14.7	人力资源信息化系统	7	9.3
销售信息化系统	8	10.7	建立公司网站	12	16
采购信息化系统	9	12	采用网上销售	7	9.3
财务信息化系统	11	14.7	上述整套信息化管理系统	2	2.7
研发/设计信息化系统	3	4	其他	0	0
生产制造信息化系统	5	6.7	总计	75	100

关于近五年(2009—2014年)企业在品牌价值提升方面的努力,有近22%的老字号企业选择采用"加强客户关系管理",有近21%的企业选择"关注消费者需求",另外分别有18.29%的企业会选择"品牌不断创新""重视品牌文化建设"和"提高员工素质"作为提升企业品牌价值的措施。见图7。

关于近五年(2009—2014年)企业在社会责任方面的举措,受访的老字号企业管理人员表示,企业最关注的是消费者和员工的权益,同时,对政府、社区等的责任,与供应商的关系及公益活动同样是企业在提升社会责任方面关注的重点。见表4。

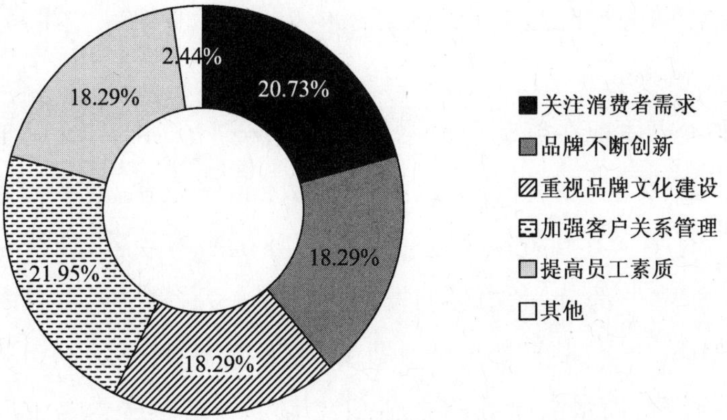

图 7　近五年本企业在品牌价值提升方面的努力

表 4　近五年本企业在履行社会责任方面的举措

举措	频数	占比(%)	举措	频数	占比(%)
关注员工权益	16	14	将其作为企业战略内容	5	4.4
关注消费者权益	18	15.8	关注利益有关方的权益	6	5.3
注意企业对政府、社区等的责任	13	11.4	设立社会责任岗位/部门	5	4.4
参加公益活动	13	11.4	注意对外披露企业信息	1	0.9
关注股东权益	4	3.5	发布社会责任报告	2	1.8
关注环境保护	11	9.6	其他	0	0
投身慈善捐赠	7	6.1	总计	114	100
注意与供应商的关系	13	11.4			

三、苏州市餐饮类老字号发展存在的问题

1. 传承与创新的“兼容难”

一方面，老字号的招牌是通过几代人，经过几十年甚至上百年才得以传承下来的，只有传承原来的产品、传统工艺，老字号才能算是保持“原汁原味”，而餐饮行业作为典型的传统行业，传承必然是其重中之重；但另一方面，随着时代的发展，消费者的偏好在慢慢改变，导致传统的产品很难满足消费者不断变化的“味蕾”，随着市场经济的日益发展，市场竞争日趋激烈，老字号企业只有对传统工艺进行不断创新才能应对市场竞争。很多老字号往往只注重传承而忽略了创新，导致现在发展比较缓慢，有部分餐饮类老字号（如新聚丰等）依旧维持着单店经营的规模；还有些老字号则一味地选择创新，导致最后“面目全非”。只有

将传承和创新这两者结合起来,老字号企业才能够与时俱进,不断发展。

2. 经营成本的束缚

经营成本主要体现在劳动力成本和店铺租金上。用工难、用工荒早已不再是新鲜事,工人工资上调既符合民意同时也苦了很多企业,老字号企业就是其中的“受害者”。有不少苏州餐饮类老字号其实只是小本经营,往往营业收入被工人工资占去了很大一部分,老字号的发展只能放一旁。此外,苏州餐饮类老字号多半集中在热闹繁华的观前街或是山塘街,很多老字号由于没有房屋所有权,都是靠租赁房屋经营,而水涨船高的租金则让老字号倍感压力。王四酒家设在观前街上的分店就因为日益沉重的租金压力而被迫关门。所以,经营成本早已成了餐饮类老字号发展的“绊脚石”。

3. 资金及专业化人才的匮乏

有不少餐饮类老字号企业仍停留在“师傅带徒弟”的阶段,其实老字号企业应当转变自身的经营理念,专业化的人才才能带领老字号走出困境。以得月楼、松鹤楼为代表的餐饮类老字号企业已经通过资金投入以从市场上引进一批优秀的专业人才来提升自己的销售业绩,但更多的餐饮类老字号要么由于资金匮乏无法引进专业化的人才,要么依旧固守着自己的传统经营理念,维持自己的一亩三分地,但这样做留给它们的只有失败。

四、苏州市餐饮类老字号发展的对策建议

1. 重新定位,顺应时代潮流

首先,餐饮类老字号企业要正视市场竞争的事实,如今的餐饮行业市场变幻莫测,在国内新品牌企业及国外餐饮企业的“双重夹击”之下,餐饮类老字号若“倚老卖老”,那么其出路只有关闭。老字号企业应当顺应时代发展潮流,在投资主体、经营理念、经营模式和发展方向上重新定位,在保证老字号“原汁原味”的前提下顺应市场需求。只有这样,餐饮类老字号企业才能在不断变化的环境中立足根本。

2. 加大对专业化人才的培养和引进

餐饮类老字号企业应从根本上摆脱“师傅带徒弟”的固有模式,加强对专业化人才培养的重视,加大对人才引进方面的资金投入。苏州餐饮类老字号都应以松鹤楼、得月楼这样的优秀代表为榜样,虽然不一定每家企业都有跟它们一样

的资金实力去引进高级专业人才,但要让企业自身树立这样的经营理念,从现有的资金投入中拿出一部分来引进企业所需的专业性人才,这对企业今后的长期发展有着重大的帮助。

3. 加强老字号品牌创新和传播

"品牌古朴"是老字号品牌历史悠久的特点,一方面它是中华老字号的骄傲和特色,但另一方面它也成为老字号在现代环境中的发展障碍。现代消费者提起老字号首先想到的是"老",这对于越来越追求时尚化、个性化的顾客来说是不可能激发他们的购买欲望的。因此,苏州餐饮类老字号要注入新鲜元素,在投资主体、经营理念、管理模式等方面进行突破、进行创新,实现品牌创新是老字号由"老"及"新"、适应新经济环境转型的关键。

实现老字号形象创新主要有两个途径,一是进行适当的品牌延伸,二是加强品牌新形象的传播。品牌延伸对于餐饮类老字号品牌的激活有很大的帮助,通过品牌延伸可以充分利用品牌资产为老品牌注入活力、形成规模效益等,改变老字号在消费者心中的固有形象。老字号还应克服"酒香不怕巷子深"的陈旧观念,加强品牌新形象的传播。除依靠传统的口碑式宣传外,还可以借助广告、公关、社会性活动等对品牌进行整合传播,扩大其市场和社会声誉。

参考文献:

[1] 苏州市统计局,国家统计局苏州调查队. 苏州市统计年鉴 -2013[M]. 北京:中国统计出版社,2013.

[2] 肖苏. 苏州"老字号"餐饮企业体验营销策略研究[J]. 江苏商论,2009(12).

[3] 罗颖. "老字号"餐饮企业的经营与发展对策[J]. 经济导刊,2010(3).

[4] 许敏玉,王小蕊. 中华老字号品牌发展瓶颈及对策[J]. 企业经济. 2012(1).

[5] 尤士洁. 苏州食品餐饮老字号的历史文化传承分析[J]. 中国商贸. 2012(3).

(汤　华、沈　正)

苏州市建材类老字号发展报告

一、苏州市建材类老字号发展概况

众所周知,中国古代建筑建造使用的重要材料之一便是泥砖。苏州历史悠久的园林文化,加之得天独厚的地理位置、气候条件所孕育出的土壤环境,造就了苏州古代建材泥砖上乘的材料质量与精湛的制作工艺。与此同时,苏州园林之雕梁画栋、精细考究的雕刻工艺,也为石雕、砖雕的技艺传承创造了有利条件,流传至今的百年老字号建材产品,多有精良雕刻技艺之展现。

鉴于以上历史文化、地域建筑特色等原因,苏州建材类老字号企业多起源于古代建筑用材的制作。在保留传统技艺、延续古代泥砖和雕刻之特色的基础上,建材类老字号企业也颇具创新精神,将企业传承的优质原料、精湛的"苏工"技艺注入新的时代产品之中,打破了传统建材仅仅适用于古建筑修复、复古仿古建筑建设等方面的局限,开辟了现代建筑用材、泥石雕塑以及景观摆件制作等诸多不同领域"老材新用"的新局面。

本课题调查了苏州市3家建材类老字号企业,其企业、品牌等基本情况如表1所示:

表1　苏州市建材类老字号企业基本情况

基本信息	苏州建材类老字号品牌名称		
	御窑金砖	金山石雕	袁氏堂/中平澄泥堂
企业名称	苏州陆慕御窑砖瓦厂	苏州金山石雕艺术有限公司	苏州中平砖雕文化发展有限公司
企业性质	个体工商户	民营企业	民营企业

续表

基本信息	苏州建材类老字号品牌名称		
	御窑金砖	金山石雕	袁氏堂/中平澄泥堂
所属行业	非金属矿物制品业、工艺美术品制造业		
注册资本（万元）	22	100	100
现有规模（员工人数）	65 人	80 人	25 人
企业连锁店（或加盟店）数量	无	无	无
最早创办时间	明永乐年间	乾隆年间	同治六年(1867)
获得荣誉	中华老字号会员单位	中华老字号会员单位	中华老字号会员单位
	国家级非物质文化遗产	江苏省非物质文化遗产	江苏省非物质文化遗产
	江苏省非物质文化遗产	苏州市非物质文化遗产	苏州市非物质文化遗产
	苏州市非物质文化遗产		

上述 3 家建材类老字号企业都具有一定历史渊源，成立时间皆可追溯到我国明清时代，且均作为“非遗”项目流传至今，其产品的历史文化价值明显。其中，苏州陆慕御窑砖瓦厂烧制的砖瓦因受明永乐皇帝称赞而被赐名“御窑”，其烧制的“金砖”是全国古建筑修复使用的唯一建材，现又恢复了御窑砖雕工艺，为现代建筑装潢及古建筑修复提供方便，对整体建筑起到了“画龙点睛”的作用。自建厂以来，销售网点覆盖全国广大地域和世界一些国家，向海内外展现了一流的水清砖瓦、仿古金砖等中国古建筑材料。

苏州金山石雕艺术有限公司坐落于苏州木渎，是闻名中外的金山石产地，其石材细腻、坚硬、耐酸耐碱，色泽细密纯净，花色形如芝麻点，为国家编号 091、097、098 三大类，是石材之精品。现生产制作台阶石、石材贴面、花岗石圆柱、异形线条等石材装饰材料，雕刻各种人像、动物、工艺品、城市雕塑，承建石牌坊、石桥、石房子等园林景观工程。近年来其产品多出口美国、日本、德国、新加坡等国家和地区，成功打开了国际市场。

苏州中平砖雕文化发展有限公司的老字号品牌“中平澄泥堂”，其前身为“袁氏堂”。袁氏堂的蟋蟀盆、砖雕之所以著名，主要是因为其地区土质细腻，碱性适宜，再加之层层过滤、反复揉制、阴干等严谨的传统制作工序。“中平澄泥堂”自开创以来就得到政府及业界的多方关注，2004 年在政府的支持下投资建设了大规模的蟋蟀盆、砖雕展示厅,企业文化及品牌历史得以广泛传播。

二、苏州市建材类老字号企业发展问题分析

1. 老字号企业对自身经营发展方面的优势、劣势分析

针对苏州市上述3家建材类老字号企业的深入访谈及问卷调研,其经营发展优劣势统计数据汇总如图1所示。

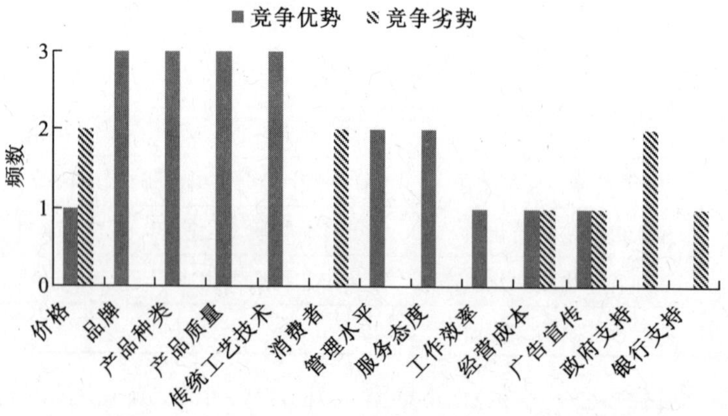

图1 苏州市建材类老字号企业竞争优劣势统计汇总图

由图1可知,建材类老字号企业在产品价格、经营成本及广告宣传上存在相对的竞争劣势,在政府政策支持以及银行等金融机构的资金支持方面存在绝对的竞争劣势。多数企业负责人在访谈过程中提出涉及政府税收的问题,例如,由于金砖产业的特殊性,税费没有抵扣,必须缴纳17%的增值税,对于企业来说税费负担过重;对于老字号企业产品的采购及推广问题,企业希望政府能够在充分考虑到老字号企业的优质产品质量和良好品牌形象的基础上,优先将其作为政府采购的对象,同时把老字号企业作为地方文化的重要组成部分推广出去,加强企业在地方招商引资项目上的竞争力;除此之外,针对百年老字号企业的基地保护、品牌保护以及专利保护等问题,地方政府也应当有所作为,从政策、法律层面保障老字号企业的品牌竞争实力。

近五年来,上述建材类老字号企业在其经营发展方面采取的措施统计汇总如表2所示。

表2　近五年本企业在经营发展方面的举措占比汇总表

措施	频数	占比(%)	措施	频数	占比(%)
增加宣传广告	3	25.00	改善经营环境	1	8.33
增加新产品	3	25.00	增加员工人数	0	0
增加新的生产线	1	8.33	增大投资	0	0
增加新的工艺技术	1	8.33	优化业务流程	0	0
增加新的分公司	1	8.33	扩大到其他行业	0	0
增加销售网点	1	8.33	降低成本	0	0
提高服务水平	1	8.33	合计	12	100.00

由表2数据分析进一步发现,苏州市3家建材类老字号企业在近五年的经营发展中,都有新产品的开发,并且都注重广告的宣传作用,一定程度上体现了百年老字号企业秉承传统、开拓创新的时代精神。但同时也应当看到上述企业在其他一些经营发展核心项目上的不足之处,如企业规模及"一体化"进程发展缓慢,企业传统销售模式及经营环境有待改善等。

本课题从品牌受众认知及推广、渠道建设、市场营销与推广三个维度对上述企业进行深入调研,数据汇总如表3所示。

表3　近五年本企业在营销推广方面的举措汇总表

改善方面/维度	具体措施	频数	占比(%)
品牌受众认知及推广	增加广告投入	2	25.00
	关注消费者的新需求	2	25.00
合　计		4	50.00
渠道建设	增加销售网点	0	0
	改善销售环境	1	12.50
	增加经销商或代理商	0	0.00
合　计		1	12.50
市场营销与推广	设立营销部门	1	12.50
	增加营销人员的数量	0	0
	高薪引进营销人才	1	12.50
	提高营销人员的工资	1	12.50
	结合传统节庆开展营销活动	0	0
合　计		3	37.50

分析表3数据发现，建材类老字号企业采取的营销推广措施多以广告投入为主，以期通过传统营销方式提高品牌受众认知，然而，对于渠道建设及现代市场营销模式的投入有限，由此造成的企业产品推广力度不够、销售细分市场较为狭小的竞争弊端明显。

2. 企业品牌建设缺乏现代化模式，总体投入单一且力度明显不足

苏州市建材类老字号企业传承百年，历史赋予其独特的产品特色与鲜明的工艺特性，其品牌具备与生俱来的竞争优势与品牌影响力，然而在漫长的时代变迁之中，现代化的品牌发展理念与品牌建设战略，也正在向这些百年老店、历史老字号提出新的挑战。本课题对企业采取的品牌建设对策进行了调研，总体情况如图2所示。

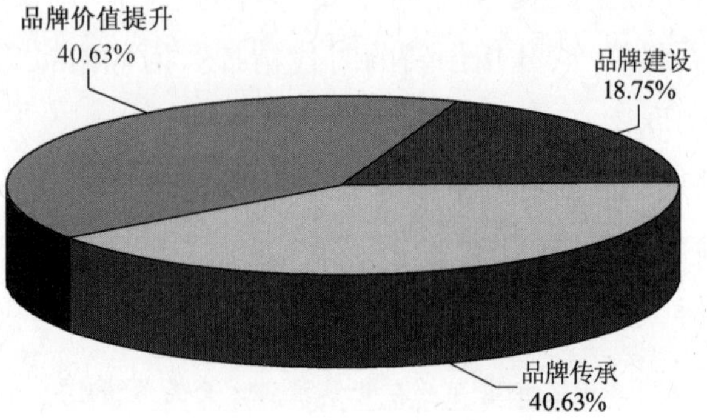

图2 近五年本企业对其老字号品牌的建设及改善举措占比图

本研究将老字号企业的品牌建设与改善举措划分为三个维度，各自占比如图2所示分别为："品牌价值提升"和"品牌传承"均占比40.63%，"品牌建设"则仅仅占总频数比重的18.75%。进一步分析其各个维度的具体措施占比情况，见表4。

表4 近五年本企业对其老字号品牌的建设及改善举措汇总表

方面/维度	具体措施	频数	占比(%)
品牌建设	更新公司标识	1	16.67
	更新公司广告词	0	0
	广告投入增加	2	33.33
	采用品牌经理制	0	0
	宣传广告渠道增多	0	0

续表

方面/维度	具体措施	频数	占比(%)
品牌建设	公司有形象代言人	1	16.67
	设立品牌推广部门/岗位	0	0
	举办大型活动推广品牌	0	0
	在传统节庆时进行品牌推广	0	0
	更新公司内部装修风格	2	33.33
品牌传承	保留传统的产品(服务)	2	15.38
	保留传统工艺、技术	3	23.08
	延续品牌形象	3	23.08
	传承品牌文化	3	23.08
	建立品牌发展历史档案	2	15.38
品牌价值提升	关注消费者需求	2	15.38
	品牌不断创新	3	23.08
	重视品牌文化建设	3	23.08
	加强客户关系管理	3	23.08
	提高员工素质	2	15.38

结合图2和表4内容综合分析,上述3家建材类老字号企业在品牌传承,尤其是在品牌产品(服务)及技艺、品牌形象与文化等方面,对于传统的继承力度较大。一方面,传统赋予老字号的特质是老字号企业及其产品生存发展的命脉所在;另一方面,其始终如一的品牌传承性,也是其核心竞争力的来源。尽管多数企业也曾尝试通过品牌创新获得品牌价值的有效提升,但是其固有的几近僵化的品牌定位惰性,导致其品牌建设的现代化策略与模式执行难度加大,且见效缓慢,企业能做的仅仅是加大单一建设渠道的投入,例如传统的广告宣传与门店修缮等,其他一些更具现代化的品牌营销、建设手段则投入力度明显不足。

3. 企业信息化程度较低,缺乏信息化管理思维

老字号企业面临着新时代、新科技的发展大环境,尽管上述3家建材类老字号企业都借助网络建立了企业网站,并尝试开展网上销售,但相比较其他同类企业产品的网络推广,其网站建设精细化程度、线上营销活动丰富化程度却略显逊色,尤其是信息化管理措施,多数企业仍处于空白阶段,如表5所示。

表5　近五年本企业信息化管理方面采取措施情况

措施	企业数量(家)
建立公司网站	3
采用网上销售	3
销售信息化系统	2
财务信息化系统	1
办公自动化系统	1
采购信息化系统	1
研发/设计信息化系统	0
人力资源信息化系统	0
上述整套信息化管理系统	0
生产制造信息化系统	0

这3家建材类老字号企业信息化水平较低的原因与其产品的特殊性质密不可分。本课题在调研过程中,御窑金砖的负责人员就曾指出其产品的制作技艺工序复杂,全为纯手工制作,人工工资过高,无法机械化生产。同时,其产品现有的销售对象单一,亟须借助多渠道进行产品推广。由此可见,上述企业在信息化管理建设的道路上存在一定难度,即企业的信息化覆盖程度与管理信息化思维受企业既有产品特性的限制,难以在短期内迅速向现代化的管理模式转型。

三、苏州市建材类老字号企业发展的对策建议

1. 借力现代营销模式,提升传统产品的市场认知,制定多渠道营销策略

建材类百年老字号企业及其产品对传统的传承,铸就了其优质的产品质量与精致细腻的产品工艺。面对新的销售环境与现代化的营销手段,建材类老字号由于其自身产品特性所决定的销售方式传统单一、客户群体较为固定以及市场认知程度不足等经营发展局限,对企业提出了现代化的转型升级要求。本课题组认为,建材类老字号企业应当借力现代营销模式,如网络营销、线上线下互动营销、战略营销部门专业化等,努力扩大本企业及其产品的市场认知范围,从而依据市场反馈情况,合理有效地制定多渠道产品销售策略。

2. 加强企业新产品研发,提高老字号品牌创新与建设水平

本课题调研发现,建材类老字号企业的研发(R&D)水平略显不足,多为工艺技术的微改进,技艺传承与创新多半凭借老艺人的个人能力,在系统创新与品

牌建设上尚未形成成熟体系。

苏州市3家建材类老字号企业多重视传承而忽视品牌建设,老字号品牌价值多停留在秉承传统工艺、种类的基础之上,缺乏品牌创新。正如受访企业之一的负责人所述:老字号企业“酒香也怕巷子深”,首先要保证自己的产品质量达到同类产品最优,避免被低廉劣质的同类产品拖垮,而仅为生存降低质量参与低价竞争的恶性循环;然后要让消费者知道“好在哪里”“如何物有所值”,老字号要成为高端产品的代名词,应该向国外奢侈品销售的路子学习。“中平澄泥堂”的负责人员就明确提出:企业“坚持传统思路发展是最大的困难,创新才是企业唯一出路”。对于传统给予我们的,应当趋利避害,批判吸收,同时积极谋求产品创新、品牌创新的时代之路。

3. 实行老字号系列产品的横向“一体化”覆盖,力争做到“旧时亭台轩榭材”飞入“寻常百姓家”

苏州市3家建材类老字号企业的产品,无论是石材雕刻、泥砖雕刻还是古建筑用砖都具有大宗性产品特点,若非高端建筑、富足装潢,很难采用上述老字号企业的建材产品,这也决定了这些古时王侯将相筑造亭台轩榭的用材,很难为大众所接纳使用。尽管部分建材类老字号企业已尝试推出大众雕刻摆件、室内装潢摆设工艺品以及中小型建筑用材,但其品牌系列产品的横向“一体化”覆盖程度仍显不足。对此,上述企业可以借鉴部分现代家装、装饰企业的发展经验,将其产品及品牌进行合理分类,尝试开发大众化产品线,以期涵盖各层次客户的不同需求,真正做到“旧时亭台轩榭材”飞入“寻常百姓家”。

参考文献:

[1] 国家统计局. 国民经济行业分类[R]. 2002.

[2] 苏州市统计局,国家统计局苏州调查队. 苏州市统计年鉴-2013[M]. 北京:中国统计出版社,2013.

[3] 濮安国. 苏州砖雕的遗迹与风格[J]. 东南文化,2003(10).

[4] 吴水龙,黄小宁,周运锦. “老字号”品牌资产的激活:机理与路径[J]. 现代管理科学,2009(4).

[5] 冀洪雪. 苏州御窑金砖及其制作技艺[J]. 江苏地方志,2012(4).

(尹　杰)

苏州市珠宝首饰类老字号发展报告

一、苏州市珠宝首饰类老字号发展概况

珠宝首饰对于人们的吸引力大大超过了一般消费品，珠宝首饰可在任何时代面对任何一个消费群体。随着中国经济发展和黄金投资市场的开放，黄金珠宝市场显现出良好的前景，黄金的投资性、保值性和消费性被社会普遍认同。中国珠宝首饰市场从20世纪80年代起，每年以10%以上的速度快速增长。来自国际铂金协会的资料表明，中国珠宝首饰的消费正以每年8%至10%的速度向上递增，近两年中国珠宝玉石市场的年销售额均超过1 000亿元，仅次于美国，居世界第二。其中，我国翡翠玉器和珍珠饰品每年销售额约为400亿元，是世界最大的消费国；钻石饰品300亿元，黄金饰品300亿元。世界黄金协会发布的2013年第四季度及全年《黄金需求趋势报告》指出，2013年可谓黄金消费年，金饰需求总量几乎恢复到金融危机前的水平，对小金条和金币的投资也创历史新高，中国年黄金需求量高达3 756.1吨。该报告显示，2013年，中国的黄金需求创下1 065.8吨的历史新高，中国成为全球最大黄金消费国。世界黄金协会（WGC）远东部表示，到2020年，中国黄金消费量将增加至955.2吨。2013年，“中国大妈”抢购黄金的场面，或许是我国普通百姓对投资收藏认知的真实反映。仅看全国每年1 000万对新人结婚，其中用于购买珠宝首饰的平均花费超过5 000元所带来的商机，就足以激起珠宝商们的扩张欲望。巨大的发展潜力、丰富的宝玉石资源、独特的珠宝文化，都预示着这个行业的繁荣。珠宝首饰类商品2012年消费额分类见图1。

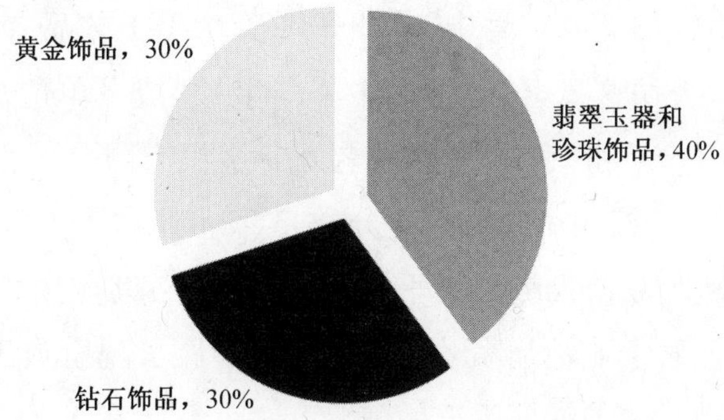

图 1 珠宝首饰类商品 2012 年消费额分类

苏州是我国华东地区特大城市之一，坐落于富庶的长江三角洲地区的地理中心，东邻上海，西抱太湖，北濒长江，南临浙江，被誉为“人间天堂”“园林之城”。现今的苏州已经成为古典与现代完美结合、古韵今风、和谐发展的国际城市。近年来，苏州市黄金珠宝业发展势头强劲，据不完全统计，到 2013 年 6 月底，苏州市经营黄金、钻石、珠宝的企业（不包括翡翠、白玉等专业经销商）已有 420 家。2012 年黄金珠宝行业年销售 500 万元以上的企业，销售额达到 70.83 亿元，占江苏省黄金珠宝行业销售总额的 21.3%，名列江苏省各城市首位。2013 年上半年销售创出新高，达到 58.83 亿元，环比、同比均增长 50% 以上。

本课题调查了苏州市 3 家珠宝首饰类老字号企业，其企业、品牌等基本情况如表 1 所示。

表 1 苏州市珠宝首饰类老字号企业基本情况

基本信息	苏州珠宝首饰类老字号品牌名称		
	子冈玉坊	老万年	恒孚银楼
企业名称	苏州子冈玉坊手工艺品有限公司	苏州老万年金银有限公司	苏州市恒孚首饰集团有限公司
企业性质	民营企业	民营企业	民营企业
所属行业	珠宝、金银加工、批发和零售业		
注册资本（万元）	1 000	3 000	1 675
现有规模（员工人数）	120 人	120 人	180 人
企业连锁店（或加盟店）数量	600	1	36
最早创办时间	1539 年	康熙年间	嘉庆年间

上述3家珠宝首饰类老字号中，苏州子冈玉坊手工艺品有限公司和苏州市恒孚首饰集团有限公司这2家企业为“中华老字号”成员单位，企业老字号品牌名称分别为“子冈玉坊”和“恒孚”，苏州老万年金银有限公司目前正处于“中华老字号”申报过程中。按国民经济行业分类，3家企业均属于珠宝、金银加工、批发和零售业。从企业的最早成立时间来看，3家企业分别创始于明代、清康熙年间、清嘉庆年间。3家企业注册资本均在千万元以上，现有员工均超过100人。其中，“子冈玉坊”是“中国最早琢玉品牌”。

二、珠宝首饰类老字号受访人对企业自身经营的看法

本次调查以问卷和访谈形式对企业竞争优劣势、经营发展战略设计、营销策划与品牌推广、品牌建设与传承、新产品开发和品牌创新、信息化管理、社会责任、品牌价值提升等方面展开调查。

（一）在企业竞争优劣势方面

被调查企业均认为自己在品牌、产品质量和传统工艺技术方面具有竞争优势，超过半数的企业认同自己在产品种类、管理水平、服务态度、工作效率方面取得的成果，不足半数的企业认为自己在价格、消费者、宣传广告、政府支持、银行支持方面具有优势，没有企业认为自身在经营成本方面存在竞争优势；同时不足半数的企业认为自己在管理水平、工作效率、宣传广告以及政府支持方面存在劣势，而在价格、品牌、产品种类、产品质量、传统工艺技术、消费者、服务态度、经营成本、银行支持等选项没有反馈信息。见图1和图2。

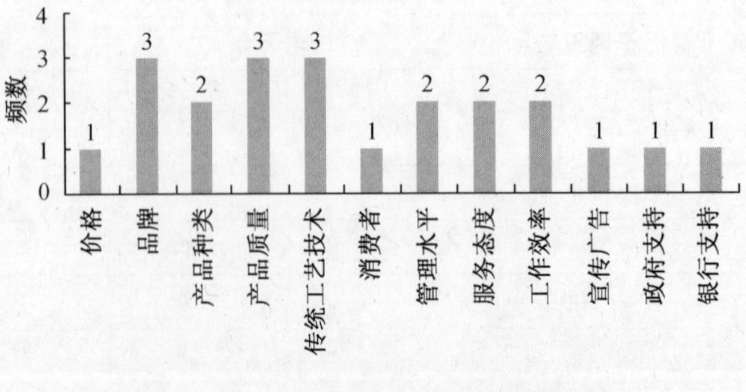

图1 本企业具有的竞争优势选项统计

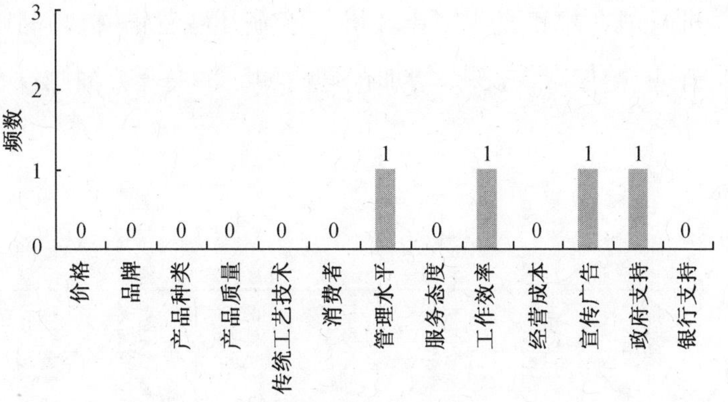

图2　本企业存在的竞争劣势选项统计

由图1和图2可以看出，在优势选项中，老字号企业对于自身品牌的内在优势十分认同，而对企业发展的外部条件则稍感乏力。在劣势选项中，企业对管理水平、工作效率等内在因素以及宣传广告、政府支持等外在因素反应强烈。

(二) 在企业经营发展战略设计方面

被调查企业均选择增加宣传广告作为经营发展方面的措施，超过半数的企业选择增加新产品和销售网点，提高服务水平和改善经营环境。不足半数的企业选择增加新的工艺技术和增加新的分公司，降低成本，增大投资，优化业务流程，增加员工人数。没有企业选择增加新生产线和扩大到其他行业经营发展。

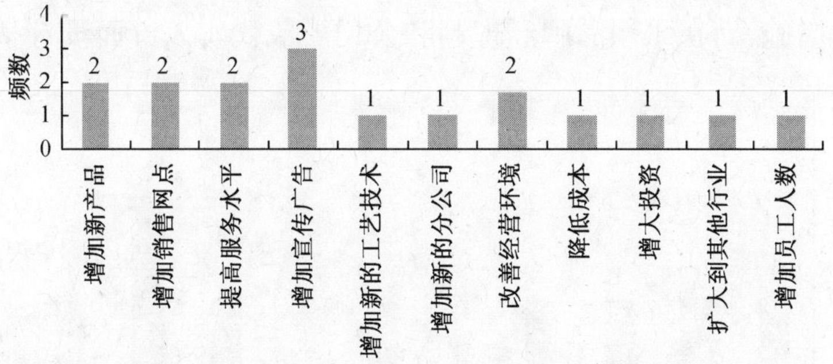

图3　近五年本企业在经营发展方面的措施

由图3可以看出：老字号企业已充分认识到企业知名度、新产品、新销售网点以及服务对于企业发展的重要性，同时也兼顾到企业规模、投资、成本以及新工艺等方面对企业发展的影响。

(三) 在企业营销策划方面

超过半数的企业选择设立营销部门，增加营销人员数量和销售网点，关注消费者新需求以及结合传统节庆开展营销活动作为经营发展方面的措施。不足半数的企业选择了引进营销人才和改善销售环境等措施开展营销,提高品牌认知。而在提高营销人员待遇,增加广告投入、增加代理商和经销商等方面则没有提及。

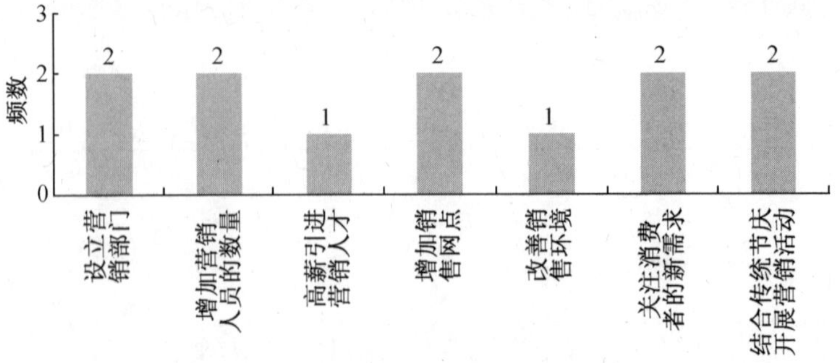

图4　近五年本企业在营销策划和品牌认知方面的措施

由图4可以看出:老字号企业已认识到消费者需求、营销活动时间节点以及营销人员、网点、环境等因素对产品销售额的重要影响,但在现有情况下对于传统销售模式和渠道不愿意予以过多考虑。

(四)在企业品牌建设方面

超过半数的企业选择了在传统节庆时进行品牌推广作为经营发展方面的措施,不足半数企业选择设立品牌推广部门/岗位,更新公司标示、广告词、内部装修风格,增加广告投入、宣传广告渠道,举办大型活动等进行品牌推广作为经营发展方面的措施,而在采用品牌经理制和公司形象代言人方面没有举措。

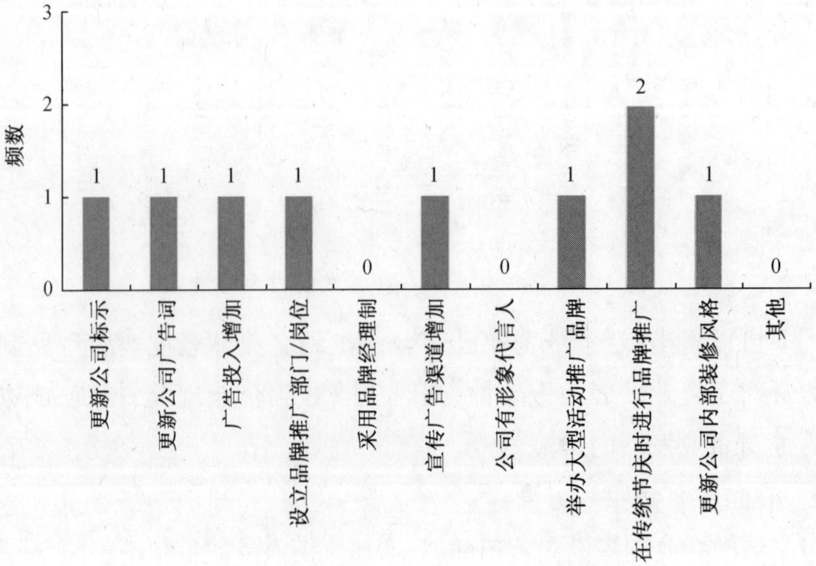

图5　近五年本企业在品牌建设方面的措施

由图5可以看出:老字号企业仍然对品牌建设的传统模式情有独钟,对于体现现代企业管理制度,具有时代特色的模式方法没有予以充分重视。

(五)在企业品牌传承方面

被调查企业均在保留传统产品(服务)、保留传统工艺技术、延续品牌形象、传承品牌文化等选项做了选择,有超过半数的企业建立了品牌发展历史档案。

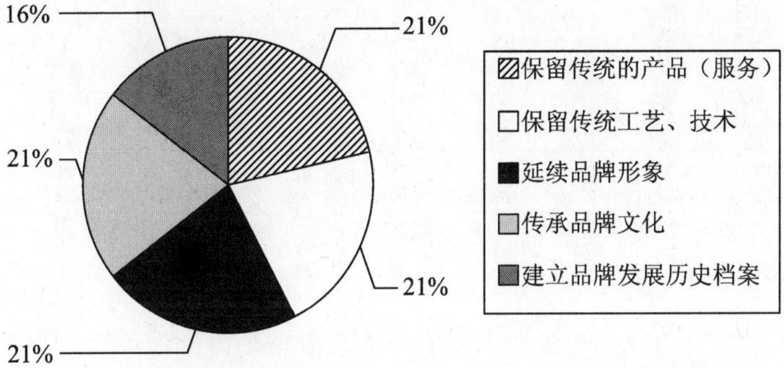

图6 近五年本企业在品牌传承方面所做的努力

由图6可以看出:老字号企业重视品牌声誉,对于品牌的维护和传承均做出大量的努力。

(六)在新产品开发和品牌创新方面

被调查企业均高度关注消费者的新的消费需求,有超过半数的企业同时迎合传统消费,高薪引进研发人员。不到半数的企业设立了研发部门,开发新的生产工艺,改善生产环境。

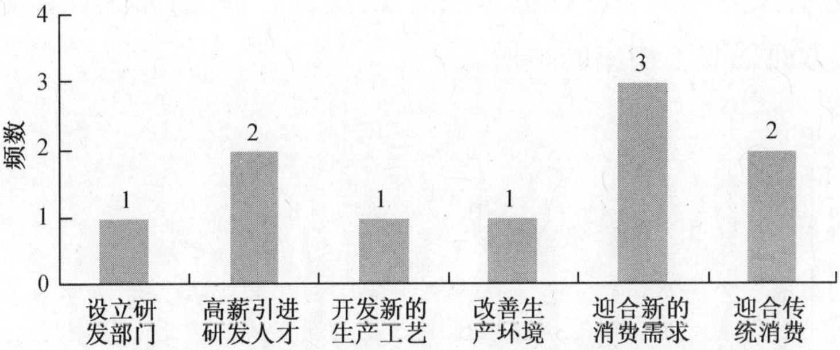

图7 近五年本企业在新产品开发和品牌创新方面的举措

由图7可以看出:老字号企业重视迎合消费者需求,重视引进研发人才,开展产品研发和品牌创新,这也符合黄金珠宝类企业的生存与发展规律。

(七)在企业信息化管理方面

被调查企业均建立了公司网站,有超过半数的企业建立了办公自动化系统和销售信息化系统，不足半数的企业建立了采购、财务、研发、生产制造、人力资源等一整套信息化系统，同时已有企业开始采用网上销售的新途径。

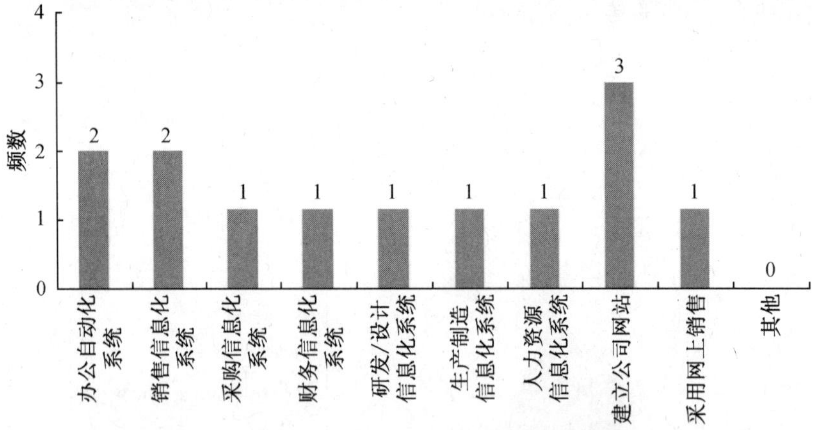

图8　近五年企业在信息化管理方面的措施

由图8可以看出：老字号企业对于信息化管理的理解尚不全面，公司网站建设仅是信息化管理的部分内容，公司整体信息化系统的集成开发与建设对于提高公司的管理水平将起到关键性的作用，应得到公司的充分重视。

（八）在社会责任方面

被调查企业在员工权益、消费者权益和对政府、社区等社会责任方面均给予高度关注，有超过半数的企业在公益活动、股东权益、环境保护、慈善捐赠以及将社会责任作为企业战略内容等方面展开了实质性工作。不足半数的企业在关注供应商、利益有关方以及设立社会责任岗位/部门、对外披露企业信息、发布社会责任报告等方面采取了相应的举措。

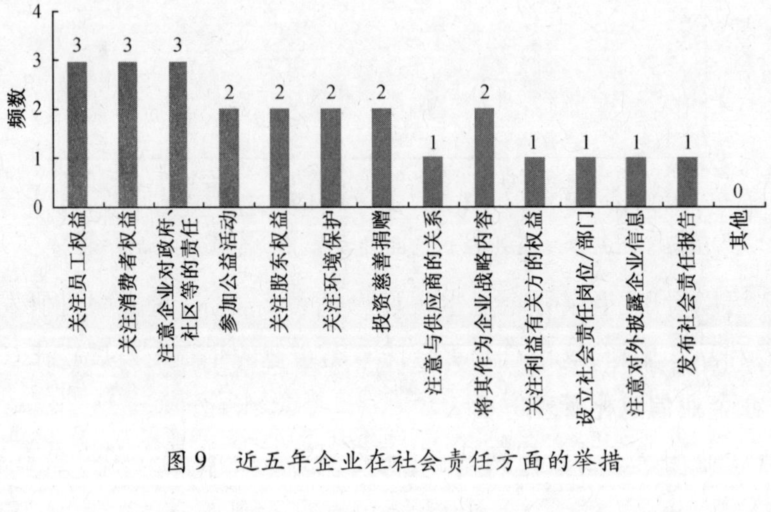

图9　近五年企业在社会责任方面的举措

由图9可以看出:老字号企业均重视社会责任并开展了大量的实质性工作,但是企业的社会责任工作的对外宣传不足,在信息化时代无益于有效提升企业自身的美誉度。

(九)在品牌价值提升方面

被调查企业均在关注消费者需求、品牌创新和文化建设、提高员工素质、加强客户关系管理等方面做了努力,不断提升品牌价值。

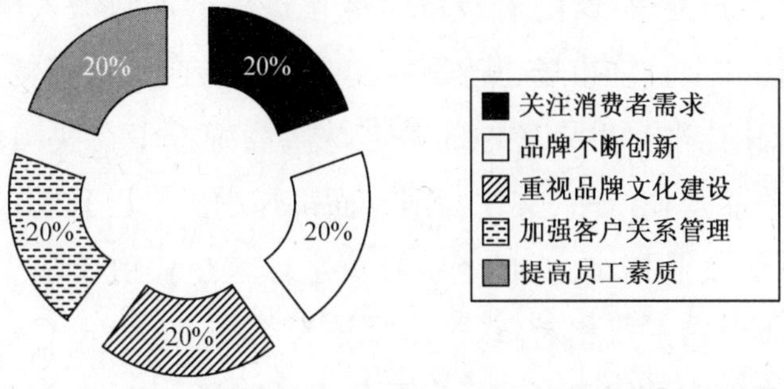

图10 近5年企业在品牌价值提升方面的努力

由图10可以看出:老字号企业非常重视品牌价值提升,以期提高企业在市场中的竞争力。

三、苏州市珠宝首饰类老字号发展存在的问题和对策建议

(一)珠宝首饰类老字号发展存在的问题

1. 品牌传播不够

珠宝首饰产品作为一种高档耐用的消费品,不但具有一般消费品所具有的消费的无限性、多样性、时尚性、层次性、个性化等基本特征,而且还具有自身的价值高、专业性强等独特的元素。一个成功的品牌要体现企业的核心价值,就要与消费者的利益密切结合,满足他们的物质需求和心理需求(如出众的品位、内心的愉悦等),尤其是珠宝首饰类产品,应寻找在消费者心中的准确位置,使消费者对老字号品牌形象产生特别感觉,从而对其产生深刻印象。

2. 人才培养乏力,后劲不足

从目前我国珠宝行业发展来看,品牌建设和现代管理体制的建立与完善已经成为现阶段珠宝业发展侧重的问题,珠宝首饰加工水准提高也成为行业发展的必然趋势,这一系列变化将引起珠宝类企业对人才标准提出新要求,促使企业

加大人才培养力度，提升从业人员素质，将员工的专业技能培训和专业素质培养纳入企业战略管理体系。当前，苏州老字号企业生产制作技术人员培养存在后继无人的忧患。作为全国工艺美术品的重要生产基地，苏州对从事工艺美术行业的人才需求量很大，企业品牌影响力的提升需要高、中、低不同层面的技艺人员，但是单靠企业自身引进和企业内部培养，已远远不能满足企业发展的需要。

3. 营销手段薄弱

和其他行业的产品一样，随着经济全球化进程的不断深入和我国经济实力的快速增长，我国珠宝首饰市场也逐渐从卖方市场转向买方市场发展，行业竞争日益加剧。全球化让来自世界各地的著名珠宝品牌汇聚在我国境内，且市场拓展成效显著，这些品牌在产品、文化营销方面都显示出自己独特的优势。与国际著名珠宝首饰品牌企业相比，苏州老字号黄金珠宝企业由于缺少较高素质的营销策划人才，品牌营销手段相对薄弱，内容较为单一。

（二）苏州市珠宝首饰类老字号发展的对策建议

1. 挖掘品牌内涵，树立品牌形象

苏州珠宝首饰类老字号企业要全面理解品牌内涵，合理确定自身产品的消费群体，锁定合适的目标客户，建立独特的品牌定位，继承品牌的核心价值，形成品牌的核心竞争力，提升品牌的品质认知度，创新品牌形象，设计合理的品牌延伸，强化品牌消费者的忠诚度和联想度，弘扬优质商业文化，逐步树立起老字号企业所特有的品牌形象，这样才能促进老字号的复兴。

2. 加大人才储备，完善人才培育机制

企业品牌的竞争某种程度上讲就是企业人才的竞争，人才储备是珠宝企业品牌战略实施的先决条件。企业品牌的创立是优秀人才智慧的结晶，同时，品牌的扩张和维护更是需要大量优秀的人才。无论是优秀的产品质量、先进的制造工艺抑或是优质的服务，都需要优秀的人才做基础。专业性较强的珠宝首饰类老字号企业，只有采用多种渠道、多种形式的人才培育机制，如外部引进、内部培养、教育机构代培、企校合作等形式多路并进，才能解决困扰企业可持续发展难题。

3. 企业制定品牌营销策略，政府助推老字号品牌推广

老字号企业应该梳理好自己的发展路线，在扎实做好品牌传承的基础上，创新发展品牌价值，积极寻求新的发展模式，研究消费行为和需求，以此引导经营

策略的改变,切实实行品牌营销推广策略,吸引新的消费群体。同时,行业协会和政府部门要给老字号企业的发展提供强有力的外部支撑,行业协会应减少对企业的干涉,让商标所有权回归于市场,回到经营者的手中,切实发挥好桥梁纽带作用,增强会员间的信息沟通,以协会名义抱团造势开展活动,营造行业声势,拉升品牌效应。政府应研究出台相关政策,帮助老字号企业挖掘更适合老字号企业品牌推广的营销沟通组合,落实老字号企业享受税收、经营场地租赁等优惠保护政策,以使老字号企业区别于一般经营户。只有真正保护经营者的权利,老字号企业才能在市场竞争中游刃有余地开展品牌宣传,才能真正加大对品牌的投入,增加品牌价值。

参考文献:

[1] 王家年. 苏州工匠陆子冈[J]. 金融经济,2009(11).

[2] 黄江杰. 符号学视角下的中国传统珠宝首饰及其传承[J]. 艺术科技,2012(3).

[3] 岑长庆. 珠宝首饰美学营销研究[J]. 商业经济,2013(20).

[4] 许敏玉,王小蕊. 中华老字号品牌发展瓶颈及对策[J]. 企业经济,2012(1).

[5] 阚景阳. 中华老字号的经营困境与对策分析[J]. 企业改革与管理,2014(3).

(汪晓媛)

苏州市工艺类老字号发展报告

一、苏州市工艺类老字号发展概况

常言道:“盛世玩古董”,古玩艺术品、工艺制造品不仅能够在盛世得以展现其至精至美的昂贵价值,同时,其背后所蕴含的历史延展性也应当伴随时代商潮,不失古朴与传世之光熠,因此,“老字号”工艺是本研究报告的主要切入视角。

“苏工”历来讲求精湛与细腻,道道技艺悉数历经历史传承,无数手工艺人推敲琢磨,方才成就了充满岁月韵味的苏州工艺,其中,既有古代书画颜料、姑苏饰品等制作工艺的延续,又有奇石玉雕、刺绣木艺、民族乐器等古今技艺的交相融合。本研究报告在调研苏州地区7家著名工艺类老字号企业的基础上,采用发放问卷的形式进一步深入挖掘苏州工艺类老字号企业的生存发展现状,尤其将重心集中在工艺类老字号的品牌研究上,以期借此推动苏州工艺类企业未来的良性发展,推动工艺类老字号品牌的传承与推广。

本课题对苏州市的7家工艺类老字号企业进行问卷发放回收,经统计,7家苏州市工艺类老字号企业的基本信息如表1所示。

表1 苏州市7家工艺类老字号企业基本情况

基本信息	苏州工艺类老字号品牌名称						
	姜思序堂	如意檀香扇	艺石斋	环绣山庄	红艺牌红木家具	虎丘牌系列民族乐器	宝鼎玉雕
企业名称	苏州姜思序堂国画颜料有限公司	苏州如意檀香扇有限公司	苏州艺石斋有限公司	苏州刺绣研究所有限公司	苏州红木雕刻厂有限公司	苏州民族乐器一厂有限公司	苏州玉石雕刻厂有限公司

续表

基本信息	苏州工艺类老字号品牌名称						
	姜思序堂	如意檀香扇	艺石斋	环绣山庄	红艺牌红木家具	虎丘牌系列民族乐器	宝鼎玉雕
企业性质	民营企业	民营企业	民营企业	股份制企业	民营企业	民营企业	民营企业
所属行业	工艺美术品制造	工艺美术品制造	工艺美术品制造	工艺美术品制造	木制家具制造	(中)乐器制造	非金属矿物制造
最早创办时间	乾隆年间	道光六年(1826年)	清末民初(1912年)	1954年	1954年	1954年	1954年
注册资本(万元)	50	80	1 000	300	1 035.73	103	104
现有规模(员工人数)	20	33	7	150	50	96	22

从表1可见，苏州市工艺类老字号企业大多分属于工艺美术品制造业，仅有3家企业涉足其他制造行业，且都与工艺制造有紧密联系，如木制家具、中式乐器等，都具备工艺制造的突出特点。作为工艺类老字号企业的主打产品，上述品牌的工艺制成品多具有历史内涵，且从其延续时间来看，近半数企业产品自古有之，颇具江南织造、民间工艺特色，这也决定了上述老字号品牌产品的艺术特点：集地方特色与历史韵味于一身。木艺、雕刻、乐器等工艺类老字号企业随着1954年国家社会主义改造的开展相继成立，后在国家改革开放的企业改制浪潮中，上述7家企业中绝大多数已成功改制为民营企业，延续至今，保证了市场经济环境下企业经营活力的维系。历史演变之中，不难看出上述工艺类老字号企业与时俱进的经营特质与秉承传统工艺的决心。

而且，苏州工艺类老字号企业与当地其他规模经济企业相比，都存在企业资金规模较小、员工人数较少、门店数量较少、盈利能力较弱等问题，这与上述企业的企业性质、行业类型及历史因素紧密相关，作为以作坊、门店起家的苏州民间工艺企业，其产品多为工艺小件、把玩饰物，需求有限而供给有余，造成其规模短板。

尽管如此，上述工艺类老字号企业产品凭借其精致细腻的苏州工艺和深厚的历史文化底蕴，真正做到了百年“苏工”的精美设计与优良品质的岁月传承，不仅受到广大喜爱民间艺术的人士的追捧，工艺类老字号企业及其产品更是取得了不少傲人成就，所获代表性荣誉列举如表2所示。

表2　苏州市工艺类老字号企业所获荣誉摘录汇总

品牌名称	所获荣誉列举
姜思序堂	1. 古塔牌传统中国画颜料、高级书画印泥曾两度获评轻工部优质产品 2. 苏州市非物质文化遗产代表性项目
如意檀香扇	1. 全国工艺美术的最高奖项:百花奖“银杯奖” 2. 第一批国家级非物质文化遗产 3. “中华老字号”会员单位
艺石斋	苏州市非物质文化遗产代表性项目
环绣山庄	1. 中国工艺美术学会刺绣艺术专业委员会会长单位 2. 国家级非物质文化遗产、国家文化产业示范基地
红艺牌(红木家具)	1. 全国红木行业中唯一的红木制品质量银奖 2. 国家级非物质遗产、江苏省非物质文化遗产、苏州市非物质文化遗产 3. “中华老字号”会员单位
虎丘牌(民族乐器)	1. “虎丘”牌红木精制二胡荣获国家质量奖银奖(不设金奖) 2. 二胡获“江苏省名牌产品”称号、“虎丘”牌商标获评江苏省著名商标

二、苏州市工艺类老字号生产经营与品牌建设分析

为进一步了解上述7家工艺类老字号企业的经营发展现状,更为深入剖析其近五年来在老字号品牌建设、产品创新与研发、营销推广等方面所做的努力与成效,本次研究采用发放问卷的形式,对上述进行统计分析。

1. 企业延续产品品牌及工艺优势明显,政府支持、资金问题制约企业发展

针对苏州市工艺类老字号企业的竞争优劣势分析,此次研究采用多选题型进行问卷设计,优劣势涵盖维度一致,统计结果汇总如图1所示。

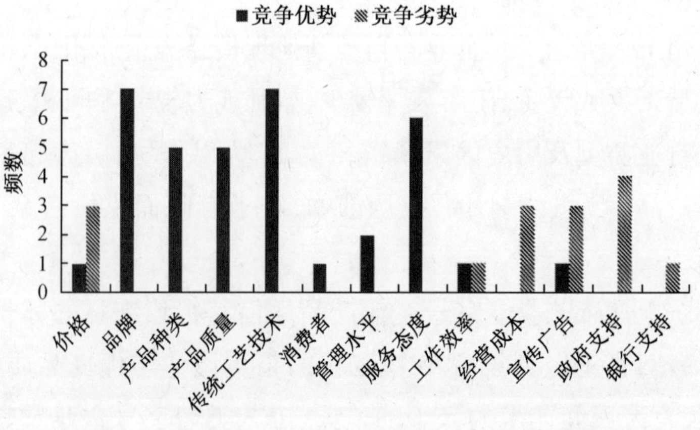

图1　苏州市工艺类老字号企业竞争优劣势情况

由图1可知,苏州市7家被调研工艺类老字号企业都不乏共同具备的一些

竞争优势:品牌与传统工艺技术;除此之外,5 家企业同时认为其产品的种类与质量也颇具市场竞争力。这样的频数分布充分说明了工艺类产品自身独具的竞争优势:集中体现在产品层面的做工技艺、种类品质以及品牌口碑。相对而言,上述 7 家受访企业对于涉及资金问题的项目,如产品售价、经营成本、金融支持等则普遍感觉到存在竞争劣势;另有政府支持一项,过半数企业认为政府对其扶持力度不够,造成其在市场竞争中处于劣势地位。上述现状与传统工艺类行业企业及其产品的性质有关,即:工艺产品制作特性决定其具备难以被模仿的技术优势,百年老字号的历史延续性造就了其品牌知名度;而现代金融、商业模式则限制了其转型发展,政府扶持重心普遍旁落科技性新型产业,一定程度上加剧了传统工艺类行业"被冷落"的状况。

2. 企业经营发展求新求变,但配套体系建设与要素投入力度略显不足

调查研究发现,近五年来,7 家工艺类老字号企业或多或少都在谋求经营发展状况的改善,具体措施如表 3 所示。

表 3　近五年来本企业在推动经营发展方面的措施

措施	频数	占比(%)	措施	频数	占比(%)
增加新产品	6	26.09	改善经营环境	2	8.70
增加新的生产线	0	0	降低成本	1	4.35
增加销售网点	1	4.35	增大投资	1	4.35
提高服务水平	2	8.70	扩大到其他行业	1	4.35
增加宣传广告	2	8.70	优化业务流程	2	8.70
增加新的工艺技术	4	17.39	增加员工人数	1	4.35
增加新的分公司	0	0	合计	23	100

分析表 3 发现,7 家被调研企业之中,6 家企业增加了新的工艺产品,频数占比达 26.09%,4 家企业在工艺技术上有所新增,占比 17.39%,与此同时,"改善经营环境""优化业务流程""提高服务水平"也分别被 2 家企业提及,占比均为 8.7%,这些措施都反映出传统工艺类企业在其经营发展策略上"求新求变"的尝试,试图通过增加产品种类、改进生产技艺、改善经营环境等措施更好地与时代衔接、与新市场同步。然而,上述企业在"改革与改良"的同时,其相对应的配套机制建设及人、财、物等要素的投入却显得力度不足,分别仅 1 家企业提及扩大投资、增加雇员、"一体化"建设、缩减成本以及增设销售网点等内容。

3. 企业改善生产与强化研发“两手抓”，但新生产线扩张进程缓慢，尚未形成规模效益；企业市场营销、品牌推广与渠道建设“三管齐下”，投入力度却仍显不足

在综合分析上述7家工艺类老字号企业经营发展现状的基础上，针对企业产品发开与创新、营销推广两个具体方面进行深入调研。近五年来上述企业在产品研发与创新方面的具体措施及频数、占比情况如表4所示。

表4　近五年本企业在推进产品生产研发及创新方面的措施

措施	频数	占比(%)	措施	频数	占比(%)
迎合新的消费需求	3	12	改善生产环境	4	16
迎合传统消费	4	16	降低生产成本	2	8
设立研发部门	3	12	开发新的生产工艺	4	16
增加研发人员数量	2	8	增加新的生产线	0	0
高薪引进研发人才	1	4	增建新厂房	0	0
提高研发人员的工资	2	8	合计	25	100

分析表4中的数据发现，7家工艺类老字号企业在产品研发及创新方面的举措大致可以分为两个大类，即加强研发实力(包括设立研发部门、增加或引进研发人员、提高研发人员的工资等)，总占比32%；改善生产(包括改善生产环境、开发新工艺、降低生产成本等)，总占比40%。但对于涉及新增产线、新建厂房等有助于企业生产规模扩张的举措鲜有提及，因而工艺类企业难以形成规模效益。究其原因，一是由于工艺类产品具有难以保质保量地实施大批量量化生产的特性；二是由于工艺类产品总体销量有限，且市场上存在同质性较高的可替代品。例如，国画颜料“姜思序堂”，不仅市场受众有一定局限性，同时也存在“马利”牌等同质商品的竞争；“红艺”牌“苏作”家具同时要面对“京作”“广作”家具企业的竞争。

鉴于传统工艺类老字号企业新产线增添困难、规模效益难以建立的发展现状，本课题进一步探寻了上述企业产品的营销推广情况，如图2所示。

由图2可知，苏州市工艺类老字号企业对于自身产品的营销推广模式大多集中在传统的“市场营销与推广”层面，占比达55.56%；而“渠道建设”及“品牌受众认知及推广”这两项的占比则分别为27.78%和16.67%。上述三项举措的具体明细措施汇总见表5。

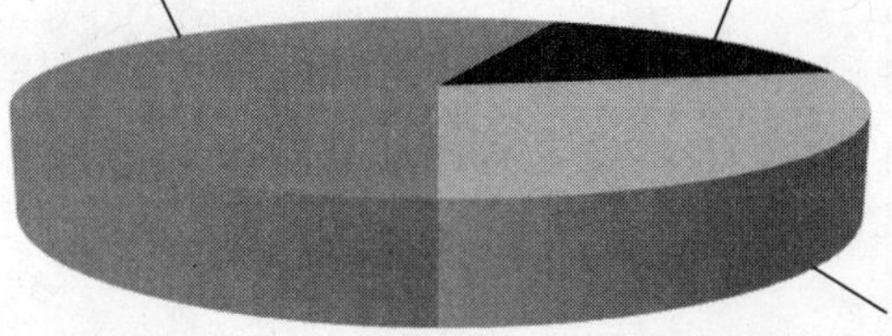

图2　近五年本企业在营销推广方面的举措占比图

表5　近五年本企业在营销推广方面的具体措施

改善方面/维度	具体措施	频数	占比(%)
品牌受众认知及推广	关注消费者的新需求	3	16.67
	增加广告投入	0	0
	合　计	3	16.67
渠道建设	增加销售网点	1	5.56
	改善销售环境	3	16.67
	增加经销商或代理商	1	5.56
	合　计	5	27.78
市场营销与推广	设立营销部门	3	16.67
	增加营销人员的数量	2	11.11
	高薪引进营销人才	2	11.11
	提高营销人员的工资	1	5.56
	结合传统节庆开展营销活动	2	11.11
	合　计	10	55.56

结合图2和表5的情况可知，尽管上述7家老字号企业都在其产品的营销推广上有所努力，但从所采取措施的频数绝对值来看，每项措施仅有为数不多的企业付诸实施，且营销推广模式较为传统，以改良为主，对于客户资源的重新开发及更广泛层面上的受众群挖掘等举措尚未大规模开展。由此可见，对于能够迅速提高产品市场占有率的营销推广策略及措施，上述企业的投入力度略显不足。

4. 企业依靠品牌创新提升品牌价值，品牌发展策略“重传承而轻建设”

作为老字号企业，苏州市上述7家工艺类企业的品牌文化、建设及改善情况值得深入研究，为此，在研究设计之中，本课题从“品牌建设”“品牌传承”和“品牌价值提升”三个维度展开调研,各自占比情况如图3所示。

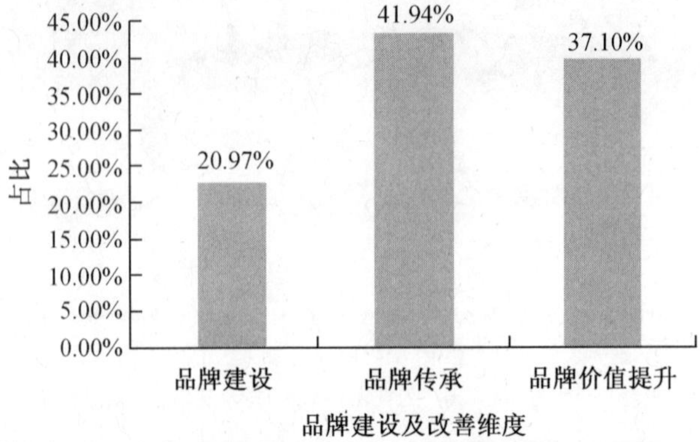

图3 近五年本企业对老字号品牌的建设及改善举措占比图

就上述三个维度而言,“品牌传承”得到了多数企业的重视,所占比例达41.94%;“品牌价值提升”占比也达到37.10%;而“品牌建设”的占比仅为20.97%。三个维度具体措施汇总如表6所示。

表6 近五年本企业对其老字号品牌的建设及改善举措

方面/维度	具体措施	频数	占比(%)
品牌建设	更新公司标识	0	0
	更新公司广告词	0	0
	更新公司内部装修风格	3	23.08
	聘用公司形象代言人	2	15.38
	采用品牌经理制	2	15.38
	设立品牌推广部门/岗位	0	0
	宣传广告渠道增多	0	0
	广告投入增加	3	23.08
	举办大型活动推广品牌	1	7.69
	在传统节庆时进行品牌推广	2	15.38
品牌传承	保留传统的产品(服务)	6	23.08
	保留传统工艺、技术	6	23.08
	延续品牌形象	6	23.08
	传承品牌文化	5	19.23
	建立品牌发展历史档案	3	11.54

续表

方面/维度	具体措施	频数	占比(%)
品牌价值提升	关注消费者需求	6	26.09
	品牌不断创新	6	26.09
	重视品牌文化建设	3	13.04
	加强客户关系管理	6	26.09
	提高员工素质	2	8.70

综合分析图3和表6内容发现,工艺类老字号企业的品牌定型已经比较成熟,"品牌建设"多侧重于品牌改善层面,如"更新公司内部装修风格"(占比23.08%)、"广告投入增加"(占比23.08%)以及"聘用公司形象代言人"(占比15.38%)等,品牌建设总体受重视程度比较低;而对于工艺类老字号产品的"品牌传承",各个企业都比较重视,即注重保留与延续品牌产品中固有的技艺、形象、文化等内容,这也是老字号品牌核心竞争力的主要来源之一;除此之外,上述企业多以"品牌不断创新""关注消费者需求""加强客户关系管理"(均占比26.09%)等措施提升品牌价值,这些尝试体现了传统行业老字号企业进行品牌革新的一些努力。

5. 企业信息化建设停留在基础应用层面,未能形成一整套现代化的信息管理体系;企业社会责任的履行偏重"内部"层面,缺乏更广泛的"外部"层面

进行信息化建设与履行社会责任,不仅是现代企业适应时代发展、满足社会需要的必然要求,更是企业自身发展过程中不可或缺的关键性步骤。信息化建设有助于传统企业转型升级,迈向更高效率、更低能耗的经营发展模式。与此同时,企业积极履行社会责任,有利于树立优良形象,建立企业信誉。为此,本课题针对上述7家企业的信息化建设及社会责任履行情况进行调研,汇总数据如表7和表8所示。

表7 近五年本企业在推进信息化管理方面的举措

举措	频数	占比(%)
建立公司网站	6	23.08
销售信息化系统	4	15.38
财务信息化系统	4	15.38
办公自动化系统	3	11.54

续表

举措	频数	占比(%)
研发/设计信息化系统	3	11.54
采购信息化系统	2	7.69
采用网上销售	2	7.69
人力资源信息化系统	1	3.85
上述整套信息化管理系统	1	3.85
生产制造信息化系统	0	0

分析表7可以发现,在信息化建设方面,有6家企业已经建立了自己的企业网站,其中,"环绣山庄"品牌所属的苏州刺绣研究所以及"虎丘牌"系列民族乐器所属的苏州民族乐器一厂的官方网站设计精美,且极具古朴的工艺韵味,引人入胜,很好地为其品牌产品宣传、企业文化渲染打开了窗口;尤其值得一提的是,"姜思序堂"所属的苏州姜思序堂国画颜料有限公司于2011年就已开设网上销售平台,2011年仅网上销售就突破50万元。尽管如此,表7数据所涉及的一些项目,如"人力资源信息化系统""生产制造信息化系统""整套信息化管理系统"等的建设则很少受到企业重视。因此,上述企业的信息化建设多停留在基础应用层面,并未能形成一整套涵盖企业各个战略层面的现代化信息管理体系。

表8　近五年本企业在履行社会责任方面的举措

举措	频数	占比(%)
关注消费者权益	6	19.35
关注员工权益	5	16.13
注意企业对政府、社区等的责任	4	12.90
注意与供应商的关系	4	12.90
参加公益活动	3	9.68
关注环境保护	3	9.68
关注利益有关方的权益	2	6.45
投身慈善捐赠	1	3.23
将其作为企业战略内容	1	3.23
设立社会责任岗位/部门	1	3.23
注意对外披露企业信息	1	3.23
关注股东权益	0	0
发布社会责任报告	0	0

相对于积极改善的外销策略，企业内部各要素的发展与反馈情况由表8中反映的社会责任举措得以部分体现，即上述7家企业履行的社会责任对象多侧重于“内部”利益相关群体层面，如员工权益、供应商关系等；同时，企业的社会责任观缺乏一定的“外部”视角，未能全面、规范地向社会大众披露企业相关方面的报告，且将社会责任作为企业的战略任务来谋划与实施的认识高度不够。

三、苏州市工艺类老字号发展的对策建议

针对调查问卷所反映的苏州市工艺类老字号企业及其品牌发展、建设过程中的一系列问题，结合统计分析数据与企业深入访谈记录，在借鉴成功的老字号经营发展理念与模式的基础上，本课题提出以下对策建议：

1. 强化政府、企业及高校交流合作，着力搭建企业经营发展的基础性、资源性平台，从而深化推进传统工艺类企业顺利接轨现代商业模式，实现企业各要素间配套机制的高效运行

在对上述7家工艺类老字号企业的深入访谈中，多数企业提及政府作为、资金紧缺及吸引传承性人才等问题。上述问题的解决，一方面需要政府积极制定并有效落实有利于传统行业企业的发展政策，如行业扶持、税收减免、技艺保护等；另一方面，企业也要“主动出击”，与地方政府、金融机构、工艺类高校强化交流合作，积极搭建有助于企业未来持续发展的基础平台，同时建立健全企业人才的“引、用、育、留”机制，完善企业“一体化”的配套体系建设。

2. 以信息化助推社会化，加强品牌产品的营销推广力度；真正实现地域性百年品牌及产品的“走出去”战略，着力打开国际、国内两大市场

随着传统行业企业信息化建设的推进，工艺类产品与崭新市场的对接窗口已经打开，采取由点及面、兼顾传统与现代的营销模式，在宣传与推广过程中凸显老字号的品牌优势、工艺特色，将更加有助于传统工艺类企业“走出去”，生产国内年轻一代乃至国际消费者所热衷的产品。

3. 秉承传统品牌与制作工艺的核心优势，创新品牌定位与建设，努力提升企业产品的品牌价值

作为老字号企业，苏州市工艺类企业的品牌价值具备无可比拟的竞争优势，其饱含的历史文化价值、岁月人文底蕴以及精湛细腻的工艺，是现代老字号品牌与生俱来的核心价值体现。然而，延续老字号品牌也是一柄双刃剑，由于历史传

承时间较长，品牌定位及认知具有一定惰性，品牌创新建设阻力较大，为此，企业必须从老字号形象设计入手，提升品牌运营能力，改善品牌沟通效果，重塑品牌精神文化，进而努力提升企业产品的品牌价值。

参考文献：

[1] 吴水龙，黄小宁，周运锦."老字号"品牌资产的激活：机理与路径[J].现代管理科学，2009(4).

[2] 刘巨钦，田雯霞.老字号企业品牌文化创新研究[J].商业研究，2012(5).

[3] 明洁，姜小琴.江苏老字号企业技术创新发展策略[J].商业研究，2009(11).

[4] 韩超.苏州檀香扇工艺美术研究[J].民族艺术研究，2012(5).

[5] 管家庆，吴玲玉.新时期的苏绣品牌发展[J].艺术教育，2014(4).

（尹 杰、杜 莉）

苏州市医药类老字号发展报告

一、苏州市医药类老字号发展概况

医药行业是我国国民经济的重要组成部分，自从改革开放以来医药业在全行业中的地位得到稳步提高。该行业具有高投入、高产出、高风险、高技术密集型的特点，它的发展已成为我国21世纪重要的经济增长点，是目前发展最快、竞争最激烈的高技术产业之一。苏州市的医药业有着悠久的历史，医药业的发展到目前为止也取得了长足的进步。截止到2012年年底，苏州市医药制造业规模以上工业企业工业总产值为244.023亿元，同比增长20.37%；出口交货值为46.892亿元，同比增长16.70%；利润总额达20.7亿元，同比增长50.67%。

苏州市医药类老字号企业在全国范围内具有较高的知名度，如具有370年历史的宁远堂，具有280年历史、生产国家保密药品"六神丸"的雷允上等。本课题问卷调查了苏州市医药类老字号企业共10家，从创立时间来看，这10家医药企业都为百年老字号；从经营规模来看，这10家老字号企业中，有7家隶属于苏州雷允上国药连锁总店有限公司，均为单店经营。

二、医药类老字号受访人对企业自身经营的看法

调查发现，"品牌""产品质量""传统工艺技术"是所有受访企业管理人员公认的本企业目前最突出的竞争优势；此外，"服务态度""价格"等因素也都被视为企业所具有的竞争优势。见图1。

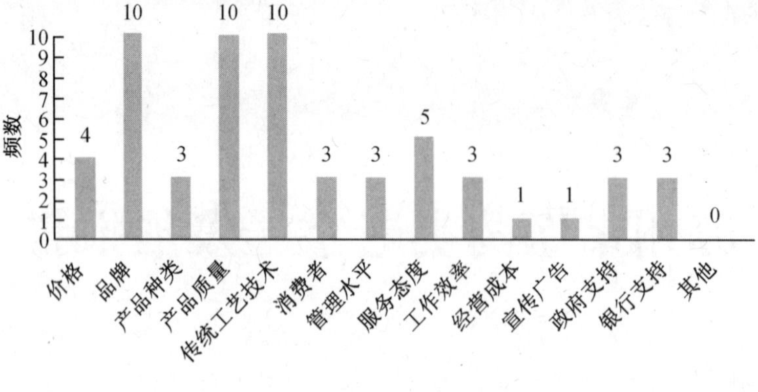

图1 本企业具有的竞争优势

关于企业存在的竞争劣势，受访的医药类老字号企业管理人员选择比较集中。有9位受访企业管理人员认为“经营成本”是本企业目前最大的竞争劣势；有6位受访企业管理人员表示“价格”是本企业现存的主要竞争劣势。见图2。

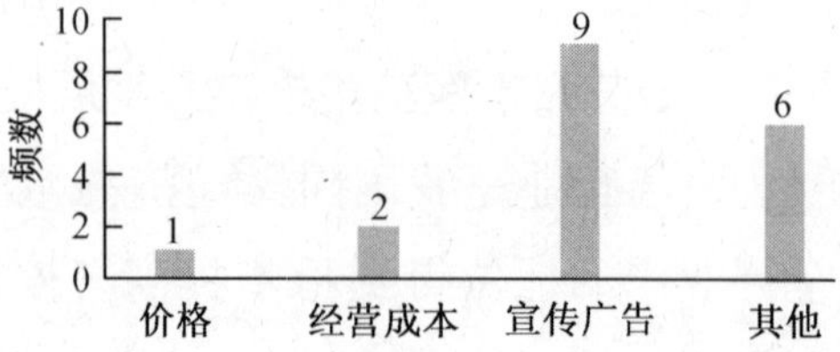

图2 本企业存在的竞争劣势

关于近五年(2009—2014年)企业在经营发展方面的举措，所有的受访医药类老字号企业管理人员一致表示“提高服务水平”及“扩大到其他行业”是企业在推动经营发展方面最常采用的措施；分别有9位受访的老字号企业管理人员选择了“增加宣传广告”和“降低成本”作为主要措施，占总频数的14.8%；另外，还有8位受访企业管理人员认为“增加销售网点”是企业在经营发展时必不可少的举措。见表1。

表1 近五年本企业在经营发展方面的举措

举措	频数	占比(%)	举措	频数	占比(%)
增加新产品	3	4.9	降低成本	9	14.8
增加新的生产线	1	1.6	增大投资	2	3.3
增加销售网点	8	13.1	扩大到其他行业	10	16.4
提高服务水平	10	16.4	优化业务流程	1	1.6
增加宣传广告	9	14.8	增加员工人数	1	1.6
增加新的工艺技术	2	3.3	其他	0	0
增加新的分公司	2	3.3	总计	61	100
改善经营环境	3	4.9			

关于近五年(2009—2014 年)企业在营销策划和品牌认知方面的举措,“关注消费者的新需求”和“结合传统节庆开展营销活动”这两项措施成了所有受访老字号企业共同的选择;另外,分别有 7 家老字号企业选择“设立营销部门”“增加营销人员的数量”“增加广告投入”作为本企业在营销策划和品牌认知方面主要的措施。见表 2。

表 2 近五年本企业在营销策划和品牌认知方面的举措

举措	频数	占比(%)	举措	频数	占比(%)
设立营销部门	7	12.7	改善销售环境	3	5.5
增加营销人员的数量	7	12.7	关注消费者的新需求	10	18.2
高薪引进营销人才	3	5.5	结合传统节庆开展营销活动	10	18.2
提高营销人员的工资	2	3.6	增加经销商	2	3.6
增加销售网点	3	5.5	其他	0	0
增加广告投入	7	12.7	总计	55	100
增加代理商	1	1.8			

关于近五年(2009—2014 年)企业在品牌建设方面的举措,受访的医药类老字号企业管理人员的选择相对比较分散。其中,有 7 位受访企业管理人员认为“广告投入增加”和“举办大型活动推广品牌”是企业在进行品牌建设时主要的措施手段,占总频数的 19.4%;有 6 位受访企业管理人员选择了“更新公司标识”,占总频数的 16.7%;此外,还有一半的受访企业管理人员表示“更新公司广告词”和“公司有形象代言人”也是很重要的措施。见图 3。

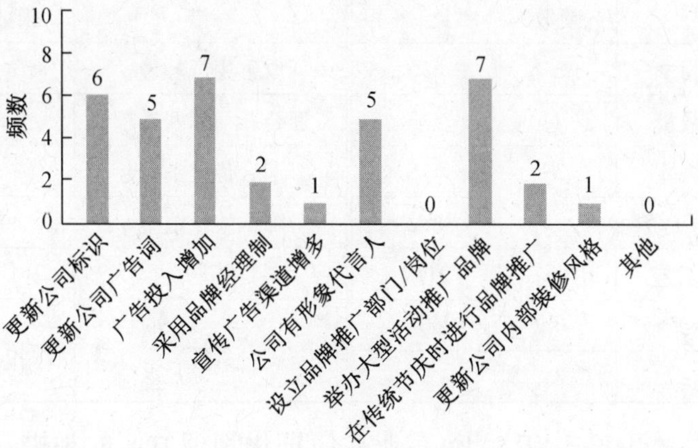

图 3 近五年本企业在品牌建设方面的措施

关于近五年(2009—2014 年)企业在品牌传承方面所做的努力,受访的医药类老字号企业管理人员选择比较集中。"保留传统的产品""保留传统工艺、技术""延续品牌形象"和"传承品牌文化"是这些医药类老字号最经常采用的措施,均占总频数的 20%;另外,还有 9 家受访老字号企业管理人员选择了"建立品牌发展历史档案"作为自身在进行品牌传承时主要的办法。见图 4。

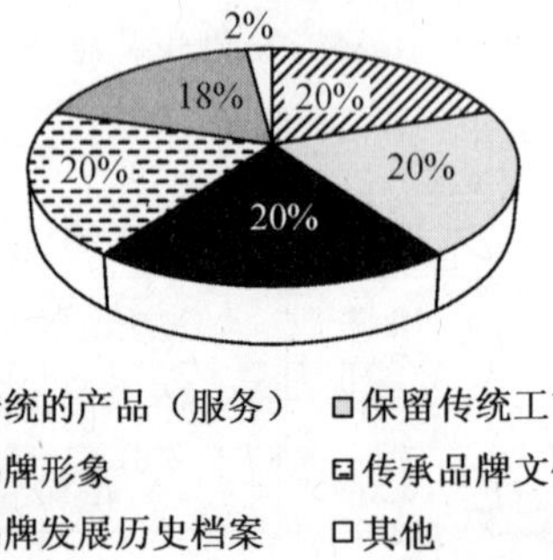

图 4　近五年本企业在品牌传承方面所做的努力

关于近五年(2009—2014 年)企业在新产品开发和品牌创新方面的举措,"开发新的生产工艺"和"迎合新的消费需求"是这些受访的医药类老字号企业最常采用的举措,占总频数的 21.7%;有 8 家企业选择了"增建新厂房",占总频数的 17.4%;此外,"设立研发部门""高薪引进研发人才""改善生产环境""迎合传统消费"及"降低生产成本"等措施也都是企业在新产品开发和品牌创新上经常会采用的办法。见表 3。

表 3　近五年本企业在新产品开发和品牌创新方面的举措

举措	频数	占比(%)	举措	频数	占比(%)
设立研发部门	3	6.5	改善生产环境	3	6.5
增加研发人员数量	2	4.3	迎合新的消费需求	10	21.7
高薪引进研发人才	3	6.5	迎合传统消费	3	6.5
提高研发人员的工资	1	2.2	降低生产成本	3	6.5
开发新的生产工艺	10	21.7	其他	0	0
增加新的生产线	0	0	总计	46	100
增建新厂房	8	17.4			

关于近五年(2009—2014 年)企业在信息化管理方面的举措,受访的医药类老字号企业管理人员表示,"上述整套信息化管理系统"是企业在进行信息化管

理工作时最主要的措施；另外，建立“办公自动化系统”“销售信息化系统“采购信息化系统”“财务信息化系统”“生产制造信息化系统”“人力资源信息化系统”和“建立公司网站”等措施也都是老字号企业经常会采用的办法。见表4。

表4　近五年本企业在信息化管理方面的举措

举措	频数	占比(%)	举措	频数	占比(%)
办公自动化系统	3	9.4	人力资源信息化系统	3	9.4
销售信息化系统	3	9.4	建立公司网站	3	9.4
采购信息化系统	3	9.4	采用网上销售	2	6.3
财务信息化系统	3	9.4	上述整套信息化管理系统	7	21.8
研发/设计信息化系统	2	6.3	其他	0	0
生产制造信息化系统	3	9.4	总计	32	100

关于近五年(2009—2014年)企业在履行社会责任方面的举措，受访的医药类老字号企业认为“关注员工权益”“关注消费者权益”“注意企业对政府、社区等的责任”“参加公益活动”及“注意与供应商的关系”这5项措施为本企业在履行社会责任方面最常采用的举措，也是企业最关心的内容；另外，还有9家受访企业选择了“投身慈善捐赠”，占总频数的12.5%。见图5。

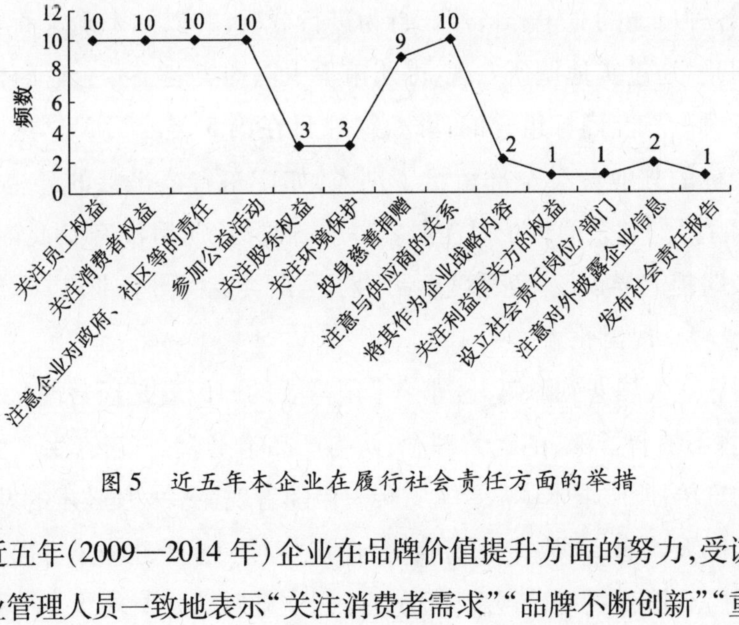

图5　近五年本企业在履行社会责任方面的举措

关于近五年(2009—2014年)企业在品牌价值提升方面的努力，受访的医药类老字号企业管理人员一致地表示“关注消费者需求”“品牌不断创新”“重视品牌文化建设”“加强客户关系管理”及“提高员工素质”这五项措施均是企业自身在进行品牌价值提升时最常用、最重要的措施,各占总频数的20%。见图6。

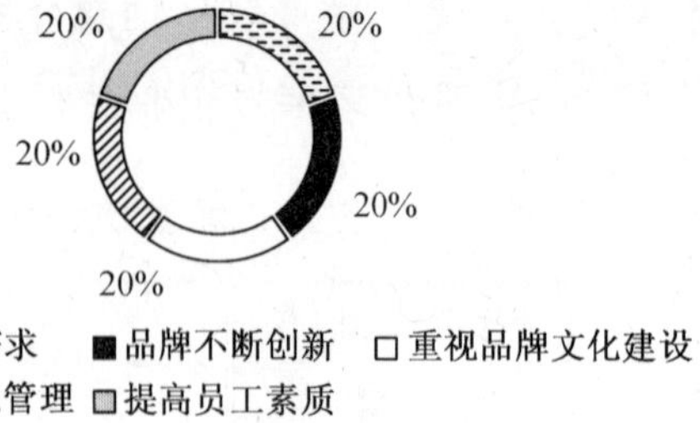

图6 近五年本企业在品牌价值提升方面的努力

三、苏州市医药类老字号发展存在的问题

1. 商标注册、保护意识淡薄

商标是现代经济的产物,是商品的生产者、经营者在其生产、制造或者经销的商品上,或者服务的提供者在其提供的服务上采用的具有显著性特征的标志。它主要用于区别商品或者服务的来源,阻止诸如仿冒和假冒之类的不正当竞争行为。按照《商标注册用商品和服务国际分类尼斯协定》,商标共分45类,其中商品34类,服务项目11类,共包含1万多个商品和服务项目。由于老字号企业的商标尚不能实行跨类保护,因而,各个企业应当根据当前和未来企业发展的需要,以及对各种可能的竞争和搭便车行为进行分析,并以此来确定商标注册的相关类别。但是,通过实地调研发现,苏州市不少医药类老字号企业商标保护意识淡薄,缺乏商标设计、商标组合的理念,往往只在第5类或第35类上注册商标,这就把该商标的其他分类全部留给了别人,如广东省饶平县的某企业将"雷允上"和"童涵春"的剩余商标予以注册。另外,商标注册后没有专人管理,对相似注册不能及时提起异议,一定程度上制约了医药类老字号企业自身的市场扩展。

2. 经营理念的固化

老字号企业发展遇到障碍,另外一个很重要的原因就是经营理念的固化。一是固守"酒香不怕巷子深"的经营理念,认为产品本身就是宣传,生产优质的产品就是最好的宣传,所以根本不需要去宣传。但随着现在多媒体技术的发展,医药行业宣传广告铺天盖地,令那些"孤芳自赏"的老字号一下子迷失了方向。另外一个就是固守"小富即安"的经营观念,部分老字号企业认为自身能维持生存或者结余一定利润就满心欢喜,没有发展壮大企业的理想。这种求安逸的观念不仅耽误了老字号企业发展壮大的时机，而且让医药类老字号久而久之丧失了竞争的压力和意识。

3. 品牌创新力不足

“十二五”规划将医药业作为战略性新兴产业发展对象后，医药业尤其是生物医药、生物能源及中医药制造等产业有了质的发展。依靠中科院苏州纳米所、苏州医工所等高端科研院所的技术支撑，苏州近年发展了一大批医药产业园，再加上苏州市政府的政策支持，苏州市医药业的技术创新能力得到了很好的提升和发展。不过相比较于技术创新而言，品牌创新就落后了不少。2013 年度中国医药业十大品牌排行榜，苏州医药业老字号品牌无一入围。尽管同仁堂、云南白药、九芝堂等同为医药类老字号，但苏州医药类老字号企业显然与这些上榜企业有着不小的差距，品牌创新力亟待加强。

四、苏州市医药类老字号发展的对策建议

1. 加强商标注册、保护工作

针对医药类老字号商标频被抢注、仿冒的事实，老字号传承人应积极借助政府给予的优惠政策尽早将老字号申请商标注册，包括海外注册，以获得相应的商标专用权，只有完成商标注册，医药类老字号的发展才会有一个稳定的环境。此外，由于现有的专门针对老字号商标保护的法律法规还并不是十分完善，所以加强完善老字号商标保护相关的法律法规对于医药类老字号企业的发展也将起到十分重要的作用。

2. 创新企业管理制度和管理理念

苏州市医药类老字号企业应通过理念创新、组织创新、管理创新，从传统的经营模式中解放出来，走上产品创新、经营模式创新、经营理念创新之路。一方面，医药类老字号品牌历史悠久、物美价廉、工艺独特可靠，这些都是新生医药品牌所不一定具备的优秀特质；但另一方面，老字号企业同时也存在着体制僵化、思维固化、产品滞后、观念陈旧等问题。与国际品牌相比，中医药类老字号缺乏快速的应变能力，所以，医药类老字号企业一定要在管理制度、经营理念上进行改变、进行创新，可继承发扬中医药养生文化，通过文化营销策略的实施，实现其大健康发展战略。

3. 做好“传承”与“创新”的兼容工作

独特的产品和服务是医药类老字号企业的生命力所在,但一方面不少老字号为了保持“原汁原味”而忽略了创新,另外一方面,部分老字号为了应对市场竞争,一味地创新,到最后甚至出现消费者“匾牌还在,感觉不再”的评价。针对目前医药类老字号企业品牌创造力匮乏的现实,医药类老字号企业应始终以自身具有的独特产品和服务为载体,结合经济和社会发展的变化,在产品和服务上深入挖掘,不断创新,不断优化产品和服务的结构,加大投入,不断扩大医药类老字号企业品牌的知名度和影响力,从而进一步提升企业的核心竞争力,真正做到“传承”与“创新”相结合。

参考文献:

[1] 苏州市统计局,国家统计局苏州调查队.苏州市统计年鉴-2013[M].北京:中国统计出版社,2013.

[2] 厉春雷.论中华老字号的消费者驱动战略[J].北方经济,2010(18).

[3] 宋晓亭.中医药老字号企业运用知识产权的误区[J].世界科学技术(中医药现代化),2012(3).

[4] 姚苗.中医药老字号传统技术实施的困境与制度创新[J].中医药管理杂志,2013(2).

[5] 吴新玲.医药老字号新营销:大健康营销战略[J].产业与科技论坛,2013(5).

(房师华、王海燕、汤　华)

苏州市茶叶类老字号发展报告

一、苏州市茶叶类老字号发展概况

我国是茶叶的发源地,历史悠久。据相关文字记载,三千多年前,我们祖先已经开始栽培利用茶树,发源于神农时期,盛行于唐宋时期,在明朝得以深入发展,而后一直流传至今。2012 年,我国茶叶种植面积为 3 578 万亩,茶叶产量为 179.0 万吨,其中内销 130 多万吨,同比增长 8.33%;出口 31.3 万吨,金额约 10.42亿美元,单价3 301 美元/吨,出口额和单价同比分别上升 7.98% 和 11.11%,呈现稳步增长态势。2013 年,我国农业部发布数据,我国茶园面积 3 869万亩,同比增加 253.8 万亩。茶叶总产量持续走高,全年产量达 190 万吨,较上年增产 7% 以上。在出口方面,2013 年我国茶叶出口 32.6 万吨,金额约 12.5亿美元,平均单价 3 920 美元/吨,同比分别上升 3.92%、19.64%、15.13%,出现量价齐升的态势。见表 1。

表 1　2012—2013 年我国茶叶种植面积、茶叶产量和出口额

	茶叶种植面积(万亩)	茶叶产量(万吨)	出口金额(亿美元)
2012 年	3 578	179	10.42
2013 年	3 869	190	12.5

江苏是中国享有盛誉的古茶区之一,产茶、饮茶历史悠久,历史上诞生了不少名茶,有南京的雨花茶、无锡毫茶和宜兴的红茶等。其中,最有名的是苏州的碧螺春,以形美、色艳、香浓、味醇“四绝”闻名于中外。全省茶产品获中国名牌农产品称号 1 个,省级名牌农产品称号 15 个。江苏茶业以单位产量高、生产效益好、名茶影响大等显著特点,在全国茶叶产业中占有重要地位,而且密集、频繁

举办的茶文化活动正进一步打开江苏的茶叶市场，如南京雨花茶节、碧螺春茶文化旅游节等，通过展销推介使江苏茶叶逐步进入北京、上海、香港等中心城市，知名度和影响力得以增强。在“十二五”规划中，江苏省也提出了建设标准化茶园、推进标准化生产和强化科技支撑等目标。并且，江苏省特别重视茶叶教育和科研服务，目前江苏省共有国家茶叶产业体系岗位专家2名，综合试验站3个。

苏州的茶产业也是蓬勃发展的，中国茶叶十大品牌（见表2）之一“洞庭碧螺春”的产地就位于苏州市吴中区太湖洞庭山。茶叶的消费量和区域的经济发展水平紧密相连，在全国经济发展水平靠前的江苏省，每年的茶叶消耗量位列全国第一，而苏州市每年的茶叶消耗量位列江苏省第一。

表2　2014年中国茶叶十大品牌排行榜

品牌	产地	品牌	产地
武夷山大红袍	福建武夷山	六安瓜片	皖西大别山
西湖龙井	杭州西湖龙井村	黄山毛峰	安徽黄山
安溪铁观音	福建安溪	信阳毛尖	河南省信阳
洞庭碧螺春	苏州太湖洞庭山	君山银针	岳阳洞庭湖
普洱茶	云南普洱	祁门红茶	安徽省祁门县

（数据来源：博思数据）

作为吴文化发祥地的苏州，在渊源丰富的历史文化中，其茶叶文化也是不可小觑的，而有着老字号品牌的苏州茶叶企业背后都有着一段为人津津乐道的故事。例如，老字号三万昌始创于咸丰五年(1855年)，“三万昌”寓意绵绵不绝、繁荣昌盛，民间有“吃茶三万昌”的谚语。苏州人历来有到茶馆喝茶的习俗，同时茶馆也是开展商业文化活动的主要场所。三万昌从清同治年间开始，就已成为苏州地区的粮油交易中心及粮油行情信息中心，苏州的一些米行油坊老板必来三万昌聚会，边喝茶边谈生意。除此之外，三万昌还兼营书场，因为到茶馆听说书是苏州人的一大爱好。

本课题共调查了苏州3家茶叶类中华老字号企业，苏州茶叶类老字号企业最早成立时间是乾隆年间，较迟的茶叶类老字号企业也成立于光绪年间，都是由国家商务部认定的中华老字号企业。并且调查的3家中华老字号企业都拥有自己的生产基地，三万昌在太湖洞庭东山、西山（现金庭）开辟了2 500多亩基地茶园，自产、自制、自销碧螺春、碧螺毛尖、碧螺香茶等品种；玉露春在苏州西山包山寺置地2 000多亩茶园及生产加工基地；春蕾茶庄在洞庭东山和西山建有洞庭碧螺春原产地花果茶园3 000多亩。这3家老字号企业中，2013年最高营业收入超过3 000万元，有2家企业分别开了20家和3家连锁加盟店。

二、茶叶类老字号受访人对企业自身经营的看法

本次问卷调查研究显示，在苏州茶叶类老字号企业的发展过程中，100%的老字号企业认为自身在品牌、产品种类、产品质量方面具有竞争优势；67%的老字号企业认为自己公司的服务态度具有竞争优势；还有的企业认为自身在传统工艺技术、价格、消费者、管理水平、工作效率等方面具有竞争优势。有优势必然存在劣势，调查发现：67%的茶叶类老字号企业的管理人员认为本企业的竞争劣势在于经营成本和政府支持，还有一家老字号企业认为自身在银行支持方面处于竞争劣势。

近五年来，苏州茶叶类老字号企业也在经营发展方面做出了很多努力，100%的老字号企业提高了服务水平；67%的老字号企业改善了经营环境，并且增加了销售网点和广告宣传；还有企业增加了新的工艺技术、新的分公司和员工人数，降低成本，增大投资和优化业务流程等。

本次调查表明，近五年，老字号企业在营销策划和品牌认知方面，有67%的老字号企业增加了销售网点、广告投入，并且关注了消费者的新需求；还有一些企业增加了营销人员、提高了营销人员的工资和改善了销售环境。而在品牌建设方面，67%的老字号企业增加了广告投入和更新了公司内部装修风格；还有企业增加了宣传广告的渠道。在品牌传承方面，100%的老字号企业保留传统工艺、技术和延续品牌形象；67%的老字号企业保留传统的产品（服务）和传承品牌文化。在新产品开发和品牌创新方面，67%的老字号企业做到了迎合新的消费需求；还有迎合传统消费和降低生产成本等举措被企业运用。在品牌价值提升方面，100%的企业重视品牌文化建设、提高员工素质；67%的老字号企业关注到消费者需求；此外，也有企业在品牌不断创新、加强客户关系管理上来努力提升品牌价值。互联网时代，信息化管理是一个不可忽视的管理方式。结果表明，100%的老字号企业建立了公司网站；67%的企业采用了财务信息化系统和网上销售；进一步地，有企业采用了整套信息化管理系统，比如，除上述的信息化系统以外，还采用了办公自动化系统、采购信息化系统和销售信息化系统等。

而在对行业协会和政府建议这一部分，调查问卷显示，苏州茶叶类老字号企业管理人员希望行业协会能够积极为老字号品牌店提供有关资料，热心为老店做好服务工作；集中力量，发挥集体作用，相互传播交流咨询。老字号企业也提出希望政府在经济上能给予优惠政策，使老字号单位能继承传统，发扬光大。

三、苏州市茶叶类老字号发展存在的问题

1. 市场竞争激烈，品牌定位不够清晰

我国茶叶种类众多，茶叶仅大类就可以分为绿茶、青茶、白茶、黄茶、红茶、黑茶等几大类，具有地方特色的茶类更是上千种，而每一种茶叶因采摘时节、产地不同又可分出众多子类。与茶叶种类多相对应的就是我国从事茶叶种植、加工的企业数量众多，分布广泛。据统计，我国目前有各类茶叶初制加工厂 7 万余家；茶叶精制加工厂有 1 100 多家；专业茶机制造厂有 100 余家，其中省级定点茶机专业生产厂 30 多家；还有数十家茶叶深加工企业。

另一方面，难敌国际品牌的竞争，中国 7 万家茶叶企业却敌不过一个英国立顿，立顿凭借着产品标准化、价格大众化、品牌时尚化以及购买和冲泡便利化占据了中国很大的市场份额。在这样的大环境下，苏州茶叶类老字号品牌发展的竞争强度也相当大。随着市场的打开，星巴克等品牌涌入苏州，也成为苏州茶叶潜在竞争对手，抢走了消费群体。此外，茶叶还与矿泉水、果汁、各种功能饮料类饮品形成了竞争格局。由于品牌定位不够清晰，面对多重的竞争格局、不同的竞争对手，苏州茶叶类老字号品牌在开拓新市场、占据更多的市场份额上变得更加困难。

2. 品牌建设程度不够

在调查中我们发现，近五年苏州茶叶老字号企业在品牌建设中，只增加了广告投入和广告宣传渠道，以及更新了公司内部装修风格。在新产品开发和品牌创新方面采取的举措很少，只采取了迎合消费需求和降低生产成本两项措施，过多地强调品牌传承和文化，忽视产品本身的创新和发展，忽视茶叶本身的甘、香、韵、色等物质基础，并不利于品牌长期发展。在品牌价值提升方面，也只有一家企业提到了品牌创新。并且，有老字号企业的管理人员提到，老字号在消费者心目中有固有的经营模式和内容，要改变在消费者心中固有的形象，需要付出比普通企业更多的努力。这就说明老字号品牌形象本就容易固化，如果不加强品牌创新，不加强品牌建设，很难使品牌进一步延伸和扩展。

3. 科研力度不足

近五年,苏州茶叶类老字号企业没有增加任何新产品,研发人员严重缺失,也没有进行任何研发项目和活动。在问卷中,可以发现经营成本是苏州茶叶类老字号品牌的竞争劣势,而在企业的经营发展中,也试图力降经营成本。有学者指出,中国茶叶的成本主要源于租金和人力成本。因此,只有通过科研能力的提升,让茶产业实现转型升级,实现规模化、机械化,推进标准化生产体系的建立,才能降低成本。另一方面,随着生活水平的提高和消费能力的提升,除传统的口感需求以外,消费者对于茶叶品牌和质量等需求也会不断提升,人们的健康消费理念也在不断增强。茶叶天然、健康的特性将会越来越受到消费者的关注,消费者对茶叶的质量、安全将会日益重视。江苏省在"十二五"规划中提出,要推进茶叶的标准化生产,加快茶叶科研体制改革步伐,激发科技创新主体的活力,增强企业的技术创新能力。很显然,苏州茶叶类老字号企业在这一方面有所欠缺。

四、苏州市茶叶类老字号发展的对策建议

1. 明确市场定位

老字号企业大都依靠传统工艺水平、技术获取市场,但是随着科技的发展,许多产品工艺和质量都不再领先,如果市场定位不作及时调整,等到客户群体消费观念发生变化,原有的销售和服务手段就无法跟上市场的发展速度。因此,苏州茶叶类老字号企业应当明确自己的市场定位。众所周知,星巴克卖的是时尚化、年轻化,立顿卖的是工业化、便捷化,但不难发现这两种产品都紧跟市场需求,甚至在创造市场需求。它们都具有便捷性,产品质量有保证,符合现代人生活模式。在现代生活模式中,苏州老字号茶叶除了作为一种情致文化的载体之外,能否引发消费者其他方面的关注点,是每个企业值得深思的问题。苏州老字号茶叶在全国市场,甚至国际市场到底定位在何处也是需要仔细考虑的。苏州茶叶老字号企业只有进行战略调整,对市场进行重新调查,明确自己的定位,结合自身的特点,甚至打破行业的界限,调整品牌定位,改进工艺和服务,才能引导苏州茶叶在全国发展,进而开拓国际市场。

2. 加强品牌建设

老字号作为一种无形资产,那是源于它的知名度和美誉度,是上百年来消费者对它的情感认知。但随着城市人口的迁徙,如果不加强品牌建设,消费群体会变得越来越小。品牌建设具体方式如下:首先,可以扩大产品线。考虑到苏州茶

叶的生产、采摘受到地域的限制,基于此,苏州茶叶类老字号企业可以考虑采取垂直品牌的产销模式,也就是在各种品类茶中涵盖高、中、低全产品线,由此做强品牌、做大规模。其次,茶叶品牌可以进行合理的延伸,扩大业务领域,多元化发展。老字号已经形成了一定的美誉度和忠诚度,因而可利用主产品的优势和影响力合力延伸品牌,扩大经营范围,提高市场占有率。在延伸的过程中要注意对主要领域的保护,避免失去原有的稳定市场,还要注意新领域与品牌内涵的一致性。最后,在品牌推广中,应该注意开拓专业销售渠道,尽管品牌茶叶连锁专卖店数量在不断增加,但专卖店的成本却不容小觑,只有通过专业的销售渠道才能获得更高的盈利。这时,苏州老字号茶叶直营店的形象店将会向着文化、品牌和产品的展示与体验功能转变,与专业集成渠道形成互动,实现商品销售的专业化。

3. 加快战略转型升级

本次问卷调查结果显示,企业规模越大,营业收入相应越高。苏州茶叶类老字号企业进行规模化、产业化、机械化生产,将有利于提高茶叶企业的生产效率,降低经营成本,有效保证产品质量稳定安全。因此,要借助科技创新,大力构建新型茶叶产业,实现战略升级。“十二五”是经济发展关键时期,也是江苏省茶产业转型升级的重要机遇期。苏州茶叶类老字号企业必须抓住这一机遇,结合政府的帮助,借助协会搭建的平台,充分利用江苏省内外茶产业的人才优势、茶产业技术创新战略联盟来实现产业的升级。从茶叶的初级加工延伸到精深加工,开发茶药业、茶食品、茶提取物等高附加值产品,形成优质化多样化产品格局。

参考文献:

[1] 李欢欢,黄红星,梁俊芬,等. 2013 年广东茶叶产业发展形势与对策建议[J]. 广东农业科学,2014(6).

[2] 宋锦国. 茶叶品牌化迷途[J]. 销售与市场,2014(4).

[3] 杨意成,张定. 江苏省茶叶产业“十二五”发展思考[J]. 中国茶叶,2011(1).

[4] 李荣林,黄欣卫. 江苏茶叶发展之路[J]. 蚕桑茶叶通讯,2011(6).

[5] 欧阳道坤. 中国茶业的困与变[J]. 销售与市场,2012(16).

[6] 杨江帆,李闽榕. 中国茶产业发展报告(2013)[M]. 北京:社会科学文献出版社,2013.

(何　聪、雷星星)

苏州市酒类老字号发展报告

一、苏州市酒类老字号企业发展概况

（一）苏州的酿酒历史

苏州自古是鱼米之乡，“鱼”和“禾”加草字头便成“蘇”，稻谷丰登的地方出美酒。苏州酿酒历史悠久。据史料记载，苏州城在唐宋时代就日趋繁华，酿酒业也日趋发展。当时酿造的五酘酒，因采用加饭多投法，酒味醇浓，品质优异。到了北宋，流传“苏湖熟，天下足”的谚语。当时的苏州已成为江浙乃至全国的稻米生产中心，酿酒业的发展必在其中。宋代的酒品较多，如“木兰堂酒”“白云泉酒”“洞庭春”“绿醅”“双端酒”等。苏州是全国酿酒最主要的地区之一，以宋代熙宁十年（1077 年）伍郡酒税情况看，当时今苏州境内设有酒税机构近百所，年收酒税 700 多万贯。明代中叶，在以苏州为代表的江南城市中，随着工商业的高度繁荣，出现了资本主义萌芽，使得苏州的酿酒业迅速发展，酿造的“三白酒”最驰名，销往京师。清代民间酿酒兴盛，《苏州府志》载：“吴俗善煮酒，煮过泥封，经岁或入木樨、玫瑰，五加诸品，味更香冽，其未煮而旋卖者各生泔酒。白酒以十月为最。今市中又有福贞、天香、玉露诸名。”李汝珍在《镜花缘》中列出全国 50 余种酒名中，就有“苏州福贞酒”。光绪三十四年（1908 年），在丰田举办的华产商品陈列会上，“福贞酒”代表江苏省名产参展。

近现代以来，苏州酿酒业也写下了辉煌的一页。1915 年，在美国旧金山巴拿马赛会上，苏州钱义兴酒坊各种酒获金牌奖章，王济美酒坊玫瑰酒获银牌奖章。1934 年，在江苏省物品展览会上，苏州吴县横泾烧酒以特产物品参展。1963 年、1971 年，苏州醇香酒被评为江苏名酒。在 1963 年的全国第三届评酒会上,苏州醇香酒荣获国家优质酒称号及银质奖。苏州的东吴老酒,1983 年被评为江苏省优质产品,1984 年获轻工业部酒类质量大赛金杯奖。苏州民生加饭酒,1979 年被评为江苏省优质酒,1986 年被评为江苏省优质产品。张家港酿酒公司生产的“沙洲”版系列黄酒,多次荣获国内外大奖,是江苏名牌产品和省重点保护产品,并被外交部选为驻外使馆招待用酒。

(二)受访的酒类老字号企业发展历程

本课题调查了苏州两家酒类老字号企业,这两家老字号分别是江苏张家港酿酒有限公司的“沙洲优黄”和苏州元大昌酒业有限公司的“元大昌”。

沙洲优黄起源于“汤恒元酒店”,至今已有 100 多年历史。清光绪十二年(1886 年),江阴城里的汤恒源来后塍镇中心开设“汤恒元酒店”,自己酿酒销售。至清末民初传至其子汤玉章之手后,其造酒作坊发展为占地 350 平方米、年耗糯米 800 余石的大作坊。其生产的黄酒、老白酒除供应本酒店外,附近大小酒店均在该店批买,不久其作坊正式改称“汤恒元糟坊”。至 1949 年新中国成立时,汤恒元生产的黄酒已经在方圆百里一枝独秀。新中国成立后,公私合营后的汤恒元糟坊在与晨阳、三甲里、港上、护漕港等糟坊合并后博采众长,产品质量不断攀升,发展成张家港最大的酿酒集团总公司。在继承传统的基础上,酒厂运用现代科技成果,不断改进生产工艺,于 20 世纪 80 年代推出的“沙洲优黄”品牌,多次被评为省优、部优产品,90 年代被评为江苏省名牌产品、省重点保护产品、江苏省消费者协会推荐产品,2004 年被认定为江苏省著名商标。2007 年被授予“中国名牌产品”称号,2011 年被商务部授予“中华老字号”称号。如今,“沙洲优黄”年产黄酒能力达 8 万吨,灌装 6 万吨,其中清爽型黄酒产销量全国第一。2012 年,销售额超过 5 亿元,稳居行业前三甲。2013 年公司营业额超过 6 亿元,沙洲优黄继续呈现出良好的发展势头。

元大昌酒店由浙江绍兴柯桥人章迪轩于清光绪二十二年(1896 年)创设,位于苏州阊门外石路 36 号。原名“元人昌绍酒栈”,早期以销售散装绍酒为主,供应附近酒家饭店和居民。1934 年,章迪轩二弟章菊轩在观前街宫巷中段开了一家元大昌分店。新中国成立后,1956 年公私合营,元大昌成为国营酒店,酒店从宫巷搬迁至太监弄 7 号,仍以经营散装酒为传统特色,货源由国家统一供应。“文化大革命”期间,元大昌酒店石路店被焚毁,仅剩太监弄一处酒店维持经营。1992 年,一位港商投资元大昌,在太监弄 7 号创办了中港合资的元大昌酒店,并将门市部迁至宫巷93号，经营由以销售散装酒为主，向经销卷烟、饮料、冷饮、副食品、调味品、日杂品等业务拓展。1997年，元大昌在干将西路和东环新村开设了两家分店，成为一个连锁经营企业。1998年，元大昌被国内贸易部评为“中华老字号”。2002年2月注册“元大昌”商标，生产瓶装酒和袋装黄酒，销路看好。20世纪90年代以来，元大昌在苏州同行业中保持上游水平。1999年开始产权制度改革，原属苏州市糖烟酒公司的元大昌按照现代企业制度的要求，于2003年7月一次性完成了国有企业向股份制企业的整体改制，国有资产全部退出元大昌酒业有限公司。

多年来，元大昌发挥中华老字号的名店优势，以零售和批发各种散装酒为自己的特色，同时兼营各类日用消费品，深受消费者欢迎。其中元大昌经营的冬酿酒最负盛名，冬至前夕，众多苏州市民在元大昌门前排队零拷冬酿酒的情景蔚为壮观，既显示了苏州人“冬至大如年”的节日氛围，也体现了饮冬酿酒的百年传承，冬至日喝原汁原味的老字号冬酿酒已成为苏州市民的文化血脉。截至2013年，元大昌酒业有限公司共有3家连锁店，在同行业中保持着较高的信誉度和竞争力。

二、受访的酒类老字号企业问卷调查分析

本次问卷调查的项目涉及企业基本情况，企业的竞争优势和劣势，企业在经营发展、营销策划和品牌认知、建设、传承方面的举措，品牌价值提升和新产品创新方面的努力，企业在信息化管理方面的措施，企业的社会责任等企业在经营和发展方面的信息。酒类企业老字号发放问卷两家，收回两家，其中沙洲优黄从最早的老字号酒坊和酒店发展成为了采用现代工艺生产的黄酒品牌，其所属的张家港酿酒有限公司是以酿造黄酒为主的现代大型酒类企业生产厂家。元大昌早期亦是前店后厂的模式经营，经过100余年的发展变迁，现在的元大昌酒店已经转变为纯粹的贸易零售类企业，经营各种黄酒和白酒，以传统的零拷和冬酿酒为其特色。其自营“元大昌”牌袋装和瓶装黄酒，也是委托其他酒厂贴牌生产。这两家老字号的酒厂企业和酒类零售企业，能够比较真实客观地反映苏州酒类老字号企业经营发展现状。

（一）酒类老字号企业对其自身竞争力的评估

本次调查显示，苏州的老字号酒类企业的竞争优势比较明显，产品质量、产品种类和工艺水平能够较好地迎合消费者的需求，企业经营效率和管理水平较

高,品牌影响力和显示度高,在同行业中具有较强的竞争优势。但在政府支持和融资难度、广告宣传、经营成本、定价等方面,由于不同的酒类企业定位、规模不同而有所差异。由于黄酒受消费市场和传统消费习惯等因素的影响,相对于白酒,其价格一直处于比较低的水平,从生产者角度而言,黄酒生产工艺复杂,成本较高,同时市场上黄酒的品种较多,竞争比较激烈,沙洲优黄的价格并不具备明显的竞争优势。而作为贸易零售类的元大昌,经营的黄酒品种较多,各种档次的酒类一应俱全,具有较大的议价空间,因而价格是其竞争优势,而经营成本高、融资难是其劣势。

(二)酒类老字号企业品牌经营发展的分析

随着时代的发展,让老字号顺应现代市场经济的发展需要,让其历久弥新,保留历史价值和韵味的同时焕发青春的活力,拉近与消费者的距离,是老字号品牌发展的应有之义。本次问卷调查酒类老字号企业近五年来品牌经营发展方面的措施,具体调研结果见表1。

表1　受访酒类老字号企业近五年来品牌经营发展方面的措施

老字号品牌 品牌发展措施	品牌认知	品牌建设	品牌传承	品牌创新	品牌价值提升
沙洲优黄	1. 设立营销部门 2. 增加营销人员数量 3. 增加销售网点 4. 增加广告投入 5. 增加代理商 6. 改善销售环境 7. 关注消费者新需求 8. 开展传统节日营销活动 9. 增加经销商	1. 更新公司标识 2. 更新公司广告词 3. 广告投入增加 4. 设立品牌推广部门/岗位 5. 宣传广告渠道增多 6. 传统节庆日品牌推广 7. 更新公司内部装修风格	1. 保留传统的产品/服务 2. 保留传统工艺、技术 3. 延续品牌形象 4. 传承品牌文化 5. 建立品牌发展历史档案	1. 设立研发部门 2. 增加研发人员数量 3. 提高研发人员工资 4. 开发新的生产工艺 5. 增加新的生产线 6. 增建新厂房 7. 改善生产环境 8. 迎合新的消费需求 9. 迎合传统消费 10. 降低生产成本	1. 关注消费者需求 2. 品牌不断创新 3. 重视品牌文化建设 4. 提高员工素质 5. 加强客户关系管理
元大昌	1. 设立营销部门 2. 增加营销人员数量 3. 增加销售网点 4. 增加代理商 5. 关注消费者新需求 6. 开展传统节日营销活动	传统节庆日品牌推广	1. 保留传统的产品/服务 2. 延续品牌形象 3. 传承品牌文化 4. 建立品牌发展历史档案	1. 迎合新的消费需求 2. 迎合传统消费	1. 关注消费者需求 2. 品牌不断创新 3. 重视品牌文化建设 4. 提高员工素质 5. 加强客户关系管理

本次调查中，老字号品牌建设、传承、发展和创新方面占据了较多的内容。从表1可以看出，老字号的酒类生产企业与老字号酒类贸易零售企业在老字号品牌价值提升、品牌传承方面均投入较大力度，重视品牌的文化建设，保留老字号传统的产品和服务，在传统节日进行品牌推广，唤醒民众对老字号的记忆和传承；注重品牌形象，提高员工素质，加强客户关系管理，以消费者实际需求为核心价值，不断推陈出新。在品牌认知、品牌建设和品牌创新方面，由于受访老字号企业规模和主营业务的差异，以及企业自身定位的不同，其所采取的措施也有所不同。沙洲优黄随着企业不断发展，产品已经走出长三角，面向全国，"沙洲优黄"既是中华老字号，亦已被认定为全国驰名商标。其在品牌认知、建设与创新方面应适应企业的发展，在产品扩展过程中，更加注重品牌的经营与创新，提升产品的质量，研究产品细分市场，开发新产品，满足新的消费需求，提升企业的品牌附加值。而元大昌品牌更多的还是以本地市场为主，更多地迎合人们对传统消费的需求，因而保留传统的产品和服务，开展传统节日营销活动，进行品牌推广，延续其品牌形象的同时开展新的业务是比较切合实际的品牌推广方法。

（三）酒类老字号企业承担社会责任与企业信息化管理分析

本次调查显示，苏州老字号酒类企业都能较好地履行企业社会责任，关注员工和消费者权益，注重供应商管理，近年来没有出现较大的负面新闻与安全事故，有良好的市场形象。发展规模较大的张家港酿酒有限公司，曾经获得多个与企业社会责任相关的奖项，如2007年被评为企业信用评价AAA级企业、2009年被评为江苏省劳动关系和谐企业、2011年荣获"全国模范劳动关系和谐企业"称号等。公司发展壮大后，企业注重公益，支持教育事业，2013年在苏州大学设立了"沙洲优黄留学奖学金"，体现了企业良好的社会责任担当，企业履行社会责任亦成为公司战略的重要内容。

（四）酒类老字号企业发展面临的困难

老字号具有悠久的历史和丰富的文化积淀，是一笔巨大的无形资产，但老字号普遍面临着经营发展的难题。具体到苏州酒类老字号企业，由于受访的两家老字号品牌企业的经营规模和主营业务有所差别，企业在发展过程中面临的困难和问题也有所不同。

1．沙洲优黄，难以打破消费者"传统工艺＝传统工具"的观点

随着沙洲优黄产能的扩大和品牌发展的日益壮大，企业在生产过程中开始

大胆探索改进黄酒生产技术,提高企业机械化自动化水平。2009 年以发酵池替换了以往传统的发酵缸,使黄酒酿造环境更加洁净,同等单位产能提高了 40% 以上。沙洲优黄的产能、生产效率、生产成本和酿造灌装技术等均处于行业前沿。沙洲优黄用最传统手工工艺生产的黄酒仅占黄酒总产量的 10%,其余 90% 的酿造完全是大罐装现代化生产。作为一家老字号企业,在向现代工业化和规模化发展转身,取得巨大成功的同时,仍然面临如何保护好老字号的品牌优势,破除部分消费者"传统工艺 = 传统工具"错误观点的挑战。

2. 元大昌,"走出去"步履维艰

元大昌在 2003 年完成改制后,以质量和信誉留住了大批的新老主顾,企业发展也呈现良好的态势。公司曾经计划在东面的苏州工业园区、西面的高新区、南面的吴中区再开设若干连锁分店,并计划走出苏州,把元大昌品牌做得更大。但十多年已经过去,元大昌的门市店仍然只有改制前的三家,虽然每家店都是顾客盈门,生意兴隆,但受制于经营成本和费用,元大昌"走出去"的战略面临较大的瓶颈。

三、苏州市酒类老字号企业发展的对策建议

(一) 挖掘更多的酿酒类老字号,振兴苏州酒类产业

苏州的酿酒业曾经百花齐放,以元大昌为代表的苏州"仿绍"酒坊、东吴老酒、苏州民生加饭酒、常熟福贞酒、苏州"醇香酒"、张家港"沙洲优黄"、横泾烧酒、"苏州桥"酒、三白酒等黄酒和白酒酒坊、品牌曾在苏州酿酒历史上写下过辉煌的一页。放眼全国的老字号,经过 20 世纪 50 年代"公私合营",不少老字号消失了;在"文化大革命"中,老字号的生产经营遭到严重破坏;20 世纪 80 年代中期以后,不少老字号难以适应市场经济形势,走向衰落。苏州酒类老字号企业也经历了相同的命运,曾经兴盛一时的"仿绍"酒坊,仅元大昌的品牌得以保留,但元大昌也早已不再自己酿酒。白酒业中的苏州"醇香酒"、横泾烧酒已成为历史,传承至今的白酒,是"钱义兴酒坊"酿酒工艺的继承者——江苏苏州桥酒酒业有限公司生产的。其生产的"苏州桥"酒成为具有苏州特色的白酒代表,但其知名度远不如曾经作为贡品的老"钱氏三白"。能够独当一面,具有苏州地域特征,享誉全国的唯有"沙洲优黄"。老字号是非物质文化遗产的载体,挖掘苏州酒类老字号文化内涵,对于恢复人们对苏州酒文化的记忆、振兴苏州酒业

产业具有重要的意义。

（二）加强品牌运作与产品创新，提升老字号品牌附加值

品牌化是企业持续发展的战略行为，企业品牌应随着企业的发展和产品的扩张过程逐步演变，通过优质的产品和服务使人们建立对企业品牌良好的口碑和记忆。老字号沙洲优黄，是近十多年来黄酒领域杀出的一匹黑马，面对市场激烈的竞争格局，从20世纪90年代“沙洲”牌开始进入苏州市场，连续五年买断“新年敲响寒山寺第一记钟声”的权利，品牌知名度迅速打开。在21世纪初成为苏州黄酒市场第一品牌。随着市场的扩大，沙洲优黄注重品牌对于企业战略发展的重要意义。2001年沙洲优黄在上海成立产品包装设计中心，根据产品定位，对所有产品的瓶贴和外包装箱进行了重新设计，以实现观赏性和艺术性的和谐统一。同时公司成立了品牌研发中心，根据产品定位，重塑了产品形象，创新品牌内涵，使沙洲优黄在各类黄酒细分市场上与消费者更亲近，品牌效应进一步提升。同时，沙洲优黄的品牌运作与其技术创新和产品创新紧密结合，推进黄酒生产工序和工艺的现代化，推出沙洲优黄系列产品，赢得了消费者的青睐和认可。沙洲优黄品牌运作与产品创新的思路，值得苏州其他酒类老字号企业学习与借鉴。老字号企业在传承的同时，更要创新，在传承特色工艺、产品和文化的同时，更要与时俱进，做好观念创新、技术创新、产品创新和管理创新，累积信任度，扩大宣传，提高知名度，提高产能，这样才能在市场经济中保持活力和竞争力，老字号也才能基业长青，得到更好的发展和传承。

（三）发挥政府和行业协会的积极作用，保护和发展苏州酒类老字号企业

老字号是城市文化传承的重要载体，也是城市历史记忆的名片，政府在制定规划和决策时应加强对老字号的保护和扶持，保护老字号的知识产权和金字招牌，打击一些企业仿制、冒制老字号品牌产品的行为，加强查处和整治的力度。对于经营发展有困难的老字号企业，应加大政策扶植的力度，对老字号提供政策、资金等方面的支持，鼓励老字号企业创新，帮助老字号企业进行宣传等。老字号行业协会应加强与老字号企业之间的联系，努力发挥行业协会研究、宣传老字号的积极作用，做好老字号企业的档案保存和开发工作，破除迷信，更好更科学地向消费者诠释老字号品牌的历史价值和现代传承。

参考文献:

[1] 韩胜宝.姑苏酒文化[M].苏州:古吴轩出版社,2000.

[2] 孙俊毅,姜晋.酒趣[M].苏州:苏州大学出版社,2012.

[3] 孙中浩.苏州老字号[M].苏州:古吴轩出版社,2006.

[4] 由之.黄酒行业:春聚杭城,共商酒是[J].中国酒,2012(6).

[5] 阿波.廿载沙优励精图治百年老厂立足潮头[J].中国酒,2012(8).

（胡　勇）

苏州市丝绸类老字号发展报告

一、苏州市丝绸类老字号发展概况

我国丝绸业源远流长,距今已有5 000多年的历史。在横贯东西的丝绸之路上,丝绸贸易拉近了国与国之间的距离,促进了交流和发展,成为当时东亚强盛文明的一个象征。近年来,我国丝绸行业发展势头也十分迅猛。目前,我国丝绸产量已居全球第一位,其中茧丝和绸缎可以主导国际市场生产和价格走势。据商务部国家茧丝绸协调办公室统计,2012年,全国桑园面积共计1 262.46万亩,发种量1 672.72万张,蚕茧产量68.78万吨,蚕茧收购量63.2万吨;2013年,全国桑园面积1 270.36万亩,蚕种发种量1 655.36万张,蚕茧产量64.83万吨;而丝绸类的主要产品产量和出口金额也是可观的。从表1可以看到,从2012年到2013年,生丝和绸缎的产量都是逐年增加的,但绢丝和蚕丝被产量有所下滑。从表2可以看到,从2011年至2013年,在出口方面,蚕丝类和服装及制品出口金额逐年增加,真丝绸缎稍许下降。

表1 2012—2013年丝绸主要产品产量

主要产品	2012年	2013年
生丝	12.6万吨	13.71万吨
绢丝	1.25万吨	1.19万吨
绸缎	69 696万米	93 579万米
蚕丝被	6 215万条	2 279万条

(数据来源:国家统计局)

表2　2011—2013 年丝绸主要产品出口金额情况

丝绸主要产品	2011 年(万美元)	2012 年(万美元)	2013 年(万美元)
蚕丝类	68 837.46	64 932.20	66 974.14
真丝绸缎	106 734.30	106 514.65	96 461.99
服装及制品	178 361.98	171 994.16	190 380.21

(数据来源:国家统计局)

江苏丝绸是江苏省的优势传统产业,明清时期“江南三织造”中的两大织造——江宁织造、苏州织造建于江苏;丝绸“三大名锦”中的云锦和宋锦也出自江苏;闻名于世的苏绣被列入国家第一批非物质文化遗产。江苏省作为我国丝绸生产的重要省份,2012 年和 2013 年连续两年丝绸产量的各项指标在全国省份排名中都处于非常靠前的位置,表 3 可以充分地说明这一点。

表3　2012—2013 年主要省份丝绸产量各项指标

省份	2012 年丝绸产量指标		2013 年丝绸产量指标	
	生丝产量(吨)	绸缎产量(万米)	生丝产量(吨)	绸缎产量(万米)
广西	28 770	2 342	35 425	1 476
四川	27 555	26 534	29 065	25 196
江苏	22 727	8 353	20 949	10 334
浙江	14 467	20 750	14 293	21 955
安徽	8 139	7 673	8 909	7 766

(数据来源:国家统计局)

苏州作为中国的丝绸之府,与南充、杭州、湖州并称中国四大丝绸之都。自隋唐起,苏州丝绸就在历史上享有盛名。历史上苏州的丝绸产品一直绵延不绝,从春秋时期的吴缟,三国两晋时的吴绫,隋唐时期的八蚕丝、绯绫到宋锦、缂丝;宋、元、明、清时期设置官府织造局,产品名目繁多。其中,云锦、苏绣、宋锦已申报世界非物质文化遗产。为了弘扬我国的丝绸文化,在苏州建城 2 500 周年之际,在苏州北寺塔风景区旁,建成了苏州丝绸博物馆,占地 9 460 平方米,进行苏州古今丝绸展品陈列。除了苏州丝绸博物馆之外,在苏州千年古街山塘街上,还有一座 4 000 多平方米的丝绸文化艺术馆。据不完全统计,近年来,苏州丝绸的年贸易量可达 40 多亿元,仅次于杭州,苏州乃至江苏仍然是我国丝绸商贸主要地区之一。在这座历史悠久的苏城，上千年的丝绸艺术，再融合上百年的老字号，苏州丝绸老字号代表的不仅仅是一种文化，更是消费者的认可，其产品质量是值得信任的。例如，辑里蚕丝2005—2006年被江苏省质量技术监督局确认为“江苏省质量信用产品”，2006年被确认为第三届中国国际专利与名牌博览会“大会指定产品”，同年被江苏省名牌战略推进委员会评为“江苏名牌产品”，2007年被认定为“江苏省著名商标”。

本课题选取苏州丝绸类老字号企业2家作为问卷调查的样本，这两家老字号企业都是民营企业，分别是辑里蚕丝和乾泰祥。辑里蚕丝源于1573年，乾泰祥始创于1863年，两家企业目前员工人数都是50人左右，2013年营业收入均为3 000万元左右。另外，辑里蚕丝还有2家连锁加盟店。

二、丝绸类老字号受访人对企业自身经营的看法

企业在发展过程中，要清楚地了解自己的竞争优势和劣势。本次问卷调查结果表明，苏州的2家丝绸类老字号企业在品牌、产品质量、传统工艺技术、消费者和服务态度方面都具有竞争优势；其中还有1家企业在价格、产品种类、管理水平、工作效率和广告宣传方面具有竞争优势。在竞争劣势方面，我们发现经营成本是2家丝绸类老字号企业共同感到困扰的问题；此外，2家企业各自在价格、广告宣传、政府支持和银行支持方面还处于一定的劣势地位。

在近五年的发展过程中，苏州这2家丝绸类老字号企业在经营发展方面，都增加了新产品、增加了广告宣传并改善了经营环境；另外，辑里蚕丝还增加了销售网点，而乾泰祥提高了服务水平、增加了新的工艺技术、优化了业务流程、降低了成本。而在营销策划和品牌认知方面，近五年来，这2家苏州老字号企业均提高了营销人员的工资、增加了广告投入，并且关注了消费者的新需求。此外，辑里蚕丝还设立了营销部门、增加了营销人员的数量、高薪引进营销人才并结合传统节庆开展营销活动；乾泰祥则改善了销售环境且增加了经销商。在品牌建设方面，2家企业都更新了公司标识、更新了公司广告词、增加了广告投入和广告宣传渠道，其中一家在传统节庆时进行品牌推广，另一家更新了公司装修风格。在企业品牌传承方面，2家苏州丝绸类老字号企业均保留了传统的产品服务，保留了传统的工艺技术，延续了品牌形象，并且传承了品牌文化；另外，乾泰祥还建立了品牌发展历史档案。在新产品的开发和品牌创新方面，提高研发人员工资、

开发新的生产工艺和改善新生产环境等措施都被2家丝绸类老字号企业所采取;在此基础上,辑里蚕丝高薪引进了研发人员、增加了新的生产线和新厂房;而乾泰祥设立了研发部门、迎合新的消费需求和传统消费,并降低了生产成本。在品牌价值提升方面,可以看到2家丝绸类老字号企业都关注了消费者需求、创新品牌、重视品牌文化建设、提高员工素质和加强客户关系管理。

此外,近五年来,苏州丝绸类老字号企业在履行社会责任方面做出了一定的努力,都关注了员工权益、消费者权益,注意到对政府社区的责任,关注了环境保护并注意到与供应商之间的关系;还分别在参加公益活动、关注股东权益、投身慈善捐赠和注意对外披露企业信息方面做出了贡献。采取现代化、信息化的管理方式是推进企业快速发展的一种方式。

问卷调查结果表明,苏州丝绸类老字号企业近五年来在信息化管理方面采用了很多信息化的系统,都添加了办公自动化系统、销售信息化系统、采购信息化系统、财务信息化系统,建立了公司网站,进行网上销售;另外,辑里蚕丝还增加了研发设计信息化系统和生产制造信息化系统。

在调查问卷的开放性题型中,我们了解到苏州丝绸类老字号企业管理人员认为目前企业发展困难的地方主要在于资金、宣传和工艺技术。并且,老字号企业对行业协会有一定的认可,认为行业协会能够帮助企业传承传统技术,在老字号品牌发展中起到很大的作用,行业协会是很好的交流桥梁。

三、苏州市丝绸类老字号发展存在的问题

1. 缺乏行业领导品牌

在本次调研中,受访的苏州丝绸类老字号企业只有2家,企业数量较少,且规模不大。通过问卷分析发现,辑里蚕丝的发展目标致力于规模化、研发制造和营销推广,而乾泰祥专注于研究市场需求、降低成本和服务技术,然而并没有行业的领先者来带动整个市场的发展,各企业都仍在探索之中。苏州丝绸类老字号品牌字号虽老,但品牌推广仍处于培育阶段。由采访调研得知,苏州丝绸类老字号企业都具有生产面料、布料和丝绸的能力,但都是自产自销,且丝绸的终端产品价格始终在中下层次游动,丝绸产品的附加值较低。在品牌结构上,苏州丝绸类老字号的家纺品牌发展势头较快,比方说蚕丝被等产品的销售情况不错,但真正能反映苏州丝绸产品的面料、服装等的国内著名品牌极少。

2. 技术相对落后,专业人才老化

苏州丝绸类老字号企业的装备技术落后、专业人才不足,随着时代的发展,传统工艺技术难以满足工业化的需求,生产力无法跟上。一旦专业人才年龄老化,传统技术人员后继无人,没有机器代替,企业的发展将受到制约。调研中就有老字号管理人员指出,“老字号既是优势,也是劣势。传统工艺、技术是一种文化,这种文化见证了历史发展。但社会在进步,可以在传统中融入现代概念,使其得到更好的发展”。另一方面,苏州丝绸类老字号企业技术落后,需要更多地依赖于劳动力,当劳动力成本上升时,产能下降,价格上升,企业经营成本增加,利润减少,市场份额必定随之减弱。与当今丝绸装备数字化、智能化相比较,苏州丝绸企业机器智能化水平低,品种及色彩、花型跟不上时尚潮流,技术落后更显突出;而科技攻关与创新能力不足,产品设计创意的氛围与意识不浓,人才流失也会增加。

3. 营业成本高,市场竞争力不足

苏州丝绸类老字号企业地处于苏州繁华地带观前地区,房租和税收都会影响到企业的发展。但如果改址,又会影响到苏州类丝绸老字号的知名度。而且,苏州丝绸类老字号企业采用前店后厂的方式进行生产,在涉及服装的生产时,存在一定的制约因素,因为服装的销售需要量体裁衣,而这一过程势必受到地域的限制。一方面,消费者只能在本地进行定制产品;另一方面,苏州丝绸类老字号企业品牌市场的打开,也要考虑到人才的分配调动问题,而这些都需要耗费较高的成本。而苏州丝绸老字号的面料和布料市场还没打开,并没得到国内外市场的更多关注,并没产生足够的品牌效应。苏州丝绸类老字号品牌最重要的竞争优势就是口碑好,产品质量有所保证,但面料和布料没有更好地利用到这一点,没有与服装设计企业充分联合,只是专注于自产自销,对资源没有进行合理化利用。

四、苏州市丝绸类老字号发展的对策建议

1. 培养领先企业,推广高端品牌

政府应该着力培养出领先企业,以领先企业带动苏州丝绸类老字号企业现有的优势,在一定产业优势前提下,追求高端的优化产品组合。苏州老字号丝绸在进行品牌推广工作时,应当不断提高丝绸的品位档次。目前的丝绸中低档产

品较多,高档精品较少。随着苏州世界绸都的建设,打造高档丝绸、刺绣制品及延伸产品产业集群是一种趋势。行业协会和丝绸研究所可以通过对领先企业的宣传,助力其争创知名品牌。对丝绸的服装应当强调私人定制的高端品牌,可以引入明星形象,通过对其保健性、舒适性、功能性的宣传,来提高丝绸服装的整体形象;对丝绸的面料和布料,应当加强与世界一流服装设计企业的联系,成为强有力的丝绸供应商;而对于丝绸家纺产品,除了做蚕丝被以外,丝针织产品、高档床上用品、高档室内装饰用品等也应该被纳入高端市场范围;最后,还可以通过丝绸文化,将传统织锦、刺绣、缂丝等丝织产品延伸到各种高档的艺术产品、商务礼品以及奢侈品领域,在这些高端产品中,融入传统元素,强调苏州的文化特色,然后,通过市场需求进一步推动高端产品的创新。

2. 加快技术更新,培养专业人才

苏州老字号丝绸应该加大力度进行装备的更新换代,努力实现装备的数字化、智能化,实现科学化管理。政府可以组织技术攻关,利用产学研计划认真研究苏州丝绸各专业领域目前的瓶颈和技术关键,有针对性、有计划地安排开发与攻关;加快丝绸专业人才的培养和集聚,大力引进设计、经营管理和营销等方面的人才;同时,联合全国丝绸标准化技术委员会和相关质量检测机构,开展标志产品质量抽查工作,为企业提供相关技术指导。另外,要利用丝绸协会专家委员会的功能和作用,使其成为丝绸产业转型升级、技术更新、群英荟萃的中坚力量;并且要挖掘和保护丝绸人才,对现存的老专家、丝绸专业人士给予关心并发挥其作用,为老字号企业积极开发建立系统人才库,为企业的人才储备提供一份力量。

3. 利用老字号优势,打造国际丝绸品牌

苏州丝绸老字号企业历史悠久,有着良好的基础条件和人文因素,在老字号发展过程中,应将丝绸的文化品位与丝绸服饰设计紧密结合起来,将时尚元素和丝绸服饰设计有机结合起来。民族的就是世界的,可以利用老字号蕴含的民族文化打造世界时尚,打造国际品牌。具体可以采取以下几种措施:第一,举办苏州老字号的特色丝绸展示、展览,利用各种丝绸论坛打造苏州丝绸形象,引起国内外媒体的关注和报道;第二,整理、编撰苏州丝绸史料,结合吴文化的研究,组织力量挖掘、整理、出版各种有关丝绸文化及产业历史的资料;第三,开展丝绸产品诚信活动,结合对市场假冒伪劣丝绸商品的查处打击,营造苏州老字号丝绸优质高档的商业信誉和文化信誉；第四，利用国内一线城市推动建设老字号丝绸标志产品销售专区，通过以点带面，形成消费集群效应，为线下顾客提供产品体验服务；第五，利用旅游资源，在旅游景点处设置保质保量的老字号丝绸产品专区，吸引国内外游客的关注和购买。相信通过以上措施，可以在苏州形成现代服装与东方丝绸文明相融合的氛围，从而提高苏州丝绸老字号的国际影响力和市场竞争力。

参考文献：

[1] 张涛. 基于"钻石模型"的苏州丝绸产业竞争力分析[J]. 商业文化(下半月)，2012(11).

[2] 江苏省丝绸协会.《江苏丝绸产业现状与发展战略研究》摘录[J]. 江苏丝绸，2013(1).

[3] 刘文全，柳恩见. 中国茧丝绸行业 2012 年运行分析与 2013 年展望[J]. 丝绸，2013(5).

[4] 郭薇. 江苏茧丝绸产业国际竞争力影响因素调研分析[J]. 中国商贸，2013(23).

[5] 中华人民共和国国家统计局. 中国统计年鉴 2012[M]. 北京：中国统计出版社，2012.

[6] 中华人民共和国国家统计局. 中国统计年鉴 2013[M]. 北京：中国统计出版社，2013.

（雷星星、赵　娜）

专题篇

老字号研究：一个文献综述

一、老字号概述

1. 老字号的概念

关于“老字号”的概念，在之前很长一段时间，学术界及社会上都没有一个明确、统一的定义。孔令仁、李德征(1998)认为，通常人们印象中的老字号企业是繁华街区中那些悬挂着或典雅或古朴的招牌的店铺，是某种传统名牌商品的生产厂家，这里一般泛指1949年以前创办的中国民族资本企业；刘希荣(2006)认为，老字号是个约定俗成的概念，是我国商业特有的称谓，通常是指有多年成功的经营经历，在一定区域内有良好声誉的商号；有的学者认为，所谓老字号是指在漫长的历史发展中形成了其独具特色和深厚的文化底蕴、不易被复制和模仿的无形资产的企业；还有的学者认为，老字号是长期以来在市场上形成的，有一定知名度的，在百姓心目中有影响力的品牌，具有历史性、优质性、信誉性、民族性和文化性等。

以上这些定义虽然基本上涵盖了老字号本身的特点及内涵，但都存在着一个重要的问题，那就是“模糊性”，这些定义使得老字号在实际认定过程中很难被具体量化，从而导致老字号在很多时候只是消费者的一种主观意识。在20世纪90年代初，原商贸部曾对老字号进行认定工作，第一批共认定了1 600多家“中华老字号”，但后来由于种种原因，老字号的认定工作一直被耽搁，直到商务部于2006年4月发布了《“中华老字号”认定规范(试行)》文件，老字号的认定工作才算重新开始。在出台的《“中华老字号”认定规范(试行)》文件中，对老字号的名称、定义、认定范围、认定条件、认定方式、认定程序及动态管理做出了详细规定。中华老字号是指历史悠久，拥有世代传承的产品、技艺或服务，具有鲜明的中华民族传统文化背景和深厚的文化底蕴，取得社会广泛认同，形成良好信誉的品牌。文件中对老字号的认定条件作了明确的规定：(1) 拥有商标所有权或使用权；(2) 品牌创立于1956年(含)以前；(3) 传承独特的产品、技艺或服务；(4) 有传承中华民族优秀传统的企业文化；(5) 具有中华民族特色和鲜明的地域文化特征，具有历史价值和文化价值；(6) 具有良好信誉，得到广泛的社会认同和赞誉；(7) 国内资本及港澳台地区资本相对控股，经营状况良好，且具有较强的可持续发展能力。

2. 老字号与字号、商号、商标、企业名称的区分

长期以来老字号都没有一个明确、统一的定义，导致消费者对老字号的理解经常产生偏差，本文主要从法律释义的角度对老字号与字号、商号、企业名称及商标这五个概念进行区分。

"字号"，又称"商号"，虽然这两者名称不同，却表达着相同的法律含义。在我国《民法通则》中称为"字号"，而在商法领域中则广泛称为"商号"。因此，这两个法律术语的法律含义是相同的，是一个商事主体区别于另一个商事主体的标志，在下文中"字号""商号"统一由"字号"来表示。

字号是法律概念，但在我国民商法的法律法规中并不存在"老字号"的规定，老字号是一个行政意义上的概念。根据商务部发布的《"中华老字号"认定规范(试行)》，国家将授予中华老字号的权力给了中华老字号振兴发展委员会，由商务部全面地处理中华老字号的相关认定工作，而地方上的老字号认定工作归属于各地的商务主管部门组成的老字号振兴办公室。

根据我国《企业名称登记管理规定》，企业名称是区别不同市场主体的标志，由行政区划、字号、行业、组织形式等几部分构成。这里就首先区分了企业名称与字号，一方面，字号产生的时间要晚于企业名称，根据我国《公司法》的有关规定，企业法人在设立公司时，主管部门依法审核企业名称，在法人成立之后，企业在经营活动中可以依法使用字号，由此可以得出结论，字号产生的时间要晚于企业名称；另一方面，字号作为企业的无形资产可以转让，但企业名称具有人身权的属性，不能够转让；除此之外，企业名称在全国范围内具有唯一性，其不存在地域的限制，可以在全国范围内进行使用，而字号的使用范围远不及企业名称，字号只能在特定的范围内进行经营活动。

字号在法律释义上也不同于商标。一般意义上,字号与商标在市场上的作用一样,当市场主体进行经营活动时,两者共同起着标识作用,而且相关的法律规定中,两者都是由文字或者拼音符号等组成的,在企业的经营活动中可以进行转让。但是,字号与商标有一点重要的不同之处:字号标识着企业的信誉,而商标标识的是企业的产品或服务,与企业并无直接关联。

二、老字号品牌延伸发展研究

系统研究品牌延伸问题源于20世纪70年代末。1981年,Tauber发表了论文《品牌授权延伸,新产品受益于原品牌》,此文第一次系统探讨到品牌延伸(Brand Extension)这个议题。他认为品牌延伸就是把原品牌用于新产品的推广上,其中,新产品不仅包括生产方法与原有产品不同的产品,还包括使用了不同材料和生产工艺及技术的产品。营销大师菲利普·科特勒认为:品牌延伸是指"公司决定利用现有品牌名称来推出产品的一个新品目"。20世纪80年代,该研究获得了新进展,Ries(1986)等国际学者都对品牌伸延伸这一议题产生了浓厚兴趣,他们在大量实例分析的基础上,深入研究了原品牌在品牌延伸中受到的影响等问题。Aaker和Keller(1990)指出,品牌延伸是借助现有品牌进入新的业务领域或推出新产品,即利用消费者对品牌的良好感知、品牌态度和爱屋及乌心理,去撬动现有品牌建立起来的顾客资产,可降低新产品采用新品牌上市的营销费用和风险,大大提高成功率。

而由于在国外并不存在"老字号"的说法,所以在本文中都引用国外对于老品牌的研究。国外关于老品牌的品牌延伸研究起步比中国早。Berry(1988)提出老品牌为了持续发展必须进行品牌激活。Aaker(1990)提出了品牌激活的七条可行策略,其中之一是品牌延伸,即将现有的品牌名称用于其他不同类别的产品或服务。Keller(1999)认为,根据长期品牌管理理论,老品牌活化的基本路径是拓展品牌意识,改善品牌形象。产品创新和品牌延伸则是常用营销策略,其结果不仅可以恢复老品牌的知名度,而且可以促进其形象的改善,最终实现企业的战略性成长(Keller,Aaker,1992)。品牌延伸心理过程就是借助消费者对已有品牌的知识与好感影响其对新产品的使用体验,其心理学原理是类化理论和类比学习理论。Aaker和Keller(2003)认为,品牌延伸成功的关键是要使消费者体验到延伸品牌与原品牌之间相似的程度。

国内关于品牌理论的研究开始于20世纪80年代,但真正涉及品牌延伸的研究直到90年代中期才开始。随着经济的发展和对品牌理解的深入,越来越多的企业将品牌提升到战略的高度,学术界的研究也越来越多。学者们分析和研究了品牌延伸问题,促进了该理论在中国的发展和推广。国内关于品牌延伸研究的最早文献出现于1994年,韦福祥在《品牌延伸,福耶祸耶》一文中提到了品牌延伸。卢泰宏等(1997)建立了模型来分析品牌延伸的程序和相关原理,推动了该研究的发展。刘勇(2006)采用层次分析法构建品牌延伸的综合评价模型,以娃哈哈和茅台等品牌对模型进行了实证研究。王小毅、马庆国(2009)探索了基于神经营销学的品牌延伸评估,并对Aaker和Keller的模型进行了修正。何佳讯(2009)以中国本土的老品牌为研究对象,通过三个城市的调研数据,检验了品牌个性认知对品牌延伸评价的影响。陶骏等学者通过宽度及定位不同品牌的远近延伸组间实验和方差分析得出结论:品类多样而功能强的老字号更适于延伸到与品牌相异的新产品,并都能产生正反馈效应助力品牌发展。

而国内对于老字号的品牌延伸研究则相对系统性稍差,主要集中在行业和个别特征的分析上。卢泰宏等(1997)指出,由于失去知识传承的血缘关系、产权保护意识薄弱,备受伪劣产品的危害及国外跨国公司的压力,老字号重获新生的关键在于品牌管理,具体措施是实施品牌创新、慎重进行品牌延伸。要实现对老字号企业品牌价值的重塑,需要进行产品、技术和文化内涵的创新,做出新的品牌承诺,重新获得消费者的品牌忠诚,从而获得新一轮的品牌成长。黄桂红(2008)运用系统分析、归纳演绎、比较分析等方法,从品牌忠诚与品牌延伸两个角度出发,从空间维和时间维组成的两大维度框架着手,研究老字号品牌发展的一般性规律。余明阳(2003)认为,品牌延伸要准确定位,强化与核心品牌的关联度;坚持品牌理念的一致性,不要与核心品牌的核心价值相抵触、相冲突;延伸要考虑自身资源、推广能力限制,尤其不能随便进行品牌输出、吸收加盟。何晗(2006)认为,老字号品牌要实施品牌战略,首先要明确企业的品牌战略目标,然后分析企业外部环境和自身条件,选择合适的品牌延伸战略。

三、老字号品牌激活研究综述

西方学者(Keller, 1999)的研究以及企业在市场中的表现都表明,知名的品牌能够索取较高的价格,也能够在金融市场中以较低的成本融资,也可以在市场中占据较高的市场份额，给企业创造更高的价值。Lehu(2004)对法国53位经理以及广告总监的访谈的研究表明，如果一个品牌不能继续在消费者的购买过程中发挥以往的影响力，这个品牌就开始走下坡路，是品牌衰老的迹象。他的研究显示，在品牌的核心价值得到激活，并且能够全面、一致地呈现给消费者时，品牌则能够比较容易地激活，从而在消费者的购买中继续发挥作用。Merrilees(2005)认为，品牌复活是品牌生命周期管理的重要部分，品牌的定位调整和广告宣传非常重要。Munthree、Bick 和 Abratt(2006)认为，通过向高档延伸的方式可以复活品牌。Andrews 和 Kim(2007)认为，品牌复活的关键在于提升品牌形象、改善品牌联想和品牌态度。Brown(1992)在"Breathe New Life into Your Old Brand"一文中阐述了重振老品牌的七种策略：关心销售人员、更新品牌形象、价格促销与品牌形象保持一致、适当进行品牌延伸、重新思考品牌形象、组成有效工作小组和改变品牌联想。也有研究认为，品牌保持活力的关键在于保持传统和创新的统一，例如可口可乐保持长盛不衰的秘诀即在深层文化底蕴、口味等基本保持一致的情况下，包装、广告设计等随着时代的变化不断创新。正是这种传统与创新的完美结合使得可口可乐品牌价值蝉联世界之首。

目前国内对于老字号品牌激活的研究主要集中在理论研究，而实证研究相对较少。在这方面，何佳讯和李耀(2006)认为，老字号应该实施怀旧战略，以情感诉求建立消费者关系，实行创新战略。激发与借助消费者的怀旧情结，是复活"老字号"的重要条件。郭新(2009)在分析中华老字号品牌老化的客观原因和主观原因的基础上，阐述了品牌复兴的策略，指出要在重视创新、构建创新文化、挖掘品牌核心价值、准确定位以及调整营销沟通方式、吸引青年消费者等多方面下功夫。厉春雷(2011)认为，现代社会属于体验经济时代，消费者在获得情感愉悦和物质享受的同时，还会通过论坛、博客等多途径、多方式影响其他消费者。老字号需要超越产品的功能性价值，给消费者提供与众不同、值得回味、更加合意的全程体验，为消费者创造更大的价值。许敏玉和王小蕊(2012)认为，老字号继承原来的品牌核心价值并不意味着品牌内涵和形象一成不变。老字号需要创新产品和品牌形象，强化新的内涵和新的产品特色，使得消费者能够从中看到新的气息和新的内涵。陶骏从品牌宽度与定位维度，研究品牌的延伸能力及反馈效应，以国人熟悉的中华老字号为刺激物进行不同宽度与定位的品牌远近延伸组间实验，通过方差分析和通径分析得出结论：品类单一且声望高的品牌以产品契合度高的近延伸为品牌复兴佳径,而品类多且功能强的品牌以产品契合度低的远延伸为品牌复兴佳径,各类横向品牌延伸方式都直接或间接地交替影响着品牌,品牌延伸是品牌复兴及发展的重要途径。

四、老字号品牌创新研究概述

品牌创新是指企业以市场为导向,以培育和发展竞争力强的知名自主品牌为目标,根据国家发展战略、市场竞争压力和自身持续发展的需要,在维护品牌特性的基础上创造新的品牌、创造品牌新的应用,以实现品牌价值增值的管理过程。品牌创新的实质就是赋予品牌要素以创造价值的新能力的行为,即通过技术、质量、商业模式和企业文化创新,增强品牌生命力。这样的话,品牌创新就可分为质量(管理)创新、技术创新、商业模式创新和企业文化创新。品牌创新是品牌的生命力和价值所在,是获得品牌心理效应的重要举措。让·诺尔·卡菲勒(2006)认为,品牌革新是在维护品牌特性的基础上实行品牌现代化。

近年来国内对于品牌创新的研究主要有:张广玲、邹捷(2002)指出,自主品牌创新是防止品牌老化的重要方式,但在品牌创新时要以消费者为中心,本着全面性、经济性、及时性、延续性的原则,树立品牌创新观念,建立创新团队,编制详细计划,创造品牌差异化,用创新的传播方式来提高自主品牌的知名度和美誉度。程桢(2006)认为,消费者需求的变化激发品牌创新,环境的变化需要品牌定位的修正,因此企业需要靠持续的产品创新和技术创新,综合运用品牌策略,适时变更企业形象,与消费者进行良好互动沟通来持续推进企业的品牌创新。王文媛(2009)针对中华老字号由于忽视品牌文化建设导致经营困境的严峻现实,探讨分析了中华老字号品牌文化的缺失,并在此基础上提出品牌精神文化创新、物质文化创新和行为文化创新。魏纪林(2011)等学者从我国企业以品牌创新为主导的知识产权协同战略的视角出发,探讨了波士顿矩阵协同发展战略,包括专利与品牌一体化、商标与品牌一体化、标准与品牌一体化以及商业秘密与品牌一体化协同战略。厉春雷(2011)认为,中华老字号应当从现有的、历史的、民族的、民间的各种人文景观中发掘深厚的文化内涵与底蕴,并且利用自身的文化资源优势,探寻创新发展的机理与路径。王成(2013)通过论述老字号品牌具有的文化特征,分析了中华老字号品牌存在的问题,最后针对存在的问题制定了老字号品牌创新模式,提出了加强新产品开发与技术创新、重视品牌保护和重视品牌宣传三个创新模式。

参考文献：

[1] 刘希宋,杨铭铎,邵雯,等.老字号的品牌效益与品牌管理[J].商业时代,2006(3).

[2] 余明阳.论品牌延伸的评估模型[J].特区经济,2000(3).

[3] 卢泰宏,谢飙.品牌延伸的评估模型[J].中山大学学报(社会科学版),1997(6).

[4] 韦福祥.品牌延伸福耶祸耶[J].企业研究,1994(11).

[5] 何晗.中国“老字号”企业品牌战略研究[D].天津大学,2006.

[6] 黄桂红,谢军.“老字号”品牌激活的策略研究[J].赣南师范学院学报,2008(1).

[7] 何佳讯,李耀.品牌活化原理与决策方法探窥——兼谈我国老字号品牌的振兴[J].北京工商大学学报(社会科学版),2006(6).

[8] 郭欣.中华老字号的品牌复兴策略探析[J].企业经济,2009(9).

[9] 张广玲,邹捷.自主品牌创新的若干思考[J].中国工商管理研究,2006(10).

[10] 孔令仁,李德征.中国老字号[M].北京:高等教育出版社,1998.

[11] 郑伦幸,聂鑫.论“老字号”法律保护的法理学基础[J].湖南社会科学,2012(5).

[12] 李相五.中国餐饮业老字号的民族文化研究[D].中央民族大学,2006.

[13] 厉春雷.中华老字号创新发展的机理与路径:基于文化资源与创意资源融合的视角[J].学术交流,2011(4).

[14] 许敏玉,王小蕊.中华老字号品牌发展瓶颈及对策[J].企业经济,2012(1).

[15] 陶骏,李善文.基于品牌延伸的品牌复兴研究——对中华老字号的探讨[J].企业经济,2012(9).

[16] 陶骏,李善文.“中华老字号”品牌复兴:品牌延伸及反馈[J].经济管理,2012(2).

[17] 刘勇,刘凤军.品牌延伸的 AHP 综合评价模型及实证分析[J].兰州学刊,2006(6).

[18] 王小毅,马庆国.基于神经营销学的品牌延伸评估探索:对 A&K 模型的修正[J].管理世界,2009(11).

[19] 何佳讯.老字号品牌个性认知对品牌延伸评价的影响及管理含义[C].中国经济60年道路、模式与发展:上海市社会科学界第七届学术年会文集(2009 年度)经济、管理学科卷,2009.

[20] 王文媛,敖静海.中华老字号品牌文化创新探析[J].商场现代化,2009(1).

[21] 魏纪林,李明星,刘介明,等.企业品牌创新知识产权协同战略探析[J].知识产权,2011(9).

[22] 王成."老字号"品牌创新模式探究[J].商业时代,2013(6).

[23] 李姝瑾.餐饮老字号企业的品牌延伸研究[D].湖南大学,2013.

[24] 程桢.品牌创新的动因及策略[J].管理现代化,2004(6).

[25]〔法〕让·诺尔·卡菲勒.战略性品牌管理[M].王建平,曾华,译.北京:商务印书馆,2000.

[26]〔美〕菲利普·科特勒.营销管理——分析、计划、执行与控制[M].梅汝和,梅清豪,张析,译.上海:上海人民出版社,1997.

[27] Aaker D A, Keller K L. Consumer evaluations of brand extensions[J]. Journal of Marketing,1990,54(1).

[28]〔美〕戴维·阿克.管理品牌资产[M].奚卫华,董春海,译.北京:机械工业出版社,2006.

[29] Keller K L. Managing brands for the long run: Brand reinforcement and revitalization strategies[J]. California Management Review, 1999, 41(3).

[30] Lehu J. Back to life! Why brands grow old and sometimes die and what managers then do: An exploratory qualitative research put into the French context[J]. Journal of Marketing Communications, 2004, 10(6).

[31] Munthree S, Bick G, Abratt R. A framework for brand revitalization through an upscale line extension[J]. Journal of Product & Brand Management, 2006, 15(2/3).

[32] Andrews M, Kim D. Revitalising suffering multinational brands: an empirical study[J]. International Marketing Review, 2007, 24(3).

[33] Tauber E M . Brand franchise extension: New product benefits from existing brand names [J]. Business Horizons, 1981, 24 (2).

[34] Aaker D A, Kevin K L. Consumer evaluations of brand extensions [J]. Journal of Marketing, 1990, 54(1).

[35] Keller K L, Aaker D A. The effects of sequential introduction of brand extensions [J]. Journal of Marketing Research, 1992, 29(1).

[36] Ries A, Trout J. Positioning: The Battle for Your Mind [M]. New York: Warner Books, 1986.

[37] Keller K L. Strategic brand management: Building, measuring, and managing brand equity [M]. Upper Saddle River, NJ: Prentice – Hall, 2003.

[38] Aaker D A. Brand Portfolio Strategy [M]. New York: Free Press, 2003.

[39] Berry N C. Revitalizing brands [J]. Journal of Consumer Marketing, 1988, 5.

[40] Donna B. Breathe new life into your old brand [J]. Management Review, 1992, 81(8).

[41] Wong H Y, Merrilees B. A brand orientation typology for SMEs: a case research approach [J]. Journal of Product & Brand Management. 2005, 14(3).

（汤　华、雷星星）

国内外对老字号保护的措施及其启示

按照商务部对中华老字号的定义，中华老字号是指在长期的生产经营活动中，沿袭和继承了中华民族优秀的文化传统，具有鲜明的地域文化特征和历史痕迹，具有独特工艺和经营特色，取得社会广泛认同和良好商业信誉的企业名称和产品品牌。据统计，截至2013年年底，全国被认定的中华老字号仅剩1 600余家，其中，有将近7成的老字号经营困难，有2成左右的老字号长期亏损，面临倒闭、破产困境。而生产经营有一定规模、效益好的只有10%左右。与老字号发展低迷形成鲜明对比的，则是一些国外洋品牌的快速扩张，它们占据了较大的市场份额。本文通过分析其他国家和地区对于保护老字号的措施，探讨对促进苏州老字号发展的启示。

二、国外开展老字号保护的措施

老字号在国际上被称为“time-honored brand”，属于商号的一种，而商号权具有识别价值和经济价值。不同的国家对于商号权的保护也各有特点。首先，从立法的模式来看，大多数国家并不固守单一的立法形式，往往运用综合性的立法模式，从多角度、多层次进行系统规范，以便相互配合和补充，发挥立法整体效应。以日本为例，《日本商法典》第一编专设“商号”一章，规定了选定商号的原则、商号的不正当使用、对不正当使用商号者的制裁、商号的转让等问题。同时，又在竞争法中特别加以规定，《日本防止不正当竞争法》几乎通篇涉及的一个问题就是商号的保护，其规定的完善令人称佩。而《日本商法典》中也规定，侵犯他人商号权的行为人，将被处于二十万以下日元的罚金。

而德国属于非常注重商号专用权保护的国家,《德国商标和其他标记保护法》第十五条规定:“获得保护的商业标志的所有人应该享有专用权。应当禁止第三方未经授权在商业活动中使用该商业标志或一个可能与受保护的标志产生混淆的近似标志。”并且,该法的第十条确立了保护在先权的制度,把商号明确列入其中予以保护。商号作为一种特殊的财产形式,德国也明确规定不得单独转让,如《德国商法典》第二十三条规定:“商号只能和相关的营业一起转让。”同时,为了维护交易安全和竞争秩序,防止商号的混淆和令人误解,《德国商法典》第十八条规定,商号中不得含有误导性的说明和表述,商号中不得包含足以使人对商人的商业关系发生误解的标记或说明。可以说,德国对于商号权的法律保护是非常全面的。

同时,从世界各国的司法实践来看,只要某厂商的商号已建立了声誉,为公众所熟知,各国都倾向于对该商号提供保护。例如,法国司法实践对于知名商号的保护特别重视,如法国法院曾禁止报纸名称“Paris-Soir”被用作开胃饮料的商标。法国法院认为,商号的所有者可以凭借商号知名的事实而创设绝对权,以此对抗任何人;另外,法国法院的判决还承认知名商号的保护应及于不同类的物品之上。

二、国内代表性地区对老字号保护的举措

近年来,全国各地已经将老字号的保护与发展提上了议事日程,不断加大对老字号的保护和支持力度。其中,代表性的有浙江省、上海市等地区。

浙江省拥有比较多的老字号,中外闻名的杭州楼外楼、张小泉、绍兴咸亨酒店、嘉兴五芳斋等都为广大群众所熟知,而浙江省早在2008年便出台了《关于保护和促进浙江老字号发展的若干意见》(以下简称《意见》),通过这25条意见,重点扶持老字号企业创新,并实施“走出去”战略,打造国际品牌。《意见》中明确了老字号原址拆迁要进行听证,同时重点扶持老字号发展的“中间层”,支持老字号企业进行资产重组,依法确认老字号企业无形资产的价值和权属,对经营不善而停业的老字号企业,由政府指导重新进行品牌规划和包装,以延续老字号的经营。鼓励具有竞争优势的老字号企业通过市场运作,控股、收购、兼并同行业其他老字号,组建和发展老字号企业集团,提高老字号整体市场竞争能力。《意见》还指出,老字号的创新将获得包括资金、技术、物流等方面的支持,为老

字号的可持续发展提供了良好的保障。

上海市也迎合经济发展形势，结合区域特点，不断创新老字号的保护举措。黄浦区推出“黄金珠宝饰品商贸功能区”建设项目，使其成为上海乃至全国珠宝饰品行业的设计研发、信息发布、精品展示和采购交易中心，同时重点扶持老凤祥、杏花楼等优势企业，争取每年新增国内网点100个、加盟网点200个。卢湾区属淮海商业集团把老字号与著名品牌组团发展的商业模式复制到沪宁杭等地的机场、火车站、社区商业中心，鼓励老字号开设网上商城，同时鼓励更多的老字号像古今内衣、叙友茶庄那样海外注册、开设连锁店。而静安区通过冠名陕西北路“中华老字号第一街”，规划开设老字号集群式网上旗舰店，将老字号的商品通过网络的形式对外扩展。

三、苏州老字号保护的对策建议

苏州老字号是苏州文化的一个缩影，在全国乃至世界都有一定的影响力，如何进一步实现苏州老字号的可持续发展，结合对国内外老字号保护措施的借鉴，本文认为可采取以下对策：

1. 进一步完善法律法规，加大行政保护力度

相关部门应当充分调研，积极借鉴国外成功的立法经验，在《商标法》《反不正当竞争法》实施的基础上，尽快出台保护字号及字号权的法律法规，着重对字号的侵权责任以及对字号的管理等内容进行具体规定，培养和增强老字号企业的法律和维权意识。同时要加大行政保护力度，建立一套老字号的特殊保护机制，相关职能部门要加大对老字号侵权行为的执法力度，这对于维护老字号企业的平等地位，保障经营秩序有着重要的意义。

2. 在创新中实现老字号的新发展

“老字号”的价值在于“老”，劣势也同样在于“老”，其出路必定在于“新”。创新，是老字号可持续发展的关键，包括体制创新、产品创新、服务创新、管理创新等。因此，对于苏州本地的“雷允上”“王四”“松鹤楼”等老字号企业来说，必须把创新放在重要位置。在保留老字号精髓的同时，通过体制创新，发展规模连锁经营，不断壮大规模；通过产品服务的创新，不断满足新消费群体的需求，通过不断地与国内外企业交流，学习新的管理理念，使企业始终在竞争中立于不败之地。

3. 提高老字号自身的品牌保护意识

通过对苏州本地部分老字号的调研，发现仍有老字号企业自我保护意识不强，像“采芝斋”，虽然已经注册商标，但是存在杭州采芝斋；而“陆稿荐”只在第29、31类上注册，在无锡、四川等地也有陆稿荐，有搭便车经营嫌疑。因此，苏州本地老字号企业应当吸取“王老吉”“同仁堂”等老字号品牌纠纷的教训，结合自身发展实际，实行科学的品牌发展战略，充分运用商标、专利、知识产权等工具来维护自身的合法权益，强化商标注册意识，积极推进商标字号一体化进程，规范老字号的使用和流转。同时有条件的老字号企业要建立科学的知识产权内部工作体系，设立必要的组织机构或者专门岗位，主动出击，积极维权，切实保障自身的合法权益。

4. 创造良好环境，为老字号发展提供全面支持

从苏州城市发展的实际出发，把老字号的发展纳入到城市发展规划中来，在老字号生产经营、转型升级、对外合作、品牌发展的整个过程中，为老字号提供经营场地、资金技术、市场拓展、品牌建设和保护等多方位的支持。同时要积极发挥行业协会的力量，组成老字号联盟，抱团提升市场竞争力。

5. 以文化为灵魂，不断丰富老字号的内涵

老字号是一个个积淀了深厚文化底蕴的品牌。每一个老字号的背后都代表着一种文化，散发着浓郁的历史气息。苏州，作为吴文化的发源地，深厚的文化底蕴也为本地老字号的新发展注入了新的活力。通过苏州文化的渲染，进一步弘扬老字号传统优秀文化，增强老字号的感染力和吸引力。要充分借助苏州作为历史文化名城、旅游城市之优势，宣传老字号，推介老字号，将苏州的城市精神融入老字号的宣传推广中去，促进商业、旅游、文化齐荣共振。同时，可以在历史文化街区、社区、景区、老字号企业等场所开设老字号博物馆，充分发挥其记录历史、传承文化、展示技艺等功能，建立老字号文化营销的平台，发展文化旅游项目，为游客提供具有老字号特色的商品和服务。让游客在博物馆既能看到、学到相关知识，感受中华传统文化的深厚底蕴，又能享受到相关服务，还能把老字号特色商品带回家。

（沈君豪）

老字号的法律保护

"老字号"最基本的属性是"字号"。"字号",是一种在商业活动中使用并经过商事登记制度而产生的概念。仅仅使用而未登记的,不产生"字号"的法律效果,不是现代意义上的"字号"。我国自汉代就有商事登记的规定,以后历代均有类似规定,但若与西欧国家商事登记法律制度的产生发展相比,我国古代的那些规定大多只具有商事登记法律制度的外部规范,即为管理而存在的特征,而缺失近现代商事登记法律制度中以商业为本的精神。世界上真正具有现代意义的商事登记制度产生于19世纪中后期的欧洲,主要是伴随公司制度的变革而最终确立的。现代商事登记制度从最初起源到最终确立经历了一个漫长而曲折的过程。我国,直至清末,才有了与近现代意义上的商事登记类似的同质的规定。

我国现存的"老字号"主要涉及百姓生活的各个方面:餐饮、食品、医药、工艺美术……一般情况下与工业用品关系较小。这些老字号企业包括生产销售具体商品的企业,也包括服务行业,比如裁缝、照相、洗染、浴室等。新中国成立以来,这些企业经历了从家族企业到公私合营企业、国有企业、股份合作制企业等多种不同体制企业的复杂的转换。我国历史上的"老字号"与当时的交通情况和社会结构有关,往往带有较强的地域性。

有关"老字号"这个名称的提法,在我国不是一个独立存在的固定的法律概念。"老字号"在不同的地方,从不同角度可以有不同的理解,其含意也都不尽相同。这一定程度上造成我们在使用"老字号"这一提法时概念模糊。

尽管我们在不同场合经常看到"老字号"这三个字,但是什么是"老字号","老字号"和普通字号有什么区别,法律上对"老字号"的保护和普通字号是不是一样的,“老字号”在寻求法律保护时又有哪些突出的问题,这些问题经常被我们忽略。本文试图从历史、客观出发,以现有中华人民共和国法律为依据,分析“老字号”的可能的法律含义,从法律角度简要回顾和分析老字号企业的法律地位和客观情况,并尝试论述在对“老字号”进行法律保护时出现的一些特殊问题,初步提出解决“老字号”的权利冲突和对其进行法律保护的简要思路。

一个“老字号”,从汉语文字角度,可以仅仅表示该字号创办已有相当长的时间,该字号的产品或服务质量稳定且优良,具有深厚的历史底蕴和丰富的文化内涵,是生意经久不衰的经营体使用的实体的名称;该“老字号”亦可以指已经登记在企业名称中字号部分的“老字号”①,因而享有一般企业名称的权利;“老字号”也可以指已经申请商标注册,在具体产品或服务项目中注册使用的上述“老字号”商标或服务标记(在我国,服务标记属于《商标法》所规定的商标范畴)。

一、现有“老字号”的使用情况简述

就上述“老字号”的第一种含义而言,“老字号”可以分为在业使用的“老字号”和不在业的“老字号”。所谓“在业”,是指投入商业使用。

那些不在业的具有无形资产含量的“老字号”处于闲置的状态令人惋惜,一个比较普遍的原因是各地对本地“老字号”缺乏有效的整理、发掘,可能也缺少这方面的人员和资金,造成其无形资产白白流失。

在业的“老字号”,有的流传有序,也经历了家族企业经营、公私合营、国有或改制的过程。这些老字号企业由于历史原因,有可能存在诸多的权利冲突以及和上级管理单位之间的僵局。

有的“老字号”由于各种原因停业后,现在又重新被第三人注册、利用。这些“老字号”被重新注册使用后,有可能使用人所经营的商品或服务与原传统老字号经营的项目不相干或质量、水平不再与以前的相同;或者虽然经营原来的项目和服务,但可能早已不是使用传统工艺、传统材料,其产品和服务质量都发生了改变,“老字号”商誉因此可能下降甚至丧失。这实际是对原老字号的商誉和

---

① 在我国,企业名称是作为一个整体受法律保护的,其中的字号部分可称为企业字号。我国的个体工商户、个人合伙(按个体工商户登记的个人合伙)享有字号权。为便于论述问题,本文将企业名称中的字号和个体工商户字号、个人合伙字号统称为“字号”或“老字号”。

无形资产的浪费，对消费者也更是一种蒙蔽和欺骗。对于注册人来说，享受到了不应享受的由历史积累下来的良好商誉保护，对其他同行业者来说也是不公平竞争。目前对于这些伪“老字号”的登记、管理制度是缺失的。

二、现有“老字号”的登记管理制度和有关法规简述

我国的现行法律并没有专门针对保护老字号的规定，只针对普通字号作了法律规定。一些行政措施则仅就“老字号”的“认定”、“中华老字号标识”的使用规范、“老字号”的登记和使用等方面的行政管理等作了规定，如《中华老字号认定规范（试行）》《“中华老字号”标识使用规定》等，都没有站在对“老字号”进行法律保护的角度进行立法。

（一）现有行政保护措施重在认定和使用上规范、管理

1.《中华老字号认定规范（试行）》

根据该规范的规定，“中华老字号”被定义为历史悠久，拥有世代传承的产品、技艺或服务，具有鲜明的中华民族传统文化背景和深厚的文化底蕴，取得社会广泛认同、形成良好信誉的品牌。

该规范同时规定：“中华老字号”所在单位出现严重的违法违规、失信行为，或未按规定提交年度经营情况报告的，经“中华老字号振兴发展委员会”核定后责令其整改。6 个月内未见明显效果的，振兴委员会可以暂停或取消相应的“中华老字号”称号，并予以公示。

2.《“中华老字号”标识使用规定》

这个规范性文件是根据《中华老字号认定规范（试行）》来制定的，它规定“中华老字号”标识适用于商务部认定的老字号企业或品牌，其所有权属商务部，由标准图形和“中华老字号”中英文文字组成，图形可单独使用，也可与文字组合使用。

3.《关于加强老字号文化遗产保护工作的通知》

2006 年 10 月 26 日，商务部与国家文物局联合发布了《关于加强老字号文化遗产保护的通知》，强调要切实提高对老字号的保护意识，重点做好老字号历史研究与文物建筑的保护工作；加强老字号非物质文化遗产的保护工作；认真做好老字号的文物普查、规划及保护工作，以保护好这一珍贵的文化遗产和商业资源，促进老字号持续、健康地发展。

4.《关于实施"振兴老字号工程"的通知》

2006年4月,商务部以文件形式发布了《关于实施"振兴老字号工程"的通知》。这个通知详细地阐述了实施该工程的意义,并明确提出了指导思想、工作目标和主要任务。

除上述商务部评定"中华老字号"的工作外,国家没有法规对"老字号"的保护作进一步的配套规定,且"老字号"的评定程序易流于形式。在实践中,更有些不符合老字号标准的企业经常以"中华老字号"的名义作为广告做宣传,给真正的"老字号"的产品信誉和厂商的名誉带来不良影响,降低了"中华老字号"的价值。

上述所有这些规范性文件说明,我国对老字号知识产权的法律保护依然停留在行政规范层面,并没有专门针对老字号知识产权尤其是法律保护进行立法。当前,缺乏保护中华老字号的法律法规,缺乏老字号的保护机制,"中华老字号"证明商标的滥用和盗用、"老字号"的滥用和盗用是比较突出的情况。

(二)根据我国现有法律规定,对"老字号"的保护可能同时涉及多项权利及规定

1.《民法通则》《公司登记管理条例》《企业法人登记管理条例》规定的字号权(也称商号权或企业名称权)

这是老字号最基本的权利,即一字号,无论是"老字号"或普通字号,依法经所在行政区划的工商行政管理机关核准登记便取得了企业名称权。

企业名称的设立登记,是指商事主体的创设人为设立商事主体而向登记机关提出申请,并由登记机关办理登记的法律行为,是一种应申请而产生的权利。企业名称登记的效力是指登记所具有的,以国家强制力为保障的,在合法登记的时间和法定范围内所具有的对该商事主体、第三人和相关国家机关所具有的约束力的总和。我国没有统一的商事登记法,所以对商事设立登记的效力的规定散见于《民法通则》《公司法》《合伙企业法》《个人独资企业法》等民商事单行法中,但是都不专门针对"老字号"。我国的企业名称经设立登记后便有相应的法律效力,简单总结有以下几点:

(1)创设效力。《民法通则》第41条规定,全民所有制企业、集体所有制企业有符合国家规定的资金数额,有组织章程、组织机构和场所,能够独立承担民事责任,经主管机关核准登记,取得法人资格。在中华人民共和国领域内设立的中外合资经营企业、中外合作经营企业和外商独资企业可以取得中国法人资格。这表明商事设立登记是商事主体取得主体资格的必经程序,是获得商事经营资格即商事权利能力和商事行为能力的前提条件。这正体现了商事设立登记的创设效力。

(2) 公示及公信效力。商事设立登记及公告的内容被法律赋予公信力,对第三人来说,有了商事设立登记,其可以通过对登记外观的信赖利益选择交易主体及交易内容,从而维护交易的安全与迅捷。

(3) 对抗效力。对抗效力是指商事主体将应登记事项依照法律法规规定的内容及程序真实地经登记机关登记公告后,即推定公众知道或应当知道这些应登记事项,商事主体可以凭借已登记事项向第三人主张免责效力。但值得注意的是,商事设立登记的对抗效力只有在所登记事项是真实的情况下才有效。

问题在于第三点对抗效力,我国的这种商事登记,都是依据法律在特定行政区域内和特定的行业范围内享有的对抗效力。从这个方面来说,哪怕是作为现代企业登记制度下的字号,其因企业名称登记而受到保护的范围也并不大,地域范围和行业范围都受到了限制。

2.《商标法》规定的商标专用权

许多"老字号"企业,因其本身字号具有广泛的知悉度,也为避免他人把其字号申请商标,造成产品真实来源的误认和混淆,通常就把该"老字号"作为商标向国家商标行政管理机构申请注册,指定在具体的产品或者服务上,一经核准便能在相关的产品或服务获得商标专用权,以期取得更强的保护。

商标专用权,是指商标所有人依法对其注册商标所享有的专有权利。经商标局核准注册的商标为注册商标,商标注册人享有商标专用权,受法律保护。商标专用权的内容,是指商标注册人依法享有的权利,包括注册商标的专有使用权、禁止权、转让权、许可使用权和续展权等。其中最重要的是专有使用权和禁止权。商标专有使用权,是商标注册人在国家商标总局核准的商品或服务项目上使用其注册商标的权利。商标禁止权,是指商标注册人可以禁止其他单位和个人,未经许可擅自在与其核准商品或服务项目相同或类似的商品或服务上使用与注册商标相同或近似,容易导致混淆的商标的权利。一旦"老字号"作为商标核准注册,则可以排除他人未经许可擅自在相同或类似商品或服务上使用与该"老字号"商标相同或近似的商标。

上述规定非常明确地表明，一是商标权和企业名称权是依据不同的法律取得的两种不同的权利，受到不同法律的保护。从法律的角度讲两种权利没有孰轻孰重之分。二是商标权与字号权应合理界定。2014 版《商标法》第 56 条规定，注册商标的专用权，以核准注册的商标和核定使用的商品为限；在第 57 条中所列的侵犯注册商标专用权行为，也只是限于对商标专用权的侵害。因此，商标注册人对注册商标中的文字使用，一般来说不具有绝对的独占性，不能制止他人将其在不属于类似的商品或者服务项目上注册和使用，也不能禁止他人将其作为企业名称的字号使用（除非被认定为“驰名商标”）。字号权，作为企业名称中的一部分，处于一个特定的位置，与行政区划、行业、组织形式共同组成企业名称，经企业登记注册后取得企业名称权，既不能在不同的类别上享有排他权，也不能在不同的地域享受排他的保护。在这一点上，《商标法》及其《实施条例》及其配套司法解释和《反不正当竞争法》是交叉竞合的。最高人民法院《关于审理商标民事纠纷案件适用法律若干问题的解释》第一条和《反不正当竞争法》第五条都给予了明确的界定。其中，“容易导致混淆的商标的权利”中的关键词“混淆”，指出了在进行侵权行为认定时，即两者是否会产生混淆，以至于是否易使消费者误认。这是许多知识产权侵权案件的争议焦点和举证质证的中心环节。

3.《著作权法》规定的著作权

为使自己的商号具有较强的识别性，字号的经营者对老字号标识的设计往往匠心独特，具有较强的艺术性。根据著作权自动生效原则，只要老字号标识具有独创性、可复制性的特征，并在法定的保护期限内，就可自然获得著作权。但是，除非是新的表现形式，作者认为，就著作权法意义上的知识产权而言，比如已存在相当时间的“老字号”的特殊字体、特定的包装装潢等大多数已经超出了著作权的保护时间期限。

4. 域名权

随着互联网的不断普及，网络已成为各商家推销产品、占据市场份额的第二市场。许多“老字号”通常以其字号或与字号对应的英文、拼音申请域名，一旦注册成功便获得了域名权。

上述规定，是在我国作为“老字号”寻求法律保护有限可循的法律规定，虽然其落脚点都是在不同的其他权利上而并不在“老字号”本身。其中，字号权和商标专用权是应申请进行行政授权后产生的权利，著作权和域名权一般以先占或证据固定的方式来证明。当然,我国在《专利法》中规定的外观设计专利权,以及老字号历经多年传承能立足市场所依靠的出众的技术或独特的工艺,以及我国《反不正当竞争法》规定的商业秘密权等,与"老字号"企业的保护也有一定的联系。

应该说,上述无论是将"老字号"登记为现代企业字号还是申请注册为商标、服务标记,或得到其他法律的保护,是与一般的字号和商标相同的。但是,作为有一定历史的"老字号",与一般的字号商标相比较,往往又突显一些一般字号和商标所没有的特殊难题。所以,提"老字号"概念,与普通"字号"相比,在我国没有特殊的法律保护制度;而"老字号"企业,在实践中却只有更多的冲突、僵局问题需要我们去解决,这与我们所想给予"老字号"更多保护的目的是不相称的。

三、现有"老字号"的各种权利冲突

1. "老字号"的字号权与商标权的冲突

我国的商标注册由国家工商行政管理总局商标局统一进行管理,而字号登记则由企业所在地的工商行政部门进行管理,这种并行的法律规范和行政管理导致了字号权与商标权相互冲突。

而一些商家利用这一管理制度的缺陷恶意"傍名牌",使自己的商标与某些知名老字号混淆,在实际经营中误导消费者,以抢占老字号的市场,或者在不同的行政区域登记与老字号企业相同的字号,或者在非类似商品上抢注商标,从而引起字号权与商标权的冲突。

本文认为,恶意的抢先注册不是真正意义上的权利冲突,实质仍是一种侵权。本文所述的冲突,主要是指双方都依诚实信用原则登记注册相同的老字号商标或字号。

2. "老字号"字号权之间存在冲突

我国《企业名称登记管理规定》中规定企业登记实行分级分行政区划登记制,同行业企业重名即字号权与字号权相冲突的情况在同一行政区域内一般不会产生,但随着经济的发展,众多经营者开始跨行业跨区域经营,本身有渊源关系或者没有渊源关系的企业之间,字号权与字号权的冲突现象开始出现。

3. 与转制承包等历史有关的"老字号"权利冲突

原企业商标、字号等无形资产与上级公司因收购、承继、租赁、许可等合同中涉及商标字号权利使用、许可费等内容约定而产生冲突。比如,就老字号商标而言,有一些在国内外重新申请注册了与老字号同名的商标,在已申请注册(包括正在申请)的商标中,有的商标所有权归申请人企业所有,有的商标所有权归上级公司所有,有的形式上归企业所有,即企业为法律上的商标权人,但由于转制中政府与企业购买者签订转制意见,约定字号、商标等无形资产归国家所有,企业只保留有偿使用权,每年向有关政府部门交纳一定数额的使用费,等等,这种情况客观上造成了老字号品牌发展的自主性与政府干预之间的僵局或冲突。

四、"老字号"法律保护的若干建议

(一) 针对不在业传统"老字号"的保护、发掘

不在业的"老字号",在法律上其实已经基本进入公众领域,但如何进行整理,重新获得民事权利,让渡给有能力、能够继承原老字号的良好商誉的企业,是国家和地方政府应当努力尝试去做或者协助企业去完成的事情。从理论上说,那些已进入公众领域的"老字号",任何主体都可以利用并加以注册后成为自己的品牌,但是由于"老字号"所代表的历史上的特定的良好的商誉是一种有价值的无形资产,新注册人能否使用代表这些良好商誉的商业表述和相关的宣传材料,什么样的人能够使用以及如何合法使用是值得我们注意的问题。笔者认为,一方面,对登记为"中华老字号"企业的新注册人,认定机关要从严把握,收集各方面意见。

第三人虽然取得了"老字号"的相关权利,但是在商业使用中仍应当如实表述:未取得"中华老字号"登记的,不能擅自表述为"老字号";即便取得"中华老字号"认定的,在商业使用中,也应当将老字号历史与本单位的使用情况作客观如实的说明,以正确引导消费者。任何新注册人取得"老字号"的权利后在商业活动中的表述与客观事实不符的,都是不正当的竞争行为,同时损害了消费者权益。

(二) 对在业的"老字号",分清政府企业职能,让企业从僵局中解放出来

在实践中"老字号"或"老字号"商标所有权仍归属于国家,政府长期保留大部分对无形资产的管理控制权,与现代法律制度并不谐调一致。为避免纠纷,使企业获得自主经营权,将这些权利归企业所有、使用是大势所趋。政府如果出于

对保护“老字号”的考虑，也可以在归还企业相关权利的同时与企业签订协议，从控制“老字号”商标流向等角度对企业的行为进行一定的约束，如企业欲转让“老字号”商标或企业面临破产、兼并、关闭等事由时应由政府享有优先购买权等。

（三）“老字号”与商标权的冲突解决

“老字号”企业字号和商标，特别是服务标记的冲突主要表现在以下两个方面：一是将他人的“老字号”作为自己的商标申请注册；二是将他人的“老字号”作为自己企业的字号在其他行政区划予以登记注册。当两种权利主体无法通过法律界定其权利边界时，冲突便不可避免。由于字号和商标分别由两个法律体系规范，企业名称权又仅在本行政区划内独占，如何解决其间冲突，给予在先的“老字号”足够的法律保护呢？

1. 解决企业字号与商标冲突的现行法律规定及评价

2014年《商标法》第9条第1款规定：“申请注册的商标，应当有显著特征，便于识别，并不得与他人在先取得的合法权利相冲突。”明确了保护在先权利的原则。《商标法》第32条：“申请商标注册不得损害他人现有的在先权利，也不得以不正当手段抢先注册他人已经使用并有一定影响的商标。”在实践中，引用这一条来对注册商标提出异议、争议、复审最后到司法确权的不在少数。这里，“现有”，一般指商标的申请日为时间节点；“在先权利”，指证据的收集和组织中均要证明商标申请日前的在先权利。

国家工商行政管理总局曾于1999年4月5日公布的《关于解决商标与企业名称中若干问题的意见》第2条规定：“商标专用权和企业名称权的取得，应遵循《民法通则》和《反不正当竞争法》中的诚实信用原则，不得利用他人商标或企业名称的信誉进行不正当竞争。”

《商标法》第58条规定：“将他人注册商标、未注册的驰名商标作为企业名称中的字号使用，误导公众，构成不正当竞争行为的，依照《中华人民共和国反不正当竞争法》处理。”为“撤销企业名称”提供了有限的法律依据。

《反不正当竞争法》第五条规定：“经营者不得采用下列不正当手段从事市场交易，损害竞争对手：（一）假冒他人的注册商标；（二）擅自使用知名商品特有的名称、包装、装潢，或者使用与知名商品近似的名称、包装、装潢，造成和他人的知名商品相混淆，使购买者误认为是该知名商品；（三）擅自使用他人的企业名称或者姓名,引人误认为是他人的商品……"

针对上述《反不正当竞争法》第五条,《最高人民法院关于审理不正当竞争民事案件应用法律若干问题的解释》第六条解释为:"具有一定的市场知名度、为相关公众所知悉的企业名称中的字号,可以认定为反不正当竞争法第五条第(三)项规定的'企业名称'"。

由此可见,现行的解决企业名称和商标的冲突规范相对零散,但基本以保护在先、知名的权利作为处理权利冲突的基本原则。在发生冲突的情况下,考虑保护在先权利,是一项基本的原则。

2. 处理商标与"老字号"冲突的审查要点或保护在先原则的平衡适用条件初探

本文认为,在处理服务标记与"老字号"冲突时,以下几个方面的问题是应当注意重点审查的。

第一是审查在先权利状态或在后使用者主观方面的时间节点问题。一般认为,在审查权利冲突时,应当以在后"权利"申请登记的时间作为结点来考察当时的法律事实。例如,当"字号"与"字号"、"商标"与"字号"分别申请注册时,则应当以在后的"字号"或"商标"申请日作为查明法律事实状态的基准日,无论是考察在先权利是否成立或其知名度抑或考察在后使用者的主观方面等,都应依据该基准日的状态。

第二是对在先权利成立与否的认定问题。笔者认为,在先权利的成立,至少在形式上首先要具备法律规定的民事权利。其次,应当考虑该权利是否由该权利所有人实际投入了商业使用,两者同时满足,则在先权利具备优先取得的使用权。

第三是对在后使用的"字号"或"商标"的理由或主观方面的审查。考虑在后使用的"字号"或"商标"是否允许使用的理由和法律依据,这实则是对在先知识产权的一种权利限制。我们认为,对于权利的限制与平衡是应当有前提的。"老字号"因为历史原因,对那些与其本身有一定渊源,虽然使用在后,但由于经过较长时间使用,已建立较高市场声誉,形成稳定市场和自身的相关公众群体的"老字号"或"商标",我们应当从平衡的角度出发,允许其继续存在甚至给予一定的保护。如各地不同主体对"吴良材""张小泉"等有历史渊源的商标或"老字号"的使用;苏州与上海"雷允上"字号甚至商标的共存……这些案件涉及的是在计划经济体制下取得的民族传统品牌及老字号在市场经济条件下应当如何规范使用和公平竞争的问题。其适用条件，本文认为：第一，至少在时间节点上考虑在后使用者应当是合法的；第二，该在后使用行为应是持续的。不满足前述条件的，如，自始即为侵权状态的行为，则不应允许其继续使用。比如，广东珠海之得月楼，在其最早的登记注册之日，苏州的得月楼已经知名，那么当然不能给予其继续使用的权利，侵权行为不能产生新的权利。

（四）“老字号”与其他行政区域字号权的冲突解决

根据上述现有《公司登记管理条例》《企业法人登记管理条例》等规定，在同一行政区划范围内，一般不允许相同行业的多个企业使用同一字号。所以大多数法律学者，各层级的司法者、执法者都认为企业名称（包括字号）只在其登记主管机关辖区内享有权利，超出该区域则不能予以保护。

最高人民法院孔祥俊法官则提出：“企业名称在登记主管机关辖区内享有的权利更多的是一种独占性权能，而在辖区之外，仍然根据其知名度的辐射范围而享受反不正当竞争的保护，即企业名称毕竟与商标具有类似的识别功能，同属于商业标识的范畴，至少在他人使用相同或者近似企业名称，足以产生市场混淆时，可以认定构成不正当竞争……”因此，根据字号的知名度辐射范围确定其排他权范围，是符合商业标识保护的原理和趋势的。

据此，本文认为，“老字号”在寻求跨地区保护的时候是有《反不正当竞争法》可依的。但根据实践，客观存在当地行政司法部门往往以在当地的该企业不会与异地“老字号”引起混淆为由而拒绝保护（不应当以局部的消费者眼光判断，而应当以一般普通消费者的眼光判断），因而在各地寻求“老字号”保护时主张这一意见确有一定的现实难度。

当然，另一方面也可考虑将老字号作为未注册的驰名商标进行保护。有学者认为，对于老字号来说，其产品大多集中于特定的行业，容易使人产生混淆和误认的侵权行为也主要集中在相同、类似产品或服务上。这种情况适用一般的《商标法》条款就可以解决。一旦“老字号”企业面临他人跨地域使用的相同字号，该种侵权行为，可以通过行政或司法手段申请将该“老字号”认定为驰名商标，适用《商标法》第58条对“老字号”与其他区域的字号冲突进行解决（同样适用《商标法》13条，也可以解决前述与商标权的冲突）。这一观点是基本正确的。但忽略了对那些较小规模或影响力的“老字号”的考虑，因为多数“老字号”可能距离目前法律实践上认定“驰名商标”的标准差距还比较大。认定“驰名商标”目前的要求标准比较高，对“在中国为相关公众广为知晓并享有较高声誉的商标”（国家工商管理局2004年4月17日颁布的《驰名商标认定和保护规定》第二条）这一标准理解各不相同。比如，对于各行政机关或司法机关对“驰名商标”的经济指标进行证明，但一些地方如以手工作坊形式为主经营的“老字号”根本没有办法提供符合要求的证据。而笔者认为，“驰名商标”，应当根据案情的实际需要，在适用一般的《商标法》条款无法制止该不正当使用的情况下，对在先的为相关公众知晓、有一定知名度的商标就应予以认定“驰名商标”，加以保护，机械地考虑各类经济指标和行业排名是与法律的本意背道而驰的。

在现代市场经济条件下，市场主体基于法律规范的有序竞争，品牌、商誉、管理技术等市场主体经营资源大都依赖于法律制度的确认和保护，比如商标，以及商标中获得特殊保护的驰名商标等。而“老字号”，在我国并未赋予独立的法律地位，也无专门法律给予特殊保护，事实上甚至在国际上也没有相应的“老字号”立法，这就给“老字号”保护带来了一系列的问题和保护的难度。

我们呼吁，“老字号”知识产权作为优秀民族文化属于中国特定历史条件下特殊的文化遗产，也是各地区形象的组成元素，期待国家或有立法权的地方政府出台相应的登记、管理和保护“老字号”的法规，以避免“老字号”的流失、淡化或湮灭；同时理顺“老字号”与其他知识产权的冲突规范，激发老字号企业在市场竞争中发展品牌的自主性，以保障老字号企业的稳步发展；而作为老字号企业的经营者应以质量为本，眼光放远，不为短期利益所动，使祖先留给我们的金字招牌能在新时代下继续熠熠生辉。

（孙小青）

老字号文化的传承与保护

——从苏州老字号文化展示馆谈起

老字号是指历史悠久，拥有世代传承的产品、技艺或服务，具有鲜明的中华民族传统文化背景和深厚的文化底蕴，取得社会广泛认同，形成良好信誉的品牌。老字号所传承的独特产品、精湛技艺和经营理念，不仅具有不可估量的品牌价值和经济价值，同时还具有不可估量的文化价值，承载着优秀的中华民族文化。因此挖掘老字号所载的文化价值并予以传承和弘扬，成为我们保护和促进老字号发展必不可少的一部分。本文以苏州观前老字号文化展示馆为例，对进一步做好老字号文化传承与保护做一定探索。

一、苏州老字号文化展示馆概况

2009 年 6 月，随着观前街道玄妙观社区办公活动用房移址扩建工程的完成，100 平方米的“袖珍”观前老字号文化展示馆（以下简称“老字号展示馆”）同时在玄妙观社区活动室内开张，尽管不大，却是苏州首个老字号文化的集中展示馆，而且建筑风格古香古色。更为不易的是，这个展馆的每一件物品及摆设均为土生土长的观前地区老居民自发筹建而成。它是依托社区建立的老字号文化展示平台，也是保护、振兴、繁荣老字号企业的措施之一，开馆第一天就吸引了数百名市民前来参观。截至目前，全国如新疆、浙江等多个地区的参观者都曾经“到此一游”，该老字号展示馆已成为街道、姑苏区乃至苏州对外展示交流的一个窗口。

二、苏州老字号文化展示馆的基本陈列与馆藏

没有资金、没有报酬，苏州老字号文化展示馆的筹建从一开始就处在一种民间自发的状态。在街道、社区、观前街多个老字号、社区居民的多方面努力和支持下，展示馆的基本陈列不仅能够符合一个小型民间展示馆的基本要求，还不乏一些稍有价值或难得一见的展品。在陈列和展示上，当初的设计方案经过了多次修改，目的是真实展现苏州老字号的历史原貌，原汁原味地再现苏州老字号当年的建筑风格和生产过程。展示的老字号包括采芝斋、黄天源、得月楼、新聚丰、乾生元、陆稿荐、雷允上等苏州人耳熟能详的企业，涵盖了餐饮、食品、医药、丝绸、茶叶和钟表等苏州各个传统行业。这些老字号大都有百年以上历史，为苏州市民和海内外游客所喜爱。为了弘扬苏州传统商业文化代表之一的老字号文化，展示馆以图片和实物的形式展示了老苏州人的生活习俗、老字号的生产场景。每块展板上都详细介绍了老字号的创立、发展和改革历程，包括一些历史掌故。街道还向社会征集了许多能够体现老字号文化的生产模具（提笼、罩篮、面桶、筛子）、制作工具、民间故事及相关影像资料等作品。社区还特邀民间艺人以泥人的艺术形式再现了一些传统的制作加工场景，增添了展示的趣味。值得一提的是，许多稍有价值的馆藏都是从民间“淘宝”淘来的，一本 1935 年出版的《百灵开篇集》，里面对观前街以及苏州许多老字号的前世今生都有详细的记载，其中有一页写到“光明眼镜店的前身是明光眼镜店，1966 年才正式改名”，这连老字号自身都不知道。还有乾泰祥的民国版“广告”、恒孚银楼的百年手写发票，都已成为展示馆的“镇馆之宝”。

三、苏州老字号文化展示馆的现实意义

老字号是一个城市的经济、商贸、民俗、文化的综合结晶，集中体现着城市的经济史和文化史。正式对外开放的老字号文化展示馆，是苏州老字号的集中展示平台，让世人全面了解苏州老字号企业的发展历程，展现其百年辉煌。

老字号展示馆作为文化旅游项目，既能增加旅游活动的文化品位，又能扩大老字号的影响，展示老字号商业丰富的文化内涵，还能进一步提升观前商业街的文化品位。苏州市历来重视对老字号企业的保护和扶持，特别是在城市规划中，把发挥老字号在商业中心和特色街区的骨干作用作为一个重要因素来考虑。目前在市中心观前地区，就集中了 27 家老字号企业总店。老字号文化展示馆对那

些即将失传的老字号手艺与工艺、重要文献、珍贵实物,采取录音、录像、文字记录、绘图等手段,通过对老师傅的探访,对各种老字号现存资料进行调查和记录,并专门保护和展示这些老字号的实物资料和重要文献。

四、进一步做好老字号文化传承与保护的建议

苏州老字号文化展示馆对老字号的文化传承和保护做出了有益的探索。在观前老字号文化展示馆的基础上进一步做好文化传承,笔者认为可以从以下几方面入手:

一是加大政府投入。观前老字号展示馆由街道、社区、观前街多个老字号、社区居民等多方面自发筹建而成。"民间"的性质导致该展示馆在老字号数量、展示品等方面都有一定局限性,亟须加大政府投入,以扩大展示规模,提高展示效果。

二是在展示馆基础上建立老字号博物馆。观前老字号展示馆的性质是一个地区性的地志类单项目展示馆,虽然建立之初,为展示地方某方面的历史文化特色,有一个基本陈列,但是所展出的展品数量和质量都很有限,有些展品是居民从皮市街等旧货市场"淘"来的。由于多种原因,这样的展示馆收藏的展品或标本,数量和质量都差强人意。在研究工作方面,由于人员构成的制约和缺少必要的学术研究环境,基本处于零状态,更不可能达到研究的深度和真正的学术价值。因此,为更好地传承老字号文化,建议在展示馆基础上建立老字号博物馆,尽可能地多搜集老字号的档案并进行集中展示,同时也能深入地研究老字号文化,真正实现老字号文化的传承与保护。

三是要以展示馆(或博物馆)为载体多方位宣传老字号文化。要通过旅游景点推介等方式提高展示馆(或博物馆)的知晓度,使其成为苏州文化之旅的重要一环;要与学校相挂钩,让学生通过老字号展示馆(博物馆)了解老字号企业,了解传统文化,将展示馆(博物馆)建设成传统文化教育基地。比如可以组织辖区学生通过走上观前街、走进老字号企业,使其切身感受老字号商铺的悠久历史和传统文化。通过讲解、实践相结合,使未成年人也能领略到老字号的发展之路。

(卫晓盛、宣怡芳)

苏州老字号品牌的文化内涵

老字号是苏州历史文化的宝贵遗产,有着浓郁的地域特色,已经成为苏州这座历史文化名城的重要标志。在新的时代条件下传承和弘扬苏州老字号品牌文化,不仅是苏州老字号继续发展壮大、实现基业长青的重要保证,而且对于企业文化建设具有重要意义。

一、诚信经营,童叟无欺

诚实守信,是中国传统文化的精髓。众所周知,"仁学"是儒家文化的核心,而诚实守信则是仁学的核心内容。人无信不立,事无信不成。诚信原则所体现的文化内涵就是:"货真价实,童叟无欺。"

苏州老字号之所以经久不衰,就是因为坚守着诚信经营、童叟无欺的原则。这不仅体现在质量意识上,也体现在管理上。如苏州的老字号食品餐饮店,无论是经营糕点、酒菜,还是小吃,历史上都把"诚信"二字作为经营根本,获得了街坊邻居的赞誉。

以苏州糕点的制作工艺为例。糕点的制作工艺一般分为选料和制作两个阶段,在现代科学技术条件下,许多原料的先天不足可以用现代制作技术弥补,这也是现代餐饮业的"潜规则"。但是,苏州老字号食品企业都坚守"祖业",继承老字号的传统工艺制作方法。首先是严把原料筛选关,然后严格按照传统工艺程序进行制作,对工人除了要有现代从业人员需具备的各项行业要求以外,还有专门的技术要求和操作规范。如乾生元松子枣泥麻饼的制作,其原料乌枣、松子仁、核桃仁、玫瑰花、松子仁、面粉、芝麻、白砂糖、鸡蛋、油脂等,有专门的质量标准,有特定的供应来源,必须经过富有经验的老师傅挑选合格才能使用。有些材料则是自己配制,而后按照传统工艺加工,所有环节,都有相应的技术要求。唯其如此,才使乾生元松子枣泥麻饼成为江南尤其是苏州传统糕点的代表,享誉海内外,历久而弥新。

著名的医药老字号雷允上从创始至今一直以选料讲究、管理严格著称,民间有“北有同仁堂,南有雷允上”之美誉。雷允上的经营理念是“以人为本,诚信为尚”,其产品大多是抢救病人的急救药品,因而十分注重进货渠道和药材质量。如蟾酥须在春夏季节从渔民处购入活蟾蜍,刮下的酥浆由太阳晒干或文火烘干。杜煎驴皮胶(阿胶)片型薄而纯净透明,放在光亮处可清楚看到无丝毫杂质。近三百年来,雷允上传人秉承“允执其信,上品为宗”的企业信条,谨记“聚百草,泽万民”的社会责任,选地道药材,制济世良药,精益求精,创造了一大批组方精当、功效显著的名方名药,为祖国的中医药发展做出了重要贡献。

恒孚银楼的产品信誉卓著,这是因为它一直坚持古法提炼黄金,严把质量关。各地金号只要看到烙有恒孚牌号的“足赤”金饰,照例不再测试成分,照兑不误。这是恒孚银楼在沪宁线银楼业中信誉之高的体现,其之所以称誉江南,主要是因为黄金质地纯净,首饰成色有保证。在当时科技不发达的情况下,采取的措施是:(1) 在收进条锭时严把采购关,进的材料要上乘;(2) 熔炼加工时严把药金关,这是恒孚独特的保值工艺,药金后,还有一道焓赤工序,不惜工本将黄金提到十足赤金。(焓:火貌。《集韵·洽韵》:“焓,火儿。”)焓赤,就是将足金打成薄片,拌上药料,用炭火烘闷三天三夜,经此“焓”后金的色泽就偏“赤”,金质更纯,黄澄中略泛红光,外观更美,只是分量上得损耗百分之一,因此售价要比其他店高出百分之一。当然,恒孚收进本店产品,价格也比收进其他店的金饰高出百分之一。恒孚金饰的背面,都打有“恒孚·上足赤·某某(工匠号)”的印记,以表示负责。地方政府上交中央饷银,无论金条或银锭,只要烙有“恒孚”印记,即予免检。苏州城乡居民更是偏爱恒孚金饰,传有“家有恒孚金,睡觉也安稳”之说。

二、以和为贵,和气生财

中国历史上的商人极其推崇的信条就是“和气生财”。和气,就是要为客人提供优质的服务,以一种和善、谦恭的态度进行人际互动。许多知名的老字号商家规定有自己的一套礼节规矩,有自己的待客之道。

苏州老字号叶受和的店名来历,颇让人感慨。该店店主姓叶,是浙江慈溪人,有一天到苏州游玩,在观前街玉楼春茶室喝茶,去隔壁稻香村买几个糕饼充饥。店伙计嫌他东西买得少而冷落他,他等得不耐烦发牢骚,反遭抢白:"君如要紧,除非自己开店,方可称心。"叶悻悻而出,为斗气而开了一家茶食糖果店,心想自己是受了别人的气才开店的,店开出来后,一定要让光临的顾客受到和气,遂取名"叶受和"。叶受和不但在工艺上精工细作,而且服务周到,深刻谨记开店之宗旨,待客热情,不敢有丝毫怠慢。

苏州四大名药店之一的沐泰山,自创办之日起就以道地药材、精制丸散膏丹享名。数百年来,沐泰山始终不渝地遵循"修合虽无人见,诚心自有天知"的信条,以诚信赢得了顾客的厚爱。在20世纪50年代制定的"沐泰山堂国药号职工规则"中,明确要求店员"和气对待"顾客,"不得怠慢,戏谑态度亦当戒除"。"对于配制药剂,宜细心从事,以防错误",强调"药品对于病者影响极大",选购药材时务必尽心尽职,"不得贪婪苟且致腐烂损坏",并把它提高到"个人道德"的高度。

元大昌老板章氏兄弟为人一团和气,深谙经营之道。元大昌酒店的服务周到是远近闻名的。一有顾客来到,店倌便笑脸相迎,热情招呼,引客入座,并很快送上顾客所点的酒菜。如果顾客想添酒,不等出声招呼,店倌早已留心桌上剩酒情况,殷勤询问要否添酒,保证不会让顾客等酒下肚。如果顾客要添些热炒、面条之类,只要关照店倌,炉灶上几下翻炒,很快便送上称心的热炒肴点,保证客人酒足饭饱,尽兴而归。

三、以文兴商,以商扬文

老字号品牌的背后是文化,文化是百年老店持续发展的必要条件。苏州许多老字号的工艺被列入"非物质文化遗产保护"名录,从而进一步挖掘和传承老字号品牌文化。

御窑金砖专门设立了历史文化研究室。传承物质文化遗产,除了延续工艺文化、推动经济发展外,更为终极的目标是了解并体验"非遗"中蕴含的追求生命和谐幸福的本质。设立金砖文化研究室,就是为了专门研究御窑金砖的工艺渊源、制作特点、历史脉络、文化内涵和生命精神。

中华老字号之所以能传承几百年,始终站在经济社会发展的前列,主要是因为其蕴含着民族商业文化的精髓,具有世代传承的独特技艺、可靠产品、优秀理念和深厚文化积淀。作为中国最早的琢玉品牌,子冈玉坊多年来坚持"玉色勿欺行外,工价必衡良心"的经营理念,公司通过多年对子冈琢玉技艺的发掘、弘扬,以及有关陆子冈的典籍、史料的疏理、展现,为品牌赋予了传统与精工相结合的深厚文化内涵,为每一块"子冈玉"融注了百年历史的生命力,更为商品增加了真实的文化价值。经过多年的发展,子冈玉坊公司取得了显著成绩,成为消费者心目中的知名品牌,逐步走出苏州,迈向全国市场。

苏州老字号拥有丰厚的文化内涵,悠久的历史,美丽的传说,动人的故事,这些都是企业的宝贵财富,是竞争对手无法获取的核心竞争力。当今时代,企业间的竞争已提升到品牌及其文化竞争阶段,"品牌最持久的吸引力来自品牌所包含的文化"。要想在激烈的市场竞争中立于不败之地,企业经营者们就要高度重视品牌文化建设。值得欣慰的是,苏州老字号管理者们都已树立起了品牌意识,在打造老字号品牌的过程中,能充分挖掘和植入文化元素。例如,采芝斋从店堂布置、环境装潢、食品内容、包装设计直至营业员服饰、语言等方面,都紧紧围绕着苏州传统历史文化,在打造以"秀慧、细腻、柔和、智巧、素雅"为特征的苏州传统文化的品牌形象方面取得了显著成就。其他老字号企业的管理者们也在努力探索,在传承老字号自身丰厚文化遗产的同时,又大胆创新,使苏州老字号不断发展壮大。

参考文献:

[1] 孙中浩. 苏州老字号[M]. 苏州:古吴轩出版社,2006.

[2] 〔美〕菲利普·科特勒,凯文·莱恩·凯勒. 营销管理[M]. 上海:上海人民出版社,2006.

[3] 顾燕新. 苏州老字号品牌文化建设途径探析[J]. 学理论,2010(23).

[4] 尤士洁. 苏州食品餐饮老字号的历史文化传承分析[J]. 中国商贸,2012(3).

[5] 潘月杰,田耕耘,张筝. 中华老字号品牌文化继承与创新发展研究[J]. 生产力研究,2013(10).

(王智会、任孝峰)

苏州老字号与旅游经济发展

苏州是首批24个全国历史文化名城之一，也是首批54个中国优秀旅游城市之一，市域总面积8 488平方千米，水域面积占总面积的42.52%，截至2013年年底，人口超过1 300，户籍人口约650万。下辖张家港、常熟、昆山、太仓四个县级市和六个市辖区。2013年苏州市GDP达1.3万亿元，列全国主要城市第六位，仅次于上海、北京、广州、深圳、天津。城市是旅游发展的重要载体，旅游是城市发展的重要内涵，理所当然，旅游经济是苏州经济的重要组成部分，尤其在经济增长方式转变和产业结构调整转型的今天，大力发展旅游业对推动经济结构提档升级具有重大的战略意义。旅游业一直是苏州经济发展的传统优势产业，自古就有“上有天堂，下有苏杭”的美誉，旅游业对苏州经济发展有着不可或缺的作用。

一、苏州旅游业发展概况

(一) 苏州旅游资源基本情况

苏州旅游资源极其丰富，历史人文与自然生态互相依存。全市共有旅游资源单体1 346个，其中五级资源20个，四级资源142个，三级资源343个，普通资源841个，优良级(三级及以上)旅游资源505个，占全部资源单体的37.5%。人文资源种类广，数量多，等级高。苏州古典园林、中国大运河苏州段以及昆曲、古琴、江南丝竹等被列为世界文化遗产，同时有538处国家级、省级、市级文物保护单位，其中国家级、省级140处，市文保单位398处，国家非物质文化遗产25个。自然资源得天独厚，特色显明。全市大小湖荡323个，其中，500亩以上的湖荡

129个,千亩以上的湖荡87个,现有各级河道2万余条,总长1 457千米。水域面积约占全市面积的42.52%。2 400多平方千米的中国第三大淡水湖——太湖的3/4水域在苏州境内,太湖国家级风景名胜区13个核心景点中有8个隶属于苏州,分别为西山、东山、木渎、角直、同里、石湖、虞山、光福。

(二) 旅游产品不断丰富,规模和质量同步提升

截至2013年年底,苏州星级饭店共有142家,其中五星级酒店30家,四星级酒店47家,五星级酒店数量位居全国第3位,仅次于上海、北京两个城市;国家A级景区61家,其中国家5A级景区6处11个景点,国家4A级景区26家,国家5A级景区数量与北京并列全国第一;旅行社260家,其中出游组团社19家;旅游度假区共有10家,其中国家旅游度假区1家,省级旅游度假区9家;全国农业旅游示范点30家,省级星级乡村旅游点29家,省级生态旅游示范区6家;全国工业旅游示范点11家,省级工业旅游示范点5家。

(三) 苏州旅游业主要接待指标在全国位次稳步上升

丰富的旅游资源为苏州旅游产业发展奠定了良好的基础,近年来,在各级政府重视和支持下,在全市各相关部门的通力配合下,通过全市旅游行业员工共同努力,苏州旅游业取得较快的发展,无论是接待游客数,还是实现旅游总收入,在全国大中旅游城市中一直位居前列,稳居江苏省第一。2013年苏州共接待境外游客188.95万人次,国内游客9 416.33万人次,实现旅游总收入1 522.90亿元,分别位居全国各大城市第7位、第6位和第5位。

二、旅游业在苏州经济快速发展中的重要作用

(一) 旅游业对城市经济发展贡献不断增强

自改革开放以来,苏州凭借着得天独厚的区域优势,良好的自然和人文发展优势,乡镇经济和外向型经济迅速崛起,整体经济得到了快速发展,GDP在全国大中城市中的位次逐年上升,旅游业自身稳步发展的同时,对苏州城市经济的贡献作用越来越大。1995—2013年苏州旅游与城市经济发展情况见表1。

表1 1995—2013年苏州旅游与城市经济发展情况

年份	接待入境游客（万人次）	接待国内游客（万人次）	旅游总收入（亿元）	GDP（亿元）	第三产业增加值（亿元）
1995	33.72	619.46	49.64	903.11	279.33
1996	35.36	940.62	55.67	1 002.14	346.00
1997	41.58	1 065.50	79.59	1 132.59	408.01
1998	44.02	1 141.47	91.46	1 250.01	460.05
1999	60.69	1 305.97	121.71	1 358.43	506.22
2000	71.41	1 496.05	141.88	1 540.68	579.62
2001	77.82	1 671.92	171.49	1 760.28	668.98
2002	89.10	2 010.10	198.35	2 080.37	777.13
2003	81.57	2 350.17	235.96	2 801.56	953.95
2004	130.16	3 157.21	335.92	3 450.00	1 105.00
2005	156.02	3 656.87	432.11	4 138.2	1 364.97
2006	181.49	4 135.34	525.07	4 900.63	1 644.45
2007	206.18	4 792.39	638.09	5 850.11	2 102.91
2008	218.57	5 286.88	735.06	7 018.09	2 686.59
2009	219.13	5 869.67	840.91	7 740.20	3 050.26
2010	265.15	7 004.88	1 018.19	9 228.91	3 819.31
2011	297.75	7 775.38	1 196.21	10 716.99	4 581.50
2012	321.87	8 624.43	1 376.24	12 011.65	5 314.32
2013	188.95	9 416.33	1 522.90	13 015.70	5 951.62
年均增长率（%）	15.46	17.93	23.04	16.67	18.13

（数据来源：1995—2013年苏州市统计年鉴）

从表1可以看出，1995以来，苏州经济呈现快速发展态势，GDP年均增速达16.67%，其中第三产业增加值年均增速为18.13%，高于GDP增速1.46个百分点。随着中国经济持续增强，老百姓可支配收入逐年增加，旅游消费需求不断扩大，旅游业对城市的吃、住、行、游、购、娱等相关产业的带动越来越明显，尤其是1999年全国实现新休假制度以来，国内旅游业的蓬勃发展，使越来越多的人认识到旅游业对地区经济增长的贡献作用的重要性，作为首批中国优秀旅游城市的苏州也吸引了越来越多游客慕名而来参观游览。1995年以来，苏州接待入境游客年均增速达15.46%,国内游客年均增速达17.93%,旅游总收入年均增速达23.04%,高于GDP增速6.37个百分点,高于第三产业增加值增速4.91个百分点。很显然,旅游业发展快于GDP和第三产业发展,旅游业已经成为苏州经济和第三产业发展重要的贡献原动力。

(二)旅游消费结构不断优化和提升

根据江苏省旅游局历年公布的各城市国内旅游抽样调查结果,2005—2011年游客在苏州游览花费的内容及构成情况见表2。

表2　2005—2011年苏州国内旅游消费结构变化表

单位:%

花费构成	2005年	2006年	2007年	2008年	2009年	2010年	2011年	均值
长途交通费	12.01	15.33	15.29	15.59	15.34	20.55	19.57	16.24
住宿费	23.83	19.58	16.70	19.70	17.96	23.41	19.11	20.04
餐饮费	17.42	17.39	16.54	17.47	16.58	19.55	18.64	17.66
景区游览费	10.47	8.21	9.16	9.13	9.12	6.20	7.18	8.50
娱乐费	4.45	6.45	6.26	6.26	8.89	2.21	8.28	6.11
购物费	22.18	24.44	28.95	26.59	27.55	25.66	26.02	25.91
市内交通费	1.93	1.68	2.06	1.59	1.46	0.49	0.17	1.34
邮电通信费	0.58	0.43	0.74	0.74	0.61	0.41	0.51	0.57
其他费用	7.13	6.49	4.30	2.93	2.49	1.52	0.51	4.05

(数据来源:2005—2011年江苏省国内旅游抽样调查结果)

从表2中2005—2011年历年游客消费构成来看,有以下几个特点和趋势:

(1)游客在苏州的花费按所占百分比多少排序依次是购物费、住宿费、餐饮费、长途交通费、景区游览费、娱乐费、市内交通费、邮电通信费。其中购物、住宿、餐饮、长途交通、景区游览前五项消费占总消费的88.35%。

(2)旅游购物费用稳居旅游消费第一位。

(3)由于全国经济持续增长,中远程游客以及自驾游客增多,长途交通费基本呈逐年上升态势。

(4)旅游饭店投资加快,旅游住宿竞争日益激烈,价格略有下降,游客住宿花费有进一步降低趋势。

(5) 景区游览费用保持在8%左右。

(6) 由于私家车和手机的普及,市内交通费和邮电通信费虽说所占份额本就不大,但仍呈逐年下降趋势。

三、苏州老字号在旅游发展中的独特作用

老字号是在长期生产经营中,沿袭和继承了优秀文化传统,具有鲜明的地域文化特征和历史痕迹,具有独特工艺和经营特色,取得社会广泛认同和良好商业信誉的企业名称和产品品牌。老字号不仅是一种商贸景观,更是一种历史传统文化现象。

苏州自古以来就是鱼米之乡,物华天宝,形成了较独特的苏式生活方式,目前共有老字号70多家。老字号是苏州的一张名片,是一笔珍贵的社会财富。每一个老字号都承载着自己的历史积淀,是多年来口碑的积累。苏州人在谈到一个个久负盛名、耳熟能详的百年老字号的时候,依然会流露出丝丝敬意和崇拜之情。在经济不太富裕和物流不太发达的时代,老字号主要是满足当地百姓日常生活需求而得以长期发展。随着中国经济快速发展和百姓对品质生活的追求,旅游业逐渐从外事接待型转变为当地经济发展的优势产业,加上物流业的迅猛发展,对于原先在相对封闭的环境下发展的老字号而言,一方面,与旅游业发展息息相关的餐饮、食品、工艺、丝绸、茶叶等老字号企业得到了快速发展;另一方面,与旅游业发展不太相关的企业,形成了相对滞后的产业要素。本文认为,老字号在苏州旅游业发展中主要表现出以下几个特点及趋势:

1. 老字号对苏州旅游发展的独特作用逐步显现

在旅游产业升级转型的今天,自觉或不自觉地顺应时代产业发展要求的老字号得到了迅猛发展。境内外旅游发展经验表明,购物和餐饮是旅游消费中占比份额最高的旅游要素,而具有浓郁地方特色的老字号产品自然成为游客的首选,尤其是上海等周边地区游客对苏州的黄天源、采芝斋、稻香村、津津食品、得月楼、松鹤楼等老字号耳熟能详,情有独猜。假日期间食品类老字号经常被“抢购一空”,而餐饮类老字号也往往需要多次“翻台”,由此可见,老字号对游客的吸引力越来越大,在旅游业发展中的作用和贡献也越来越大。

2. 创新突破，主动调整形式或内容的老字号得到了更快发展

时代在变，人们的需求在变，市场经济下各类商业企业优胜劣汰，老字号企业同样得经历这一考验。老字号产品不能仅限于中老年消费群体，也要以它的“青春气息”吸引更多的年轻游客群体。1997 年采芝斋调整定位，以做传统特色的苏式食品为主。为了迎合现代人的口味和健康的生活理念，采芝斋采用新糖源——低聚异麦芽糖，开发出新型苏式糖果。另外，糕点也做了改良，不放色素、香精和防腐剂，做成饼干大小，纸袋包装。此外，还将酸梅汁做成了一条流水线，热灌装，无防腐剂，得到了客源市场欢迎。

3. 弘扬传统，提炼苏州经典文化内涵

以朱鸿兴为例，2014 年 5 月 25 日，老字号面馆朱鸿兴成立了“苏州一碗面”大师工作室，94 岁的元老俞雪根，携弟子高扣林，第三代传人张健、王伟琪等年轻的面点师现场指导和讲解正宗的枫镇大面做法，旨在潜心还原传统工艺，让新老苏州人都吃上正宗精致的老式面点。他们还计划还原三虾面、葱油蹄髈面、两面黄、杭式软炒等苏州特色传统面点，把一碗面做全、做精、做优。这不仅是苏州餐饮行业的一次自我精进，也为游客来苏州体验更地道的苏州味道提供了更多更好的机会。

四、苏州老字号在旅游经济发展中的对策建议

经过改革开放三十多年的发展，我国旅游业实现了从资源大国向亚洲旅游大国的历史性跨越，旅游业的发展已经吸引了越来越多的眼球和投资商的关注。旅游业对国民经济的综合带动作用越来越大，假日旅游的繁荣更是促进了交通、住宿、餐饮、购物、娱乐、景区等产业全面发展，旅游业已成为中国许多城市的支柱产业。从旅游业发展的角度看，中国的旅游投资环境越来越好，在投资理念、操作方式、合作对象等各个方面正在与国际接轨。

老字号不仅是苏州旅游产品体系中的重要内容，也是苏州旅游一张靓丽的名片，同时，老字号既是旅游消费中“购”和“吃”的重要载体，更是境内外游客来苏州游览的重要吸引物。为了加快老字号的发展，政府（包括旅游部门）、协会和企业共同携手，联合打造老字号旅游品牌。

1. 出台相关保护条例，设立老字号发展资金

建议政府出台《苏州老字号保护条例》，以立法形式加大对老字号的保护力

度，打响老字号品牌保卫战。苏州历来重视对老字号企业的保护和扶持，特别是在城市规划中，把发挥老字号在商业中心和特色街区的主导作用作为一个重要因素来考虑。然而在北京、杭州等城市，老字号得到了更加充分的保护，发展态势相当好。同时，应设立老字号发展资金，加大对老字号的保护和扶持力度，引导和激励社会资金更多投入到老字号中去，打造苏州老字号旅游品牌。

2. 增强老字号协会的社会功能

协会继续发掘散落在民间的百年老店，不断壮大老字号成员。不仅为这些老字号拿回一块金字招牌，更是激发了百年老店新的活力，让更多的老字号创新发展。就像北京西城打造"中华老字号"的集聚区，上海有"中华老字号第一街"和"中华老字号商城"一样，苏州也应打造"中华老字号"集聚区，集中展示苏州老字号品牌。2010 年，雷允上、朱鸿兴、玉露春等 13 家百年老店正式进驻木渎镇老字号街区。相信在不久的将来，苏州能形成更多"中华老字号"集聚区。另外，陆稿荐、稻香村、黄天源、采芝斋原先是前店后坊的生产模式，现在分别到相城区、园区建立新工厂，企业发展有了后劲；松鹤楼开出连锁店 10 多家，分布于苏州、北京、上海等地；朱鸿兴的小吃餐饮有了中心厨房，实行三统一规范连锁。

3. 强化现代管理和包装，确保老字号永续发展

苏州老字号应当走出去，让世界认识自己，不断扩大影响力，走上品牌连锁发展之路。最重要的是要适应当地人的生活，带有地方特色，必须考虑产品的适合度以及生产能力。欧洲有很多上百年的品牌，传承期间有好几任是外来人主持经营的，但品牌的延续不曾中断。他们非常注重品质，职业经理人体系也比中国完善得多，子女无法传承父亲的手艺，可让职业经理人接替，如果孙辈有人可以承担经营重任，职业经理人会把经营权交给孙辈。

4. 将苏州老字号纳入苏州旅游宣传营销体系

目前苏州市旅游局的宣传渠道包括官方网站、微博、微信，以及报纸专版、签约媒体合作栏目、记者网友体验活动等多种渠道。各老字号可整理出详细的宣传材料（包括名称、特色、故事、购买地等信息），与旅游局信息共享，在宣传平台上发布。还可引荐苏州各领域老字号的资深人士组成媒体采访专家团，向外地来苏媒体讲解苏州老字号的生动故事。

5. 根据游客实际需求，策划和包装"苏州有礼"系列纪念品

旅游纪念品是宣传城市形象的有效载体，也是衡量城市旅游品质的标准之

一。既生动有趣，又有实用价值的旅游纪念品市场非常广阔，我国台北故宫的"朕知道了"贴纸和各类文创、美食类伴手礼的火爆，已经引起了广泛关注。苏州的老字号品质高、特色强、故事多，很适合根据游客的实际需求和购买力，设计相关的旅游纪念品，整体推向市场，作为苏州旅游名片广泛宣传、重点宣传，这样必将收到很好的效果。

（王如东）

吴江丝绸业老字号发展问题与对策

一、吴江丝绸产业发展概况

吴江,历史上著名的"绸都",早在明、清时期就以"日出万绸、衣被天下"的声望而闻名于世。明代文学家冯梦龙的小说集《醒世恒言——施润泽滩阙遇友》中,现代作家茅盾编纂的文学巨著《中国的一日——盛泽的"小满戏"》中,以及其他明代、清代的诗歌作品中,都具体形象地反映了当时吴江的丝绸织造与贸易的繁荣状况。20世纪80年代到90年代初期,吴江真丝绸产业进入鼎盛时期,在1983年杭州举行的全国丝绸产品质量评比中,吴江拿到了9个当中的4个第一,在以后的几年中吴江丝绸产品又连续夺得7枚国家级金银牌。自此,丝绸产业成为吴江三大支柱产业之一,其真丝绸出口贸易占到全国六分之一强。

1994年下半年起,吴江茧丝绸生产、贸易的环境发生了很大的变化。受东南亚金融风波冲击,国内化学纤维工业崛起,消费者选择服饰面料的空间扩大,市场化步伐加快,受国有企业体制、机制矛盾突出,城市化建设占地急增等多重因素的影响,吴江地区与其他东部沿海地区一样,蚕茧种养和茧丝绸生产出现了严重的萎缩。国有及大集体企业所遇之困难尤为严重,主要表现是生产下滑、出口减少、全行业亏损,有的企业处于破产的境地。2008年国际金融危机爆发以后,以出口贸易为主的吴江真丝绸织造业再次受到严重冲击,有些丝绸织造企业由于茧丝原料价格处于高价位、工费成本上升、销售不畅等原因而处于亏损境地,有些企业停机停产,转营其他业务,有些企业竭力撑持,但也困难重重。

丝绸,这个曾被誉为"纤维皇后"和"中国名片"的尤物,如今,除了原材料茧、丝、坯绸产量占世界总产量的70%、70%和45%以上,居世界首位之外,其最终产品如丝绸服装、丝绸用品等，却远远落后于意大利等国。在国际市场上，中国丝绸早已不是当年瑞典的哥德堡号远洋轮远涉重洋、装载着相当于本国一年的国民生产总值的白银、满怀倾慕之情前来求购的皇室御用品，而败落成了地摊货。相反，后起之秀的意大利、日本等国的丝绸倒是真正成了奢侈品。正是诸多老字号企业传承与创新的不力，才使得意大利、日本等国最终击败中国而成为后起之秀。因此，如何保护和传承"老字号"品牌，既是诸多老字号企业面临的共同话题，也是新生企业建设百年基业所必须解决的问题。

二、吴江丝绸业老字号发展存在的问题及原因

吴江诸多的丝绸老字号企业发展至今，除辑里蚕丝成为"中华老字号"之外，其他大部分都湮没在了激烈的市场竞争中，这也是国内老字号企业的普遍命运。1990 年，国家商业主管部门对"老字号"进行筛选，重新确认了 1 600 多家中华老字号并授予金字招牌。然而，到了 21 世纪的今天，这 1 600 多家中华老字号企业中，20% 长期亏损，有的被市场淘汰；70% 勉强维持现状；只有 10% 经营良好。老字号正面临新一轮的竞争和挑战，不能适应变化的老字号企业必将受到冲击。吴江丝绸业老字号企业发展陷入困境的原因与全国大多数老字号一样，主要有以下方面：

1. 体制陈旧，缺乏活力

新中国成立后，1956 年实行公私合营，大多数老字号变成的国有企业机构臃肿，人浮于事。改革开放后，吴江丝绸业一度快速发展，但一些传统老字号企业大都是家族企业，规模小，成本高，效率低，管理落后，不能适应市场的需求变化。更为致命的是老字号在企业治理体制以及管理模式上与现代主流商业脱节。全世界的麦当劳基本都是一个味道，但是很多中餐老字号却是"千店千味"，难以实现产品标准化，"老字号"也就难以扩张，难以在现代竞争中存活。很多"老字号"还实行家族传人制度，不仅"秘方"单传，其经营权也往往只传给自己的下一代，一旦家族继承者出状况，就可能彻底失传。

2. 品牌宣传和维护缺乏力度

品牌意识淡薄以及营销观念过时是老字号消亡的两大原因。大多数老字号没有在生产研发和营销上为企业注入新的内涵，消费者对其认识也多停留在过去的历史中。于是，大多数老字号沦为市场中脱离大众的"古董"。在当今信息

爆炸的年代,如果不能保持持续的传播,就会被消费者遗忘。正如有人说,如果可口可乐一天不做广告,其销售量就会下降10%。不注重商标等知识产权保护是大多数中国老字号企业的另一通病。

3. 产品及服务质量滑坡且创新不足

老字号的形成是消费者长期以来对其产品和服务质量以及信誉信任积累的结果,品牌的发展壮大也需要有优质的产品质量做保障。人们却遗憾地看到许多老字号不珍惜自己的"金字招牌",例如乳品行业的某老字号企业被"早产奶"事件折腾得信誉大损,还有"毒肉松"事件、国内月饼行业老字号的"陈馅"事件等,极大地削弱了消费者对老字号产品质量的信任程度。缺乏创新是导致老字号难以继续大有作为的最重要原因之一。不少老字号在产品的开发上几乎没有新意,而缺乏创新意识势必会导致新产品开发速度过慢,产品难以满足市场的需求。

三、吴江丝绸业老字号企业发展的对策

(一)辑里蚕丝的传承与创新

从吴江丝绸老字号企业的变迁过程来看,辑里蚕丝可谓异军突起。经过自身多年努力,辑里蚕丝已在市场竞争中站稳脚跟,并且获得市场广泛认同。辑里蚕丝原产地在吴江南浔七里村,原名"七里湖丝"。自明万历年间,七里村人以改良蚕种"莲心种"缫制细丝,具有白、净、柔、韧等优点,七里丝作为名牌产品脱颖而出。明末,"七里"雅化为"辑里",故现称"辑里蚕丝"。早在明末清初,辑里丝就已经是全国范围内知名的蚕丝品牌。清代末年至民国初期,辑里湖丝在国内和国际多次获奖。1910年,辑里湖丝在意大利展览会上获一等奖,1915年在巴拿马举行的太平洋国际博览会上获得金奖。

2002年5月,吴江市辑里蚕丝制品有限公司成立,申请注册"辑里"商标。2006年,辑里蚕丝与央视合作,迅速提升"辑里"品牌口碑。同时通过四项举措确保产品品质和风格的稳定:一是产品原料选用正宗辑里湖丝,并率先在同行中通过国家生态纺织认证,成为真正的绿色生态产品;二是在2004年通过ISO9001:2000国际质量管理体系认证,质量管理全面纳入公司规范化经营范畴,为保证企业有序健康发展提供支撑;三是与苏州大学蚕桑研究所合作,开发新款辑里桑蚕丝产品,包括可机洗蚕丝凉被等新产品,获得各类专利30多项,为

品牌发展提供长足的动力;四是以客户为中心,做到客户满意率100%,确保服务,保证承诺兑现。通过上述一系列的质量保证和品牌宣传举措,辑里丝绸2006年被评为江苏名牌产品,“辑里”商标2007年被评为江苏省著名商标,2008年被认定为中国驰名商标,2010年,吴江市辑里蚕丝制品有限公司被接纳为“中华老字号”会员单位,2012年又被评为“中华老字号”传承创新先进单位,其掌门人获得“优秀掌门人”称号。

由此可见,“倚老卖老”不是“老字号”的出路。“老字号”只有不断抓住新的市场机遇,开发适应新的消费需求的产品,才能“宝刀不老”“青春永驻”。

（二）振兴老字号的对策

辑里蚕丝在深耕产品质量、策划品牌宣传、持续技术创新上做出了成功尝试,同时也为其他老字号企业成功突围提供了宝贵经验。面对新时代、新竞争对手和新的形势,“老字号”脱离尴尬、重新崛起,应该把重点放在自身的修炼上。具体而言,应从五个方面做出努力:

1. 加强品牌的保护和传承

建立必要的法律、法规,对有特色的传统商业街区和有价值的商业“老字号”,通过立法的形式加以保护。制定“老字号”保护与发展规划,提高对老字号企业的保护力度,促进其传承和发展。

2. 建立现代企业制度,增强企业活力

“老字号”要持续发展,就必须逐步建立现代企业制度,把品牌优势与现代企业机制和管理方法结合起来,使“老字号”变为以先进的现代企业制度为基础的品牌企业。建立和完善科学的决策、激励和用人机制,重视企业的制度化、信息化和标准化建设,不断提高经营管理水平。从目前的成功经验来看,主要是在产权上实行股份制或者引进新的投资者,在管理经营上引进高级管理人才或者引进管理方法。老字号企业按照法人治理结构来经营和管理有助于传统经营特色的保持和发扬光大。

3. 转变经营思路

老字号企业要生存发展关键是要走出传统的经营模式。老字号企业不论采取哪一种经营体制,只要采取适应现代商业发展的经营管理模式和理念,都能激发活力。“老字号”的价值在于它的品牌以及“货真价实,童叟无欺”的良好商业信誉,这就使“老字号”在实施品牌输出、连锁经营战略时具备了天然的优势,而

且该战略具有能够迅速扩展业务、又不需巨额投入等特点，很适合目前的“老字号”，尤其适合餐饮企业。全聚德、东来顺等老字号都已采取了连锁形式经营，并从纯国有变为股份制经营。对于“老字号”的复兴，2006 年 5 月 1 日正式实施的《商业特许经营管理条例》中规定的备案、信息披露等制度，规范了市场，对老字号企业开展加盟有积极的作用。

4. 加强品牌管理，重视品牌价值

老字号既然能经过上百年乃至几百年的历练而依然存在，说明它有着自己的独特之处。事实上，老字号有着令人羡慕的先天优势：资历老、关注度高，容易引来媒体和公众的极大关注，因此应当在老字号品牌的内涵和外延的建设方面下功夫，用老字号品牌的无形资产带动有形资产，实现品牌的延伸和增值。其次，老字号企业要制定前瞻性的品牌战略，凸显品牌的核心价值，老字号企业也需要与时俱进，采取各种手段对品牌进行包装，重新唤起消费者的记忆。对于老字号企业来说，如何引入先进的品牌管理体系是当前普遍需要思考的问题。最后，要注重品牌形象更新，也就是品牌年轻化。应将服务对象扩大到年轻的一代。老字号企业经营的绝不仅仅是产品本身。要想吸引年轻消费者，老字号企业本身应积极弘扬传统文化，并使自己成为时尚生活的重要元素。

5. 不断创新

“老字号”的价值在于“老”，劣势也同样在于“老”，其出路却在于“新”。创新，乃老字号宝刀不老的关键，包括体制创新、产品创新、服务创新、管理创新，乃至文化的创新，老字号企业应立足主业、突出特色，打造出核心竞争优势。在我国消费者品牌认知度指数较高的十大品牌中，既有像同仁堂、全聚德这样有着几百年历史的品牌，也不乏青岛啤酒、张裕这样的百年品牌。这十大品牌都具备了一些共同的特征，就是坚持在传统中创新，利用现代营销的方法来对品牌进行塑造；另外，这些“老字号”还开始注重国际化品牌形象的打造，甚至已经将市场的触角延伸到了国际市场。老字号企业应在技术、产品、服务、管理上不断创新，善于运用品牌的价值，并随着时代的变化不断丰富品牌内涵。将老字号品牌的文化内涵与市场紧密结合起来，同时借鉴国外的经验，一定能使我国老字号企业得到更好的发展。

一个国家的经济发展，始终伴随着民族品牌的发展。一个企业要想跻身于世界经济之林确实很难，而要使百年老店的旗号不倒更难。因为，要使百年老店永葆青春,活力长在,不但需要有企业自身规模和核心竞争力作为支撑,还需要有社会支持,犹如参天大树不但本身要将根深扎于沃土,还需要众手浇灌,因此可以说,一个国家拥有百年老店的数量,是衡量经济实力和社会文明程度的一项重要指标。进入世界500强的大多数企业都有其独特的企业文化,而正是这种独特的企业文化孕育出的独特经营理念和价值观,成为推动企业迅速发展的强大动力。"老字号"作为国家历史变迁的见证人、文化与民俗的融合者、久远信息的负载体,成为一种经典、一种象征,成为中华民族文化与情感的根,是活的文物。在这个意义上说,传承和保护老字号就是在保护不可再生的宝贵资源和遗产,就是在保护一个国家和城市的文化记忆。

(周云瑞)

案例篇

香飘350年
——陆稿荐的保护和发展

苏州陆稿荐熟肉店始创于清康熙二年(1663年),迄今已有351年历史,是苏州历史上最为悠久的老字号之一,是具有独特风味的传统苏帮卤菜典型代表,素有"江南卤菜第一灶"之美誉。

一、陆稿荐的店名由来及其发展历程

苏州卤菜业历史悠久,据乾隆《吴县志》记载,北宋建隆年间苏州已有熟肉店,至明清已相当普遍。

《苏州地方志》记载:陆稿荐创始于康熙二年(1663年),初为陆姓在中市街崇真宫桥堍所开设。相传,"陆稿荐"之名源于创始人陆姓店主扶贫济弱,遇神仙吕洞宾相助的一段神话传说:每年农历四月十四日,苏州人向有"轧神仙"的旧俗。在城内中市街下塘,有一吕祖庙(即神仙庙),从四月十二起,中市一带即热闹异常。在神仙庙附近,有一陆姓肉店,相传"轧神仙"的前夜,肉店前有个瘸腿叫花子仅带一条破草荐(用稻草或麦秸编成的草垫,又称稿荐)和两只罐头向店主求宿。店主动了恻隐之心,让瘸腿叫花子睡在烧肉灶前。第二天早晨,瘸腿叫花子已不知去向,只遗下一条破草荐。店里烧肉时,随便将草荐投入灶膛,锅里熟肉顿时发出扑鼻异香,香味引来了不少游客,一时生意大好,从此店主将店名改为"陆稿荐"。

陆稿荐历尽沧桑变迁,后于光绪二十年(1894年)迁址到古城闹市中心观前街。传至光绪年间,后裔陆伟、陆念椿等不善经营,连年亏损。光绪二十七年

(1901 年)九月,陆伟、陆念椿将“陆稿荐”牌号租押给吴县西津桥人倪松坡。倪租得“陆稿荐”牌号后,将自己开设在观东醋坊桥堍的肉铺改为“陆稿荐”,并在阊门大街都亭桥、临顿路之兵马司桥、道前街之养育巷口开设分店。随着岁月的流逝,店主倪松坡年老体弱,无力继续经营所有企业,于是,将观前街的陆稿荐交给二子倪柜香经营。倪柜香接管后,生意仍然颇好。从此,陆稿荐就在观前街一直至今。

民国年间,自观前街拓宽后,近火车站的梅村桥建成,平门开放,交通便利,各地来苏的客商游人可直达观前,使观前人气大涨。陆稿荐的熟肉生意更为兴旺,声誉亦日益扩大。由于同业中竞争激烈,观前街陆稿荐为防他店冒牌,特地用以麦穗为底座加添“大房”两个字,并注明“只此一家,并无分出”的标记,向民国政府登记为注册商标。

之后生意久盛不衰,倪柜香渐渐放松了管理,平时只顾自己烧香拜佛,加上夫妇俩又吸上了鸦片,恣意滥用店内经费,店中业务一度衰落。后由其子倪肇鸿接手,他熟悉店务,锐意进取,接手不久,经营即重呈起色。1935 年倪肇鸿病逝。陆稿荐由倪掌柜的外甥陈士贤主持。当时由行业中著名的师傅张寿根把作烧锅,后将其艺传授于徒弟王茂大、倪阿大。

在日伪统治时期,苏州沦陷,陆稿荐艰难地维持。

新中国成立后,随着社会主义改造的深入,大房陆稿荐于 1956 年公私合营;1958 年“大跃进”时期,其后方工场改为平江区食品厂;“文革”时期,改为苏州熟食店。党的十一届三中全会后,经上级批准,恢复“大房陆稿荐”原名。1981 年经江苏省商业厅批准,陆稿荐在观东醋坊桥堍原址扩建了面积 1 833 平方米的三层生产、营业大楼。1985 年春节,门楣上闪耀着由著名书法家武中奇所书的“陆稿荐康熙二年创”招牌的大楼建成。陆稿荐开始继续以新的姿态供应各种久负盛名的传统苏式卤菜。

1999 年,陆稿荐经股份制改造为有限责任公司,2003 年又经深化改制,更名为“苏州陆稿荐食品有限公司”。目前,陆稿荐是保留最为完整的前店后坊式传统食品加工企业之一,主要产品有肉、禽、水产、蔬菜等四大类熟食系列五十余品种,在苏州激烈的卤菜市场竞争中立于不败之地,并绽放着老字号的魅力,深受广大消费者欢迎。2007 年,陆稿荐被中华人民共和国商务部认定为“中华老字号”,2009 年,陆稿荐的“苏式卤菜制作技艺”被江苏省人民政府列入“江苏省非物质文化遗产”名录。

二、陆稿荐老字号的保护和发展

旧时的陆稿荐门口有四块市招:“五香酱肉”“秘制酱鸭”“酒闷汁肉”(也称“酱汁肉”)和“进呈糖蹄”,还有一块曾悬挂在店堂正中的木质黑漆底金字大匾额,写明了该店创于康熙二年及历史变迁。一直以来,“秘制酱鸭”“酱汁肉”以及后来的“苏式叉烧”是陆稿荐卤菜里的“名角”。“酱汁肉”加工时用肥瘦均匀的条肉,切成小方块,加红曲、砂糖、香料等烧制而成,其色红似樱桃,其味甜而不腻,入口即化。

为保护和发展好“陆稿荐”老字号金字招牌,让陆稿荐苏式卤菜制作技艺一直传承下去,苏州陆稿荐食品有限公司主要做了以下保护工作:

第一,进一步挖掘、搜集、整理有关苏式卤菜的历史渊源,及其在苏州美食烹饪中的历史地位和作用,充实陆稿荐老字号的内涵和文化底蕴,建立了陆稿荐苏式卤菜制作技艺“非物质文化遗产保护”展示馆。

第二,适应市场的变化,加大对陆稿荐老字号的宣传力度,不断提高陆稿荐苏式卤菜在消费者,特别是年轻消费者中的知名度,提升其市场竞争力。

第三,培养陆稿荐苏式卤菜制作技艺传承人,改变因行业关系,年轻人嫌收入低、工作重而不愿意来学艺的这种状况,建立培养传承人的机制,引进人才,做好传、帮、带工作。

第四,注重知识产权的保护,早在1981年就经国家工商总局商标局批准、注册了“陆稿荐”“大房”商标,保护好自己的品牌。

在老字号的发展工作方面,公司做了以下几点:

第一,进一步加大对陆稿荐苏式卤菜传统产品的传承和挖掘力度,在保持现有产品的基础上再挖掘出其他传统产品,尤其是深受消费者喜爱的已消失多年的传统产品,既丰富市场供应,满足消费者的需求,又发扬光大陆稿荐老字号的品牌。如近几年,已传承挖掘出传统产品“进呈糖蹄”“酱猪头肉”等。

第二,成立研究和发展陆稿荐苏式卤菜的专门小组,由领导挂帅,配备专业技术人员和加工人员等。

第三,加大资金的投入,不断开发新品,奖励创新人员,建立企业发展资金上的保障体系。

苏州陆稿荐食品有限公司已于2004年在苏州市相城区太平工业园投入1 000多万元建立了新的生产加工基地，为陆稿荐的发展壮大创造了良好的条件，相信陆稿荐会发展得越来越好，让陆稿荐老字号这块金字招牌焕发出熠熠光辉。

（张安君）

陆稿荐观前街东首门店

稻香村的起源和发展

一、稻香村的起源

稻香村，于清乾隆三十八年(1773 年)创立于苏州，并在清朝就已经具有极高的知名度。

吴俗“婚嫁、弥月、祝寿、高升、迁居、遇丧、祭祀等宴请必以茶点款待宾客”，“故例，以茶款客，必佐以细碟敬事，内设糕饼之属，故谓之茶食”，苏州茶食正源于吴地这种礼俗。明清时期，苏州食品已发展形成独具特色的苏式系列，经营茶食的店铺遍及苏城，并涌现出了一些著名的商号和特色产品。坐落在观前街玄妙观东侧的稻香村茶食店，是苏式糕点行业中最负盛名的老字号，也是苏式茶食糖果店业的代表。

正如碧桃先生在 1926 年《商业杂志》上发表的《苏州糖食店营业的概况》一文中所述，“苏州观前街糖食店中，牌子最老的，要算稻香村了。糖食中的稻香村，好像是肉店中的陆稿荐”。《苏州词典》对于“稻香村”词条解释为“位于观前街，相传始创于清乾隆间(1737—1795)”;《中国历史文化名称词典》《灿烂的吴地鱼稻文化》等均记录“稻香村始创于清乾隆”。迄今为止，稻香村已有约两百年的发展历史。店名“稻香村”，取自《红楼梦》中“稻香村”之名。

《南方饮食掌故》一书中记载：乾隆皇帝南巡至苏州时，某日闲暇无事，微服私访遇到“稻香村”，顿觉店名颇为雅致，遂信步走进店门，品尝店内蜜糕后赞不绝口，回行宫即责令苏州府台日后将稻香村蜜糕进贡至京。乾隆在宫中吃到蜜糕，龙颜大悦，特御赐稻香村一块葫芦招牌，上写“稻香村”三个大字，字体飞金。

此外，1926 年《苏州明报》《吴语》《中报》等报纸均刊登有稻香村于 7 月 24

日重新开张的广告:“本号开设苏城玄妙观东大街洙泗巷东首百有余年,驰名环球。现因扩充营业……”

1904 年,清商务部颁布了《商标注册试办章程》,正式对外受理中外各商号的商标挂号注册。据《申报》上刊载的《江督札商保护商部注册各公司店号》一文及光绪三十一年(1905 年)《商部各类公司注册表 · 商类》,稻香村于 1905 年向商务部申请注册了苏州稻香村糖果号。当时资本数达到了 4 200 000 文,出资人为沈诒记、沈树百、王慎之。

1925 年稻香村又向民国农商部申请了稻香村商号注册执照,并注明了稻图商标,注册号为第二类第一百一十号。

据早在光绪十三年(1887 年)就进店当学徒,后来两次担任稻香村经理的汤长有所述,稻香村创始于乾隆年间。店内现存的旧时果签上,都注明了“本号创始于乾隆年间”。1988 年,苏州在香港举办传统食品展销会时,《文汇报》曾以“四季茶食风味清雅,稻香村糕点如稻香”为题,介绍了稻香村的悠久历史,该文起笔为:“稻香村始创于清乾隆三十八年(1773 年)……”当代中国饮食文化的拓荒者逯耀东教授在《出门访古早》一书中介绍“稻香村”历史时,也援用了“创始于乾隆三十八年”的说法。

综合以上,并结合从 1905 年起《苏州明报》《吴语》《中报》等报纸刊登的稻香村广告及相关的稻香村成立已有百年的宣传报道和《清嘉录》《中国庙会大观》《中国糕点集锦》《现代中国学术论衡》中有关“稻香村”起源于苏州,并早在清朝就已经驰誉全国,具有极高知名度,成为中国月饼糕点的代表的记录,可以推断“稻香村”创立于苏州,最早创始于乾隆三十八年(1773 年),并在清朝已经具有极高的知名度。

二、稻香村的发展

“稻香村”于清同治时期在苏州重新设立,持续经营至今,为我国月饼糕点行业现存历史最为悠久的中华老字号和商标。

太平军占驻苏州时期,商业中心多被焚掠殆尽,商业受到很大影响。稻香村的营业因之或深受影响。同治二年(1863 年),太平军退出苏州后,逃亡商贾陆续回苏,观前街开始受到商人青睐,很多商号择址观前复业或开业。稻香村观前街店也随之重新开张,并自此稳固发展起来。

1904 年,清商务部颁布了《商标注册试办章程》,正式对外受理中外各商的商标挂号注册。据 1914 年《江苏省实业行政报告书》载,稻香村重新设立年代为同治三年(1864 年),总号设于苏州元妙观东大街洙泗巷,无分号,出资人为沈诒记、沈树百、王慎之。中国第一历史档案馆《清末商务史料》在商部光绪三十年(1904 年)奏准办理各类局公司厂矿等统计表中清楚记录了同样的事实。新中国成立后苏州市档案馆保存的国家统计局制定的 1957 年非独立经济核算工业简要年报中记载"稻香村"最早开工年份为"1852 年",公私合营年份为 1956 年。

《申报》1882 年 9 月 29 日报道的《苏垣节景》一文中记载:"闻此数日间,观前稻香邨(同"村")野荸荠两铺日售现钱四五百千文,其获利可概见矣。"《申报》1928 年 4 月 21 日刊载的《糖果发明家》一文中提到:"苏州糖果店,实以稻香村、采芝斋为最著。稻香村设于洪杨之前……"《红玫瑰》杂志 1931 年第 14 卷刊登莲影的《苏州的茶食店》一文中记载:"稻香村店东沈姓,洪杨之役,避难居乡,曾设茶食摊于阳澄湖畔之某村,生意尚称不恶。乱后归城,积资已富,因拟扩张营业,设肆于观前街。"

清末文献中也有多处记录了"稻香村"持续经营的事实。《官场现形记》一书中写道:"邹太爷藏好当票,用手巾包好钱,一走走到稻香村,想买一斤蜜枣、一盒子山楂糕,好去送礼。后来一算钱不够,只买了十两蜜枣、一斤云片糕。托店里伙计替他拿纸包大些,说是送礼好看些。"《点石斋画报》中,也有一则趣闻与稻香村有关:光绪二十年(1894 年)六月光绪帝生辰前后,苏城举行灯会。尧峰山马某向施某夸口,以二刻时间去苏州并返回,赌以英镑一枚。马某如期归来,施某不信,马某便以稻香村茶食示之,凡稻香村售物必印日期于纸裹之上,施某方信。《清稗类钞》一文中提到,"蜜饯降及同、光,江、浙大盛,然以苏州稻香村所制者为尤佳。"《清稗类钞诙谐篇》一文中,则专门谈到了稻香村店名的由来,并称稻香村在苏州享有盛名,原文如下:"新城粳稻,风吹之,五里闻香,见魏文帝书,商店之以稻香村名者以此。稻香村所鬻,为糕饵及蜜饯花果、盐渍园蔬诸食物,盛于苏,苏人呼曰青盐店。金奇中曰:'苏乡妇女美而艳者十之九,乱头粗服,楚楚有致,以天足故,皆从事田作,稻花自因之而香,不仅可闻五里也。'"

同时期,稻香村更是受到了众多美食家和文人的关注,众多书籍文章有大量记载,这些文章生动地记录了公众争食"稻香村"及稻香村已经驰名全国成为人们生活一部分的情形。1934 年,《珊瑚》杂志上《苏州小食志》一文中赞道:"苏州茶食店,稻香村最为著名,其次为叶受和,若东禄、悦采芳,又其次。余店虽多,皆卑卑不足道矣。"1935 年《太白》第 9 期《苏州观前大街的黄昏》一文中,有这么一段记载:"你走过苏州无人不知的专卖糖果瓜子的稻香村、采芝斋、叶受和门口,你可以看见一个一个安闲的脸带了大小包,从店里走到街上,一点一点地吃,继续在'观前'的这一段踱到那一端。"《红玫瑰》杂志先后刊登的《吴中食谱》和《苏州的茶食店》《上海的早晨》《清秋风露》等,也多处赞誉了稻香村的特色产品。截至 1938 年,《申报》有关"稻香村"的报道甚至多达百余条。

20 世纪初期,作为观前街最著名的茶食店,稻香村积极参加各项社会活动。它先后加入了苏州总商会和观前大街市民公社,为苏州城市建设、河道改造、治安防疫、赈灾救济等捐资捐力。1904 年,在永康糖食公所重建之际,稻香村慷慨捐资。1907 年,稻香村还联合其他茶食糖果店一起谋设糖果公所。经苏州总商会建议,为免与已有的糖果作业公所同名而生纠纷,最终设立了粮食公所,进一步保障和促进了苏州茶食糖果同业的发展。

1919 年,苏州总商会呼吁全市罢市,惩办卖国贼,废除密约。但同时又说:"因饭店、点心铺等为便行客之果腹,平时一日难少,罢市之后,工商废业,行客尤多,更不能停业。"稻香村因而保持继续营业。1924 年,发生"江浙之役",即江苏军阀齐燮元与浙江军阀卢永祥发起战争,苏城地当要冲,接近战区。风声鹤唳,一夕数惊。来苏州旅游购物的人数骤减,茶食糖果业的生意备受冲击。1925 年,直奉之战,溃兵入境骚扰,全城闭门数日。

1926 年,上海东禄茶食到苏州开设分号,店面装潢精致,价廉物美,经营品种与稻香村相同,稻香村等茶食店的生意大受影响。但稻香村不甘示弱,于民国十五年(1926 年)决定将旧屋重新翻造,规模、装潢胜过东禄。《苏州明报》1926 年 8 月 31 日(农历丙寅年七月二十四日)第一版载:"苏城稻香村广告:本号开设苏城玄妙观前洙泗巷东首,百有余年,驰名环球,因扩充营业仍在原址翻造高大洋式门面,专聘技师,自制中西茶食、各种糕饼以及青盐、糖果、野味、熏鱼,拣选新鲜原料,雇佣超等工人,货物之精良,食味之甘美,四季适宜,尤合卫生,分装罐盒,便于携带,声名久著,素蒙各界欢迎,销路益广,值此新屋落成之际,特加'禾'字商标。先行归并对门(当时糖果部设在街北,茶食部设在街南)糖果部交易，择于夏历七月二十四日开张，特别廉价，以酬惠顾，诸君之雅意，恐未周知，特广告。”

1937年，抗日战争爆发后，稻香村响应商会的号召，积极抵制日货，并参与慰问淞沪战士，为抗战将士捐资捐物。后因苏州沦陷，战火频繁，大部分店面受损，房屋被炸，货物遭洗劫一空，多数伙计回乡避难，稻香村不得不随之暂时歇业。据《申报》报道，直到1938年10月，才重新复业，业绩还不俗。

1946年，抗日战争结束后，稻香村立即又向吴县商会申请会员注册，并再次加入了吴县茶食糖果业同业公会。

在清末、民国期间，由于稻香村的糕点选料考究，精工细做，既好看又好吃，且又花样翻新，营业蒸蒸日上，真可谓“生意兴隆通四海，财源茂盛达三江”。名气越来越盛，对外地的吸引力也就越来越大。然而那时包装和运输等条件受限，不能满足外地需求，这就促使它的店员、技术人员及姑苏人士分赴各地立号开业。

从史料来看，当时稻香村的牌号几乎遍及全国各地。上海、北京、天津、河北、沈阳、山西、山东、安徽、湖南、重庆、武汉、江浙一带多处城市开设了多家稻香村店铺。1895年，南京人郭宝生选址北京前门外观音寺附近开办了稻香村食品店，开启了稻香村南货北上的征程。与北京近在咫尺的天津，民国年间也是稻香村遍设闹市。石家庄也有3家分店。1916年到1927年，沈阳城内相继开设了三十三家“稻香村”。《旧都百话》一书也提到：“……自‘稻香村’式的真正南味，向华北发展以来，当地的点心铺，受其压迫，消失了大半壁的江山。现在除了‘老北京’逢年逢节还忘不了几家老店的大八件、小八件陆稿荐，自来红、自来白外，凡是场面上往来的礼物，谁不奔向‘稻香村’……”

同时，在咫尺之遥，原苏州府属的上海，稻香村店铺也是遍布了大街小巷。查阅1948年之前的《申报》，有关上海“稻香村”的报道竟多达200余条。在美、英、法租界和南市，稻香村如雨后春笋般出现，以致茶食店同业公会不得不出面干预，制定了“新店须距老店三十间门面”的公议。

稻香村1953年有职工49人，全部资产235 914千元（旧币）。1956年1月21日实行公私合营，1958年“大跃进”时以稻香村后坊为主体建立平江区第一个糖果糕点厂（后改名苏州糕点厂）。1960年3月改为稻香村糖果糕点厂。1962年恢复稻香村前店后坊。1966年“文革”时所谓破“四旧”，将民国十五年新屋落成时武举人朱永璜所写的“稻香村”三个大字的真金字招牌砸烂，改号“红太阳茶食糖果商店”。1976年，“四人帮”被粉碎后，稻香村茶食糖果商店考虑进行恢复，可是，稻香村原址门市部已被糕点厂传达室占用，该厂又不肯让出。在粉碎“四人帮”初期，要恢复老招牌还是有“左”的阻力，带有不少条条框框，凡带有“姓”的名牌老店不准恢复，如“黄天源”“叶受和”等。后来，不知哪个“秀才”想出一个“妙法”，既然“叶受和”不能恢复，就把“稻香村”的帽子戴在“叶受和”头上，其实这是改头换面、张冠李戴，根本未解决问题，而且虽然门面上的商标改为“稻香村”，但原“叶受和”的残缺丹凤商标和破烂相依然存在，而产品仍是向糕点厂进货。

1978年，稻香村后坊恢复生产，发挥现做现销特点，产品质量有所提高，品种有些增加，但稻香村特色产品仍然未能获得很好的恢复。由于受计划经济的影响，在价格、产品规格上受到一定的束缚，实际尚未起到前店后坊名牌特色作用，还有不少名特产尚未得到恢复。

1986年4月，市政府和商业局批准：撤销苏州糕点厂，改建为苏州稻香村食品厂，商店恢复到原稻香村门市部营业。恢复的稻香村在1988年1月至2月间参加了在我国香港举办的“苏州传统食品展销会”，会上，松子枣泥麻饼、八珍糕、鸡蛋酥、奶油花酥等传统食品受到好评，香港《文汇报》以“四季茶食风味雅——稻香村糕点如稻香”为题，介绍了稻香村的悠久历史和苏式糕点的特点。

1994年，为扩大销售，稻香村将原厂址观前街57号的土地使用权及产权全部作价与上海豫园商城联营，稻香村食品商店则搬到未与联营的观前街72号经营。1997年，稻香村结束了与豫园商城的联营。

1998年7月，稻香村作为苏州市贸易局试点，改制成股份合作制性质，注册资金585 750元，人数71人，全部为股东兼职工双重身份。

1999年，苏州稻香村食品厂被国内贸易部评为“中华老字号”。2006年“中华老字号”重新评选时，苏州稻香村食品厂被国家商务部评为首批“中华老字号”。

2004年3月，随着国家和社会的改革，稻香村为了继承并光大其百年基业，在苏州稻香村食品厂的基础上整合北京、保定等人才、资本、技术资源而成立了股份制企业——苏州稻香村食品工业有限公司，新企业斥资数千万元在苏州工业园区新建一座国内管理先进、设施一流的现代化、开放式的模范食品工厂，并将“稻香村”注册商标同时转让到新公司，使“稻香村”成为发源地、历史文化和商号商标完整知识产权融为一体的老字号企业。新的企业遵循“厚道做人，地道做事，成人达己，追求卓越”的企业管理理念，使得苏州稻香村进入了一个新的发展壮大时期。

经过十年创新发展，稻香村目前已发展成拥有苏州、北京和山东三大现代化生产基地，五个全资子公司，两个控股公司的集团企业。生产基地建筑面积共十多万平方米，拥有30余条国内外先进的现代化生产线，企业员工2 000多名。糕点、月饼、面包等产品在全国除西藏、甘肃外均有销售网点，产品深受消费者喜爱，尤其是苏式月饼、桃酥、麻饼、蛋糕、蛋卷类产品销售供不应求。

稻香村非常视产品质量为品牌、企业立业之根本，首批获得国家糕点类产品质量安全生产许可证，并通过ISO9001、ISO22000质量体系及企业食品安全信用等级A级认证，从原料进厂到产品出厂经过12次严格的检验检查；拥有10万级无菌制药级空气净化、全空调GMP模范车间；生产员工到岗位要经过7次检查、除尘消毒，通过8道隔离门；车间各个工序和生产关键点实行中央监控；生产工序自检互检，品控部产品专检，生产卫生检查组巡检。

稻香村还与中国食品科学研究院、国家食品质量技术监督中心、江南大学等携手，在公司内成立了“中国糕点食品技术研发中心”“焙烤食品博士后工作站”等进行中式糕点食品的研发推广，并成为“江苏农林职业技术学院”“苏州农业职业技术学院”的实习就业基地。

2006年，苏州稻香村食品工业有限公司被评为“苏州市食品行业消费放心单位”；2007年，获得“全国糕点月饼质量安全优秀示范企业”“健康焙烤企业”荣誉称号；2008年，被评为“重合同守信用企业”；2009年，被“中国焙烤食品糖制品工业协会”评为中国焙烤食品糖制品行业百强企业。

2007年，稻香村收购中国粮油集团旗下张家港福临门大家庭食品有限公司及60家西饼店，拓展了经营业态，目前已发展为拥有100余家店面和一个新建的现代化生产中心的知名烘焙连锁企业。此外，稻香村还积极参与公益、慈善事业。

（陈钢年）

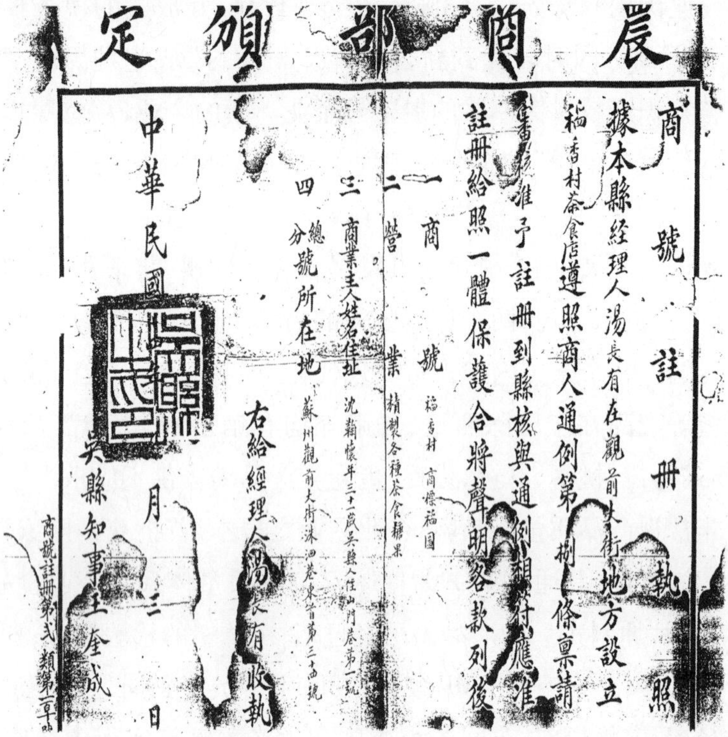

農商部頒定

商號註冊執照

據本縣經理人湯長有在觀前大街地方設立
稻香村茶食店遵照商人通例第 條稟請
准予註冊到縣核與通例相符應准
註冊給照一體保護合將聲明各款列後

一 商號 稻香村 商標福圓
二 營業 精製各種茶食糖果
三 商業主人姓名住址 沈鞠懷年三十一歲吳縣人住山門巷第一號
四 總分號所在地 蘇州觀前大街洙泗巷東首第三十西號

右給經理人湯長有收執

中華民國 年 月 日

吳縣知事王奎成

商號註冊第弍類第二 號

农商部颁发给稻香村的商号注册证

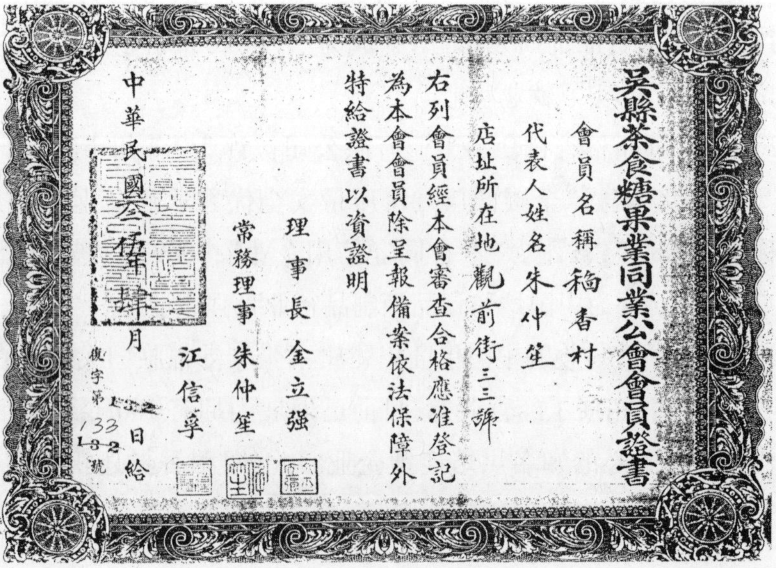

吳縣茶食糖果業同業公會會員證書

會員名稱 稻香村
代表人姓名 朱仲笙
店址所在地 觀前街三三號

右列會員經本會審查合格應准登記
為本會會員除呈報備案依法保障外
特給證書以資證明

理事長 金立强
常務理事 朱仲笙
江信孚

中華民國卅伍年肆月 日給

復字第133號

稻香村所持吴县茶食糖果业同业公会会员证

天福西瓜子的传承和创新

黄埭镇位于姑苏城北，历来交通比较通达，水路畅通，一条东西向三里长街将黄埭划成南北两岸，在以水路运输为主的时代，这是难能可贵的资源，其南联苏州城区，北通常熟虞山，东靠陆慕、蠡口，西贯梅村、荡口，水路交错，四通八达。其地处长江中下游平原，属亚热带气候。多雨、温暖、湿润、四季分明，适宜人群居住。盛产稻米，米质优良；水网纵横，水域广阔，是淡水类生物的良好生长地，是江南鱼米水乡的典型代表。古有“金黄埭，银荡口”之说，优良的地理环境和丰富的鱼米资源造就了旧时的黄埭多出地主和富商。

黄埭天福西瓜子是西瓜子类别中的一个高档次品种，整个加工流程都具有其独特性：用料非常讲究，采用手工精选的西瓜子作为原料，选取品型中等、壳薄、肉肥且糯的瓜子，要求甚为严苛。使用率只占全部瓜子的30%左右，荒年更少。带水炒制、配以植物油同炒的方法，在西瓜子制作工艺上是非常少见的。常规西瓜子的制作工艺方式是高温蒸煮后烘干或旺火急炒，常规工艺大概加工时间在25分钟左右，而黄埭西瓜子水油同炒，耗时约为50分钟。高温蒸煮后烘干工艺的缺点是生产出来的西瓜子壳软，不干脆，西瓜子仁吃起来散，没有坚果的口感。旺火急炒工艺的缺点是生产出来的西瓜子不肥美，西瓜子仁不饱满。用水配以植物油同炒的工艺生产出来的西瓜子，因为水的存在，使加工工艺形成了两段式的熟成过程。阶段一：蒸汽熟成阶段。将西瓜子洗干净，滤水下旺锅，蒸发的水蒸气蒸熟西瓜子的本体，又锁住瓜子原味不外泄。阶段二：油制熟成阶段。这个阶段的西瓜子经过超过一百摄氏度的油炒制，西瓜子仁水分蒸发后膨胀，西瓜子外形扩张，再经过一段时间的烘炒，西瓜子仁的油脂熟化完成，黄埭西瓜子特有的西瓜子仁的香味出现,至此黄埭西瓜子炒制完成。

由于采用以上独特工艺,成品后的黄埭天福西瓜籽粒粒乌光饱满,平整匀称,最重要的是保持了西瓜子本身的风味,食之肥而不腻,芳香满口,口不干,舌不烂,一咬两瓣,食后欲罢不能。

黄埭西瓜子的历史比较久远,同治七年(1869 年)由黄埭人殷福熙所创。初始名为"殷瑞记",后传给其婿吴芝纪,立"吴鼎盛"为号。在 20 世纪初叶,因当时无技术保密观念,故造成技术外泄,产生了众多竞争对手。在激烈的竞争下,于 1927 年,"吴鼎盛"融合其他商号,立"天福糖果店"为牌,并逐渐站稳脚跟,同时,迅速发展其外埠商号、分号。1927 年参加"杭州西湖博览会",并获得优胜奖,并以此契机扩展销售渠道至京、津、沪、杭等地。

清末民初,黄埭西瓜子已在上海、天津等地设有分号销售,在京、津、沪、杭等地享有盛名,作为西瓜子品种中的上档品种,历来为文人墨客所推崇。民国中期传唱至今的苏州评弹《啼笑因缘》中,依然保留有专门描述"黄埭西瓜子"特性的片段,可见其历史文化内涵的渊源。旧时苏州人称黄埭西瓜子是"白相人"吃的,用现代话说,黄埭西瓜子在旧时就成为上流社会人士茶余饭后、风流消闲时享用的高档食品。作为休闲食品的一种,黄埭西瓜子主要适合了江、浙、沪一带人群的南方口味感,具有明显的地域性。

历史的步伐不断向前挺进,"天福糖果店"的命运也跟着时代的浪潮起伏。抗战时期,全国性的战火到处蔓延,在这历史的洪流里,"天福糖果店"跟着漂荡。人们对于黄埭西瓜子的需求锐减,加上战时运输的不确定性,"天福糖果店"生产销售骤降,经常在有了订单没有货源和有货源没有订单的两难情况下经营。在这最困难的时期,"天福糖果店"只能保证最低限度的经营,经年入不敷出,门可罗雀。

随着各地解放喜讯的到来,"天福糖果店"的生意也开始慢慢好了起来,每个坚持的人都开始尝到胜利的果实。"天福糖果店"开始进入新一轮的发展时期,重新梳理供应关系,整理生产资料,调整生产结构,凭借之前在京、津、沪、杭一带享有的声名,开始稳步发展。

1956 年 1 月,在全国性的"公私合营"高潮中,"天福糖果店"连同其工场一起归入黄埭供销社,起名为"黄埭供销社天福糕饼加工场"。随着销售量的提高,"天福糕饼加工场"进一步加大了工业化的生产。伴随着全国大炼钢的火焰,“天福糕饼加工场”在1966年暂停生产。命运总会给坚持的人笑脸,“天福糕饼加工场”终于在1976年复产,更名为“吴县黄埭供销社天福食品厂”,万废待兴的时代,每个勤劳的人都开始忙碌起来。“吴县黄埭供销社天福食品厂”生产销售开始重新起步。后吴县撤县建市,更名为“吴县市黄埭供销社天福食品厂”。2001年2月,吴县市并入苏州市,设相城区,厂名即定为现行厂名“苏州市相城区黄埭天福食品厂”,专职于生产“天福牌”黄埭西瓜子。

黄埭天福西瓜子的起源、发展、传承,体现着特定历史下的特定地域那些特定的味道。从同治年间创立至今,其工艺制作中由简至细,直至精益求精的敬业精神,是该工艺能恒久流传的根本。作为一种消闲食品,在历史的发展过程中,旧时被上流社会人士所推崇、所热衷,现在为广大普通阶层人士所欢迎、所称道,成为苏州市名牌产品、黄埭知名土特产,成为当地机关、团体和寻常百姓用来招待宾客、馈赠亲友的伴手礼品,它隐含了深厚的历史与文化内涵,又适应了民生的普遍要求。

但是随着商品流通经济大潮的到来,“天福牌黄埭西瓜子”也面临着新的问题:成本过高、口味过于地方化。成本过高的最主要原因是传统加工工艺采用纯手工方式,选取品型中等、壳薄、肉肥且糯的瓜子,结果造成可使用量只占总采购量的30%,剩下的70%只能当次级原料卖给其他厂家(远低于原采购单价),造成资金占用率高,空置率高,推高原料成本。推高的成本里,人工又占到60%以上。经营者一直在寻找可以替代人工劳作的机械方式,曾经和苏州大学进行过西瓜子精捡项目合作,经过近一年半的研发,最终没有找到好的方法。剩下的推高的成本只能以集中、直接面对农民的收购方式进行降低,目前已实行了8年向新疆种植户直接采购,成本降低8%左右,但是还是杯水车薪,改变不了加工成本过高的现状。口味地方化这是一种特色,但是江南特有的喜好甜味的习惯,与市场上对瓜子都是咸味的认识这一矛盾冲突,导致对黄埭西瓜子的接受只存在于江南地区。加上目前市场上西瓜子口味又偏于一致,没有特色,造成“不换口味走不出去,换了口味卖不出去”的困局。如今,黄埭天福西瓜子正努力找寻着发展的方向和方法,相信最终能找到一个合适的办法实现传承和发展的目的。

(金　昕)

采芝斋的历史发展与品牌文化

一、采芝斋的起源

清同治九年(1870 年),有个河南人金荫芝,以 500 个铜板购置了熬糖炉子、小铜锅、青石台、剪刀等简陋的工具和少量糖果原辅料,在观前街 73 号原吴世兴茶叶店门口设摊卖糖,没有正式招牌,只是在摊位上搁一块"家住玄都东洙泗巷口小糖摊"的牌子,当众熬糖、剪糖、卖糖,当时糖的形式是小方形的。有一年的端午节,金荫芝看到街上小儿把几个粽子插在筷子上,蘸着糖,一串串地边走边吃,忽有启发,就把小方糖用剪刀剪成粽子一样,串起来卖,五只一串,果然生意见好,就把这种糖称为"粽子糖"。其制糖工艺,传说来源于《吴门表隐》所载明末的制糖高手谢云山(金荫芝妻),又传为云山之后,故该糖就称"谢家糖"。粽子糖一文二只,味美价廉,深受顾客欢迎,但每到夏天,生意清淡,粽子糖也不易保存,故要歇夏停摊,这时就增加生产炒货,以补空档。

金荫芝夫妻,日复一日,摆摊卖糖,和气生财,特别是与隔壁 72 号一爿古董店老板十分友好。光绪十年(1884 年),古董店老板夫妇因年老无嗣,要回宁波故乡安度晚年,愿将那一开间的店面租赁权转让给金荫芝,而金荫芝经过十多年的经营,这时也积累了一些资本,故就接手了这爿古董店。金荫芝弃摊进店,如鱼得水,除自产自销糖果、炒货外,又增加了蜜饯,营业日盛。但这时商店仍无正式牌号,来观前街购物的顾客,只知此处原来是一爿叫"采芝斋"的古董店,故仍顺口互相传呼:到采芝斋买糖去。金荫芝觉得"采芝斋"三字不错,其中"芝"字又和自己名字相应,也就顺水推舟,把店招正式定为"采芝斋"。不久,隔壁王舜卿齿科诊所迁走，金荫芝抓住机遇，又将店面扩大为二开间的中型商店，采芝斋糖果店才算正式初具规模，这就是现在观前街稻香村的店址。

二、采芝斋的沿革

清朝光绪年间，苏州已成为江南政治、经济、文化中心，专为清王朝采购锦缎、土特产的织造局，就设在苏州。得此地利，采芝斋也日趋兴旺。有一年，慈禧太后有病，经宫内太医久治无效，苏州织造局特选派擅长中医内科的名医曹沧州进京为太后诊脉。曹除开列处方外，并将随身携带的采芝斋糖果贡奉慈禧助药，后病情好转。慈禧吃了苏州的这种糖果后，觉得比北京的果汁糖甜，而且鲜洁、爽口，便问曹沧州是什么糖，曹逐一介绍说，这是贝母糖，含川贝成分，有药理功效，那是粽子糖，吃了能得儿子。慈禧没有儿子，听了非常高兴，当即授旨，把采芝斋糖果列为贡糖。金荫芝得此消息，大喜过望，郑重其事地做了一块四周雕有龙形黑底金字的“贡糖”牌子，挂在店门口，又在红色招牌纸、包装袋上都印上“贡糖”二个醒目大字，大肆宣传。“采芝斋的秘制贡糖，治愈太后毛病”的神奇说法，也就一传十，十传百，采芝斋糖果从此声名鹊起。

采芝斋挂出“贡糖”牌子后，声誉越来越好。金荫芝趁势在产品宣传上大做文章，他专门请画家绘制“采芝图”商标。据说金荫芝平日好穿道服，结交玄妙观道士，相信“采药炼丹”“长生不老”等传说，故人们戏称他为“老道士”。画家迎合他的意思，就在“采芝图”图案中画上2个类似道士的老寿星，双双手持龙头杖，并肩上山采药，一个篮中盛放灵芝仙草，另一个肩挂葫芦，暗示内装灵丹妙药，寓意采芝斋的糖果、蜜饯有药理功效，常食能健康长寿，这与“秘制贡糖”“治愈慈禧太后毛病”的传说互相配合，叫响苏州城，老少咸知，采芝斋又有了“半爿药材店”的说法。采芝斋糖果店的兴旺发达，带动了周边几家糖果店，经过大家不断的研究、改进和开发，糖果逐渐变成富有民族和地方特色的“帮式”，这就是苏帮式糖果行业的形成。光绪三十三年(1907年)，苏州糖食(果)公所创建时，金荫芝被推选为职监，采芝斋糖果店从此执苏式糖果之牛耳，苏式糖果是中式传统糖果的代表，采芝斋和苏式糖果成了不可分割的一个整体。

商店重在门面的堂皇，金荫芝撤下古董店小而旧的“采芝斋”三个字后，重金聘请名噪一时的进士费念慈重新书写“采芝斋”三个大字，用银杏木制成金叶面的金字招牌，高悬店额，后又请名流沈玉熙再写一块横匾，挂在家中，一时繁华的苏州观前街上,“采芝斋”“贡糖”两块大金字招牌熠熠生辉,引来无数市民游客驻足观看,争相购买,采芝斋苏式糖果从此闻名遐迩。

三、采芝斋的发展

新中国成立后的采芝斋,生产上所需的粮、油、糖等原辅料逐步开始由国家按计划供应,产品除部分自产自销外,其余均由烟糖公司负责包销,也逐步改善了生产条件,翻建和扩大了生产车间,增添了机器设备,开展了技术革新,商店得到发展,营业额和利润逐年上升。

1956 年 1 月公私合营,采芝斋走上了社会主义道路。合营后,采芝斋由公方代表任商店主任,店主金培元担任副主任,商店先后曾划归苏州市百货公司及市烟糖公司领导。

“十年动乱”结束,实行改革开放后,“红旗”仍归采芝斋,金字招牌再现观前街,前店后坊的经营特色又恢复了。1978 年,国家领导人李先念陪同墨西哥总统来我国访问,在苏州吃了采芝斋的软松糖,赞不绝口。苏式糖果又重新进入各地市场,受到消费者欢迎。1983 年,采芝斋的苏式糖果荣获江苏省商业厅名特优食品证书。1984 年松仁软糖(软松糖)荣获江苏省优质食品证书。

1999 年年底,采芝斋改制为责任有限公司。2000 年元旦,采芝斋苏式糖果厂正式更名为采芝斋食品有限公司。在公司成立后的几年,虽然先受观前街进行二期工程改造,后遭前所未有的“非典”肆虐等不利因素的影响,但都闯过了难关,而且变不利因素为有利因素,利用观前街改造,进一步改造了一楼商场。

2003 年,采芝斋为了进一步适应市场经济发展,对企业进行了第二次改制,国有股全部退出,职工身份也彻底改变,企业按《公司法》和《公司章程》的要求实行经营和管理。进行市场化操作后的采芝斋,更加注重产品质量和营销服务。2005 年 5 月,采芝斋在苏州工业园区购地 30 亩,2007 年 1 月中旬,新建的18 000 平方米厂房的生产基地竣工,百年老店终于告别了前店后坊模式,迈入真正现代化的生产经营模式。2007 年 8 月底,采芝斋突破传统销售模式,通过现代化网络淘宝、天猫等交易平台,建立了苏州老字号第一家网上商店,2013 年采芝斋网上商店销售额近 300 万元,不仅创造了良好的经济效益,而且为全国各地的消费者做好了服务工作,宣传了企业,提高了知名度。同时,采芝斋大力发展连锁经营模式,除在整个苏州大市范围内开出了 55 家连锁加盟店外,产品还进入各大卖场、超市。2008年至2010年期间，在上海、北京举办的几届中华老字号博览会，采芝斋积极参加，受到追捧，并获得“最受消费者欢迎的中华老字号”称号。2009年，采芝斋苏式糖果制作技艺被江苏省人民政府列入江苏省非物质文化遗产名录。

四、采芝斋的品牌文化

在140多年的发展历史中，苏州采芝斋不仅依靠自己产品的质量和特色立足，而且注重自己的企业文化建设。

新中国成立前，采芝斋除了产品有自己的特色外，在经营和服务上也有不少值得称道的地方。一是前店后坊，以销定产。生产工场的负责人，每天开工前，要先到店堂和仓库查看存货情况，看看缺什么，再决定补什么，以销定产，自产自销，多品种小批量，季节分明，少了中间环节，产品新鲜卫生，有时还卖来不及冷却的糖果瓜子，很受欢迎。有时生产工场的负责人还上柜台帮助营业，主要是听取顾客意见，及时改进产品质量。二是每天开门营业前半小时，营业员都要集中搞卫生，重新布置出样。样品瓶内隔夜商品一律要倒出来，揩净瓶子，换满新鲜商品，货架上要整齐排满当天销售的货物。顾客上门，笑脸相迎，请顾客先尝后买，当好参谋，顾客买得多，大包小包一大堆，就再用牛皮纸帮他们扎成一个大包，以便顾客携带。顾客临走时，还奉送一两包小包装瓜子、糖果，让顾客高兴而来，满意而去，留下一个好印象。在做好本店生意的同时，还热情帮助顾客代购其他店的商品，介绍园林名胜，代叫车辆，指点旅店住宿和到松鹤楼用餐。还可来信函购，代办邮寄。至于电话订购，更是随叫随送。三是在产品包装上，他们也动足脑筋，比如一角一包的九制陈皮，模仿中药包装销售，当时吃中药的人一般都到采芝斋去买一包，待吃药后过口，解除药的苦味，又爽口，很受欢迎。

新中国成立后，随着社会的不断发展，采芝斋在企业品牌文化方面做了以下工作：

(1) 在店门口高悬“采芝斋”三个古拙苍遒的大字，两旁是“同治始创”“百年老店”，店堂正门由文化老人谢孝思书写的“采万物灵芝，溶百年珍味”楹联，黑底金字，一派富丽堂皇。他们又自己动手，根据商场需要布局，设计成五开间三大进的园林风格的店堂，古朴典雅，悬挂名人字画，更显苏州地方特色，营业面积也比原来增加了一倍。营业员统一头戴方巾，身着江南水乡服装，使顾客犹如进入苏州园林休闲购物,在观前街上成了一道靓丽的风景。采芝斋店堂在观前改造期间重新装修门面的基础上,又在二楼开设采芝斋茶楼。茶楼环境优雅,与一楼销售苏式茶食的门市互相配合,互相衬托,给顾客提供了一个购物休闲的舒适场所,同时还接待了不少名人雅士和贵宾政要。新加坡前总统王鼎昌、日本富士胶卷总裁大西实等均先后光临过,特别是新加坡内阁资政李光耀夫人还多次光临。

(2) 保持传统,代办邮购。上海一位80多岁的老人江云珊,一次就邮购了840克贝母贡糖,之后还经常来电话要求邮购果酥等食品。广东顺德的欧国永有一年随旅游团来到苏州,尝到了采芝斋食品后,竟"一见钟情",之后几乎一个月就会寄一次钱来邮购采芝斋的食品。寄了几次之后,引起邮局工作人员的注意,邮局工作人员了解情况后,也来了兴趣,加入到邮购的行列。现在采芝斋经常有北京、宁波、广州、重庆和郑州等外地寄来的一叠叠邮购订单。

(3) 采芝斋注重将产品包装与苏州历史文化和企业文化相结合。采芝斋突破传统的新产品松子喜糖推出上市,它的包装既有低档袋装,也有后来发展成的三角形、六角形高档纸盒包装,在包装袋上印有"同治始创,百年老店"和"采芝图",并印贺诗一首:"松子万年代代传,芝麻开花节节高。花生落地长生果,核桃和合百年好。"因为其新颖的名称、丰富的口味和与众不同的文化品位,引起市场轰动。贝母贡糖的包装更有特色,在金黄色的外包装袋上印上了慈禧的头像及贡糖来历的说明文字,极有号召力和想象力,使顾客在品尝滋味时,既感到有利于身体健康,又获得了历史文化的熏陶,得到物质和精神上的双重满足。

(4) 近年来,采芝斋根据市场的需求,将自产的各式精选产品有机组合成礼盒系列。食品礼盒的包装大多采用象征苏州传统特色文化的苏州丝绸、苏州工艺元素等进行设计,典雅美观,极富有文化品味。2013年与苏州桃花坞木刻年画博物馆合作,用苏州桃花坞木刻年画的"福"字,做成礼盒外包装,使濒临失传的苏州木刻年画通过采芝斋礼盒产品这个平台,走进千家万户,让更多的老百姓了解苏州桃花坞木刻年画。同时,根据一年四季产品特色,采芝斋请苏州著名的评弹名家用富有苏州特色的国家文化遗产——苏州评弹在电台广播进行产品宣传。

(储敏慧、平　煜)

采芝斋观前街门店

太仓牌肉松的百年传承

肉松,1874 年由民间高厨倪德(字鸿顺,江苏常熟支塘人,1829—1891 年)发明于太仓。故提及肉松,自古至今,以太仓肉松最为驰名,尤以倪鸿顺肉松最为正宗。1876 年倪德在太仓州府所在地武陵街昭忠祠堂旁开设字号为“倪鸿顺”的肉松店铺。清代史料《太仓州志》卷三风土(风俗、节候方言物产)篇中对太仓肉松已有记载:“肉松制法创于倪德,以猪、鸡、鱼、虾肉为之。德死,其妻继之。味绝佳,可久贮。远近争购,他人效之弗及也。”

倪鸿顺肉松店成立之初,仅以倪氏前店后坊夫妻老婆店传统经营模式生产、经营。五更早市至宰场采购新鲜猪瘦肉,日出而作,日落而息,现炒现卖。因肉松加工选料分割、煮、焖、炒、搓等,工艺繁琐且纯手工制作,店铺肉松日产量仅为几斤而已,销售对象主要为社会名流、达官贵人,一般为喜宴或礼尚往来而定制,普通百姓即使有钱想尝鲜也无缘购买。因太仓肉松市场需求不断扩大及其美誉度不断提升,聪明的倪德抓住商机弃厨从商,扩大太仓肉松生产规模。经多年积累,在原夫妻老婆店基础上,倪氏家族参与经营,清末民初至太仓肉松第二代传承人倪德之妻经营时倪鸿顺肉松店铺已初具规模。经留存倪鸿顺肉松店老照片可以看出,当时经营门面已达到两楼四开间,鹤立鸡群于武陵老街。民国四年(1915 年),倪鸿顺肉松店生产的太仓肉松与国内贵州茅台、泸州老窖等民间名品漂洋过海,参加在美国旧金山举办的巴拿马国际食品博览会,并一举夺得甲级大奖。民国十四年(1925 年),太仓肉松参加江苏省地方食品博览会并荣获金奖,太仓肉松一时声名鹊起,享誉海内外,尝太仓肉松美食成为消费者身份的象征。太仓肉松由此成为真正意义上的太仓著名特产,乃至中国著名特产。

倪鸿顺肉松店铺制作太仓肉松,自店铺开张直至新中国成立后1956年公私合营前夕,一直以倪氏家族前店后坊、现炒现卖作业方式生产经营。由于其肉松制作全面继承吴地美食文化精华,且循行"货真价实,童叟无欺"诚信经营祖训,历来门庭若市,生意兴隆。1956—1958年,倪鸿顺肉松店铺完成公私合营社会主义改造。1958年经太仓县人民委员会批准,公私合营倪鸿顺肉松店铺并入地方国营太仓食品加工厂(成立肉松车间);1980年县商业局将肉松车间划归成立太仓县食品公司肉松厂,1984年3月升级成立国营太仓肉松厂,隶属县商业局直属领导。2000年7月经太仓市经济体制改革委员会批准转制成立太仓肉松食品有限公司。由上传脉,正宗太仓肉松传承人——"中华老字号"太仓肉松食品有限公司,其前身正是正宗太仓肉松创始者——倪鸿顺肉松店铺。历经百余年,不同时代,其始终雄踞肉松业内生产经营龙头老大,且百年传承长盛不衰,堪称业界百年传奇!

新中国成立前夕,太仓肉松产业发展停滞不前。此时太仓肉松产业已由肉松第三代传承人倪德孙女掌门。在此民不聊生的时代,太仓肉松受环境束缚,和其他行业一样,仅惨淡经营,勉强维持产业生存。1949年10月1日,伴随着中华人民共和国诞生,党的民族工业保护、引导、扶持政策给太仓肉松产业带来了一丝前所未有的光明,而民生逐步改善也给老字号带来了前所未有的生机。尤以1956年倪鸿顺肉松店以其全部资产包括其店招和技艺(相当于知识产权)进行公私合营社会主义劳动改造最为显著。在那百废待举、百业待兴的年代,倪氏家族及被雇员工,工作热情高涨,潜心归纳总结已日趋成熟的肉松生产技艺。生产原料鲜猪肉享有政府计划调拨,成品肉松由政府统筹回购,生产规模不断扩大,年产量达到1 000千克,但仍满足不了诸多消费者需求。在那食品特别匮乏的年代,太仓肉松与诸多老字号产品一样,供需矛盾十分突出。如何将名扬四海的太仓肉松扩大再生产,当时作为一项重大政治任务摆在时任太仓县人民委员会领导面前。1958年8月2日,经太仓县人民委员充分研究决定,公私合营倪鸿顺肉松店并入国营太仓食品加工厂成立肉松车间。倪鸿顺肉松店铺自开店之日历经夫妻老婆前店后坊、家族经营前店后坊、公私合营前店后坊,生产经营模式转变为生产车间与销售领域分离,传统前店后坊、现炒现卖经营模式从此结束,为日后规模型生产、经营太仓肉松奠定了基础。

1958年,倪鸿顺肉松店铺并入地方国营太仓食品加工厂成立肉松车间,太仓肉松生产传承仍由肉松第三代传承人倪德孙女掌门。比较以前前店后坊作业方式,首先在肉松生产设施改进上得到了重大突破,由原来木炭小锅炒制改为优煤大锅炒制,太仓肉松质量与产量得到了一定程度提升。其次,在传承人培育上同样得到突破。当时太仓县商业局在全系统范围内遴选年轻、有知识、有抱负、在餐饮界有一定基础的多名有志青年调入食品厂肉松车间,拜掌门为师,潜心整理、拓展太仓肉松制作技艺(现任肉松传承人唐孝耆就是此阶段进入肉松生产加工领域的代表)。此阶段太仓肉松生产质量得到充分提高,一度是太仓肉松传人们的骄傲。

同其他民族工业一样,正当太仓肉松有序推进、健康发展之时,一场"红色风暴"人间灾难席卷全国,"文革"开始了。太仓肉松难逃厄运,其传承受到了前所未有的冲击。其高档优质产品被视为资产阶级生活糜烂奢侈之物予以取缔,其科学规范、历经半个世纪的神秘制作工艺被视为封建迷信被予以革命,时任掌门人更被称为剥削阶级资产家黑后代予以批斗反省……生产力遭受前所未有的破坏,至70年代初期,太仓肉松这一苏食文化近百年的智慧沉淀,面临被人祸所淹没的险境。

伴随着一代伟人复出及工业经济"调整、改革、整顿、提高"方针出台,太仓肉松这一近百年传承的苏食文化经典迎来了自诞生以来又一发展关键时期。由"文革"人为破坏的社会秩序得到逐步纠正,人民生活水平进一步提高,迫切需要传统美味食品得到弘扬发展。此时,以现代肉松传承人唐孝耆为代表的一批肉松传人有理想、有抱负,在接手前辈遗留手工技艺的同时,注重技术革新,土法上马,相继研制括板式电热炒松机、电动擦松机等肉松加工专用设备,用以替代传统人工土灶翻炒、人工竹编搓擦。不仅减轻了工人劳动强度,改善了肉松传统加工环境,更为主要的是太仓肉松产量和质量得到进一步提高。至70年代末期,太仓肉松年产量突破5 000千克。1980年,为使太仓肉松得到更好发展,当时主管局经请示太仓县计划委员会,同意将地方国营太仓食品加工厂肉松车间归并为太仓食品公司,成立太仓县食品公司肉松厂,现任肉松传承人唐孝耆提任肉松车间主任,太仓肉松工业化发展的雏形至此初步形成。1978年党的十一届三中全会提出以经济建设为中心,改革开放政策及社会主义市场经济秩序建立,这不光是新中国经济发展的里程碑,民族工业太仓肉松同样迎来了快速发展的艳阳天。1981年,经省市政府郑重考察,严格筛选,江苏省食品总公司财政拨款

40 万元,用于太仓肉松老字号品牌发展改造,立项建造 1 440 平方米、年产肉松百吨级肉松车间,并引进配套设施。1983 年,太仓食品公司肉松厂正式向国家工商总局提交"太仓牌"商标注册申请并获得通过。1984 年在县食品公司肉松厂基础上,正式成立国营太仓肉松厂。太仓肉松工业化生产经营远航由此启程。

太仓肉松加工技艺至此虽已日趋成熟,但因其手工工序居多,操作过程烦琐,生产周期较长,检测手段落后,产能低下,面对市场供不应求。如何将高品质、高产量的优质食品奉献于市场,发展中新的矛盾摆在时任肉松厂副厂长、肉松掌门人唐孝耆等传承人面前。经走访食品业内资深传承人及相关食品的专家,结合太仓肉松的特性,唐孝耆等人组建太仓肉松技艺攻关领导小组,围绕提高肉松品质,在确保传统肉松口感营养的前提下,以适当延长肉松保质期,加强产品科技检测手段为攻关重点;围绕提高肉松产量,在确保保持传统加工工艺的前提下,以融入时代科技、改进生产设备、用工业机械加工代替传统手工制作为攻关重点,寻求突破。四年努力,通过控制传统肉松水分与油脂含量,引用现代检测手段进行监视监测,太仓肉松保质期由初创时不超过一周、20 世纪 70 年代不超过 3 个月,到现在不低于 10 个月,取得了重大成功。生产设备方面,由蒸汽双层釜代替原有土灶,远红外滚筒式炒松机代替产能低下的电热刮板式炒松机,旋转式擦松机代替传统竹匾手工搓松,不光解决了传统手工操作劳动强度大、产能低的问题,而且从根本上做到节能环保,加工过程清洁,实现高产量与高品质和谐统一。至 20 世纪 90 年代初,太仓肉松年产量突破 400 吨,为历史最高。

得益于改革开放政策不断推进及社会主义市场经济体制日趋成熟,经太仓市经济体制改革委员会批准,国营太仓肉松厂于 2000 年 7 月转制为现太仓肉松食品有限公司。2002 年公司与浙江壁鹤食品有限公司共同投资,在河南省鹤壁市淇县组建天盛食品有限公司,作为太仓肉松专业生产基地。2003 年 3 月,公司在太仓经济开发区置地 2 万平方米新建太仓肉松生产工厂,新工厂环境草木葱茏、鸟语花香,生产区域更是按 GMP(药品生产质量管理规范)标准空气净化设计,管理上引进 ISO9001 和 ISO22000 食品安全管理体系,并在行业内首家获得通过。通过建立地区经销商,借助商超连锁、专卖店、电子商务,太仓肉松市场覆盖率大大提高,经销网络遍及全国各地。至此,太仓肉松完成了由手工作坊生产前店后坊模式,经公私合营、划转归并、国营、股份制转制,逐步走向现代工业规模化大生产、市场化运作的嬗变。

百年沧桑,斗转星移,太仓肉松伴随时代变迁,其经营实体在变,掌门人(传承人)在变,制作工具(设备)在变,市场在变,但其“选料精致、配方精细、制作精湛、管理精益”的管理理念未变,“货真价实、童叟无欺”的诚信经营德道未变,“与时俱进,持续创新”的品牌培育、守护理念未变,代代相传。这也就是太仓肉松历经百年长盛不衰的真谛所在,也是太仓牌肉松百年品牌建立、发展、成熟的最好诠释。

和所有老字号传承一样,“好产品来源于好原料”至今仍是业内共识。太仓肉松自创始之清代,历经民国、新中国成立至1956年公私合营前夕,其主料鲜猪腿肉均由历代传承人五更鸡鸣赴有约宰场精心挑选当天屠宰鲜肉,尤以江南太湖猪梅山系列为最佳,其皮薄、肉质鲜美、细嫩多汁、瘦肉纤维纹理清晰、韧性柔中带刚,为肉松制作首选原料。1956年公私合营至1979年,主料仍以太湖梅山猪肉为主,由地方政府交由食品公司食品站有计划供应。1980年以后至2002年,太仓肉松生产基地河南天盛食品有限公司投产,生猪由国家级无公害养殖场供应,鲜猪肉由厂方自宰自给。经肉松经营者选料分割、至鲜肉投锅加工肉松,时差不超过4个小时,此道工艺要求至今仍然保留,以充分保留猪肉鲜美及纯正肉香味。肉松制作辅料均选自天然精制产品,如酱油、黄酒历代选用自然酿造产品,香辛料至今仍选用天然丁香、肉桂等,无任何食品添加剂。

太仓牌肉松创牌之后,在太仓乃至江浙沪长江三角洲地区,一度有“无松不成宴”之称。作为一代名产,太仓肉松不仅成为民间礼尚往来首选礼品,更传作为江南贡品之一呈送宫中,备受慈禧太后、光绪皇帝褒奖,被誉为“中国食品一绝”。尤以1915年巴拿马国际食品博览会甲级奖章的获得,更使太仓肉松名扬海内外。太仓肉松精选上等鲜猪腿瘦肉,经过选料、焖煮、烘炒、搓擦、精拣等苏食文化独特加工工艺,并以祖传秘方精心加工而成,其色呈金黄色,形如絮状,甜咸适中,肉香纯正且蛋白质含量高,营养全面,无愧为苏食文化经典之作。2007年、2009年、2011年太仓肉松独特制作工艺先后被认定为太仓市、苏州市、江苏省非物质文化遗产。

太仓牌肉松始创于清代,扬名于民国,与时俱进、快速发展于现代,尤以改革开放以来尤为显著。继民国4年(1915年)获得美国旧金山巴拿马食品博览会甲级奖,民国14年(1925年)获得江苏省地方产品博览会金奖之后,1982年获江苏省经委授予的“江苏省优质食品”称号,1984、1988年获国家商业部授予的“优质食品”称号,1992年至今“太仓牌”商标由省工商局认定为省著名商标,2007年至今由省名牌战略推进中心认定为“江苏省名牌”产品,2008年至今“太仓牌”商标被国家工商总局认定为“中国驰名商标”,2010年5月由上海世博局批准为

2010 年上海世博会特许生产商，同年 8 月由国家商务部认定为“中华老字号”企业，2011 年太仓肉松制作工艺被省文化厅认定为省非物质文化遗产。荣誉的获得，与其说是太仓肉松百年品牌含金量的提升，不如说是历代社会公众对太仓肉松百年传承、几代人心血与情感积淀的肯定。

聚世纪智慧，成就苏食文化美食经典，塑至尊品质，铸就鱼米之乡百年品牌。现代太仓肉松人在弘扬百年传承的同时，以创新求发展，使百年传承再创世纪辉煌。

（吴明其）

1958 年以前公私合营、私营“倪鸿顺肉松店”旧址

中华老字号证书（太仓牌肉松）

万福兴糕团的传承与发展

一、万福兴的历史由来

万福兴糕团店创建于清宣统三年(1911 年)正月。当初由江阴人士宋之芳选址东中市都亭桥堍,始创万福兴糕团店。宋氏经营两代之后,于 20 世纪 30 年代初转给江仁吉。新中国成立初,因社会主义对个体私营工商业的改造,万福兴收为国有,实行公私合营。2000 年 5 月 9 日,成立苏州市平江区饮食服务公司万福兴糕团店,经济性质为全民所有制,资金数额 0.8 万元,后经苏州市平江区发展计划局平改【2002】59 号《关于同意苏州市平江区饮食服务公司万福兴糕团店转制的批复》,于 2003 年 5 月 15 日成立苏州市平江区万福兴糕团店,组成形式为个体经营,后因成立分店的需求,于 2003 年 11 月 11 日成立个人独资企业苏州市平江区万福兴糕团店,后再次因企业发展的需要,于 2006 年 4 月 30 日成立了现在的苏州万福兴糕团食品有限公司,主要从事食品制售(干点、湿点、面食、糕团)。存放在万福兴店堂里的三只斗糕模具,是开店之初所用工具,至今已有 103 年历史。据考证,此三只斗糕模具,是苏州苏式糕团仅存于世的“孤品”,现万福兴视作镇店之宝。

二、万福兴的经营模式

万福兴是典型的前店后坊型企业。从创办之初发展至今,100 多年的时间,虽然企业发展规模在不断地扩大,但一直是延续这样的做法,这也正是它能成为中华老字号,独具特色的地方。万福兴的经营模式主要有三个特点:

一是制作食材质量、品质有保证。万福兴糕团的制作原料主要有糯米、粳米、糖、核桃仁、松子肉、西瓜子、青梅干、猪油、芝麻、藕莲等几十种原料。为了保证糕团的口感和独特的品质，原料产地的选择，“万福兴”有自己独特的地方，比较讲究，对原料的选择主要固定在：糯米、粳米来自江苏射阳，糖来自广西，核桃仁来自贵州，松子来自东北，西瓜子来自新疆，青梅干来自苏州西山，芝麻来自安徽，藕莲来自湖南浏阳。这样做的缘由，据苏州万福兴食品有限公司的法定代表颜根荣介绍，是因为当地的品种优良，适合做糕团，尤其是做糕团的主要原料糯米和粳米，很多人都认为东北的黑土地出产的大米做饭好吃，但做糕团，就没有苏北射阳的米来得好，糯米比较糯，且加工成米粉比较容易。

二是制作工艺有保证。“万福兴”糕团的工艺主要出自一代又一代的作坊师傅，有一套严格的制作流程。仅从米粉的制作流程看，就非同一般。首先是大米（按糯米、粳米 2∶1 比例量取）量的选择，不能太多，也不能太少。万福兴的规矩是当日的米粉只提供当日糕团制作，如米量取多了，米粉就会多，自然糕团就会多，糕团做多了当日卖不掉，就容易造成浪费，太少又满足不了消费者的消费需求。其次，是米的淘洗、浸泡和晾晒。春、夏、秋三个季节用淘箩洗、泡 15 分钟，冬季 20 分钟，然后捞起铺在不锈钢桶内，每隔一小时进行一次人工洒水，也就是苏式糕团制作过程中的“潮粉”工艺，即在磨粉前洒水湿润的工序。该工序早就被不少糕团店当作“多此一举”的烦琐工艺而省却了，但万福兴至今仍坚持着，因为这道工序对于所做糕团的色泽滋润感、吃口糯韧感有着非常大的影响。最后，在“潮粉”工序所潮之米米心刚好渗透时，进行磨粉工序，一般以磨出的米粉抓到手里捏成团，张开手后米粉自然散开为最佳状态。

三是销售的便利和及时性有保证。制作的糕团，万福兴能做到现做现卖，与现在的连锁店相比，省却了一个中间的流通环节，这不仅省去了中间的流通费用，降低了商品销售成本，也为消费者能及时获得现做的糕团、品尝到新鲜的口感赢得了时间，实现了经营者与消费者的双赢。

三、万福兴的经营现状

万福兴从 1911 年创办至今，没有中断过一天的营业，而且始终保持着“前店后坊”的老店格局，不仅如此，直到现在仍然坚持以传统工艺手工制作糕团，一招一式一点不马虎。正因为不离不弃的坚持，万福兴赢得了市场，赢得了消费者的认同,社会知名度有了很大的提升。

1. 经营规模有所扩大

通过100多年的经营发展,万福兴的规模已经由原来的东中市唯一的一家门店,扩展为现在的齐门店(2003年成立)、桐泾北路店(2007年成立)、平川店(2014年成立)和东中市4家直营店。为打开销路,使自身的产品能覆盖整个苏州老城区,从2008年开始,还陆续在苏州的菜市场、超市等人员密集、流动性大的场所增设了胥江、盘溪、苏苑、里河、娄门、双塔、东港、三元、辛庄、苏锦、山塘、三多巷、竹辉、姑胥苑、香城花园、友联16个直销点。

2. 经营品种范围有所拓展

万福兴经营品种范围的拓展主要体现在糕团品种更加丰富多样。目前万福兴应市的糕团就有50多种。除了常年供应的松糕、蜜糕、条头糕、猪油糕、团子等外,还有随时节变换上柜的应时糕团,如早春二月有撑腰糕,清明时节有青团子,四月十四有神仙糕,暮春初夏有大方糕,大伏暑天有炒肉馅团子,九月初九有重阳糕,冬至时节有南瓜团子,年终岁初有糖年糕和猪油年糕等。除了糕团外,万福兴还增设了餐馆,主要从事面食小吃服务。

3. 员工队伍及经营额有了较大的提升

员工由一开始以家庭作坊为主要形式的3~5人,到新中国成立后的公私合营十几人到二十几人不等,再到现在的苏州万福兴糕团食品有限公司140余人。营业额也由政府2003年改制前的每年100多万元发展到现在的3 000多万元。

四、万福兴的发展展望

1. 进一步拓展万福兴的发展空间,不断增强其竞争实力

万福兴自创业之初一直信奉"万福送万家,万家祈万福"的信念,尊崇"踏实、拼搏、责任"的企业精神,秉承严谨细致的制作糕团的工艺流程,取得了一个又一个辉煌的成绩。其中有影响力的成绩有:2006年4月经中国商业联合会中华老字号工作委员会审核,被批准为"中华老字号"会员单位;2009年2月,在由中国商业联合会中华老字号工作委员会主办的市场调查活动中,经消费者评选,获评"2007—2008北京稻香村杯消费者喜爱的中国老字号品牌",同时经该工作委员会评审为"中国改革开放30年中华老字号传承创新优秀企业";2009年5月,参加第五届中国粽子文化节全国粽子(糕团)技艺大赛,其制作的参赛作品

“艺术糕团——寿桃”被中国食品工业协会粽子行业委员会评为著名糕团产品；2010年6月，被苏州市人民政府评定为苏州市知名字号。站在新的历史起点，发挥自身现有优势，更进一步发挥万福兴在中国乃至世界的影响力，万福兴品牌的承接人需要做的工作还很多。

一是要不断拓展实体店空间。在中国各大城市乃至国外知名城市设点，让更多的人实实在在感受到万福兴糕团的美味，不断扩大万福兴品牌的影响力，真正实现万福兴创始人宋之芳先生“万福送万家，万家祈万福”的意愿。目前，万福兴的制售网点还比较局限，仅在苏州古城区，其他地区基本还是空白，万福兴品牌产品发展的空间还很大。

二是要抓好制作糕团技术人员的选拔和培养工作。糕团工艺技术是企业的生命，抓好糕团制作工艺，保证产品质量，人才是关键。在人才的选拔和培养上，结合当前万福兴的人才现状，主要应做好三个方面的工作。首先，要选好人。吃苦耐劳、勇于坚持是所需人才的首要条件，也是主要条件。其次，要营造拴心留人的环境，如提高工资待遇、改善劳动条件、增设特殊岗位津贴等，使能干、想干的人才心甘情愿地留下来，为企业服务。第三，要搞好传帮带。通过建立培训基地、岗位练兵、开设新制售点独立开展工作等途径，为企业不断提供技术支撑。

三是要疏通制作原料的渠道。原料是产品质量和品质的前提和基础。解决原料问题的最好办法是能做到点对点的保障，如企业可以根据自身产品所需的原料清单，到原料产地进行走访调查，与当地的相关原料生产厂家建立长期原料供应合作关系，加强平时的沟通与协作，实行联动机制，保证各制售网点源源不断货真价实的原料需求。

2. 走商标战略之路，增强品牌保护意识

随着百年来的历史沉淀，万福兴早已成为消费者心目中的知名字号。近些年来，由于对万福兴字号的青睐，美国的旧金山，我国的台湾、香港、山东枣庄、安徽淮北、江苏苏北等地的投资者，都慕名而来，学习其糕团制作工艺，以便回到家乡创业致富，万福兴的品牌效益日益彰显。但商标恶意抢注及恶意投诉的事件也随之而来。走商标战略之路，增强万福兴品牌的保护意识已刻不容缓。2014年3月份，苏州工商行政管理局姑苏分局收到一份从北京寄来的投诉快递，北京某商标代理机构代理投诉人李某投诉苏州万福兴糕团食品有限公司商标侵权，并提供了大量的所谓侵权事实和法律依据。姑苏分局的办案人员收到投诉材料后非常诧异,百年的老字号,还有人来投诉?! 经办案人员调查得知,原来苏州万福兴糕团食品有限公司并没有自己的“万福兴”注册商标,它的前身,也就是转制前的全民所有制企业苏州市平江区饮食服务公司万福兴糕团店有个30类的“万福兴”注册商标,因转制注销无法续展,同时现在的接管企业苏州万福兴糕团食品有限公司又没有做好注册商标所有权人的变更手续,投诉人李某正是抓住了这一点,于5年前,也就是2009年同样委托北京那家代理机构抢注了43类(其实43类餐饮服务类“万福兴”企业也早已经营并有一定影响,只是没注册)“万福兴”注册商标,自己并没有实际经营,并于现在进行投诉。虽然投诉人的用意不言而喻,但还是给“万福兴”品牌的维权带来了不少障碍。

对于“万福兴”老字号品牌保护,从工商商标注册与行政指导角度看,企业应做好以下几个方面的工作:

一是在向国家工商行政管理局商标评审委员会申请投诉人李某“万福兴”注册商标无效(因投诉人的商标注册时间还未逾5年)的同时,积极申请获取“万福兴”30类、43类及更广泛类别的注册商标权。我国商标法对于注册商标的保护力度远大于未注册商标。老字号企业应积极申请商标注册,为老字号扎建法律保护的篱笆,以有效地预防和制止国内抢注及其他不当注册、使用行为。

二是积极获取商标的国际注册。这是老字号应对国外抢注的最有效方法。我国已分别于1989年和1995年加入了《马德里协定》和《马德里议定书》,成为该公约的成员国。根据《马德里协定》的规定,某一商标只要在知识产权国际局获得注册,便可成为国际注册商标,在该协定的成员国普遍生效。因此,我国企业应积极申请商标的国际注册,以获得在《马德里协定》各成员国的普遍保护,从而大大降低其被国外抢注的概率和在不同国家分别注册的成本。在非《马德里协定》成员国家,老字号可以通过国家间的双边、多边协定或对等原则,取得老字号商标的注册。另外,对于实行使用在先原则的国家,老字号企业要妥善保留商标在该国在先使用的相关资料,以对抗商标抢注行为,维护自身正当的商标权益。

三是密切关注国外商标公告,早提异议。这也是防止老字号在国外被抢注的一个有效办法。就企业自身而言,应密切关注国家工商总局发布的《商标公告》,一旦发现国外申请注册的商标与自身使用的老字号相同或近似,即可提出异议。这样既可降低维权成本又可防止诉讼风险。

3. 加强广告宣传,进一步提高万福兴的知名度和影响力

一个品牌产品,要想更多的人熟知它、认同它,光靠自身的产品质量和工艺是远远不够的。万福兴要想做强做大,产品质量的保持和改进及经营规模的扩张固然重要,对产品本身和企业文化的宣传也是非常必要的。就目前万福兴的发展形势看,在广告宣传上,可从以下几个方面考虑:

一是要全面、系统地设计广告用语及配套画面。如它的百年悠久历史、产品种类、产品特点、制作原料、产品工艺等方面都可以通过精练的文字和形象的画面加以固定宣传。宣传语,以简明、扼要为主,要以抓住万福兴产品的主要特征,给消费者留下深刻而美好的印象为主要出发点。

二是要针对应时性的糕团,做好有针对性的宣传。如二月的撑腰糕、清明时节的青团子、四月十四的神仙糕等,在不同的时期有重点地进行突击宣传,让消费者深刻地意识到万福兴糕团永远是跟着季节走的,是有着丰富的历史文化寓意的。

三是根据受众人群,选择适当的广告媒体进行宣传。万福兴糕团不仅是一种物质产品,更是一种文化产品。现在一些上了年纪的苏州老人都有一种习惯,每年到了某个时节,自然而然就想到要吃什么糕团,如九月初九就会想到重阳糕,年终岁初就会想到糖年糕和猪油年糕等。但对于年轻人来说就很少有这方面的意识,有的想在某个时候给长辈或小孩做点什么来表达一种心意也不知道如何去选择。这就需要企业在这方面做一些必要的宣传。互联网、户外人员密集场所的高炮、电子显示屏等广告宣传媒体都是年轻人容易接触到的媒介,企业不妨在这些方面都做一些尝试。

(王如根)

松鹤楼的传承和创新

一、松鹤楼的历史与传承

苏州松鹤楼菜馆是饮誉海内外的苏帮名菜馆,坐落在观前街中段,创建于清乾隆年间。松鹤楼初为面馆,以焖肉面、卤鸭面等苏式面点闻名遐迩。清乾隆二十二年(1757 年),苏州始创面业公所时松鹤楼已是其中一员,1780 年重建面业公所碑刻记载,出钱资助的商店中有松鹤楼的名字。由此推算,松鹤楼的始创年月应在 1757 年前,迄今为止至少已有 250 多年的历史了。由于松鹤楼选料严谨,加工精细,逐渐成为苏州的名店。光绪十八年(1892 年)修葺面业公所时立的碑刻(原碑现藏苏州三元坊孔庙内)上,在捐助者的名单中,列第一位的就是松鹤楼,可见当时松鹤楼在苏州已是很有名的面馆了。光绪二十五年(1899 年),《长洲县禁盗卖僭占面业公所公产碑》(苏州博物馆拓片)亦载有松鹤楼面馆。光绪二十八年(1902 年),一向经营面点的松鹤楼扩大为菜面馆,并资助面业公所从宫巷原址迁至东美巷新址(此事见苏州博物馆藏《酒馆业集资移设公所仍照旧规办理碑》)。徐金源为有证可查的松鹤楼最早的店主。

有关松鹤楼的起源和店主的情况,民间有许多传说,据松鹤楼老辈讲,清乾隆年间,松鹤楼为一位有名望的洪姓拳教师所开,拳教师广交朋友,生意兴隆。乾隆皇帝下江南时,带两名随身保镖微服来到松鹤楼用膳,碰到白莲教教徒行刺,洪教头率弟子相救,使乾隆脱险。事后乾隆私下嘉赏松鹤楼,命地方官员保障松鹤楼经营,此事一经传出,松鹤楼生意更加兴旺发达。苏州评弹中"乾隆大闹松鹤楼"的一段书就出于此。而松鹤楼招牌题为"松鹤延年,兰贺高寿",则是店主希望松鹤楼能长盛不衰。

另有民间传说，在苏州玄妙观西侧，"天后宫道观"隔河照墙边上，松鹤楼后院内，有千年古井一口，泉水甘甜，长年不断。清乾隆二十年(1755 年)苏州府发生严重旱灾，河流干枯，田野龟裂。全城大小水井一一干枯，唯有这一口古井甘露不断。松鹤楼店主大开门户，普救苏州民众。地方官员请"老道士"探其缘故，"老道士"察看苏州地形后说："吴王阖闾令伍子胥所建的苏州城犹如蟹形，此井位于城市中心，通八路(娄、齐、平、阊、胥、盘、蛇、匠)泉源，故甘泉不断。"民众为纪念此井的功绩，取名为"蟹脐泉井"(又名"蟹脐井")，列为玄妙观外十八景之一。从此松鹤楼的生意日渐兴旺，财源如"蟹脐泉水"一样长流不断。

据史料记载，清同治年间，松鹤楼还只是小三开间一角楼面的一家经营面点带卖饭菜的小店。但是它经营的面点别具风味，焖肉面的焖肉制作精致，口味适中，入口即化。爆鱼也非常讲究，不用青鱼就用草鱼，绝不用杂鱼，夏令鱼缺就用爆鳝应市。最出名的是卤鸭，从五月下旬新鸭上市即开始供应佳肴"卤鸭面"。苏州地方吃"雷斋素""三官素"的市民，在开始素食前的"封斋"习俗就是上松鹤楼吃卤鸭面"封斋"，一年一度名驰遐迩。松鹤楼经营的饭菜，是在各色面浇的基础上加工烹制而成的，如美味酱方、焖肉豆腐、炒三鲜、小蹄髈、红什拌、汤头尾、毛血汤等属于中低档一类菜。由于店内师傅擅长苏帮原汁原味的烹技，生意越做越活，声誉越来越好，饭菜业逐渐超过面市，老板着意向饭菜方面发展，松鹤楼成为苏帮菜的发源地。

民国初年，松鹤楼由"天和祥""金和祥"饭馆经理张文炳接手，"和记松鹤楼"宣告诞生。和记松鹤楼为合股企业，股东六人，每股银洋二百元，推张文炳为经理，股东名单如下：张文炳、苏子和、王觉初、邹景高、陆仲康、沈增奎。张文炳合伙盘下松鹤楼后，整顿内部，调集苏、锡名厨高手掌勺，在菜肴的品种、质量和服务态度等方面有了提高和改进。"和记松鹤楼"开张以后，生意逐渐转好。到民国九年(1920 年)营业额和利润犹如芝麻开花节节高，顾客也由以城乡劳动者为主扩大到上层人士，高档菜的比例迅速上升，松鹤楼成为苏州地方名流宴会之地。民国十三年(1924 年)，张文炳为提高松鹤楼的地位和声誉，会同天兴园、鸿云楼、南新园三家饭馆联名向苏州总商会申请注册。当时社会对菜饭馆行业不甚看重，张文炳恳请前清探花吴荫培出面，多次致函苏州总商会会长贝哉安，才得以办理手续。从此松鹤楼在商会中也有了一定的地位。

张文炳在经营松鹤楼时有一句名言:“做生意最要紧的是取信于顾客。”松鹤楼当时在进货方面严格规定“三不进”,即不进鹅、不进鲤鱼、不进黑鱼。这在苏州同业中可谓只此一家。民国十二年(1923 年),苏州《醇华馆饮食脞志》中记有一段文字:“寻常菜馆多以鹅代鸭,松鹤楼曾有宣言,谓‘苟能证明其一腿之肉,为鹅非鸭者,任客责如何,立应如何’。”足见松鹤楼选料严谨之程度。由于松鹤楼选用上等原料,加上有名厨陈仲曾、费建森等精心烹调,有堂倌杜支卿、徐二宝等悉心服侍,松鹤楼成为苏州地方名流宴请之地。

民国十八年(1929 年)苏州拓宽观前街,松鹤楼经过近一年的翻建后,隆重开张。店主人在宣传上也下了功夫,民国十九年(1930 年)1 月 25 日(农历己巳年十二月二十六日),和记松鹤楼在《吴县日报》登出一则广告,全文如下:“苏城松鹤楼和记菜面馆,新屋落成,夏历冬月十九开幕。本店在姑苏观前街创办以来,久已名闻遐迩,辱荷各界之赞美,顾客之称善,已有口皆碑,无待赘述。兹缘旧有店屋,不敷应用,来宾咸以堂无雅座相责,本主人深抱歉仄。兹特重建高大房廊,布置精良,扩充雅座。至于空气新鲜,光线充足,犹其余事,兼烹调适口,价格低廉,伺候周到,藉答惠顾诸君之雅意。承办喜庆筵席,挂炉烧烤,随意小酌,各式细点,各式大面,是所擅长。务请各界联袂偕来,欢迎之至,电话八十六。”自新屋落成开张,生意愈加兴隆,门市和筵席应接不暇。

20 世纪 80 年代,松鹤楼名菜佳肴已达 300 余种,具有 25 名特级、27 名一级烹调师的松鹤楼一直是苏州最负盛名的正宗苏帮菜馆。

1984 年,松鹤楼菜馆与北京联营,曾开设“苏州松鹤楼”分店,一举把苏帮菜肴奉献给北方人民和国际友人。

1989 年,松鹤楼菜馆被评为首批国际旅游定点单位。

1990 年,松鹤楼入选全国商业酒店(饭店)五十强。

1992 年,特一级厨师刘学家、特二级厨师谢长明等在新加坡第八届国际沙龙烹饪大奖赛中荣获团体银牌。

1993 年,李俊生、谢长明两位名厨双双拿回了全国烹饪大奖赛华东区冷盘、热炒金牌。

1994 年,“松鹤楼”获得了国家工商局的“商标注册”。

1996 年,松鹤楼陆苏平等人在新加坡“马林百列新春美食节”上用精湛的烹调技艺摆出了盛大的“千人宴”,令新加坡总理吴作栋等政界要人赞不绝口。

1997 年,松鹤楼"卤鸭"荣获"中华名小吃"称号,同年松鹤楼菜馆被国内贸易部授予首批"国家特级菜馆"称号。

1999 年,松鹤楼菜馆被国内贸易部命名为"中华老字号"。

2002 年,苏州市实施产权制度改革。

2003 年 8 月 4 日,苏州松鹤楼饮食文化有限公司成立,松鹤楼的国有资产和职工身份全部进行了置换,完成了国有向民营的转变。"上林新叶催陈叶",全国同行中所剩无几的百年老店松鹤楼菜馆,在坚定地向自己的历史纵深开挖的同时,又以崭新的思路面对着世界和未来。新的决策层决定投资翻建松鹤楼,让"老字号"重新焕发青春光彩。

松鹤楼旗下现有 15 家连锁店,分布于苏、京、沪、宁等城市。

松鹤楼从气象万千的明清款款而来,走出了一段悠长而又舒缓的岁月。250 多年的风风雨雨,让松鹤楼浮浮沉沉地演绎着它全部的繁华与喧嚣。如今的松鹤楼在苏州快速崛起之时,又开始着它新的传奇。正如金庸先生寄予它的期望,作为苏州餐饮第一家,它定能"历久常新"。

二、松鹤楼的创新与未来

(一) 店面管理模式

1. 以人为本

松鹤楼的店面高级管理人员中 80% 左右受过高等教育,平均年龄约 30 岁,是充满生机、管理人性化、追求完美的管理层。

经理负责制和严格的业绩提成体现了松鹤楼具有先进的管理流程和制度,全公司上下都为争创业绩目标而努力。每个岗位都有严格的规章制度,有规定的工资级别和畅通的晋升渠道。每周高层开例会研究发展方向及经营指标,每天门店开例会通报隔天的服务情况和客户反映,以各种形式提升团队精神,松鹤楼员工队伍的建设管理已经提升到了一个新的水平。

人是第一生产力,而具有先进理念的人才是企业发展的基础。在企业管理过程中,对人才的招聘、录用、使用、晋升是松鹤楼决策层最为关注的问题。

2. 安全卫生

卫生安全管理所关注的不只是食物,还有厨房和餐厅的清洁、餐具桌椅的卫生消毒、员工的身体健康和卫生意识等各个方面。松鹤楼餐厅的卫生检查已成为企业常态化管理,以后会尽力向消费者展示出来,传达卫生、安全的信息。如厨房与餐厅只隔一层玻璃的透明化操作,密封式消毒餐具的直接供应,等等。

3. 统一采购

采购的方式是由供应链中心确定供应商,签订相关合同,确定付款周期。根据各门店每天上报的配送产品要求,本地门店每天送货,外地门店三至五天送货,保证食品的新鲜、安全。目前,松鹤楼85%的采购实行统一配送,15%的零星采购在各门店进行。

4. 标准品质

松鹤楼标准化管理要求不同时间和地点生产的同一餐饮产品品质保持高度的一致性,品种、质量、包装、服务都要求做到高度同质化。品种质量的同质化是第一位的,松鹤楼餐饮产品根据现有的风格特色制定了一套严格的操作规范和标准,摒弃了传统操作中的少许、一汤勺等模糊概念,采用标准计量方法。

(二)驰名商标

"松鹤楼"于1994年经国家工商总局商标局批准成为注册商标,注册号码为771929号,注册类别为"服务项目第42类:餐馆",后在商品第29、30、31、33类,服务项目第35、37、39、40、41、43类进行了扩展注册和防御性注册,严密保护公司的知识产权。现商标注册人为苏州松鹤楼饮食文化有限公司,许可苏州、北京、南京、上海各地松鹤楼子公司使用。

"松鹤楼"是商务部认定的第一批中华老字号,于2009、2010年先后获得"苏州市知名商标""江苏省著名商标"称号。为更好地保护知识产权,进一步提升品牌价值、扩大影响力,现"松鹤楼"正在申请"中国驰名商标"称号,已经递交全部申请材料,等待国家商标局审核通过。

(三)未来方向

松鹤楼将秉持250多年"取信于顾客"之店风,乘着新时代经济市场化和人口城镇化大潮,继续在以苏州为中心的长三角地区和以北京为中心的京津地区巩固现有基础,不断开拓市场。近期将在条件成熟的情况下,重点开拓常熟、昆山等苏州县级城市的市场,将松鹤楼品牌在苏州各地做实,并适时择机开拓诸如我国香港、台湾地区,以及新加坡、日本、美国等海外市场。同时,与苏州广电传媒集团合作,发力婚宴与婚庆服务市场,计划在两到三年内,在苏州婚庆礼仪市场占有率达到第一。另外,重拾"服务大众,薄利多销"之传统,在做好端午、中秋、春节三大传统节日的节日食品销售的基础上，积极开发具有苏州特色的糕团、汤包、腌制品等精美食品礼盒；力争兼并或重组一家苏州食品加工企业；加强子品牌建设，开发苏州特色茶餐，组建“松鹤楼·姑苏茶餐厅”餐饮连锁经营有限公司，丰富松鹤楼的餐饮产品线。作为中华老字号品牌的传承者，松鹤楼肩负使命，正以战略的眼光、诗意的情怀、工匠般的细致、布道般的热忱让中华菜肴美食承载着中华文化走向全世界。

（朱昌进）

松鹤楼太监弄门店

羊业老号绽新蕾

——升美斋羊肉店的传承和发展

木渎镇藏书羊肉因孕育于藏书地域而成名，而藏书也是历史文化古镇，处处突现出吴文化地域特色。陆文夫先生的佳作《美食家》一文，正反映出姑苏饮食文化之独特现象。藏书羊肉是古镇最著名的特产之一，是苏州苏帮菜肴的重要组成部分，历史悠久，享誉江南。

藏书羊肉始于明，盛于清，历经数百年的兴衰岁月流传至今，成为姑苏餐饮业中的一朵奇葩。早期以担卖或摊卖为经营方式，至清末始进苏州城里开店设坊，其中本号升美斋羊肉店为进城开办的第一家堂吃羊肉店。创始人周孝泉，为藏书乡周家场人，于清代光绪二十二年(1896 年)率先在苏州醋坊桥堍开办升美斋羊肉店，开“藏书羊肉进城设店经营”之先河，誉为“苏州羊肉第一家”，《吴县民间习俗》《藏书镇志》中皆有记载，至今为四代传承的老字号，现店主是第四代传人许玉明。

创始人周孝泉(1866—1940 年)，号协孝，尊号老协孝，秉性刚毅，待人诚实。当年而立之年的他，凭着多年经营羊肉的丰富经验，率先带领胞弟周仁才、族弟周银香等到苏州开店经营，特请本地秀才黄春江先生为店堂题匾，商号为“升美斋”，字号取其“美斋”者为美味佳肴也，“升”为递升、光大、最美之义，寓“最佳的美味，发达的字号”之涵义。店址在观前街东首，为姑苏著名的商业繁华区，各种老字号比比皆是，商店林立，人气很旺，店址市口亦甚佳。周孝泉忠厚朴实，勤俭理店，长袖善舞，经营有方，加上店堂拥有诸如选购、屠宰、烹饪等众多行家里手，取长补短、精益求精，形成了一整套周氏独特的烹饪技艺。升美斋以活杀山羊为原料，以白烧羊肉、羊肉汤、羊糕、红烧羊肉为主要品种，羊肉香气浓郁，肉酥而不烂，口感鲜而不腻，常食不厌，深受广大顾客青睐，甚至连达官贵人、文人雅士品尝后也赞不绝口。当时朱德恩师、辛亥革命元老李根源(字印泉)先生，国学大师章炳麟(字太炎)先生等许多社会名人也经常光顾升美斋，升美斋因而声名鹊起、誉满苏城。至光绪末年，宣统元年，店堂扩大经营，先后在任将桥、多亭桥堍开设升美斋分店，日销山羊30至40余头，成为当时城内经营范围最广、影响度最大的羊肉店。

抚今忆昔，升美斋饱经风霜，令人感慨万千。在旧社会，政府腐败，时局混乱，经商谈何容易，即使到了民国中期，地痞流氓、"拆白党"横行霸道，时常白吃强拿，餐饮业举步维艰。当时幸亏革命老人李根源先生已隐居藏书小王山，视藏书为第二故乡，与乡民亲如一家，所以当地村民开办的羊肉店经常得到李老的保护和关怀，升美斋也多次得到李老的扶持、保护，因而周孝泉与李根源先生成为好朋友。周孝泉在当地德高望重，慈孝有名，多有善举，他扶贫济困，调定民事纠纷，修桥铺路，方便民众。民国二十一年(1932年)，在李老的筹划下，周孝泉与许杏泉等出资修筑家乡仰瞻、青史、邳渎三座桥梁，一时传为美谈，李老为此用隶书写了一副对联相赠，联曰"德以孝为先，尊亲敬师；诚如泉依源，重谊守信"，把"孝泉"两字嵌于联中。

时至民国中期，升美斋扩大店面，增加人员，周教泉之子周根初，侄子周根汝、周金男，内侄顾全金、顾金福，堂侄周小三、周瑞金等先后进店学艺，为培育后备力量打下基础。

时隔不久，日本发动侵华战争，日寇的铁蹄蹂躏中华大地，苏州城屡遭轰炸，大部分羊肉店纷纷关闭，升美斋仅保留总店惨淡经营，整个羊肉经营业受到严重冲击。

1940年5月，周孝泉逝世后，由儿子周根初挑起重担，在三叔和表弟顾全金、顾全福、顾全云等人的帮助下撑起了"升美斋"这块金字招牌。1945年抗战胜利后，羊肉店方逐步恢复元气。周根初忠厚朴实、待人和气，时年37岁，精力充沛，事必躬亲，以身作则，得到员工的信任和敬佩。而且他在店堂已协助父亲多年，技艺超群，又积累了丰富的生意经验，收羊(即购羊)、杀羊、烹饪件件皆能，店堂管理协调井然，此时，又增添了堂弟周水泉、族人周福生、好友许云桂等人。在经营品种上把羊件头(即羊肝、羊肚、羊蹄、羊舌等)翻新，推出各种花色冷盘，使食客能品尝到全羊的原汁原味，为如今"全羊宴"的雏形，并做到热情服务。这样一来，顾客盈门，果然生意蒸蒸日上。1946年，又一次扩大经营，恢复分店。经人介绍，藏书善人桥牛场郎的十八岁小伙许国栋进总店升美斋学艺，由于他聪明好学,吃苦耐劳,经两年认真学艺,很快成为一名能独当一面的厨师。至新中国成立前夕,周根初因身体欠佳,安排表弟顾全金全面负责升美斋大小事务。

“一唱雄鸡天下白”,1949 年 4 月,苏州吴县迎来了解放,人民政府鼓励农民从事传统副业,羊肉餐饮业获得新生机,升美斋也跨入了新时代。1958 年公社化后,以生产大队集体组织有经验的农民赴苏州城里开羊肉店,顾全金、周金男、周坤辰、许国栋、许云桂等升美斋人理所当然地入选,参加集体羊肉店工作。各家羊肉店一律以大队名称冠以店名,如兴奋羊肉店、民主羊肉店、合丰羊肉店等。

1980 年,改革开放春风暖,党的富民政策深入人心,允许私人开店,作为升美斋第三代传人的许国栋抓住良机,率先与人合作在善人桥开起了美斋一来兴羊肉店,继而又在 1986 年独开私营羊肉店。1992 年年底又带领长孙许玉明开办了以升美斋传统烹饪风味为特色的升美斋莹明羊肉店。许玉明经过多年的实践,学到了经营三道绝活(收羊、杀羊、烹饪),并担起店堂的重任,先后推出多种羊肉名菜,使升美斋莹明羊肉店成为藏书羊肉产业协会早期认定的三星级名店之一。

为弘扬百年羊肉文化,使百年老店重放异彩,在升美斋创始人周孝泉嫡孙的支持和顾问下,许玉明于 2008 年投资将升美斋羊肉店移址木渎镇善人桥“藏书羊肉美食城”西侧穹窿路 88 号。一家崭新的善人桥藏书羊肉旗舰店展示在世人面前。

饱经风雨升美斋,光绪始创百余载,代代努力薪火传,羊业老号新蕾绽。如今升美斋羊肉店以高起点的风格,展现在中国羊肉美食之乡——木渎镇藏书境内,声誉好、影响大,受到各界的广泛关注。老字号以产品丰富、价廉物美为宗旨,江、浙、沪乃至全国各地的美食者纷纷慕名而来。

店主许玉明,爱岗敬业、勇于开拓,现任藏书羊肉产业协会常务理事、副会长,为藏书羊肉产业的发展努力工作。他带领店堂员工承前启后,继往开来,精心制作推出了豪华“全羊御宴席”,特色菜肴“蟹黄羊脑”“荷香羊方”“美斋羊蹄”“木桶羊肉冻”“秘制御膳羊排”等大量地方特色菜,特别是“木桶羊肉冻”荣获第二届中国羊肉美食节特金奖,在吴江农家乐菜肴比赛中荣获冷菜奖。他们的组合羊肉在第三届苏州美食节荣获特金奖,在第二届中国羊肉美食节上又获特金奖,在江苏吴江的农家乐菜肴比赛中又获特金奖。升美斋羊肉店经藏书羊肉产业协会认定为四星级名店。

美哉!百年老店升美斋,以全新的形象展示在世人面前,以祈明天更辉煌。

（许玉明）

天人合一，变土为金

——陆慕御窑金砖工艺的传承与发展

苏州陆慕御窑村烧制各类古建筑砖瓦具有悠久的历史，为历代宫廷皇陵和寺观园庭建筑烧制大量秦砖汉瓦、明清金砖。明代永乐年间，明成祖朱棣迁都北京，大兴土木建造紫禁城。经苏州香山邦工匠的推荐，特派官员到苏州陆慕（现为陆慕）监制金砖。由于这里土质优良，加之做工精细、烧制有方、工艺独特，所产金砖细腻坚硬，“敲之有声，断之无孔”，遂被永乐皇帝赐封为“御窑”。北京故宫的太和殿、中和殿和天安门城楼就铺设着御窑金砖。这种为皇家特供的铺陈于紫禁城等皇家宫殿的方砖为什么叫“金砖”，民间流传有三种说法：第一，因为这种砖是专为皇家烧制的细料方砖，颗粒细腻、质地密实，敲起来有金石之声；第二，这种砖只能运到北京的“京仓”，供皇家专用，所以叫“京砖”，后来逐步演化为“金砖”；第三，因为专供皇家的细料方砖的制作工艺极为精细，花费成本巨大，一块金砖的价格相当于一两黄金。

御窑金砖黛青光滑，古朴坚实，它面平如砥，像一方黛玉；它光滑似镜，若一块乌金。敲击它时发出金属般铿锵之声。御窑金砖有着独特的制作工艺，非常繁重复杂。工序多达二十余道，其中主要工序有选泥、练泥、制坯、装窑、烘干、窨水、出窑等。道道工序环环紧扣，一道不达，前功尽弃。

御窑金砖是我国窑砖烧业中的一朵奇葩，明清以来受到历代帝王的青睐，成为皇宫建筑的专用产品。到明代嘉靖时，金砖烧制进入全盛期，清朝末年以后，因战争连年，金砖生产时断时续，直至 1984 年才完全恢复生产。2006 年 6 月 5 日，苏州市相城区陆慕御窑砖瓦厂被列为江苏省第六批文保单位；同年苏州御窑金砖制作技艺被列入国家级非物质文化遗产名录;2009 年陆慕御窑砖瓦厂被中国商业联合会颁评为“中华老字号”会员单位。

作为国家级非物质文化遗产的御窑金砖制作技艺,传承人在传承与发展工作中,始终围绕一个目标:依据并重读古法,领会古工艺精神实质,重制出接近甚至超越明清巅峰期质量要求的原味金砖。围绕这个目标,陆慕御窑砖瓦厂主要做了两件事:

第一,深入发掘并领悟御窑金砖制作技艺的历史文化内涵和核心生命精神,为“非遗”传承找到理论和实践并重的强有力的支撑。

(1) 认清责任,知难而进。金砖是铺墁在明清皇家建筑主要宫殿室内的一种特定的、至要部位的钦工物料,金砖的制作工艺是明清苏州和中国工艺巅峰期的一种标志,是巅峰中的巅峰。

金砖制作工艺在明嘉靖万历年间进入高峰,持续至清代的康乾盛世,道光咸丰时一度衰落,光绪时又重新恢复,直至宣统今陆慕三年(1911 年)随清王朝消亡而流散民间。

因此,要在金砖停止烧造一百多年后完全复原其制作技艺,是一项难度极大且涉及工艺、文化、历史、经济甚至生命哲学等多个领域和多个方面的工程。

20 世纪 80 年代,陆慕御窑金砖制作技艺第五代传人金梅泉初步恢复金砖制作工艺,得到故宫古建专家认可。

2006 年,作为金砖制作技艺第六代传承人的金瑾接手御窑砖瓦厂,知难而进,着手重制明清御窑古金砖工程。

(2) 设立御窑金砖历史文化研究室。“传承非遗”,除了延续工艺文化、推动经济发展,更为终极的目标是了解并体验“非遗”中蕴含的追求生命和谐幸福的本质。于是,设立了金砖文化研究室,专门研究御窑金砖的工艺渊源、制作特点、历史脉络、文化内涵和生命精神。

(3) 聘请专门学者。金砖文化的深厚内涵,需要有既精又博、既有理论又重实际、既关注社会又甘于寂寞、既熟悉古代文史又可以超越工艺文化的学者的参与,所以聘请了具有跨领域能力的学术研究者主持御窑金砖历史文化研究室和相关的资料收集、整理和实地考察工作,并和传承人一起结合制砖实践,探索金砖古工艺中蕴含的深刻文化内涵和生命精神。

(4) 添置大量的历史、文化和古代工艺方面的专业书籍,如《金砖识录》《清宫金砖档案》《古代砖瓦营造法》《砖瓦烧结技术》《明代建筑大事年表》《清代建筑大事年表》《明实录》《明会典》《明通鉴》《明史》《清实录》《清会典》《清通鉴》《清史稿》等,已达上千册。

(5) 出版专著《御窑金砖》。通过资料搜集、整理、调查、访谈、研究,以及传承人和学术研究者的相互切磋和研讨,较为系统全面地梳理出御窑金砖各相关方面的基本概念和范畴,澄清了之前社会上对金砖概念的误解甚至歪曲,目前正在请出版社设计并出版一部15万字的图文并茂的对金砖历史文化和工艺特点作系统介绍的专著《御窑金砖》。

(6) 复原中国古代唯一记录金砖制作工序的古籍《造砖图说》。此书由明代嘉靖年间曾经在苏州陆墓(今陆慕)三年督造五万方金砖的工部郎中张问之所著,清乾隆时收入四库全书存目,后因时光流转,散佚无存。工厂重金聘请苏州大学美术教授,模仿古代插画风格,重新绘制出金砖制作工艺流程图29幅,并计划于2014年以线装形式复原这本最初成书于嘉靖甲午年(1534年)的《造砖图说》。

(7) 创绘《御窑金砖制作天道人事图》,为重制古金砖项目的实施增添理论和实践两方面并重的强有力的支撑。这张《天道人事图》,首度点明并融通了金砖制作过程与四季节候变迁的谐合,它使得御窑村人600年来在实践中掌握的"顺天道,尽人事"的生命智慧,与中国文化中"阳变阴合,而生水火木金土""五气顺布,四时行焉"的思想理论有了金砖烧造有史以来第一次心有灵犀的贯通。

可以说,重制古金砖项目之所以能在2013年年底开始初见成效,《御窑金砖制作天道人事图》是其核心和灵魂所在,功不可没,也是这个项目前期研究和准备工作所取得的显著成效的集中体现。

第二,逐一解读明代金砖制作工序,结合实践反复试验,体验并领悟金砖制作中如何将练泥、晾坯和烧窑等工序工艺与四季气候和五行生克等时序天道作最大程度的契合,以制作出最为精细密实的有望超越古代巅峰的金砖。

(1) 成立重制古金砖项目专门小组。小组由传承人、工艺文化研究人员、传承工匠和窑厂专业人员9人共同组成。

(2) 设立重制古金砖项目专门工场车间,由固定的工匠在传承人等的指导下反复尝试金砖制作工艺。

(3) 添置制作器具和材料,包括新建砖窑4座,泥料数千方,粉碎机1台,水池3个,滤网若干。

(4) 对明代制作金砖的每一道工序进行深入细致的解读,了解其基本特点、功效、适宜的时序季候、操作注意点等。在此基础上，结合现代技术和器具进行比较实验，观测实际效果，不惜工本，精益求精。

2014 年下半年起，陆慕御窑砖瓦厂计划专用一座砖窑烧制金砖，并严格按照古代工序中所说的“糠草熏一月、片柴烧一月、棵柴烧一月和枝柴烧四十天”的方法，进行试验。

（5）记录、收集并整理数据资料，计划出版《御窑金砖制作技艺天道人事详解》。

（6）向社会展示并推广作为国家“非遗”项目的金砖文化中蕴含的生命精神。重制古金砖项目实施的过程本身就是一个体验中华文化之博大精深的生命幸福的修行所在。近两年中，陆慕御窑砖瓦厂不但义务接待了许多中小学生和社会人士的参观访问，更投入数百万元启动了御窑金砖古砖陶博物馆的兴建，建成后将以数百件古今砖陶实物，呈现中国砖陶的文化和历史，展示金砖作为“天下第一砖”中所集中体现的“工到水磨土成金”的顺天道、尽人事的工艺文化内涵和生命精神。

（金　瑾）

明永乐皇帝赐封“御窑”

苏州市相城区陆慕御窑砖瓦厂

子冈玉坊

——中国最早琢玉品牌文化的传承与创新

一、治玉圣手陆子冈

中国玉石文化可追溯到新石器时代，到殷商时琢玉已有佳技。诗经有"投我以木瓜，报之以琼瑶"句，琼瑶即美玉。孔子曾做出过"君子十一德"的著名论断，"君子比德于玉"。屈原咏："登昆仑兮食玉英"，昆仑山上的美石就是和田玉。东汉许慎所撰《说文解字》中有"玉，石之美"的概念。由于古之圣贤对玉推崇有加，古人玩玉之风日盛，上至帝王将相，下至市井小民，均以佩玉赏玩为时尚。

隋唐以降，玉雕愈加精美，造型多有变化，"苏州工"从唐至明的玉雕技艺独树一帜，风格独特。明宋应星《天工开物》有"良工虽集京师，工巧则推苏郡"句，可见"苏州工"的地位。而在众多能工巧匠中，太仓陆子冈可谓玉雕界魁首，前追古人，后领来者，他的作品反映出苏州玉器小巧精美的特点，其别样风格对后世玉雕匠人创作产生了深远影响。

琢玉工艺家、雕刻家陆子冈艺精功湛，是明代嘉靖、万历年间太仓州人，一作子刚。陆子冈出身名门，自幼熟读诗书，满腹经纶，且从小心灵手巧，喜爱雕刻。他为人忠厚，父母早逝使他四处求艺，潜心钻研雕刻，技艺长进又大胆创新，将传统沙碾法改成刀刻法，在琢玉中练就一手绝技，使雕刻技艺达到出神入化的程度。明嘉靖十八年(1539 年)，陆子冈学艺出师后在苏州开设了自己的琢玉作坊。陆子冈所制的玉器富于变化，方圆扁平，意之所到即能成器，而且治玉富有文韵，被万历皇帝招进宫中专为皇家琢玉，成为名闻朝野的玉器雕刻大师。陆子冈琢玉均留“子冈”名，世称“子冈玉”，一时朝野大兴“子冈玉”，《太仓州志》记载：“雕玉器，凡玉器类砂碾，五十年前州人陆子冈者，用刀雕刻，遂擅绝今。所遗的玉簪，玲珑奇巧，花茎细如毫发，一枚价值五六十金。”陆子冈玉雕技艺享称吴中绝技，且位列吴中绝技之首，成为玉行代表人物，到了清代，苏州玉行将陆子冈供为师祖，顶礼膜拜。

子冈玉坊被中国商业联合会授予“中国最早琢玉品牌”

明代的手工业管理非常严格，有着森严的等级划分。陆子冈是明朝嘉靖、万历年间的玉雕艺人，这个时候正是程朱理学发展极致时期，琢玉工匠身份卑微，而陆子冈以高超技艺力拨群雄，使众多文人雅士不得不放下恃才傲物姿态视其为上宾，许多诗词杂录对“子冈玉”不遗余力赞美。徐渭《咏水仙簪》：“略有风情陈妙常，绝无烟火杜兰香，昆吾锋尽终难似，愁煞苏州陆子刚。”称作品纤秀玲珑，脱尽人间烟火而不凡，对陆子冈治玉高度赞扬，可见陆子冈声名之盛，其高超绝伦、巧夺天工的琢玉技艺可见一斑。

在前人撰著中，一些民间艺人受到鉴藏家的钦敬和推崇，说他们的作品在千百年后保无敌手，陆子冈便是这样的民间艺人。明人陈继儒《妮古录》曰：“乙未十月四日于天门伯度家，见百乳白玉觯，觯盖有环，贯于把手上，凡十三连环。吴门陆子冈所制。”陈继儒写伯度玩玉器，却不忘记将玉器制作者陆子冈带上一笔。明人高濂的《遵生八笺》虽是一部养生集，却极其称赞陆子冈雕琢的玉印池和玉水注：“陆子冈做周身连盖滚螭白玉卯池，工致侔古。”“水注，又见吴中陆子冈制白玉辟邪，中空贮水，上嵌青绿松石者，法古旧形，滑熟可爱。”对古玩的欣赏、鉴别、考辨表述得绝对精到。文震亨的《长物志》对陆子冈也有着墨。明代文学家张岱《陶庵梦忆》赞扬“吴中绝技，陆子冈治玉之第一”。

二、子冈玉坊的传承和创新

从明代到现在的400多年间，子冈玉坊经过数代人的耕耘，历经战乱，几经沉浮，直至2006年，由子冈牌雕琢大师郭玉璞先生之孙郭忠华先生出资，在“子冈玉”起源地重新注册了苏州子冈玉坊有限公司，并成立了玉文化馆。如今，子冈玉坊以“传承和弘扬中华玉文化”为使命，本着“一心治玉”的理念，将“子冈玉坊”连锁店开往全国各地。子冈玉坊从2006年开始走出苏州，以灵活机动的业务模式和稳健的市场推广策略，在短短7年间缔造了600家不同形式、不同业态的终端店面，成为名副其实的玉器行业终端规模第一品牌。

子冈玉坊山塘街门店

1. 传承优良文化为企业发展奠基

子冈玉坊作为“中国最早琢玉品牌”，有着400多年的历史积淀，品牌优势肯定是一马当先。在消费者品牌意识觉醒的今天，老字号品牌无疑会很大程度地促动消费者购买。子冈玉坊也始终在强化“中国最早琢玉品牌”的核心价值，努力将400多年的品牌诚信真实地演绎在终端。同时，子冈品牌多年来坚持市场投放，在2011年就成为首个登录央视广告的玉石品牌。好的品牌也需要好的产品加以呈现，先天优势更需要后天的努力来继承和发扬。子冈玉坊一直重视对传统玉石产品的设计开发，聘请了中国六大珠宝设计师之一的程学林担纲设计总监,以及旅欧多年的知名设计师于晓红女士主导金镶玉的产品设计,力求通过差异化的产品呈现,突出品牌特征,引导消费潮流。并且在产品组合上,在行业内唯一推出不限时、不限量调换货机制,最大限度地给予渠道店面产品布局灵活性。

此外,在运营方面,多年来子冈玉坊极其注重对内部运营团队的打造,希望通过科学规范先进的管理手段及理念,提升品牌软性综合竞争力。总部较早提出了规范各分公司运营架构和细分市场战略,并先后组建直营管理部、市场运营部、设计研发部、综合培训部等专业管理部门,通过对内外部的综合管理,强化品牌核心竞争力。在对渠道合作商的支持上,总部会根据不同的经营需求,对其员工、管理层等进行系统性知识培训及管理指导。在销售上,为了支持渠道合作伙伴,帮助终端店面实际销售,子冈玉坊多年来坚持在促销手段上推陈出新,如重金聘用商场珠宝专区销售能手、购置促销活动专业设备、推出特色会员制度等,实践效果颇佳。

多年来,子冈玉坊坚持"玉色勿欺行外,工价必衡良心"的经营理念,受到了业界的欢迎,赢得了良好的市场口碑。只有坚定不渝地继承和发扬历史积淀下来的优良传统文化,才能为现今企业的发展奠定坚实的基石。

2. 谋划"子冈梦",赢战在终端

在中国,珠宝是一个古老又新颖的行业。种种历史原因,使我国珠宝行业起步较晚,在最近的20年才开始快速发展。珠宝市场的竞争也从较低层次的价格竞争,走向品牌和品质的竞争阶段;中国珠宝行业也完成了从数量扩张、粗放经营到注重品质、打造品牌的转变;中国珠宝产品也从设计创造力不足转向了创新工艺理念、注重珠宝设计的时代。而巨大的购买潜力和消费意识的觉醒,也将促使珠宝行业在未来相当长的一段时间内保持旺盛增长态势。

对于子冈玉坊来说,自2006年总部提出"星火燎原"战略,至今走过了7个年头。在过去的7年里,子冈完成了600家店的渠道布局。在下一个7年,公司的战略目标将从渠道布局转向渠道质量的提升,从与合作商建立关系,转向为客户创造价值。总结过去的7年,子冈赢在了渠道,未来,子冈要赢战终端。

传承至今,子冈玉坊坚守传统、世世创新,先后荣膺"中国最早琢玉品牌""中华老字号传承创新先进单位""中国玉石行业最具价值品牌"等称号。

中国梦,是实现民族的伟大复兴;子冈梦,是"制传世精品,做自强唐人"。

(王玉香、佘彩云)

恒孚银楼的传承与创新

恒孚银楼,始创于清嘉庆年间,店址已不可详考。业主程姓,安徽歙县人氏。那时规模不大,取名恒孚。恒:长久,固定不变。孚:诚信,谓诚实不欺也。取"恒孚"之名,就是立信誉永存之意。时在清嘉庆年间,这在其后裔程椿(字志范)申请商标呈文中曾道及:"窃商号自上祖于清嘉庆年间在苏州创设恒孚牌银楼,发兑十成上字足赤条锭叶金并各种金银首饰器皿。"

一、恒孚银楼的起源

明清两朝是中国金银文化的第二个兴盛期,也是中国金银文化再次创造出的一段灿烂不朽、辉煌无比的历史。尤其清代,在中国金银文化史上所做的贡献最为重大,堪称集大成的时期。俗话说:"上有天堂,下有苏杭","世间乐土是吴中"。在富庶的苏州,金银器产品当时极为丰富,有供富家豪门享用的成套银餐具、银摆件等;有新婚祈求吉利、象征婚后美满幸福的各种金银饰品;又有供贺喜、祝寿、敬贺新店开张时亲友、同行间馈赠的银盾、银鼎之类贺品。据《苏州史志》第十九、二十辑记载,早在清康熙四十八年(1709 年),苏州金铺就有范士涵等 47 家,金珠铺有严国征等 52 家,共有 99 户经营黄金、珠宝,在《苏州府为银饰包金与铜器包金各归各业永禁掺夺碑》中,记有颜鸿福、陆仁生、郭宗梁、周春等银饰包金店。包金业均为作坊经营,承接加工业务,为银器包金、鎏金、发蓝、点翠。

咸丰十年(1860 年),太平军攻占苏州之前,行商大贾纷纷出走,尤其是客帮巨商,恒孚业主也见机避乱暂住上海,将资产一并转移了过去。之后,观前街东首的店堂果然毁于兵火,但程氏未遭重大损失。

同治四年(1865 年),恒孚第二代业主程蟾香由沪返苏,在观前街原址西数家(玄妙观东),租得天官坊陆冠曾的房子,修葺门面,重整旗鼓,聘请陈老尧为经理执掌店务,又招聘名匠为恒孚把作。前店后坊的作坊内工匠分工明确,一般由技术娴熟的把作师傅负责安排生产和检视产品质量。据《氏族世家大姓——苏州程氏》章程撰文另一说:程德济(1772—1842 年,号兰洲)于乾隆五十三年(1788 年)附股于杨姓开设的景孚金铺。1860 年太平军将入苏州,其子程蟾香(1805—1888 年)雇船数条,载贫苦戚族同行,自己只带一张桌子,桌的四角中空,内藏金条。到沪后,他分出原投于景孚金铺的股金设铺于上海盆汤弄,更名恒孚银楼。后设恒孚银楼分号于苏州南濠。后迁观东为恒孚总号。这样恒孚银楼创设时间有了变化,但同治四年在观东租陆冠曾房子开设恒孚银楼是一致的,此时业主为程蟾香。

二、恒孚银楼的沿革

同治七年(1868 年),苏州银楼业成立安怀公所,有大小银楼 104 家共同捐助公所,恒孚出资与万年银楼并列榜首。恒孚虽然创于嘉庆,却后来居上,至同治九年(1870 年),已跃为苏州第一大银楼,实力最为雄厚。万年业主姓葛,称葛万年、老万年,此时却居次,店址在苏州道前街。

光绪十年(1884 年)恒孚第三代业主程执甫(1830—1890 年,名炳中,以字行)当家时,考虑到阊门是苏州城西入城的主要通道,随着业务的扩展,在老阊门西中市雷允上对面开设分号,后称"西恒孚",资金为老店的四分之一;观前街老店因此称"东恒孚"。新中国成立后在该址建造雷允上制药厂时,还发现当年的一块石碑,上有阴刻"恒孚银楼"的字样。光绪十五年(1889 年),程执甫聘请吴润夫为经理。

光绪十六年(1890 年),程执甫去世,两子尚幼,由其妻执掌东西两恒孚。光绪二十一年(1895 年),长子程志范入恒孚当学徒,次子程听渊后去学医。光绪二十六年(1900 年),程志范接过银楼的管理担子,成为有记载的程氏第四代业主。

程志范(1880—1931 年),又名程椿,是位善于经营的能人,在其手中恒孚银楼有了重大的发展。

首先,为了提高恒孚名望,程志范捐得候补知县衔,以官商的面貌显得与众不同而胜人一筹。光绪三十一年(1905 年),苏州总商会成立,他作为银楼业的代表当选为总商会职员,参与全市的商业管理。

其次,他开拓存款业务,获得了充裕的发展资金。宣统元年(1909 年),恒孚与同业蔡蔼生出资纹银一万两,盘进西中市同丰永金铺,将同丰永加"恒记"为号,恒孚控股 70%。

第三,民国三年(1914 年),恒孚联合六家大金铺银楼(老万年、宝成、天丰行、同丰永恒记、晋福、天益丰)从安怀公所独立出来,另建毓伦社,为大银楼议事公所,翌年,重新整修原飞金(金箔)业废弃的丽泽公局,将毓伦社迁入,更名为丽泽公所,地址在刘家浜 36 号,程志范为公所负责人。恒孚亦成为银楼业的首领。丽泽公所与安发怀公所并存,性质相同,不同的是前者为大行、大老板组织,后者为小店、小作坊组织。直到民国十九年(1930 年),丽泽、安怀重新合并为吴县银楼业同业公会,恒孚业主程志范仍为负责人,会址在紫兰巷 22 号原安怀公所内。

第四,民国五年(1916 年),恒孚进一步向外发展,先后在上海南市小东门(南恒孚)、南京路(新中国成立前称英大马路北恒孚)、无锡北门内打铁桥、常熟南街、盐城西门大街等处设立分号,这时的程氏恒孚已是拥有七家独资银楼、一家合资金铺的金银业首富,在业内已举足轻重,成为沪宁线上著名大银楼之一。

第五,民国六年(1917 年),恒孚业主程志范申请"恒孚上字地球"商标,其所附商号商标形样为竖写"恒孚"正楷两字,下为一圆形地球标记,上楷书一"上"字。后来发现宜兴同行在无锡城内冒用"恒孚上字地球"商标,因此又申请在原商标上再加双狮图案,成为后来人们熟悉的"双狮上字地球"。人们在观前街可以看到一排五开间门面的恒孚银楼,梭形水磨方砖贴墙高达六米有余,这在观前街众多店铺中格外显眼,十足的银楼气派。石库门的门楣上有砖雕贴金"恒孚"两个大字,稍上些有一个浮雕商标图案,为双狮抱着一个地球,地球中央刻一个"上"字,即"双狮上字地球"商标。

恒孚的产品信誉卓著,这是因为它一直坚持古法提炼黄金,严把质量关。各地金号只要看到烙有恒孚牌号的"足赤"金饰,照例不再测试成分,照兑不误。这是恒孚银楼在沪宁线银楼业中信誉之高的体现,其之所以称誉江南,主要是因为黄金质地纯净,首饰成色保证。在当时科技不发达的情况下,采取的措施是:

(1) 在收进条锭时严把采购关,进的材料要上乘;(2) 熔炼加工时严把药金关,这是恒孚独特的保值工艺,药金后,还有一道焙赤工序,不惜工本将黄金提到十足赤金。(焙:火貌。《集韵 · 洽韵》:"焙,火儿。")焙赤,就是将足金打成薄片,拌上药料,用炭火烘闷三天三夜,经此"焙"后金的色泽就偏"赤",金质更纯,黄澄中略泛红光,外观更美,只是分量上得损耗百分之一,因此售价要比其他店高出百分之一。当然,恒孚收进本店产品,价格也比收进其他店的金饰高出百分之一。恒孚金饰的背面,都打有"恒孚 · 上足赤 · 某某(工匠号)"的印记,以表示负责。地方政府上交中央饷银,无论金条或银锭,只要烙有"恒孚"印记,即予免检。苏州城乡居民更是偏爱恒孚金饰,传有"家有恒孚金,睡觉也安稳"之说。

恒孚金银饰品中的镶嵌产品在吸收江南传统特色的同时,融入了上海洋镶技艺的特点,逐步形成自己的风格:在造型上具有对称性,搭花结构严密紧凑,花纹和配件常采用中国传统图案,如回纹、古钱、蝙蝠、蝴蝶等。首饰上搭配的花瓣,都用皮料(金薄片)制作,又结合传统的弹凿刻花、拉花工艺,具有精细、雅秀而朴实的风格。

第六,民国八年(1919 年),苏州电气公司成立后,程志范调集资金入股,兼任该公司第一任经理。电气公司观前(西)事务所就是程氏的房产,后门通九胜巷,九胜巷大门门楣上有砖雕"乐圃"两字。

民国十九年(1930 年),精明能干的东恒孚经理张清如病故,程志范安排长子程伯禄出任东恒孚经理。不久,由三子程叔履出任西恒孚经理。程氏第五代开始入主银楼业。翌年,曾将程氏恒孚事业发展至如日中天的程志范撒手西去,时年五十二岁。临终前特请上海北号经理张清笙来苏嘱托后事:由张负责各地恒孚经营,辅助其子管好恒孚。随后组成恒孚管理处,由张清笙负责。张鉴于苏州东恒孚是恒孚基业,特委托他的学生周幼鸿出任东恒孚经理,程伯禄则以业主身份参与管理。恒孚的顶梁柱程志范的去世,使苏州东恒孚的存款客户心存疑虑,纷纷提取存款,一时支付困难,基业动摇。程伯禄急电上海张清笙。张即在上海调集五万现金,以解燃眉之急,稳定了局面。

民国二十一年(1932 年)"一 · 二八"事变后,世事动荡,人心不安。恒孚采取紧缩对策,将上海南恒孚、盐城、无锡、常熟四处分号以及苏州同丰永恒记先后关闭,只保留苏州东、西恒孚两家及上海北恒孚一家。此时上海南京路北恒孚实力甚强,已成为上海八大银楼之一。

民国二十四年(1935 年)苏州阊门西中市恒孚银楼重建新厦,由程叔履为奠基石题字。

抗战时期,人们不相信汪伪的储备券,工商界均以储备黄金为保值手段,连汪伪政府人员也稍有余钱即购买黄金保值,以防不测,因此恒孚业务倒也兴盛。

抗战胜利后,各业重新进行登记。1946 年东恒孚登记资金为 1 500 万元,属全市银楼之首,有职工 50 人,其中工匠 30 多人,把作师傅有钱璋瑞,技艺精湛的擅长凿子技艺的蒋士英、张鸿祥。西恒孚登记资金为 1 000 万元,职工 30 多人,其中工匠 20 多人。此外还有三处固定的加工作场:萧家巷钱璋瑞工场、三门巷王元初工场、天灯弄李世泉工场。

1947 年,政府实行黄金管制,限制银楼必须按中央银行挂牌价格出售,但是不按牌价供应黄金,店铺有出无进,黄金黑市暴涨,银楼叫苦不迭。恒孚业主程伯禄发表《金银业以往之沿革即今后之期望》一文,呼吁政府放宽限度。后虽有所松动,但必按国家牌价,不得收兑金块和熔铸金条出售。不久程伯禄去世,程叔履为业主代表。

1948 年 8 月 19 日,政府发布《财政经济紧急处分令》,明确规定政府统一收购黄金、白银、美钞,逾期不兑,一律没收,此时银楼业已处于开门而无营业的状态。年底,上海北恒孚首告歇业,翌年初,苏州东、西恒孚亦只能宣告歇业。荣耀了一百多年的旧恒孚银楼在社会的动荡变革中退出了历史舞台。

1949 年苏州解放后,根据《华东区金银管理暂行办法》,全市金银业悉数奉令转业。原金银业职工逐步转入医疗器械工业和仪表工业,一切民用金银器生产至此告一段落。

1972 年 1 月,在周恩来总理关于工艺美术实行"保护、提高、发展"方针的指导下,苏州工艺美术在经受"文革"冲击后开始复苏,并成立苏州工艺美术厂,金银首饰作为一个品种在该厂内重又恢复生产。先从航海仪器三厂及有线电四厂调回一批制作金银饰品的技术骨干,并招收了百余名学徒,重新恢复饰品生产,主要加工出口金饰品。

三、恒孚银楼的工艺传承和社会影响

1976 年 8 月,将苏州工艺美术厂中生产金银饰品的部门划出,单独建立苏州金属工艺厂,厂址在平江路 306 号,职工 292 人,成为中国工艺品进出口总公司北京首饰分公司加工金银饰品的定点单位。

1982 年，国家开放内销黄金首饰市场，苏州金属工艺厂被中国人民银行总行和轻工业部批准列为全国七大城市九个定点生产金银饰品的单位之一，产品由苏州工艺美术品批发部定点经销。

1985 年，苏州金属工艺厂是苏州市唯一的金银制品生产单位，建筑面积 4 921平方米，固定资产原值 110 万元，职工 323 人，年产值 9 220 万元，其中金饰 9 177 万元，外销 25 万元。主要产品为 24K 和 22K 项链、挂件、龙凤戒、铜鼓戒、花方戒等，销路甚好，是当时市民中颇为流行的抢手货。

1988 年，苏州金属厂自筹资金，延用百年名牌“恒孚”，寓保持苏州金饰质量第一的信誉，在人民路 566 号（现 1620 号）接驾桥畔建造起中西和壁的四层楼恒孚银楼，门面坐东朝西，飞檐翘角，营业面积 2 000 平方米，开始前店后坊式的生产经营。二楼为珠宝首饰城，扩大了珠宝镶嵌首饰的销售业务，产销发展迅速。

1992 年国庆节前夕，恒孚银楼举办首届恒孚首饰展览会，集中展示了近年来制作的一百余件造型各异、制作精良的黄金首饰和金银摆件，充分体现了恒孚首饰所保持的精湛工艺技术和鲜明的苏州地方风格，也显示了恒孚金银首饰趋向高层次、高品位发展的结果。其中有 14K 高档钻石四件套首饰“飘舞”，共镶嵌钻石 156 粒，祖母绿 25 粒；18K 金钻石戒指、耳插、别针、手镯、项链五件套首饰“青春”；红玛瑙四件套“蟹”；18K 钻“长城”戒指；以及“江河颂”银镀金珍珠、珊瑚四件套首饰等精品。还展示了以苏州园林为题材的 K 金翠珠虎丘胜景、西湖湖心亭、拙政园香洲摆件等，分别采用翡翠、珍珠、玛瑙等名贵宝石为原料，运用苏派镶嵌技艺精制而成，保持和发扬了恒孚首饰工艺特色。

恒孚另有各式摆件，如 1996 年由赵雷设计，张萍、沈苏敏参加制作的纯银苏式花丝宫扇，是件高档艺术欣赏摆件。宫扇高 42 厘米、宽 25 厘米，用纯银丝 92 克精心编制而成，需运用银丝轧拉、编织、挑花、盘花、焊接、扎固等传统手工艺，宫扇外框以红木制成海棠形，富有传统韵味。整个扇面以两根头发丝般粗细的银丝编制成新颖图案，中西结合，结构严谨，纹样清晰，玲珑剔透，高雅富丽，被授予苏州市工艺美术小百花奖。

1995 年，成立了以苏州金属工艺厂为母体，金属工艺品厂、恒孚钻石饰品厂、恒孚银楼、恒丰珠宝首饰公司（合资）、多种经营服务部等多家组合的苏州市恒孚首饰集团有限公司，同时成为江苏省金银珠宝首饰行业协会、江苏省工商联黄金珠宝业商会、苏州市工艺美术行业协会、苏州市工商联黄金珠宝商会等社团的骨干单位。

1998 年初，为了加强产品的市场竞争力度，先后在南门商业大楼、第一百货大楼、石路太平洋商厦三个大型商场内增开恒孚首饰专卖店。

1999 年，繁华的观前街进行整治改造重新规划，恒孚抓住这一有利机遇，在观前街 207 号邵磨针巷口的黄金地段又竖起一幢新的恒孚银楼，作为恒孚银楼观前分店。老店新开，一楼为足金首饰，二楼为珠宝首饰，营业面积 500 余平方米，在观前街周围大平面、大直角的建筑中，以其飞檐翘角、粉墙黛瓦的特色突显在人们眼前，卓尔不群。百年老店恒孚再次在金店银楼众多的观前竖立起来，老字号终得以恢复。

四、恒孚银楼的变革与创新

2004 年，恒孚根据苏州市关于国有企业改制的统一部署，摆脱了国有体制的束缚，由民营资本 100% 股份接收，恒孚从此搭上了高速发展的快车道。

1. 进行恒孚品牌的营销策划

恒孚营销策划的主题有：历经百年品质值得信赖；不断突破走在风尚前沿；传承百年，引领风尚。恒孚保持百年品牌的优势，但摒弃老旧的形象，将传统进化为经典，将江南进化成东方。通过与电视台、报社等主流媒体的合作，并研究消费行为、消费心理，细分市场需求，推出了至尚金品、花嫁系列、宝贝黄金和恒孚金等系列产品，改变了原来款式陈旧、品种单一、不能完全满足市场需求的状态。还通过恒孚网站和电子商务，开展各类展销促销活动，形式多样地开辟不同销售渠道，成效显著。

2. 开设连锁与加盟，扩大品牌效应

2006 年，恒孚进行了一系列内部改革，大胆起用新人，先后引进了优秀的经济管理人才，并植入科学的管理模式和管理理念。2006 年开始，恒孚实施了以苏州市为中心向外辐射的战略规划，东起上海、昆山，西至无锡、镇江，南抵浙江萧山，北过常熟到张家港，先后开设自营分店（商场专柜）十八家。其中以苏州市区的观前店、人民路店和石路店规模最大，占年销售总量的百分之八十。同时，在苏州市周边木渎、东山、吴江、角直、太平、黄埭、越溪、车坊、唯亭、临湖、东渚等地陆续开出恒孚加盟店 20 家，在苏州乃至江苏，恒孚品牌的市场覆盖面正在逐步扩大。

3. 弘扬老字号传统美德，积极参与打造文化苏州、构建和谐社会的系列活动

2006 年恒孚与苏州电视台、苏州收藏家协会联合举办恒孚“传家宝竞赛”公益活动，为恒孚两百周年店庆增添了丰富的内容，引起了苏州市民的极大反响。参与者千余，选收藏品达数千，其中不乏年久失传的恒孚经典老物件。著名书法家费之雄先生楹联并书“恒惟诚　情融万户，孚众望　声誉百年”，代表了苏州百姓对恒孚诚实守信经营之道的赞誉。

4. 成立恒孚珠宝产品研发中心，提升恒孚在珠宝行业的专业地位

2014 年，恒孚聘请了国内知名珠宝设计顾问，同时成立了新产品研发中心，一方面推陈出新，定期推出以恒孚品牌文化元素为主题的新产品，另一方面为恒孚品牌的后继有人搭建了一个培养人才的平台，把恒孚的发展推向了一个新高度。

“世纪沧海续本色，百年名店绽新颜。”恒孚作为闻名全国的“中华老字号”银楼，在历史的长河中虽已过了 200 岁的生日，但至今仍然焕发出朝气，充满活力，在传承、创新中不断得到升华。

（沈叔荣）

如意檀香扇的历史发展与生产工艺

一、如意檀香扇的历史发展

苏州檀香扇是从长期的折扇发展过程中逐渐衍变而来的,以檀香木制扇,虽然早已流传,但它成为一个独特的扇种,不过百年的历史。

光绪年间,常州湖塘桥的张多宝、南京栖霞山的杨永生等制扇名手来苏,连同本地共百余制扇手艺人集中在桃花坞韩衙庄一带,分设十余家折扇作坊,开始了初具规模的檀香扇生产。

20 世纪 30 年代初,张多记扇庄受杭州王星记委托,仿照日式女扇,加工绢面檀香扇,销往南洋,风靡一时,从此苏州檀香扇便形成一种产品。

由于工艺制作上的革新,各家作坊生产出许多新的花式品种,式样新颖美观,品种繁多。随着绢面檀香扇工艺技术的日益完善,产品迅速在南洋等东南亚地区畅销,并逐步取代了竹折扇的传统地位。后来因日本侵略中国,檀香扇外销中断,大量作坊倒闭,檀香扇生产陷入困境,几近瘫痪。

抗战胜利后,个体户制作逐渐恢复,制作人员增加,工艺操作和艺术表现出现重大改进,品种繁多,产量上升,檀香扇逐步形成两大系列:为杭州王星记生产的绢面檀香扇,如排茄、尖梢、倒肩檀香扇;为上海王星记生产的全面烫花檀香扇。至此,苏州檀香扇成为世人所知晓的苏州特色的地方产品,享誉海内外。

1955 年公私合营成立苏州檀香扇生产合作社、折扇生产合作社、绢扇生产合作社,1958 年 10 月改为苏州檀香扇厂、苏州扇厂。

从 20 世纪 80 年代至 90 年代,苏州檀香扇进入了繁荣期,檀香扇从实用物件转为纯艺术观赏品。追求精、细、艺术多样的制作,多种工艺结合,使檀香扇跃上了一个新的档次，众多作品在省、市、全国获奖，产品远销海外。1981 年苏州檀香扇厂生产的“如意牌”檀香扇荣获中国工艺美术品百花奖“银杯奖”；1990 年荣获首届北京国际博览会金奖；2005 年至 2006 年荣获苏州市名牌产品证书。由于檀香扇本身木材名贵，且造型优美，玲珑雅致，清香扑鼻，因而成为收藏观赏、馈赠亲友的佳品。

2004 年苏州檀香扇厂转制为苏州如意檀香扇有限公司，目前苏州制扇行业中苏州如意檀香扇有限公司是唯一一家中华老字号企业，也是国家级首批非物质文化遗产保护项目——苏扇制扇技艺的传承保护责任单位。公司现有国家级非物质文化遗产（苏扇制扇技艺）代表性传承人一人，江苏省非物质文化遗产（苏扇制扇技艺）代表性传承人一人。

二、如意檀香扇的生产工艺

檀香扇的生产工艺有十多道，主要工艺有画花、拉花、烫花和雕花，通称“四花工艺”。

1. 画花

扇面画花

画花是在檀香扇的绢面上，用毛笔勾勒设色而成。过去的绘画题材偏重于花鸟、仕女、花卉。就花卉而言，不仅有牡丹、莺粟和菊花三种，经过合作化后多年的发展，扇面在线条、色彩、技法方面都有了创新。画工的绘画题材广阔，内容丰富非同昔比，艺术水平有了很大提高，在色彩上既非大红大绿，又有较强烈的对比装饰效果，并吸收国画设色的传统，运用淡墨和浓墨来调和和烘托色彩，用笔工细而简练，做到工而不呆，简而不虚，同整个扇子融合无间。

檀香扇扇面绘画基本上属于工笔中国画一类，但又不是国画的单纯移植，它既然运用在檀香扇上，就必须服从于整个扇子造型上的需要，就应具有装饰风格，和一般的绘画有所区别，总的来说，是中国画与民间传统装饰的结合。

2. 拉花

拉花是用钢丝锯镂刻出镂空图案。早期的拉花单调粗糙。最初一把扇子上

扇面拉花(一)

扇面拉花(二)

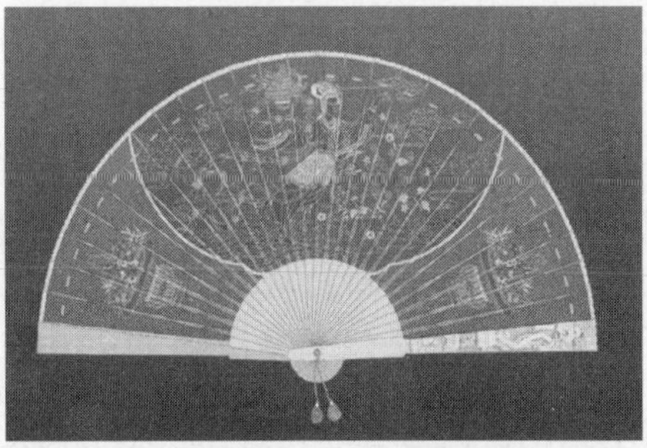

扇面拉花(三)

只有五六个孔眼,不讲究对称和对花。后来发展了“对花”“拼花”式样,内容也突出了只拉花卉图案的一贯传统,跳出了过去拼凑刻板、生硬俗气的框框,题材更加广泛。

苏州檀香扇的拉花以细巧著称,因其所用工具为自制特殊钢丝拉锯,所以转折灵活自如。拉花技术之妙,不只是在对称性的图案上见功夫,而且对于自然形式的复杂图案花纹也能够锯拉自如,风趣天然。拉花图案一般由几何纹、蔓草纹或剪纸等纹样组成,有些配以人物、花鸟、风景名胜等主体图案。一片狭窄的扇骨上的图案,往往由数百个大小不等、形状各异的孔眼构成。如檀香扇菊花图,近七千个孔眼,线条细如发丝,精美绝伦。

细拉花除运用于檀香扇外,也运用于象牙扇。象牙本身就非常名贵,质地洁白细腻,比较适合细拉花技术。如象牙女折扇《天女散花》图,就是细拉花的代表作之一。该扇是檀香扇厂拉花艺人戴钱生所作,每根扇骨上拉镂出一千一百二十八个孔眼。每个孔眼只有一粒米的二分之一大小。全扇有洞眼二万七千多个。1975年开始设计制作的大型象牙宫扇,也是充分利用和发展拉花艺术的特色艺术品。

扇面烫花

3. 烫花

早期的烫花是用铁钎子插进烧红的炭基中,用受热的铁钎来烫绘的,工具原始笨重,操作不便。经过改革,现在采用银质电笔烫绘,效果一样,操作简便。烫花主要运用中国工笔画线条，再适当辅以西画的衬擦。画面色泽呈或深或浅的赭色，风格典雅、古朴，并给人一种奇特的感觉。当然烫花也需要绘画的技能，可以描绘戏剧人物、花鸟鱼虫、山水风景等各种题材。

4. 雕花

雕花分浅刻、浮雕、镂雕等，在大骨上雕刻人物、山水、花鸟或博古等画面；绘花，即在绢面上绘仕女、花鸟等，色彩艳而不俗，富丽大方，有的在泥金扇面上重彩绘画，更是显得华丽富贵，耀目生辉。

扇面雕花

5. 拉烫结合

早在20世纪60年代，设计人员已经开始了把拉花与烫花结合起来的尝试。从此，拉烫结合的形式构思日见奇巧，这种形式更是成为美化檀香扇的主要手段。拉烫结合的檀香扇，都比一般的单纯细拉花或烫花作品更受人欢迎。1972年西哈努克亲王来访时，苏州檀香扇厂赠送的两把礼品扇中，就有一把是拉烫结合的檀香扇“孔雀”，表现了较高的艺术水平。80年代拉烫檀香扇发展到登峰造极的地步。

通过拉烫结合这一工艺所表现的产品，既保持了“拉花”玲珑剔透的风格，又发扬了“烫花”深厚细微的特色。经过精心设计，主次安排妥帖，使两种不同手法得到高度有机的统一。拉烫主要以烫花为主，烫花能产生近于素描式工笔画的效果，烫花不是绘画，但近似绘画，故题材广泛，内容丰富。

扇面拉烫结合

拉烫结合已形成檀香扇生产的一大传统特点。“烫”与“拉”水乳交融，相映增辉。十多年的实践证明，拉烫结合的艺术形式具有无比旺盛的生命力，已成为发展檀香扇艺术的主干。

（孙耀文）

雷允上的历史沿革与生产经营变革

雷允上药业有限公司可溯源于清雍正十二年(1734 年)由苏州名医雷大升创立的雷允上“诵芬堂”药铺。雷允上“诵芬堂”坐落于姑苏老阊门专诸巷天库前周王庙弄口。企业著名产品“六神丸”采用独特的制作技艺,使用六味名贵中药材精制成当时世界上最小的微丸(千粒仅重 3 克)。中药大部分取自植物药,而六神丸配方中无一植物药,皆为动物药和矿物药,且有一定毒性,非医家圣手不敢开此配方。六神丸对治时邪、疫毒、烂喉、丹痧、喉风、喉痈及一切无名肿毒等,无论内服外治,均有特效。近年来,六神丸获得了“国家级非物质文化遗产”“国家绝密配方”等荣誉,并连续三年蝉联“国家质量奖金奖”。

雷允上药业有限公司已发展成集工业公司、商业公司、国药连锁药店、吴门国医药馆及健康养生公司为一体的医药企业,继承和发扬雷允上传统制作技艺,秉承“精选道地药材、虔修丸散膏丹”的雷允上祖训,成功开发了六神系列产品、消症丸、健延龄等一大批优秀的中成药,凭借显著的疗效和著名的企业品牌,获得国内外业界及消费者的一致好评。

一、雷允上的起源

今天的雷允上药业有限公司是由雷允上诵芬堂老药铺发展而来的,创始人雷大升,字允上,号南山,先世江西南昌人。

明朝初,雷允上的八世祖雷唐(尚虞)在江苏常熟出任掌文教的官职。其子雷羽中(凤霄)以“成化进士,出知于河南彰德府”。明代中叶,雷羽中之子雷祖泽(维康)居住于无锡县梅李乡之秦村,后又迁往苏州定居。

清朝初,雷允上之父雷嗣源(启阳)为“拔贡生,官居内阁中书军机章京”。

清康熙三十五年(1696 年),雷允上诞生。雷允上“幼即孤露,稍长砥行读书”,博学广览,尤酷爱读医药书籍,但因孤贫,年 19 岁即入赘毛氏。

雷允上原配“毛氏,观察叔公女”。翌年,毛氏夫人去世,无子。“继配朱氏,秀野公女”,“篷室陈氏”。朱氏生子雷楷、雷椿、雷桂。陈氏生子雷兰。雷允上还有三个女儿。

清雍正元年(1723 年),雷允上负病北上入都“应京兆试”。到京后,他病情加剧卧床不起,未能参加考试,待病愈后,启程返里。从此,雷允上即无心仕途,拜姑苏名医王晋山(字子接)为师专心学医;并在学成后,历游燕齐间,采药于深山大川及悉心钻研医药,从事丸、散、膏、丹之修合。

清雍正十二年(1734 年),雷允上设诵芬堂于姑苏老阊门专诸巷天库前周王庙弄口行医卖药。雷允上精于医道并修合以香料丸散为主的时疫急救药及以道地药材为原料的常见、多发病的治疗药。雷允上的丹丸治病救人得心应手“为时所重”。

清乾隆元年(1736 年),雷允上挂牌行医设诊所于诵芬堂内,集医药于一处。《雷允上墓志》载:“吴郡工岐黄术者固不乏人,而雷公南山以经济才治活人者,尤矫然绝俗。”

雷允上医术高明,对症用药,“治病无不效”“遇贫者与之药”。因此,雷允上声名鹊起,名噪姑苏,成为吴中名医之一。

雷允上尽毕生精力经营诵芬堂达 45 年之久,在其行医卖药的生涯中,民众把雷允上医名和诵芬堂铺名连称为雷允上诵芬堂。之后,甚至有只知雷允上,不知诵芬堂者。

雷允上曾著有《金匮辨证》《要症论略》《经病方论》《丹丸方论》等书。晚年,他常徜徉山水,垂钓葑溪,扼琴松壑,并肆力于诗古文,有自订琴韵楼稿。

清乾隆四十四年(1779 年),雷允上逝世,享年 84 岁。

二、雷允上的沿革

雷允上所处的时代,医药已基本分开,但雷允上是集医药于一身,制药治病与对症下药是结合在一起的。雷允上在长期的临诊卖药实践中,掌握了大量古方,积累了不少民间验方、单方,并对此进行精深的研究。特别是对时疫急救药,外科多发病药,他根据临诊经验,不断修改,按君臣佐使之道,着重麝香、犀角、牛黄、羚羊角、珍珠等名贵香细料及剧药的配伍。所以雷允上的丸、散、膏、丹较原方有着显著的疗效。由此,"雷允上"初步形成了以经营急救药、常见病治疗药为主的经营格局。

雷允上殁后,雷允上诵芬堂药铺由其子雷桂(字宫蟾,号秋涛)经管。雷桂生于清乾隆二年(1737 年),早年曾"任广西梧州参军,权苍梧县事",生有梦熊、梦麟、梦鹏、梦骏四子。雷桂继承父业二十余年,至清嘉庆八年(1803 年),雷桂邀同父异母弟雷兰和亲族表侄陆涛,外甥胡德桂、钱定烈,内侄徐观政、徐观勋,婿沈长年及友杨敷华等"定准章程开列于后,一样写成四纸付交梦熊、梦麟、梦鹏、梦骏各存一纸,以明分析,毋生别论",而立了分拨店业书。他希望"自拨之后,汝弟兄皆同心协力料理店务,不许各存异见,以致参商"。

立分拨店业书后,诵芬堂即归梦熊(礼大房)、梦麟(耕二房)、梦鹏(绮三房)、梦骏(蕉四房)共掌产权。八年以后即清嘉庆十六年(1811 年),雷桂去世,享年 75 岁。

清道光六年(1826 年),雷诵芬堂重定章程议单,也是每房各执一纸。

雷允上、雷秋涛等先后逝世后,雷诵芬堂在雷氏子孙中又相传了近 50 年,至清咸丰十年(1860 年),太平军与清军在阊门内外交战,自旧历四月十三日起,无夜不火。在战乱中,雷氏族人将店内贵重细料药物等分发各房及职工,各自仓促避难。

礼大房雷庆夫妇在战乱中遇难,其子雷理卿(文均)仓皇出逃。这年,理卿才 10 岁,为太平军所收养。后,他随军西撤至江西,太平天国失败后,即流落在江西。理卿 13 岁时才由苏州雷允上诵芬堂所派出的职工张玉亭至江西将其找回苏。事后,雷理卿由其叔父雷庆和收养;受业于叔祖父雷甘先生,并在店中学业。

耕二房雷寿芝、绮三房雷子纯等、蕉四房雷莲伯等、松五房(雷兰之后裔)雷骏声等也相继避难至上海。

抵沪后,雷氏族人并无资财开店、开业。为度生计,他们只能在上海老北门、新北门一带摆药摊,以卖苏州带来的雷允上丸散为生。

在设药摊初,雷氏族人与姻亲平玉甫、童某两人协商,请二人资助雷氏族人在沪恢复祖业——雷允上诵芬堂。

经商洽，平源记出资二百两银，童请记出资一百两银，雷氏五房各出资一百两银（以实物作价亦可）共计八百两银，于清同治二年（1863 年）“金复旧肆于沪”之兴圣街（今上海人民路永胜街）。此即上海雷允上诵芬堂之始。初开业时，上海雷允上诵芬堂的店房系租赁。该房屋结构、店的规模、营业状况均属一般。

苏城战事平定后，雷氏族人在诵芬堂全体同仁的帮助下，复苏州旧业，先在阊门内都亭桥复业，后于清同治六年（1867 年），移设苏州中市专诸巷东，朝南门面营业。

清同治十一年（1872 年）、清光绪三年（1877 年），雷氏族人先后二次在苏州天库前原址重建房屋，作为雷诵芬堂之货栈和工场。

自此以后，雷允上诵芬堂有苏申二家。苏州雷允上诵芬堂为老店，无外姓股东；上海雷允上诵芬堂为分店，有外姓股东。

清光绪五年（1879 年）至十二年（1886 年）间，其营业额合计白银五万零二百七十两；年平均营业额约白银六千二百余两。清光绪十三年（1887 年）至二十七年（1901 年）间，其年营业额从白银一万零三百二十七两逐渐上升至白银五万零七百八十六两。

清光绪二十七年（1901 年），雷氏族人与平、童两股东协商拆股事宜。平、童两人同意退股，并与雷氏族人达成协议。议定雷允上诵芬堂付与平、童两人共计白银一万八千零三十二两。

清光绪二十八年（1902 年）至光绪三十四年（1908 年），其年营业额在七万至九万两银之间浮动。

清宣统元年（1909 年），其年营业额突破十万大关。此后十年的营业额仍继续上升。至民国八年（1919 年），其年营业额突破二十万两银大关。

清光绪年间，雷氏后裔绮三房雷滋蕃（文衍）在上海设雷桐君堂，主要经营“雷滋蕃牌六神丸”。他重金聘用原雷诵芬堂的制丸技师制作六神丸。制作场所在苏州通和坊家中。当时，雷桐君堂规模及经营范围甚小。

庚申战乱后，雷氏族人恢复祖业，业务得以蒸蒸日上，经雷氏礼，耕、绮、蕉、松五房协商后，均表示“南山公（雷允上）以下子孙不得将六神丸独自售卖专利，致伤合族睦谊”，各自以书信为凭，“并允洽合备银洋一万元交付绮三房滋蕃弟兄查收，以答子纯公（雷滋蕃之父）高谊”。

协议达成后,雷桐君堂即行关闭,其制丸技师及职工并入雷诵芬堂。雷诵芬堂随即对雷桐君堂进行清理,清出凡不符合雷诵芬堂质量规格的药材,全部装船倾倒吴淞口。

早在清同治初年,六神丸虽有,但流转未广。六神丸"归诵芬堂售卖"后,六神丸处方"嗣经蕉四房莲伯公暨礼大房理卿弟兄陆续增修,精益求精,始获畅行"。

民国二十三年(1934 年)十月,增设雷允上北号(上海市河南北路),北号除经营传统六神丸等各种丸散膏丹外,还增设饮片、参燕、药酒等业务。同时,地处上海民国路(今人民路)的雷允上诵芬堂改为南号;苏州雷允上诵芬堂定为总号。

三、雷允上的生产经营与变革

(一) 雷允上的经营状况

1. 商号注册及商标注册

民国四年(1915 年),雷允上诵芬堂药铺苏州总号、上海分号以经理雷文衔、代表雷文骰及业主向吴县呈请商号注册。二月十一日,获准,发给商号注册第壹类第贰号执照一份。

民国十七年(1928 年),雷允上诵芬堂向国民政府全国注册局呈请设立雷允上诵芬堂药铺(苏州)和上海雷允上诵芬堂药铺(支店),经"核与条例,尚属相符,应准按照左列各款注册给照此证"。苏州雷允上诵芬堂药铺收执江苏吴县第叁号证书,上海雷允上诵芬堂药铺收执江苏上海县第壹零叁号证书。

同年九月十九日,雷允上诵芬堂"以九芝图商标专用于商标法施行细则第三十六条第一类之各种药材及丸、散、膏、丹商品",业经国民政府全国注册局"依法审定、准予注册,取得专用权,自拾肆年(1925 年)一月十六日起至叁拾肆年(1946 年)一月十五日期满,合行发给注册证,此证",证号为第 980 号。

2. 雷允上的营业额

民国十五年(1926 年)至民国二十二年(1933 年),雷诵芬堂的年营业额约六十万银元。其中民国二十年(1931 年)营业额达九十多万银元。

民国二十一年(1932 年),苏州雷诵芬堂的营业额居苏州各药铺首位,约占全苏州国药业零售行业的六分之一。

（二）翻建雷允上苏州老店

民国二十三年（1934年）上半年，在拓宽苏州西中市大街时，苏州雷允上诵芬堂老店翻建钢筋水泥楼，于翌年下半年落成。新建苏州（西中市）雷诵芬堂老店前楼为三层，后楼为四层，店面为石库门。两扇大门两侧分别挂有“诵芬堂雷允上精选正药”和“诵芬堂雷允上阿胶丹丸”的长铜招牌；在库门上端有石刻阳文“雷允上”三个出自江苏武进唐驼手笔的大字，其上还装置书有“苏州总号”的门灯。店堂内铺设花地砖，店内两扇风窗玻璃上刻有“雷诵芬堂”字样；第一进是天幔；饮片柜靠东沿墙，丸散柜在中，天幔靠西沿墙错落而设，饮片柜、丸散柜上方分别挂有“雷允上老药铺”匾牌；在饮片柜前，沿西墙置红木茶凳和椅子，并备有煨炭羹茶壶；东、西墙分别挂有张一麟和翁同龢、左孝同等人之题词；前二楼是细货房和账房间，三楼是职工宿舍；后三、四层楼是中货房、草药房；厨房在后底层枕河而设。

新屋落成时，苏州地方知名人士、药业同仁纷纷前来祝贺老店新开。有一贺联谓：“诵芬主人自营药料垂二百余年，擎基鹤市，驰荟鸡林，嗣更在沪添设南北二号，以便顾客。其擎图周详由现，兹值中市肆屋卜筑兴迁，美哉轮奂，爰书是联，聊供壁云。”“雷允上药料楹联代程干卿作并跋，‘葛令移居勾砂难老，韩公隐市笼药无欺’。”

（三）雷允上的经营品种

创办雷允上“北号”的资金十六万五千元是积八年之久的长生金（公积金）。“北号”的资金是“南号”资金的5倍，但它不需雷氏五房集资。故创办者雷显之独享“创办”股权益。雷氏各房因不损害自身利益，故对创办北号一事，无人表示异议。

综观此一阶段，为雷允上诵芬堂从粗放经营的中小企业发展成为经营特色突出、管理制度比较完备、业务发展成同业中佼佼者的鼎盛时期，其经营重点为民间治疗性成药。其成药修合确实精益求精、配比合理、工艺独特，所以疗效显著，名噪中外，在中成药经营史上留下了不可磨灭的功绩。

民国二十九年（1940年），苏州雷允上诵芬堂经理雷学嘉（征明）、上海雷允上诵芬堂经理雷学乐（显之）在民国二十年版《雷允上诵芬堂丸散全集》的基础上，增加部分品种，重编《中国丸散饮片全集》（雷允上诵芬堂丸散饮片全集总目）。

该丸散饮片全集收载痧症门、外症门、补益心肾门、脾胃泄泻门、饮食气滞门、痰火咳嗽门、诸风伤寒门、诸火暑湿门、妇科门、儿科门、眼科门、伤科门等成药449个品种及生药(饮片)858个品种。

1949年4月27日,苏州城解放。苏州雷诵芬堂也同其他各老企业一样获得新生。

中华人民共和国成立后,在中国共产党的领导下,中药事业得到了重视,加上人民生活安定,全国交通运输畅通,苏州雷诵芬堂业务逐步得到发展。

1950年11月20日,苏州雷诵芬堂在苏南行署苏州市商业登记表上填报,资金有固定资金为(旧)人民币4 946 108.15元;流动资金(旧)人民币110 140 782.95元;合计(旧)人民币115 086 891.10元。

雷诵芬堂所有自有房地产合时价为300余石米钱。

1955年3月1日,中国人民银行发行新版人民币,以新币1元回收旧人民币1万元。此时,苏州雷诵芬堂所拥有的资金为12.135 0万元,其中固定资金为5.379 4万元;流动资金为6.755 6万元。

四、雷允上的组织发展

雷允上制药厂划归苏州市卫生局领导后,中共苏州市委于1962年8月1日批复同意建立中共苏州雷允上制药厂支部委员会。由杨全福任书记,杭金庚任组织委员兼生活委员,王家栋任宣传委员。8月3日,中共苏州市委工业部通知杭金庚任苏州雷允上制药厂副厂长。同时,由上级任命经正祥任副厂长,王家栋、宋兴华、邱连忠、孙培生、叶元生等任各科科长。

1964年1月30日,苏州市医务工会批复同意雷厂工会改选和分工。厂工会委员会由王家栋、叶元生、徐祥坤、阮子荣、胡宁和、李国英、戴蔚声7人组成。

在“文革”期间,原雷允上药厂全部正直有责任心的职工仍坚持生产、坚持技术改革、坚持新产品开发,雷允上药厂在逆境中前进、发展。

1977年上半年,雷允上药厂浓缩合成车间生产大楼计4层2 376平方米竣工。下半年,新建浓缩合成车间的配套工程深井开凿和升降机组安装相继竣工。

1978年,新建微丸车间1 300平方米。

1978年,苏州市医药公司和雷允上药厂邀请本市中医药界著名人士协同研究新处方、新品种、新剂型,从而使中成药研究协作组成立。苏州市医药公司经理惠志方、雷允上药厂厂长杭金庚、苏州市中医医院副院长马振华等分别担任中成药研究协作组的正、副组长。“协作组”吸收苏州市医学界著名人士和热心中医药事业的骨干50余人,开展协作活动。几年活动中,“协作组”除了有名老中医提供经验方,转为雷允上药厂新产品外,又对人参再造丸、大活络丹、六味地黄丸、小金丹等开展改方临床实验。人参再造丸、大活络丹等得以鉴定通过,并发展成为雷允上药厂的主要产品之一。

1980年5月1日,雷允上药厂完成中国药材公司下达24万元的浓缩技术改造项目,并正式形成生产能力。

1984年3月19日,经国家医药管理局的提议,在原中医药科学研究协作组的基础上,成立苏州雷允上制药厂业务、技术顾问委员会。

1994年3月,由苏州雷允上制药厂出资30万元设立苏州雷允上营养保健品公司,处所设在河西新区曙光村,注册资金30万元。

1997年3月,经市工商行政管理局登记,雷允上药业集团公司(苏州)将沐泰山、王鸿翥、童葆春等15家药店合并组成“苏州雷允上国药连锁总店”,属雷允上药业集团公司(苏州)的全资子公司,注册资金226.9万元,地址在西中市127号。

1997年,由中国远大集团公司出资6 029万元(占70%),苏州医药集团有限公司以所属雷允上药业集团公司(苏州)和苏州雷允上国药连锁总店的净资产,经评估确定为3 690万元(占30%)出资,组建雷允上(苏州)药业有限公司。注册资本9 720万元,地址在西中市127号,员工1 068人。

1998年10月,由中国远大集团公司出资900万元(占90%),雷允上(苏州)药业有限公司出资100万元(占10%)收购常熟制药厂,设立常熟雷允上制药有限公司。

1999年2月,雷允上(苏州)药业有限公司股东会通过决议,批准公司出资设立苏州雷允上国药连锁总店有限公司,总投资为694万元。

2001年3月,雷允上(苏州)药业有限公司更名为雷允上药业有限公司。

2003年12月,雷允上药业有限公司由西中市127号搬迁至高新区横山路86号。

在开放创新的吴文化个性中成长起来的雷允上人,将传统中医药文化和不断发展的经营理念有机结合,形成了符合时代要求的雷允上文化。雷允上人始终秉承“聚百草、泽万民”的祖训，专心做中药，大力弘扬中药文化，这些都为雷允上的发展壮大起到了至关重要的作用。

2004 年 6 月底，公司通过国家药品监督管理局 GMP 和 GSP 认证。

2005 年，公司完成了新厂整体搬迁并通过了 GMP 认证，奠定了发展壮大的基础。

2012 年，仅雷允上工业及连锁实现销售收入过 5 亿元，利税过 5 000 万元。

目前，公司已完成“雷允上药业集团股份有限公司”名称预核准。

进入新世纪以来，雷允上人与时俱进，在继承发扬中医传统的基础上，运用现代制药技术设备进行了中药现代化的全面改造，建成完全符合国家药品生产质量管理规范的现代化中药研发、生产基地，百年雷允上由此步入了一个快速发展的新阶段。

（李　俪）

名声如雷，允称上乘

——雷允上老字号传承之思考

一、雷允上的历史渊源

清康熙三十五(1696年)四月二十六日戌时，雷允上诞生。雷允上“幼即孤露，稍长砥行读书”，博学广览，尤酷爱读医药书籍。

清雍正元年(1723年)，雷允上负病北上入都“应京兆试”。到京后，他病情加剧卧床不起，未能参加考试，待病愈后，启程返苏。从此，雷允上即无心仕途，拜姑苏名医王晋三(子接)为师专心学医；并在学成后，历游燕齐间，采药于深山大川及悉心钻研医药，从事丸、散、膏、丹之修合，并于苏州观前街设摊诊病。

清雍正十二年(1734年)，雷允上设诵芬堂于苏州老阊门专诸巷天库前周王庙弄口行医卖药。雷允上精于医道并修合以香料丸散为主的时疫急救药及道地药材为原料的常见、多发病的治疗药。因之，雷允上的丹丸治病救人得心应手“为时所重”。

雷允上尽毕生精力经营诵芬堂达45年之久，在其行医卖药的生涯中，民众把雷允上医名和诵芬堂铺名连称为雷允上诵芬堂。之后，甚至有只知雷允上，不知诵芬堂者。

雷允上曾著有《金匮辨证》《药症论略》《经病方论》《丹丸方论》等书。清咸丰十年(1860年)太平天国进攻苏州，城内一片战乱，药店无法正常营业而关闭。雷氏后裔不得以将店迁址上海法租界兴圣街(今新北门永胜路)京江弄口开设药店“雷诵芬堂申号”。后太平军败退，雷氏后裔重返故里，并在原址继续经营

“诵芬堂”药铺,但上海药铺仍旧保留,至此,形成了以苏州为总号、上海为分号的雷允上药铺局面。

新中国成立后,雷氏后人积极拥护社会主义改造,带头参加公私合营,在当时的工商界起到了积极作用,至此,雷允上苏州总号与上海分号分家,各归当地政府管理经营。

1958年苏州雷允上正式建厂,开始了新的里程,在全国中药行业被称为“四大家族”之一。

1997年,由中国远大集团公司和苏州医药集团有限公司共同发起,组建了雷允上药业有限公司。

2001年雷允上药业有限公司在继承发扬中医传统的基础上,运用现代制药技术设备进行了中药现代化的全面改造,投资逾亿元在苏州高新技术开发区建成了一个占地六万五千多平方米,完全符合国家药品生产质量管理规范的现代化中药研发、生产基地,被国家评为“双高一优”项目。

今天,雷允上秉承“百年立业、质量为本”的立业理念,“聚百草、泽万民”,继承传统、科学创新,以疗效确切的优质中成药服务大众,努力开创现代中药的新纪元。

二、雷允上的传承

雷允上所处的时代,正是吴门医派温病学派日趋成熟的时代,医家在对温热病治疗的实践中发明了剂量很少但很有效的治疗方子。雷允上诵芬堂药铺精选良药,悉遵古方及祖传工艺成法修合各种丸、散、膏、丹,以神效卓著而驰誉中外,其中尤以“九芝图”牌六神丸最为著名。六神丸对治时邪、疫毒、烂喉、丹痧、喉风、喉痈、单双乳蛾、疔疮、对口、痈疽、发背、肠痈、腹痈、乳岩,及一切无名肿毒等,无论内服外治,均有特效。

雷允上六神丸小如芥子,因剂量小、起效快,有“中药中的抗生素”之美誉,自问世以来,行销海内外,被誉为“中华国药瑰宝”。六神丸制作技艺有许多首次独创的先进工艺技术,不仅体现了吴门医派温病学原理的特色,而且荟萃了吴门医派理论的精髓,为以后中药的生产起到了重要的影响作用。雷允上的六神丸是中医学,尤其是吴门医派医学理论的经典体现,也蕴含了丰富的吴中文化。

雷允上对六神丸的配方和制作技艺是保密的,传儿不传女。雷允上诵芬堂有严格的用人制度,雷氏子孙要进店任职,必须在本堂或中药行业学业满师后,才能出任。据统计,在20世纪三四十年代里,雷氏六世孙、七世孙、八世孙先后有14人在本店或其他药店拜师学业。店中除聘请部分制药技术高超的药工(称客师)外,其余都是雷允上诵芬堂本店的学徒(称本堂出身)。职工中有父子相传、叔侄相传、祖孙相传在店内供职,更有祖孙数代在雷允上诵芬堂相继供职者。几百年来,雷允上涌芬堂一直保持着独家经营的地位。新中国成立前,六神丸的总秘方掌握在雷氏传人手中,其制作工序按采购、炮制、选配等步骤分解下去。制药工各司其职,相互间不允许打听。各岗完成原药后,再汇总到传人手中,由传人在一个封闭的房间里按秘方称量、修合、研磨,完成最后的合成。

苏州总号和上海分号各自内部都有明确分工。苏州总号内场有头刀、二刀、三刀、料刀,其中:头刀、二刀兼泛细料丸、丹;料刀泛粗料丸散。外场有丸散柜、饮片柜。柜内又分头柜、二柜、账桌、配方员、营业员等职。还设有细货房、中货房、腊壳房等。各项专职有的还要兼任其他制药工作。上海分号职工多、部门设置也多,分设:内账房、外账房、六神房、腊壳房、细货房、刀房、料房、丸散部,饮片部、邮购部、煎送部。

六神丸最主要的特点有:剂量小,起效快,处方独特,制作技艺独特,无法采用一般的泛丸制作,必须经过独特药材处理及成型工艺。直到现在,现代机器仍无法完全取代人工完成六神丸的制作。

苏州雷允上六神丸制作技艺于2008年被文化部认定,列入国家级非物质文化遗产代表作名录,编码为ⅠX-4,属中医传统制剂方法类别。

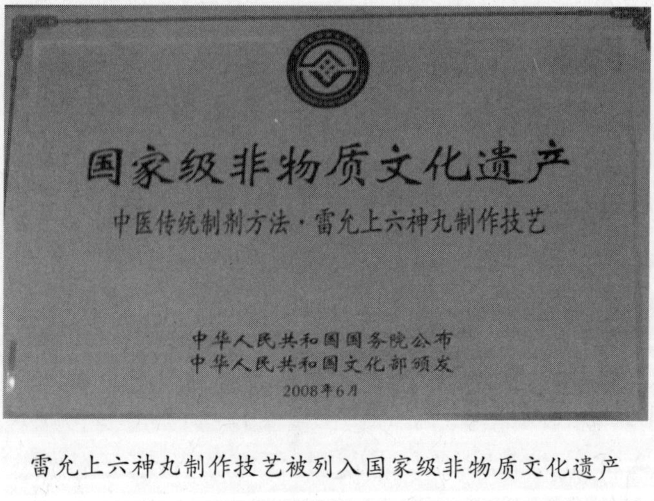

雷允上六神丸制作技艺被列入国家级非物质文化遗产

雷允上药业有限公司是苏州雷允上六神丸制作技艺项目的申报单位、文化部认定的保护责任单位,同时也是编制苏州雷允上六神丸制作技艺中长期保护规划的项目承担单位。李英杰被认定为苏州雷允上六神丸制作技艺国家级、省级、市级非物质文化遗产项目代表性传承人。

三、雷允上传承的现状

新中国成立后,雷氏后人将六神丸秘方献于国家,江苏省及苏州市政府及雷允上药业有限公司为抢救这一珍贵文化遗产做了大量的工作。1956 年经国务院批准,中央卫生部明确规定雷允上六神丸列入保密制造范围。1958 年 6 月 24 日,苏州市公私合营中西药总店提出筹建"联合制药厂"规划,厂名定为"苏州市公私合营联合制药厂"。"联合制药厂"分设第一工场、第二工场及原材料仓库。

苏州雷允上制药厂成立后,药品生产除六神丸等传统香料细药保持传统秘方及传统工艺外,均按苏州中药固有成方暂行配本和苏州中药饮片切制操作方法暂行配本进行生产。与此同时,在厂内建立药品质量检验制度,并挑选确定具有一定业务经验的职工兼任"药品质量检验员",以负责对药品的生产、配制、加工、分装、贮藏,购入、发出原材料以及成品的质量检查。

1980 年 1 月起,国家对药品生产实行菌检。即从此时起,雷厂实行每个品种、每批产品全部菌检,并都有出厂检验报告单,其生产的药品菌检合格率逐步提高。主要产品六神丸、消炎解毒丸的一次菌检合格率达到百分之百;其他各类剂型和产品都坚持合格出厂。

1984 年国家医药管理局又把雷允上六神丸列为医药系统"绝密级"项目。1996 年雷允上六神丸被国家列为一级保护品种。通过不懈的努力,苏州雷允上六神丸制作技艺得到了有效保护,同时,科研和学术也没有中断,历年来硕果累累。虽然在市场经济初期雷允上六神丸也受到了市场化、全球化浪潮的冲击,但雷允上六神丸的知名度和影响力并没有丧失,雷允上六神丸制作技艺的脉络也没有断裂,雷允上六神丸的生存与发展仍有较大的空间。

苏州雷允上六神丸制作技艺项目入选国家级非物质文化遗产名录后,省、市各级政府及雷允上药业有限公司非常重视,采取了多种有效措施,使苏州雷允上六神丸制作技艺传承保护机制日臻完善,也取得了阶段性保护成果。

通过普查、收集、考证、保存,已初步理清苏州雷允上六神丸制作技艺的历史发展脉络,收集整理出一批相关资料、实物,并予以存档和保存。

通过传承、研究和开发,苏州雷允上六神丸制作技艺得到有效保护,创新品种也日益增多,科研和学术研究也取得一定成果。雷允上药业有限公司又先后研制出六灵解毒丸、六神凝胶、六神胶囊等系列产品。

通过投入资金,在报刊、广播、电视上加大宣传力度,提升雷允上六神丸的品牌形象,加深公众对苏州雷允上六神丸的了解和认识,引起社会各界对雷允上六神丸的广泛关注,扩大了传播面和提升了影响力。

通过加强对"雷允上"商标及字号的保护,不断扩大"雷允上"在海内外的知名度和影响力,尤其是通过向苏州市、江苏省、国家申请认定"雷允上"商标为知名商标、著名商标、驰名商标、中华老字号等一系列保护性措施,使"雷允上"拥有了"苏州市知名商标""江苏省著名商标""国家驰名商标""中华老字号"等多项称号。另外还通过商标异议复审、商标争议、商标侵权诉讼,坚决打击各种侵犯"雷允上"商标合法权益的行为,同时还在我国的香港、澳门、台湾,以及新加坡、马来西亚、泰国六个国家或地区申请注册了"雷允上"商标,进一步在国外提高和扩大了"雷允上"及"雷允上六神丸"的知名度和影响力。

通过生产性保护,将传承保护与生产活动有机地结合起来,初步建立起一支老中青结合的梯度式人才队伍,生产和销售逐年增长。

通过国家及省、市有关政府部门的指导和全社会的努力,建立了雷允上中药文化展示古代馆、现代馆,建立了完整的六神丸处方、工艺保密档案和保密车间,建立了六神丸传统名优中药保护与生产示范基地。

四、雷允上传承存在的问题

雷允上传承中存在的问题主要有如下五点:

(1)现代医药给传统医药带来了挑战,西医的大量涌入,对中医药产生了极大的冲击,甚至有学者提出废除中医药。

(2)医药行业在商业领域存在一些不规范运作,给整个医药行业,包括中医药带来了冲击。

(3)药品原料的来源受到限制。

(4)由于缺乏整体规划和部分机制缺失,传承、保护工作还不够缜密,整体工作还缺乏计划性和系统性。

(5) 由于受资金、人才不足等现实的困扰,对传统中医药技艺的挖掘力度仍然不够。

五、雷允上传承保障性措施

1. 工作机制保障

苏州雷允上六神丸制作技艺的保护传承工作,由政府有关部门主导,雷允上药业有限公司具体组织实施,抢救性挖掘、整理、研究相关历史资料,及时纳入数据库,及时更新,及时维护,提升功能。

2. 奖惩措施保障

切实建立激励机制,认真落实奖惩措施,对在苏州雷允上六神丸制作技艺保护工作中做出显著贡献的组织和个人,按照国家有关规定予以表彰、奖励;对致力于学习、传承、保护苏州雷允上制作技艺项目的传承人给予适当资助,以利于他们安心学习和传承;对保护规划的实施情况随时进行监督检查,发现保护规划未能有效实施应当及时纠正、处理;对在保护工作中玩忽职守,给实施规划带来严重影响的,依法给予处分;对严重损毁非物质文化遗产者,依法给予处分,情节严重者可报请有关部门依法给予治安处罚。

3. 政策支持保障

国家或地方政府要研究制定相应的政策条例、法律法规,对从事"非遗"保护工作的单位、个人,在税收、社会保障方面进行扶持,使他们安心从事"非遗"传承保护工作,减少"非遗"工作中各项成本费用,解除他们的后顾之忧。引导和培养社会公众对非物质文化遗产的兴趣。通过建立雷允上国医馆,形成集中医诊疗、中药养生、文化展示、餐饮旅游为一体的特色保护区域,向社会公众展示独特的"雷允上"中医药文化,加深社会公众对苏州雷允上六神丸的了解与喜爱。

4. 人才培养

坚持以人为本,强化人才培训,逐步形成国家、省、市级合理的阶梯式人才结构。引进、培养从业人员,分级、分期、分批对该项目保护的有关管理人员、业务人员和非物质文化遗产传承人进行教育培训,建立一支素质较高的保护工作专业队伍,使非物质文化遗产保护工作的质量得以保证。

5. 资金保障

国家和地方政府要切实增加对项目保护的投入,将苏州雷允上六神丸制作技艺保护专项资金列入财政预算,每年设立专项资金和配套资金,制定制度,加强管理,确保专项资金专款专用并提高效益。通过政策引导等措施,鼓励个人、企业和社会团体对项目保护工作进行资助。

(黄　滔)

茶中半日偷消闲

——三万昌的历史沿革和发展

茶馆，普遍存在于近代中国社会，而苏州的茶馆更以其独特的吴文化魅力延续了几百年，当时富庶的苏州城有着很多风雅的城市闲人，把终日孵泡茶馆作为日常生活“固定公式”。所谓“白天皮包水，晚上水包皮”即是指白天孵茶馆，晚上泡澡堂。近代著名作家郁达夫嗅出并感叹于其中的韵味，把苏州玄妙观孵茶馆视作“苏州人风雅趣味的表现”。

一、碧螺春与姑苏风雅

“碧螺春”产于我国著名风景旅游胜地吴县（现为苏州市吴中区）洞庭山。唐代陆羽《茶经》中有关茶产地中提到“苏州长洲县生洞庭山”。洞庭山所产的茶叶，因香气高而持久，俗称“吓煞人香”，后来清代康熙皇帝品尝此茶后，得知是洞庭山碧螺峰所产，改名为“碧螺春”。清乾隆年间王应奎《柳南续笔》中记有此事：“洞庭东山碧螺峰石壁，产野茶数株，每岁土人持竹筐采归，以供日用，历数十年如是，未见其异也，康熙某年，按候以采而其叶较多，筐不胜贮，因置怀间，茶得热气异香忽发，采茶者呼吓煞人香。吓煞人者，吴中方言也，遂以名是茶云。自是以后，每值采茶，土人男女长幼，务必沐浴更衣，尽室而往，贮不用筐，悉置怀间，而土人朱元正独精制法，出自其家，尤称妙品，每斤价值三两。己卯岁（1699年），车驾幸太湖，宋公购此茶以进，上以其名不雅，题之曰‘碧螺春’。自是地方大吏，岁必采办。”太湖之滨的洞庭东山和西山，是风景旅游胜地，西山岛相传是吴王夫差和西施避暑胜地。山上的林屋洞又是道教修行的洞天福地，还有海登法师练功处石公山等十大景点，环境优美，气候宜人，果木茶树间作成园，生长茂盛。碧螺春采制工艺精细，采摘一芽一叶的初展芽叶为原料，采回后经拣剔去杂，再经杀青、揉捻、搓团、炒干而制成，炒制要点是“手不离茶，茶不离锅，炒中带揉，连续操作，茸毛不落，卷曲成螺”。碧螺春的品质特点是：条索纤细，卷曲成螺，茸毛披覆，银绿隐翠，清香文雅，浓郁甘醇，鲜爽生津，回味绵长。品尝碧螺春茶，在白瓷茶杯中放入 3 克茶叶，先用少许热水浸润茶叶，待芽叶稍展开后，续加热水冲泡 2 ~ 3 分钟，即可闻香、观色、品评。碧绿纤细的芽叶沉浮于杯中，香气扑鼻而来，品饮过后，鲜爽怡人。

苏州人的风雅是出了名的，风雅里头自然少不了茶。喝茶是所有苏州人的嗜好，历史上是这样，现在更是如此。一杯清水在手，添入香茶几许，那种感觉很特别，也是大多数苏州人难舍的。

茶被列为“开门七件事”之一，在这七件事中，也只有茶有过一部《茶经》。苏州山温水软，气候湿润，拥有得天独厚的种茶条件，因此很早就成为全国的重要产茶区。苏州种茶、饮茶初兴于两晋南北朝。陆羽的《茶经》则是文献中最早明确提及苏州产茶的第一部著作。唐朝贞观年间，“茶圣”陆羽曾寓居虎丘很长一段时间，他开山种茶，专门对苏州水质、茶叶作过研究品评。唐代著名诗人韦应物任苏州刺史时，就亲自在园中种过茶。宋朝以后，苏州就开始出现名闻遐迩的水月茶、虎丘武岩茶、天池茶、阳山白龙茶了。到明清时期，苏州茶叶名甲天下，碧螺春茶成为“天下第一茶”而享誉海内外。这种蕴含在饮茶过程中的文化深深镌刻在每个苏州人的身上。

二、三万昌的起源和沿革

三万昌——始创于清咸丰五年（公元 1855 年）的茶业老字号，距今已有 150 多年的历史。始创人为苏州本地人氏盛尧明，茶馆取字号“三万昌”，意喻为“绵绵不绝，繁荣昌盛”。

三万昌茶馆原址在玄妙观观音殿右侧，三开间门面，后面一进直通大成坊巷。茶馆内设近百张茶桌，兼作书场，可同时供数百人品茗、听书，其乐无穷。所以苏州人有“吃茶三万昌，撒尿牛角浜”之说。当时的茶馆不光是专供人“白相”的，商人在这里洽谈生意，报人在这里获取信息，文人在茶馆里高谈学术，甚至还有“吃讲茶”“讲斤头”的风趣习俗，苏州人叫作“茶会”。

清同治年间，一批米贩借吃茶之机做交易，遂逐渐在三万昌第二进南面堂口形成米市茶会，每晨一市，米行米店业主均有各自固定座位，上市时人头攒动。大家各出示包有米麦样品的长方小纸包，包上标明米名、所需或可供数量，按货论价，成交后即以此样为验货标准。受米市的启发，此后苏州油酱业也开始在北堂口集市，每天下午各榨油坊、油行、酱油行业主乃至酱菜业主都到此洽谈批发业务。食油交易分现货、期货两种，现货在谈妥后即由油坊送达。期货买卖大多始于小满菜籽即将大量上市时，以期货油票为凭，上注明预定油价，并预收20%定洋，到期不问市价涨落按票付款提货。这种边茶边市的方式一直延续到新中国成立以后，甚至国有公司一度借三万昌茶馆为油酱盐市场，这越发扩大了三万昌的知名度。当时，玄妙观三万昌米业茶会是最鼎鼎有名的，苏州地区的市场动态，主要都是从三万昌茶会上得来信息。“三万昌”在当时的苏州具有很高的知名度和影响力，被喻为“沪宁线上的信息中心”和“苏州经济脉搏跳动中心”。

民国初年，三万昌始创人盛尧明已年迈，无意再继续经营，便把三万昌转让给大成坊贴邻缪顺义漆盘店老板缪成福。20世纪30年代缪成福病故后，其在上海某报关行任职的儿子缪知义辞职返苏接管并自任经理，并担任了苏州“茶馆水灶业”同业公会的负责人。此人年少精明，外加时来运凑，在他手里三万昌达到了最鼎盛辉煌的时期，被比喻为“苏州经济脉搏跳动中心”，在当时社会上起着相当重要的作用。当时的三万昌茶馆成了苏州商品投机的大本营：上午米粮面粉，下午食油粮食，包括“五洋”商品（洋烛、洋油、洋火、洋皂、洋烟），特别是黄金（条子、蚱蜢）也在此以惊人的数量卖出买进，真正的茶客望而生畏，不敢轻易涉足。三万昌进出人头混杂，也给当时的地下工作者在此活动提供了遮蔽和方便。

苏州沦陷后期，缪氏传人谬福元曾担任当时“茶馆书场业”副主任委员。

新中国成立前夕，物价暴涨，社局动荡，茶馆业逐渐出现了无序失控状态，“三万昌”等一批苏州商业老字号开始被人们逐渐淡忘。新中国成立后，缪氏把三万昌全部产业转让给国家，成为苏州市稳定物价、调节供求的正规市场。

20世纪50年代以后，苏州的商业网点进行了几次大的调整。由于“左”的思潮影响，茶馆被认为是不光彩的行业而被取缔，尤其是“文革”期间，许多老字号被当作“四旧”受到冲击，三万昌曾一度湮没无闻。

三、三万昌的发展

改革开放给三万昌带来了新生。20世纪90年代,苏州市政府为了弘扬旅游名城的历史文化,把素有“姑苏第一街”的观前街重新规划改造。当时的茶业人士张建良先生(中国茶叶流通协会理事,从事茶叶行业十多年)为了重树苏州茶业旗帜,弘扬中国茶文化,投资重新树立起“三万昌”这个苏州百年老字号金字招牌。三万昌各个专业门店的招牌均为苏州著名书法家李镜清老先生所题。

三万昌在苏州市最繁华的商业圈——观前街,就拥有观中、观东、观西三家茶叶连锁门店和三万昌茶楼。在永续发展的经营理念下,2003年,三万昌在江苏省会南京市新街口闹市黄金地段设立了一个专业连锁门店。三万昌十全街店、南园店也在2004年相继开业。2004年6月,三万昌牌碧螺春被联合国教科文组织第28届世界遗产大会指定为唯一专用茶叶。目前,三万昌共有20家连锁门店。

作为“中华老字号”的三万昌,本着质量第一、服务第一、信誉第一、客户至上的宗旨和永续发展的经营理念,在重视产品质量的基础上,继承前人宝贵经验的同时,在太湖洞庭东山、西山开辟了2 500多亩绿色无公害基地茶园,自产、自制、自销“吓煞人香”的碧螺春、碧螺毛尖、碧螺香茶、万昌绿、万昌生态茶一系列优质品种。展望未来发展,苏州三万昌茶叶有限公司将在江苏省内各大重点城市以及“国际大都市”上海等地逐步创立自己的连锁直营茶叶专卖店与茶楼,把中国名茶——苏州碧螺春的芳香美誉传播四方,让中国的茶文化发扬光大,走向世界!

参考文献:

[1] 孙中浩. 苏州老字号[M]. 苏州:古吴轩出版社,2006.
[2] 谢燮清,等. 洞庭碧螺春[M]. 上海:上海文化出版社,2009.

(朱才军、翟英才)

苏州观前街三万昌门店

醇香美酒醉百年

——沙洲优黄的传承和创新

一、沙洲优黄的历史

“沙洲优黄”至今已有近130年的历史。老字号的开创和发展，蕴含了几代老字号传承人的艰辛和传奇，散发着浓郁的历史气息。中华老字号不但是一块沉甸甸的“金字招牌”，更是中华民族经济发展史的有效见证。根据《江阴县志》记载，明代，本地南部古陆地区，农家酿酒已很普遍，现张家港市的西张设有官办酒坊。至清同治咸丰年间，大量的民间酿酒坊如雨后春笋，一些掌握较好酿酒技艺的酿户逐步成长起来，长江三角洲一带酿酒、制酱及生产其制品的糟坊、酱园遍布城乡，大多自设门市、分号，自产自销，批零兼营。

康熙三十九年(1700年)陈氏兄弟建立后塍镇。清光绪十一年(1886年)，位于后塍南街东弄处，一个叫汤恒元的人开了一家酒店，生意兴隆，后由于自酿老白酒及土法吊烧酒供不应求，遂自开糟坊。有屋四间(工场)，并于1938年打制大木榨一部，小木榨两部。有酒缸50余只，招工15人，其生产的老白酒、黄酒除供应本店外，主要是批发给附近的酒家。此时，在江南一带开设较早、规模较大、主营酱油、兼营酿酒的糟坊是鼎元、元隆这二家酱园，其以过硬的产品质量在民间享有盛誉，并在常熟等地开设了分号。鼎源隆的第二任经理人葛亮玉也看中后塍这个新兴市镇，于清光绪年间委派其子葛金洪到后塍开办鼎源隆糟坊，经营酱油和酒。

之后酿酒生意日趋兴隆，在后塍中街及沿套又陆续开办了允聚、永源丰、永义丰、自然等糟坊，其中自然糟坊由汤恒元糟坊演化而来，其生产产品主要是酱油、黄（白）酒，部分糟坊也吊烧酒（糟烧），这些糟坊都各备有榨机和酒缸。糟坊间相互竞争，促进了酿酒业的发展和产品质量的提高，产品销往无锡、苏州等地，后塍酿酒业已远近闻名。而后由于战乱灾荒等原因，各糟坊兴衰有别。至新中国成立之初，开办最早的汤恒元已几乎破产倒闭，其他几家也只能勉强维持。

新中国成立后，国家对烟酒专控，后塍汤恒元等七个糟坊联合起来成立了后塍联营处。1952 年，江阴境内的占门桥、晨阳、大新、德积等地的糟坊合并到后塍，联营为一个管理处，上面四地加后塍五地，遂取名“五新糟坊”，时有酒缸 872 只，年产黄酒 692.82 吨。1956 年公私合营，因为当时后塍属江阴县，又取五新酿酒厂的“新”，加上江阴“澄”字为厂名，改名为“澄新”酒厂。但由于江阴已有一酒厂，故又加了“二”字，称“澄新二厂”，厂长沈长思，由苏伟君担任私方厂长，行政属江阴工业局。当时，全县酒的生产基本集中到了后塍，因而企业有了一定发展，规模扩大，产量增加，占到了境内总产量的 65% 以上，更为重要的是不同糟坊的酿酒师傅集中到了一起，不同的酿酒技艺兼收并蓄。1962 年成立沙洲县，3 月，澄新二厂更名为“公私合营沙洲县后塍酒厂”，并逐步推出沙洲牌黄酒。1966 年 11 月，由“公私合营沙洲县后塍酒厂”更名为“国营后塍酒厂”。1976 年，“国营后塍酒厂”更名为“国营沙洲酒厂”。1999 年，企业改制后，更名为“江苏张家港酿酒有限公司”至今。

二、沙洲优黄的传承发展

1. 沙洲优黄的生产规模

江苏张家港酿酒有限公司是全国黄酒行业的重点骨干企业、全国黄酒协会副理事长单位，是黄酒国家标准起草制定单位之一，是具有百年历史的中华老字号企业。公司现有员工千余人，中高级技术人员 100 余人，占地面积 45 万平方米，拥有固定资产 8 亿元，是全国最大的民营黄酒生产制造企业。目前，公司黄酒年生产能力 10 万吨，年销售近 8 亿元，基酒储备逾 20 万吨，拥有全国最大的清爽型黄酒酿造基地，清雅型黄酒属全国首创。“沙洲优黄”的生产规模、产品档次、管理和技术装备行业领先，利税总额在全国黄酒行业排名第一位，综合经济技术指标排名第二位。

20 世纪 70 年代中期，黄酒行业的发展虽然缓慢，但企业内部的努力没有中断,在开发新品种、提高黄酒的消费适应性等方面进行着不断的探索。公司在严格遵循传统的基础上,根据江南人的口味特点,汇集不同酿酒技师的经验,取长补短,不断优化和完善半甜型黄酒的生产工艺,并形成了新的黄酒品种。它以优质糯米为原料,采用独特的茅香型高温曲和淋饭等原料和工艺酿制,其酒色橙红、酒体协调、清亮透明、醇厚爽口、芳香浓郁、甜而不腻、口感舒适、营养丰富,适量常饮,具有舒筋活血、延年益寿之效。当初定名为优质黄酒,推向市场后,引起了很大反响,深受消费者喜爱,基本完成了沙洲优黄品牌创立的初步工作。

在更名国营沙洲酒厂以后,企业生产经营逐步得到规范管理。“沙洲”牌黄酒已对外宣传,酒坛外已开始贴上“沙洲”的标记,沙洲优黄已成为当地家喻户晓的知名品牌。在地方政府和主管部门的关心和支持下,为了发展黄酒的生产规模,1986 年,黄酒车间从后塍镇搬到了现在的公司黄酒生产基地,单独成立“国营张家港市酒厂”,企业规模逐步扩大,销售形势十分喜人。为了进一步打响黄酒的品牌,依据厂名,正式定名为“沙洲”牌黄酒。1989 年 10 月 30 日,“沙洲”商标批准注册,之后该商标在所有黄酒产品的内外包装上均得到使用。

1996 年,公司开始推行 ISO9002 国际质量体系贯标认证。通过贯标认证的实践和质量管理体系的运行,企业建立健全了文件化的质量管理体系,提高了员工的整体素质,增强了企业的凝聚力。各部门工作职责明确,职能明晰,员工的质量意识明显提高。公司还提出了“食品工业是道德工业”的企业理念,深刻认识作为食品企业所肩负的对于人的生命和健康的历史性责任,扎实建立起食品安全保障体系。2005 年公司顺利通过了 HACCP 食品安全管理体系的认证,对整个生产流程形成了一套缜密的质量管理网络,从原料进厂到产品设计、制作,再到出厂检验,层层负责、道道把关,坚持质量零缺陷标准,建立了全员、全过程、全方位的质量保证体系。目前,公司还与江苏省军区运西农场、盐城川东农场等农场合作,建立自己的原粮基地,确保原料质量。

2. 沙洲优黄的传承创新

近年来,沙洲优黄在秉承传统的情况下坚持走创新之路,用现代化工具、科学知识、发酵原理来演绎传统工艺,在注重量化、标准化的掌控下,使酒的发酵、生产更卫生,更安全,更可控;并发明了箱式发酵、大罐储存、冷储藏等技术,这些拥有国家专利的新工艺目前被全国同行广为使用,并正领导着中国黄酒的改革。

2000 年起至今,公司每年投入上千万资金进行黄酒生产技术改造和环境整治。在继承传统生产工艺的基础上，应用现代科学技术对黄酒酿造与灌装过程、生产环境和设备进行了大规模的改造，通过几年努力，目前黄酒的酿造生产焕然一新，实现了自动蒸饭、自动大坛清洗灌装、温控调节缸房、上下工序管道运输流水作业等，彻底改变了原先厂房简陋、设备简单、生产环境脏乱、工人劳动强度大等状况。黄酒灌装采用自动进瓶、自动洗瓶、自动灌装封盖、自动贴标喷码、自动装箱包装的一条龙自动生产流水线。

2008 年，公司经过长期的检测比较，果断抛弃了传统的冷酒灌装工艺，创新开发了黄酒热灌装生产技术。黄酒热灌装技术的运用，极大地缩短了黄酒杀菌时间，节约了大量能源，同时可靠地确保了杀菌效果，也使黄酒的口味、品质有了稳定提高。依托该项技术，公司而后又在全国率先研发清爽型黄酒品种，积极推动清爽型黄酒规模化生产，并成功将清爽型黄酒纳入黄酒国家标准。

公司自 2009 年起着力实施黄酒大容量厢式发酵项目，2011 年年底全部完成生产化规模应用。项目以传统黄酒酿造工艺为基础，通过生产实验研发新的黄酒前发酵工艺和设备，将先进的不锈钢技术、计算机技术和生物技术引入酿造领域，逐步替代传统陶坛发酵，大大节省了传统黄酒酿造所需劳动力，同时减少了损耗，稳定了酿造质量，使规模化黄酒发酵、管道输送、机械化作业等技术在黄酒酿造中得以实现。改造后的黄酒酿造既继承了传统黄酒的生产工艺，又提高了酿造环境、设备卫生、生产过程卫生和人员卫生等的卫生要求，保证食品安全。该项目已获得国家发明专利，并通过省级新产品新技术鉴定，2013 年获得中国酒业协会科学技术进步奖。

从 2011 年至今，公司在黄酒行业中率先应用黄酒大罐陈酿技术，实施黄酒大罐储存扩建项目，研制建造 320 立方米黄酒不锈钢陈酿大罐及相关配套设施，逐步替代传统陶坛陈酿，使得黄酒陈酿质量更加稳定，品质如一。该项目实施后，公司黄酒基酒储存能力提高了 50%，具有极大的经济效益和社会发展前景。

三、沙洲优黄的工艺特点

百年的不断探索，造就了沙洲优黄品牌。公司秉着“挖掘底蕴深厚的姑苏文化，丰富产品文化内涵”的经营理念，不断创新发展，根据市场的不同需求，相继开发了沙洲优黄、江南印象、吉星高照、太湖之星等系列 100 多个品种的黄酒产品，形成丰富的黄酒品牌集群。

沙洲优黄有其独特制作工艺。首先是沙洲优黄制曲工艺，以当年产新小麦作为原料，利用草包工艺制作高温大曲，改传统的稻草包曲为当年新割的茅草包曲，由于茅草具有特别的清香及抗腐烂性，给生产的高温曲带来了独特的曲香成分，避免了稻草包曲形成的烂草气味，曲香清新纯正，赋予沙洲优黄其独特风格。其二是酿造工艺上，采用低温发酵、多次加曲、多次喂饭工艺。沙洲优黄以优质精白大米为原料，发酵过程通过控制温度、控制醪液浓度来达到抑制发酵的目的，同时采用多次加曲、多次喂饭的方法，充分利用黄酒边糖化、边发酵的特点，来保留适当的残糖，形成了独特的半甜型黄酒生产工艺，使酒质更醇厚、柔和。因此，沙洲优黄具有酒体橙红、清亮透明、酒体协调、醇香浓郁、醇厚爽口、甜而不腻、营养丰富的特点。

在严格继承传统的基础上，沙洲优黄根据现代消费需求，率先在黄酒行业探索向清爽型黄酒方向发展，逐步降低了糖度和酒精度，以更加适应现代人的口味要求。通过调整，保持了黄酒原有的特色，甜度适中，口感柔和舒服，更容易为消费者所接受。如今，清爽型黄酒已成为市场的主流。

（肖　湘）

餐饮老字号的体验营销策略探讨
——以苏州得月楼为例

就餐饮行业而言，其本身就是一个充满体验且适宜开展体验的行业。苏州餐饮老字号企业，不仅是我国传统餐饮企业的代表之一，而且有着悠久的历史和久负盛名的声誉。然而，随着时代的变迁，餐饮行业的竞争越来越激烈，苏州餐饮老字号企业经营面临着巨大的困境，许多餐饮老字号萎靡不振或被淘汰出局。所以，在继承老字号传统优势的前提下进行创新发展就显得尤为重要。若苏州餐饮老字号餐饮企业能在体验经济背景下，根据自身的优势进行营销创新，通过开展多层次的体验营销，通过为消费者创造独特的餐饮体验和文化体验来塑造与提升老字号的品牌，将会为苏州老字号餐饮企业注入新的活力，从而有利于餐饮老字号的可持续发展。本文以苏州餐饮老字号得月楼为例，在对得月楼消费群体进行问卷调查分析的基础上，探讨了苏州餐饮老字号企业实施体验营销的策略。

一、得月楼简介

得月楼创建于明代嘉靖年间，距今已有400多年历史。当时的得月楼就已经盛极一时，蜚声吴中了。沧海桑田，古时的得月楼随着历史的变迁和改朝换代，或经移址和湮灭，只成为历史上的一笔记载，直至清代乾隆年间，仍有不少文人墨客题诗赞美“得月楼”。当年乾隆皇帝下江南的时候，在得月楼用膳，因其菜品味道极为鲜美，赐名“天下第一食府”。

得月楼恢复于1982年4月25日，移址苏州繁华中心的餐饮一条街——太监弄。从1993年起,先后对相关商标注册大类进行了注册和保护性注册,并对几家外地企业的抢注行为进行商标异议申请,有效保护了苏州老字号的知识产权。“得月楼”商标,2006年被商务部首批命名为“中华老字号”商标,2008年被江苏省工商行政管理局认定为“苏州市知名商标”,2009年被苏州市人民政府授予“苏州市企业知名字号”,2011年被江苏省工商行政管理局评为“江苏省著名商标”。得月楼是著名的中华老字号餐饮企业。

在改革开放中得月楼不断扩大发展,1995年开设苏州小吃园,专营苏州风味小吃;1999年开设得月楼新大楼,以豪华的宴会大厅、风貌各异的包厢和精致的苏州船菜船点、吴中第一宴等为中外顾客服务。三店相辉,形成太监弄美食街的鼎足,是苏州餐饮业的著名菜馆。2003年6月经深化改制创立了苏州市得月楼餐饮有限公司,为得月楼进一步发展扫除了障碍。2006年5月,租赁苏州工业园区李公堤2 652平方房产,投资1 000万元装修,开设顶级餐饮场所,并同时对得月楼老大楼进行改建,投资2 000万元,增加营业面积2 000平方米。

目前,得月楼营业网点有四个,总计营业面积8 383平方米,台位265只,可同时容纳2 000人就餐。得月楼蜚声中外,名师荟萃,技术力量雄厚,传承苏帮菜点,每年接待中外顾客达数十万人次,品牌价值也不断提升。

二、调研方案设计及调研结果分析

体验营销包括感官体验、情感体验、思考体验、行动体验和关联体验五个模块,本研究围绕这五个模块开展,考察顾客的体验,并以此建立全面顾客体验模型。

本次调查是对苏州“中华老字号”餐饮企业——得月楼的消费群体进行的调查,由于研究时间和资源的限制,采取非随机抽样的形式抽取调查样本,以调查问卷形式收集数据,测评出消费者在该老字号消费时的体验数据。

(一)调查问卷设计

1. 调查问卷构成

本问卷分为两部分:第一部分为被调查人员的人口特征,包括性别、年龄、收入、职业、受教育程度等特征要素;第二部分为对受访者体验消费态度的测量,从感官、情感、思考、行动、关联五个方面入手。本次问卷调查按照消费者进入老字号进行体验的时间顺序对问题进行排序,以从进入老字号到离开老字号的整个消费过程的体验点作为问题。希望最终通过对调研结果的定量分析,确定一些需要特别注意的关键时刻点,再从感官、情感、思考、行动、关联这五个方面提出策略建议,以到达体验营销的目的。

2. 调查问卷的发放和测量

本次调研的总体为苏州得月楼的消费者,根据问卷的特点决定采用非随机抽样方法。将问卷交于服务员,在消费结束结账时,进行发放,答完的便收回。共发放 230 份,回收 219 份,回收率达到 95%。其中有效问卷 180 份,有效率 82%。

本次调研的问题属于对态度和感受等主观方面的测量,因此采用了市场调查中的态度测量方法,设计态度测量表,并选取态度测量技术中最常用的一种——评比量表。这种量表的两端是极端答案,每个答案事先给定分数,这样就直接得到消费者态度或其他主观因素方面的测量值。本问卷各测量题目评价尺度采用 Likert5 级量表,1 为最低,5 为最高。

(二)调查问卷样本的数据分析

1. 样本概况

通过以下的样本概况分析,可以得出该老字号餐饮企业的顾客类型,进行市场细分。

表 1　调查样本的性别频数表

性别	频数	百分比	有效百分比	累计百分比
女	86	47.8	47.8	47.8
男	94	52.2	52.2	100
总计	180	100	100	

从表 1 中可以看出,光顾该老字号的顾客中男女比例基本均衡,比例大致为1∶1。

表 2　调查样本的职业分布表

职业	频数	百分比	累计百分比
工商管理者	36	20	20
公司职员	58	32.2	52.2
公务员	23	12.8	65
个体户	31	17.2	82.2

续表

职业	频数	百分比	累计百分比
教师	7	3.9	86.1
学生	3	1.7	87.8
警察	2	1.1	88.9
自由职业者	2	1.1	90
其他	18	10	100
总计	180	100	

从表2中可以看出,光顾该老字号的顾客各个行业均有,以公司职员为主,工商管理者及个体户也占了相当比例。

表3　调查样本的年龄分布表

年龄	频数	百分比	累计百分比
20岁以下	2	1.1	1.1
20~29岁	42	23.3	24.4
30~39岁	90	50	74.4
40~49岁	37	20.6	95
50~59岁	5	2.8	97.8
60岁以上	4	2.2	100
总计	180	100	

从表3中可以看出,来该老字号消费的人群年龄跨度还是比较广泛的,主要是20岁以上的青年人和中年人。

表4　调查样本的受教育程度分布表

受教育程度	频数	百分比	累计百分比
高中以下	14	7.8	7.8
大专	42	23.3	31.1
大学本科	78	43.3	74.4
大学本科以上	46	25.6	100
总计	180	100	

从表4中看出,来该老字号消费的消费者学历大多在大专以上,具有一定的文化水平。

表5 调查样本的月收入汇总表

月收入	频数	百分比	累计百分比
2 000 元以下	17	9.4	9.4
2 001 ~4 000 元	58	32.2	41.6
4 001 ~6 000 元	76	42.2	83.8
6 001 ~8 000 元	21	11.7	95.5
8 001 ~10 000 元	3	1.6	97.1
10 001 ~12 000 元	2	1.1	98.2
12 001 ~14 000 元	1	0.6	98.8
14 001 ~16 000 元	1	0.6	99.4
16 000 元以上	1	0.6	100
总　计	180	100	

从表5中可以看出，来该老字号的消费者都具有一定的经济基础，其中月收入4 001 ~6 000 元的占到了42.2%，具有一定的消费能力。

在对消费者的归属调查时，发现来该老字号消费的苏州本地人与在苏州学习或工作的人员、外地临时来苏州的人员各占38%、43.2%、18.8%，从中可以看出，该老字号受到了各类消费者的一定关注，但对于外地临时来苏的人员，由于品牌认识度不高，老字号缺乏一定号召力。

2. 量化数据的描述性统计

本文使用SPSS统计软件对正式调研数据进行描述统计处理，得到的可靠性系数(α) =0.716，说明本次调研数据具有较高的可靠性。计算各建构具体问项的平均值、标准差、偏度系数，得到本研究中各建构基本数据的统计描述，如表6所示。

表6 调查样本的描述性统计表

题号	项　目	均值	偏度系数	偏度系数的标准差
1	老字号店面位置和交通	4.37	−0.445	0.181
2	排队情况的感觉	3.34	−0.443	0.181
3	店员的热情接待	3.68	−0.502	0.181
4	对老字号内部装潢的感觉	3.22	−0.306	0.181
5	对老字号店内气味的感觉	2.26	−0.277	0.181

续表

题号	项　目	均值	偏度系数	偏度系数的标准差
6	对老字号店内背景音乐的感觉	3.27	-0.387	0.181
7	找到理想座位的容易程度	2.62	0.015	0.181
8	价格适当程度	3.15	0.121	0.181
9	菜肴品种丰富程度	3.86	0.215	0.181
10	服务员的友善程度、专业程度、服务及时程度	3.47	-0.383	0.181
11	等待上菜时间长短	3.55	-0.464	0.181
12	菜肴口味	3.09	-0.139	0.181
13	老字号店内座位及环境舒适整洁程度	3.57	-0.280	0.181
14	餐具的精美程度	2.96	-0.024	0.181
15	对促销活动的满意程度	2.39	0.369	0.181
16	使用银行卡和信用卡的方便程度	4.51	-0.610	0.181
17	店员甜美的微笑	3.33	-0.542	0.181
18	该老字号传达的品牌形象	2.92	-0.019	0.181
19	该老字号的广告、产品等使您产生美好情感的频率	3.35	-0.391	0.181
20	该店的广告、产品等激发起您的兴趣的频率	2.69	-0.251	0.181
21	您的朋友或亲人来该老字号消费的人数	2.86	0.399	0.181
22	对服务的整体感觉	3.51	-0.400	0.181
23	您光顾该老字号的频率	2.85	0.488	0.181

从均值上看,各问项由高到低主要有:使用银行卡和信用卡的方便程度4.51分,说明了该店在结账时使用银行卡和信用卡方便程度上做得是很不错的;店面位置和交通方便程度4.37分,说明了该老字号在地理位置上是有优势的,多数顾客都觉得交通很方便;顾客给菜肴品种打分3.86分,说明该店的菜肴种类比较丰富;顾客进入老字号时,店员的热情接待满意程度3.68分;店内座位及环境舒适整洁程度3.57分;等待上菜时间长短的满意程度3.55分;店员服务表现良好,得分3.47分;其余的体验值均集中在2.62分至3.35分之间。

这里可以用一个前后时间顺序的流程图,使用描述性统计中的均值指标直观地展示顾客来该老字号消费的体验流程,如图1所示。

从图1中可以看出,顾客对店内气味和促销活动这两项给分最低;其次,顾客觉得不容易找到理想的座位;顾客的平均光顾频率较低;该老字号激起顾客兴趣的因素比较少；顾客的朋友或亲人来该老字号的人数偏少；该老字号的品牌形象在顾客心目中也不是很清晰；顾客对餐具外形也不是很满意。以上这几个指标都低于中间值。该店的装潢和食品口味，是得分刚好处于中间值的项目，也可以作为营销努力的方向。

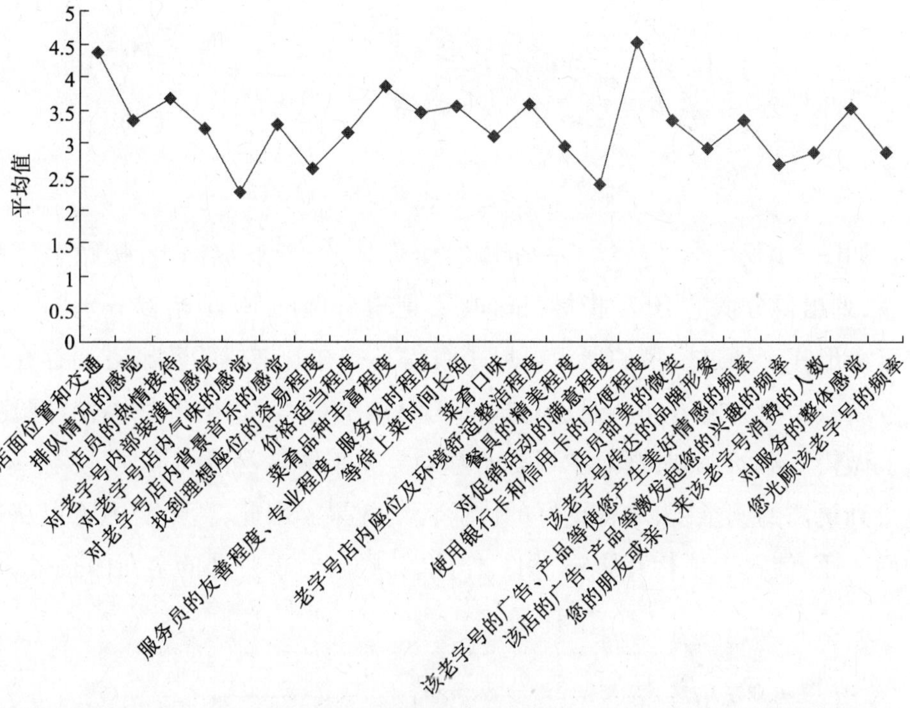

图 1　顾客体验流程图

（三）消费者体验评价分析

顾客是一个多重感受体，所以顾客的体验也是一个包含了多重内容的价值载体，包含基于顾客价值的原点体验、中位体验、超值体验和盈溢体验四个层级；基于参与程度的娱乐体验、教育体验、逃避体验和审美体验四种类型；基于感知角度的感觉、感受、思维、行动和关系五种形式，形成了最终顾客体验价值的三维立体模型，如图 2 所示。

本研究选取其中一个维度，即基于感知角度的感觉、感受、思维、行动和关系这五种形式来分析消费者对体验的评价，因为企业进行体验营销活动时，应该运用融合几种体验的全面体验营销方式。

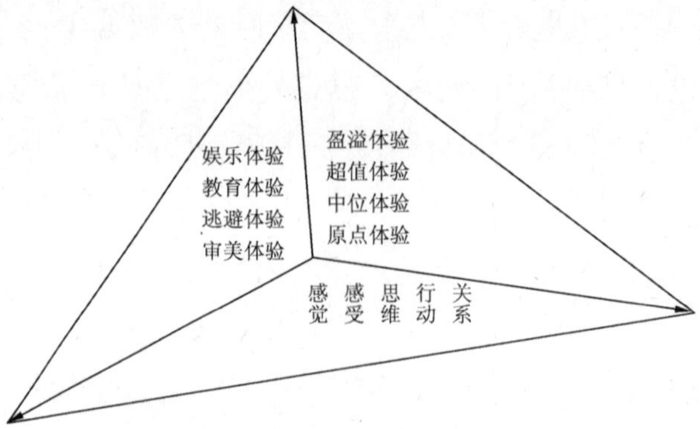

图 2　顾客价值体验三维立体模型

如图 3 所示，本文构建了一个顾客全面体验模型：纵向上，按顾客体验流程顺序，列出得分低的 10 项指标；横向上，把得分低的 10 项指标分别归类到体验的五个形式。通过模型的展示可以了解得月楼在开展体验营销方面存在的问题及今后营销努力的方向。通过对横向与纵向的考察，找出得月楼在体验五种形式上做得不够的地方，进而在现有的基础上完善体验营销的策划，使老字号的顾客得到更高的满意度，取得更好的体验营销效果。因此，营销努力可以从这五个方面入手，使这五项相互影响，相互作用，让顾客对得月楼的全面体验得到提升。

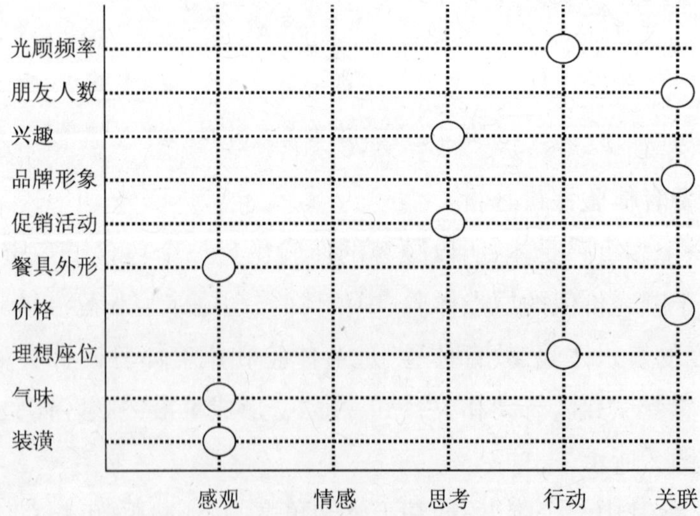

图 3　顾客全面体验模型

从平均值上看，该老字号的优势在于它较佳的店面位置。其次，银行卡、信用卡的使用比较方便，这两项得到了最高的分数。该老字号对于店员的培训做得也比较到位，店员服务无论是进店迎接，用餐时服务，还是出店时的微笑送别，都得到了较高的分数。

得分最低的项目是店内气味和促销活动，顾客普遍认为该老字号很少进行节日促销活动或者派发优惠券。那么从思考体验的角度来看，就没有给顾客带来任何的意外惊喜。该老字号的广告、产品、某些店内设施，或者其他，是否有经常激起消费者的兴趣这一项，得分也偏低。总的说来，该店并没有在思考体验营销上下功夫。

该店的感官体验也做得不是很到位，有许多因素都没有充分地利用起来，如店内装潢、店内气味、食品口味、餐具外形得分都不高，都有可以改善的空间。

行动体验主要是在消费者品尝特色美食的生活方式上得分较低。大多数消费者也是偶尔光顾该老字号，并没有对该老字号建立品牌忠诚度。

情感体验方面虽然分数不是很低，但是，也不尽如人意，对于餐饮服务业来说，给顾客带来各种美好的情感体验是最为重要的。

关联体验营销与感官、情感、思考、行动都有着密切关系。以上一些方面体验的不足造成了关联体验得分值的降低。顾客们没有建立起一个广泛的消费圈，朋友和亲人来该老字号消费的人数较少。该店的品牌形象在顾客心目中也不是十分清晰。

三、得月楼体验营销的对策建议

由以上的调研分析可以了解到，顾客对该老字号的服务总体上评价不错，有许多值得肯定的地方。如该店服务人员训练有素，能秉持微笑服务、及时服务的原则；顾客对菜肴品种丰富程度评价较高；店内环境舒适整洁，充满江南气息；结账时各种银行卡的使用也极其方便。但是，该老字号并未充分调动有利资源，还有许多不足之处。实施体验营销是完善该企业经营的一种很好的措施，根据以上对问卷调查的分析，得月楼可采取以下方面的体验营销对策。

1. 创意体验主题以实施感官体验营销

体验营销首先必须有一个明确的主题，塑造一种独特的体验情境，否则消费者就不能整合所有感觉到的体验，也就无法留下长久的记忆。主题的选择和设计对于餐饮老字号店内氛围环境的营造是有着重要作用和意义的。首先，一个明确的主题将有利于老字号企业把各种与主题有关的零散线索、事件统合在一起，这样就能使店内氛围环境所要表达的内容更集中，也更易于给消费者留下完整和深刻的品牌印象；其次，不同的主题所要表达的内容和所表现出来的风格是不同的，通过对不同主题的选择，老字号餐饮企业可以塑造出不同的氛围环境以引发顾客不同的体验和感受；再次，主题选择与设计的过程也是老字号餐饮企业充分挖掘自身内涵、优势的过程，而特色与优势的展现也能使围绕主题所营造出来的氛围环境更加鲜明和富有吸引力。

作为苏州老字号餐饮企业代表之一的“得月楼”可以充分结合吴地文化来进行体验主题的设计。比如结合昆剧，开创彰显昆剧文化的主题餐饮。可以从店面装饰入手，设计戏楼式入口和戏曲布景橱窗，摆设泥人彩塑，布置以昆剧剧目命名并风格化布景的包厢，还可以请昆剧名家来现场表演。

2. 打造体验服务以实施情感体验营销

对于“得月楼”老字号来说，其服务的体验本质决定了体验营销往往贯穿顾客从进店之前到就餐之中再到离店之后的整个过程，即在“进店之前→就餐之中→离店之后”的过程中，得月楼应该始终围绕情感进行深度营销，让顾客始终都能对得月楼提供的情感体验深有感受。

（1）进店之前的情感营销一般体现在品牌形象、店名和外观上，让消费者产生追求快乐的情感体验。得月楼在店名和外观上，结合前面的策略，基本就可形成鲜明的品牌形象。

（2）进店之后及就餐中是顾客消费餐饮服务产品的主要过程，情感体验更是必不可少。情感营销在这一阶段除了提供常规的人性服务外，还应体现出个性化、差异化的互动服务。如在特殊节日可以策划主题餐饮，渲染或浪漫，或温馨，或喜庆的气氛，可以在顾客生日那天送上一张小卡片或是一束鲜花，还可以通过设计一种故事情节或场景，以触动消费者内心深处的情感，牢牢地抓住消费者的心。

（3）离店之后，并不意味着顾客的体验就结束了，情感营销仍能起到重要作用，它既能在售后服务中得以运用，也可以在客户关系管理中发挥作用。顾客离店后可能会对企业的失误进行投诉，可能会长久地忘记这个老字号，这时得月楼可以本着让利消费者和“以情感人”的原则为其服务，甚至可以为顾客建立个性档案，在特殊的纪念日为其送上温馨的祝福。

通过情感营销不但可以让消费者对企业的服务感到满意，而且能够加强消费者对品牌的认同感，缩短企业与消费者时间和空间上的距离，让消费者久久不能遗忘。同时,情感营销还具有口碑效应,特别是对于来苏旅游的中外游客而言,通过给他们留下良好的印象,可以推动对得月楼的宣传。而对于本地消费者,通过开展情感式服务,用真情打动顾客,可以让顾客感觉亲切,从而留住老顾客。

3. 以文化氛围浓厚的体验设施实施思考体验营销

体验设施是体验所处物理环境的各个方面,是体验质量的有形表现,体验提供者与消费者的互动活动在设施内部进行。通过前面的调查分析看出,得月楼在这方面还是下了不少功夫。如为了挖掘传统文化,得月楼对整体建筑进行了新的装饰,整个建筑粉墙黛瓦,飞檐翘角,屋宇二侧各塑一条凌空欲飞的飞龙,加上云纹背面花边檐口,玲珑而洒脱,雍穆而俊逸。前墙建有半亭,半亭檐下倒挂着一对五彩麒麟,店面为水磨细砖八角洞门,朱漆配以铜环,门庭间,两座汉白玉石狮坐列两旁,门庭顶端绘有龙凤呈祥的月形彩图。楼内装饰,均为地罩、漏窗、博古架和落地长窗分隔,一步一景,疏中有密,置身其中可领略苏州古典园林风貌,体现了正宗的江南风格。

得月楼为展现江南水乡的船宴,把室内装饰成了独具一格的古色古香的"船厅",题名为"吴洲厅"。厅内建筑恰以一条古代游船,花鸟漆雕挂落将船体划分为三个"船舱",可各陈设一桌,桌椅雅致,灯光幽明,地毯猩红,与整个建筑色调浑然一体。盆景瓶花,位置务精,古人诗画点缀空间,显得高雅、清幽。眺望船头,"繁星"闪烁下的近水楼台飞檐凌空、溢光流彩;高悬天中的一轮明月倒映"水中",若隐若现,令人诗情勃发,恰有"近水楼台先得月"的妙处。透过船舷两侧,呈现出一派苏式山水的旖旎风光:近处,"湖面"波光粼粼,碧水荡漾;远处,洞庭、枫桥、寒山寺,风姿绰约,隐约可见,令人神往。船尾一面通长明镜,映照全舱美景,倍添了水城景色的幽雅、秀丽、恬静。耳畔隐约可闻的桨橹声,仿佛使人置身于"七里山塘",泛舟神游的美妙意境,仿佛让人置身于明清时期的江南,体味到浓重的历史文化氛围。

4. 积极开展互动沟通实施行动体验营销

传统营销大都忽视行动体验这一概念。即使在消费者行为方面(与认知、消费者信息处理和行为最相关的领域),营销人员也只关注如何影响、分类或预测消费者行为和生活方式,并没有理解体验式行动应具有哪些品质。行动体验超出了感觉、情感和认知的范围,有时很隐秘地发生(尤其涉及身体隐私时),但更多的行动体验来自于人际互动。它是可见的,所以消费者可以通过他们的行为或生活方式来展示他们的自我认识和价值观。

消费者的"主动参与"是体验营销的根本所在,在服务过程中,服务人员与顾客之间存在着大量的互动,这种互动过程对顾客体验及其感知价值的形成具有决定性影响。"得月楼"在餐饮服务上,可以推出一些让顾客直接参与的项目,为消费者提供休闲与娱乐的特色服务。如让顾客参与菜肴制作的过程,通过提供鱼竿,让顾客自己垂钓,再自己下厨房进行烹饪;或是建立厨房透明通道,让好奇的顾客可以看到菜肴的制作过程等。

在与消费者的沟通上,可以借助网络,打破空间、时间对人们的限制,还可以运用便捷、多样化的表现形式和手段,为消费者创造一个包含多重感官感受在内的全新体验平台,加强与消费者之间的沟通互动。例如,建立企业网站,在网站中加入大量的介绍企业和展示产品的内容,通过一些三维动画手法使得月楼的用餐环境和产品以更生动的形象展现在消费者面前,从而使更多的消费者获得对得月楼及其产品更为全面和立体式的体验感受。另外,还可以与一些门户网站合作,如名城苏州网的美食版面,通过网络聊天室、在线论坛等的使用,使消费者享受与"得月楼"老字号品牌零距离沟通的欢畅体验。利用现代化网络技术与消费者沟通,可以让消费者有一种比较新鲜的感觉,更有利于引发消费者的关注和兴趣。

5. 加强关联体验营销

关联体验包含感官、情感、思考与行动的很多方面,但超越了个人情感、个性,并使个人与理想自我、他人或是文化产生关联,从而建立对某种品牌的偏好,同时让使用该品牌的人们形成一个特定群体。苏州"老字号"餐饮企业可以仿效星巴克的价值主张:一家咖啡馆出售的不是咖啡,而是人们对咖啡的体验。

在得月楼的目标消费者中,有相当一部分是社会组织的领导者、各界知名人士,他们的需求很多是个性化的需求。有的消费者在此宴请,希望结交更多的事业上、生活中的朋友,标志着他的生活品位、身份与社会地位。那么得月楼就可以通过多种方式来满足目标消费者的这些个性化的需求,如开展俱乐部营销,对俱乐部会员的资格进行限定,将俱乐部打造成"老字号"提供个性化服务、促进会员之间进行深度沟通的平台,将"老字号"的企业文化、企业的经营理念与品牌内涵传递给消费者,获得他们的理解,并在其内心深处产生共鸣,让其愿意选择和消费该品牌，进而成为品牌的传播者，并为此而感到荣耀。

由于关联体验营销包含感官、情感、思考与行动营销等层面，是比较难以短时期内实现的体验。这里提出一个小策略，对创造关联体验很有帮助。将精美的留言簿、涂鸦卡挂在餐桌旁，顾客可以留下字迹、图画，表达感情。所有来该老字号的顾客都可以对其他顾客某一时刻的感情有所了解，店员也可以通过留言了解顾客的情感及意见，既增添了趣味，又促进了顾客群体之间以及企业与顾客之间的了解。

6. 以娱乐体验提升品牌价值

娱乐体验营销是以消费者的娱乐体验为诉求，在体验营销中注入娱乐元素。用音乐、舞蹈、影视、游戏、节奏、颜色、形状、宠物等给消费者带来多重感观体验，捕捉消费者注意力，从而达到刺激消费者消费的目的，即体验营销的目标。

目前，娱乐经济越来越成为经济的亮点，越来越代表未来经济的走势。作为一种新的体验营销方法，娱乐体验营销策略一直在不断推陈出新，目前主要包括聘请明星代言、赞助电视娱乐节目和赞助影视剧等策略。

得月楼在这方面已有所探索，比如60年代电影《满意不满意》中以得月楼为题；80年代电影《小小得月楼》在得月楼拍摄，历时三个月；《大嘴妹吃煞太监弄》《姑苏第一街——醉月飞觞得月楼》也在得月楼拍摄；科教片《莲藕》，以及《美食家》《明月几时圆》《裤裆巷风流记》《姑苏水巷行》等影视片，也都有得月楼的镜头。今后在这方面还可以进一步加强和创新，通过这些影视赞助，使人们身临其境，在轻松、愉悦的感受与体验中得到精神享受与满足，从而使品牌更具亲和力，提高品牌忠诚度。体验营销娱乐化最终体现在提升品牌价值这一核心上。

（肖　苏）

附录一　苏州市老字号企业发展情况调查问卷

苏州市老字号企业发展情况调查问卷

企业名称：______________________________

企业地址：____________________ 邮政编码：______________

联系人：__________ 工作部门：__________ 职　　务：______________

联系电话：______________ 传真：______________________

电子邮箱：______________

苏州市工商行政管理学会
苏州大学 MBA 案例研究中心　联合课题组

苏州市老字号企业发展情况调查问卷

说明：

1. 本问卷设计的选择题，一般为多项选择题，可以选择两个及以上（在括号内打钩“√”）。

2. 本问卷涉及数据的填空题，请尽量填写精确数据，如不能非常准确估计，请填写约数。

3. 本问卷所获资料仅用于课题研究的整体分析，不会做个体披露（调查问卷将作为研究统计资料予以保密）。

感谢您的支持与合作！

一、基本信息

1. 企业名称：______________________________

2. 本企业老字号品牌名称（注册商标）：______________________________

3. 企业所属行业（按国民经济行业分类填写）：______________________________

4. 老字号品牌的始创时间（年代及年份）：______________________________

5. 企业注册资本为（万元）：______________________________

6. 企业现有的规模为（员工人数）：______________________________

7. 企业连锁店（或加盟店）数量为：______________________________

8. 公司2013年的营业收入为（万元）：______________________________

9. 企业的性质为（　　）

A. 国有企业　　B. 民营企业　　C. 合资企业

D. 个体工商户　　E. 其他

10. 本企业是否已被认定为“中华老字号”（　　）

A. 是　　B. 否　　C. 申报中

二、本企业具有的竞争优势（多选）

1. 价格　　（　　）　2. 品牌　　（　　）

3. 产品种类	（ ）	4. 产品质量	（ ）
5. 传统工艺技术	（ ）	6. 消费者	（ ）
7. 管理水平	（ ）	8. 服务态度	（ ）
9. 工作效率	（ ）	10. 经营成本	（ ）
11. 宣传广告	（ ）	12. 政府支持	（ ）
13. 银行支持	（ ）	14. 其他	（ ）

三、本企业现存的竞争劣势（多选）

1. 价格	（ ）	2. 品牌	（ ）
3. 产品种类	（ ）	4. 产品质量	（ ）
5. 传统工艺技术	（ ）	6. 消费者	（ ）
7. 管理水平	（ ）	8. 服务态度	（ ）
9. 工作效率	（ ）	10. 经营成本	（ ）
11. 宣传广告	（ ）	12. 政府支持	（ ）
13. 银行支持	（ ）	14. 其他	（ ）

四、近五年来，本企业在经营发展方面的举措（多选）

1. 增加新产品	（ ）	2. 增加新的生产线	（ ）
3. 增加销售网点	（ ）	4. 提高服务水平	（ ）
5. 增加宣传广告	（ ）	6. 增加新的工艺技术	（ ）
7. 增加新的分公司	（ ）	8. 改善经营环境	（ ）
9. 降低成本	（ ）	10. 增大投资	（ ）
11. 优化业务流程	（ ）	12. 扩大到其他行业	（ ）
13. 增加员工人数	（ ）	14. 其他	（ ）

五、近五年来，本企业在营销策划和品牌认知方面的举措（多选）

1. 设立营销部门	（ ）	2. 增加营销人员的数量	（ ）
3. 高薪引进营销人才	（ ）	4. 提高营销人员的工资	（ ）
5. 增加销售网点	（ ）	6. 增加广告投入	（ ）
7. 增加代理商	（ ）	8. 改善销售环境	（ ）
9. 关注消费者的新需求	（ ）		
10. 结合传统节庆开展营销活动			（ ）
11. 增加经销商	（ ）	12. 其他	（ ）

六、近五年来，本企业在品牌建设方面的举措（多选）

1. 更新公司标识（ ） 2. 更新公司广告词（ ）
3. 广告投入增加（ ） 4. 设立品牌推广部门/岗位（ ）
5. 采用品牌经理制（ ） 6. 宣传广告渠道增多（ ）
7. 公司有形象代言人（ ） 8. 举办大型活动推广品牌（ ）
9. 在传统节庆时进行品牌推广（ ） 10. 更新公司内部装修风格（ ）
11. 其他（ ）

七、近五年来，本企业在品牌传承方面所做的努力（多选）

1. 保留传统的产品（服务）（ ） 2. 保留传统工艺、技术（ ）
3. 延续品牌形象（ ） 4. 传承品牌文化（ ）
5. 建立品牌发展历史档案（ ） 6. 其他（ ）

八、近五年来，本企业在新产品开发和品牌创新方面的举措（多选）

1. 设立研发部门（ ） 2. 增加研发人员数量（ ）
3. 高薪引进研发人才（ ） 4. 提高研发人员的工资（ ）
5. 开发新的生产工艺（ ） 6. 增加新的生产线（ ）
7. 增建新厂房（ ） 8. 改善生产环境（ ）
9. 迎合新的消费需求（ ） 10. 迎合传统消费（ ）
11. 降低生产成本（ ） 12. 其他（ ）

九、近五年来，本企业在信息化管理方面的举措（多选）

1. 办公自动化系统（ ） 2. 销售信息化系统（ ）
3. 采购信息化系统（ ） 4. 财务信息化系统（ ）
5. 研发/设计信息化系统（ ） 6. 生产制造信息化系统（ ）
7. 人力资源信息化系统（ ） 8. 建立公司网站（ ）
9. 采用网上销售（ ）
10. 上述整套信息化管理系统（ ） 11. 其他（ ）

十、近五年来，本企业在社会责任方面的举措（多选）

1. 关注员工权益（ ） 2. 关注消费者权益（ ）
3. 注意企业对政府、社区等的责任（ ）
4. 参加公益活动（ ） 5. 关注股东权益（ ）
6. 关注环境保护（ ） 7. 投身慈善捐赠（ ）

8. 注意与供应商的关系 (　　) 9. 将其作为企业战略内容 (　　)
10. 关注利益有关方的权益 (　　) 11. 设立社会责任岗位/部门(　　)
12. 注意对外披露企业信息 (　　) 13. 发布社会责任报告 (　　)
14. 其他 (　　)

十一、近五年来,本企业在品牌价值提升方面的努力(多选)

1. 关注消费者需求 (　　) 2. 品牌不断创新 (　　)
3. 重视品牌文化建设 (　　) 4. 提高员工素质 (　　)
5. 加强客户关系管理 (　　) 6. 其他 (　　)

十二、观点和建议

1. 您认为老字号品牌发展面临的最大问题(困难)是什么? 如何扬长避短,提升老字号品牌影响力?

2. 您认为行业协会在老字号品牌发展方面如何更有效地发挥作用?

3. 本企业希望政府出台哪些保护和发展老字号品牌的政策?

附录二　相关政策法规

商务部关于实施“振兴老字号工程”的通知

【商改发〔2006〕171 号】

【发布单位】商务部

【发布文号】商改发〔2006〕171 号

【发布日期】2006 - 04 - 10

【生效日期】2006 - 04 - 10

各省、自治区、直辖市、计划单列市及新疆生产建设兵团商务主管部门：

为贯彻落实党的十六大和十六届五中全会精神，按照全国商务工作会议和商务部服务业工作会议的要求，引导具有自主知识产权、优秀民族文化和独特技艺的老字号加快创新发展，发挥老字号在经济和社会发展中的重要作用，商务部决定从 2006 年起在全国实施“振兴老字号工程”。现就有关事项通知如下：

一、高度重视，做好组织保障

新形势下大力开展“振兴老字号工程”，不仅是实施品牌战略、促进民族企业发展、扩大消费需求的重要举措，也是弘扬民族商业文化、开展诚信兴商、推动特色经济发展的一项战略任务，具有重要的现实意义，是商务工作义不容辞的责任。各地商务主管部门要充分认识此项工作的重要意义，高度重视，加强领导，积极争取当地政府的支持。要建立健全工作机制，明确相应机构和人员负责，保证责任到人、工作到位、取得实效。

二、科学规划，加强统筹协调

各地商务主管部门要根据本地区老字号发展的特点，按照《“振兴老字号工程”工作方案》（附件 1）的要求，研究制定“振兴老字号工程”实施规划，包括本地区老字号发展现状、存在的主要问题和实施“振兴老字号工程”的思路、目标、重点、步骤等。要加强与当地有关部门的沟通协调，注意发挥有关协会等中介组织的作用，形成合力，共同推进。

三、积极研究制定有关政策措施

各地商务主管部门要积极会同当地有关部门研究制定保护和促进老字号发展的政策措施，将老字号发展纳入城市建设发展规划和商业网点规划，指导老字号的改革和创新。重点支持老字号企业开展知识产权和网点保护、融资信贷、创新产品和服务、恢复和发掘历史性产品和工艺等，支持有条件的老字号企业建立品牌发展战略，做精做强。

四、大力宣传，营造社会氛围

长期以来，老字号积淀的文化和品牌，已经形成了一定的群众基础。各地商务主管部门要积极做好宣传工作，密切配合商务部开展的系列宣传活动，与当地电视台、报纸、网站等媒体合作，深入挖掘老字号传统文化和精髓，扩大老字号的社会认知度和影响力，在全社会营造保护老字号、发展老字号的良好氛围。

五、切实做好近期主要工作

（一）健全组织。各地商务主管部门要尽快组成相应的工作班子，明确负责人和联系人，并将《老字号工作联系表》（附件3）于4月20日前传真至商务部（商业改革发展司，下同）。

（二）开展普查。各地商务主管部门要根据《老字号发展情况调查表》（附件4），在重点城市组织普查，全面了解老字号发展状况，将调查表和有关材料于5月30日前报商务部。

（三）推荐申报。各地商务主管部门要向当地老字号企业广泛宣传，充分调动企业的积极性。要按照公开、公正、透明原则，根据《"中华老字号"认定规范（试行）》（附件2）的条件，积极推荐符合条件的老字号申报"中华老字号"，指导有关单位据实填写申报材料（附件5），并做好资料审查和把关，于6月30日前将有关材料报商务部。所有被推荐单位应提前进行公示，不符合认定规范或有争议的一律不得申报。原经有关部门认定的"中华老字号"要重新参加认定。

有关表格可从商务部商业改革发展司网站下载，并请同时以电子邮件和纸质文件两种方式报送。工作中的有关问题请与商务部商业改革发展司联系。

“中华老字号”认定规范（试行）

【发布单位】中华人民共和国商务部

【发布文号】商改发〔2006〕171 号

【发布日期】2006－04－10

【生效日期】2006－04－10

一、名称

中华老字号 China Time-honored Brand

二、定义

历史悠久，拥有世代传承的产品、技艺或服务，具有鲜明的中华民族传统文化背景和深厚的文化底蕴，取得社会广泛认同，形成良好信誉的品牌。

三、认定范围

中华人民共和国境内的有关单位（企业或组织）。

四、认定条件

1. 拥有商标所有权或使用权。

2. 品牌创立于 1956 年（含）以前。

3. 传承独特的产品、技艺或服务。

4. 有传承中华民族优秀传统的企业文化。

5. 具有中华民族特色和鲜明的地域文化特征，具有历史价值和文化价值。

6. 具有良好信誉，得到广泛的社会认同和赞誉。

7. 国内资本及港澳台地区资本相对控股，经营状况良好，且具有较强的可持续发展能力。

五、认定方式

1. 由商务部牵头设立“中华老字号振兴发展委员会”（以下简称振兴委员会），全面负责“中华老字号”的认定和相关工作。

2. 中华老字号振兴发展委员会下设秘书处、专家委员会。秘书处设在商务部商业改革发展司，负责振兴委员会的组织、协调和日常管理工作。专家委员会由各行业专家、法律专家、商标专家、品牌专家、企业管理专家、质量专家、历史学家等组成，主要负责“中华老字号”的评审,并参与相关工作的论证。

3. 原经有关部门认定的“中华老字号”要重新参加认定。

六、认定程序

具备“中华老字号”认定条件的单位,向所在地市级商务主管部门申报,并由省级商务主管部门(含计划单列市商务主管部门,下同)审核后报振兴委员会认定。程序包括:提出申请、资料提交、调查鉴别、认定评审、公示、做出决定、复核、注册存档、核发证书等。具体步骤:

1. 提出申请:有关单位根据自身情况填写申报表,并报所在地市级商务主管部门。

2. 资料提交:所在地市级商务主管部门对提交的申请进行初评,确认申请有效的,指导申报单位按照规定格式提交有关资料,并报所在省级商务主管部门。

3. 调查鉴别:省级商务主管部门组织有关机构、专家对申报单位提交的资料进行调查与鉴别,并提出初步评估意见报振兴委员会。

4. 认定评审:振兴委员会组织专家对资料进行分析,必要时对有关内容进行现场调研,提出评审意见,撰写认定报告。

5. 公示:在有关媒体公示拟认定为“中华老字号”的企业和品牌名单,任何单位或个人对名单有不同意见的,均可向振兴委员会提出异议。

6. 做出决定:拟认定为“中华老字号”的企业和品牌在公示期间无异议或者异议不成立的,由振兴委员会做出决定,认定为“中华老字号”。

7. 复核:申报单位对认定结果有疑义的,可向振兴委员会提出复核,复核结果在接到复核申请后30天内做出。

8. 注册存档:认定过程涉及的所有资料均由振兴委员会存档保留,并负责管理。

9. 核发证书:对通过认定的“中华老字号”以商务部的名义颁发牌匾和证书。

七、动态管理

1. “中华老字号”所在单位须于每年3月15日前向振兴委员会提交上一年度经营情况的报告,由振兴委员会审核备案。

2. “中华老字号”所在单位出现严重的违法违规、失信行为,或未按规定提交年度经营情况报告的,经振兴委员会核定后责令其整改。6个月内未见明显效果的,振兴委员会可以暂停或取消相应的“中华老字号”称号,并予以公示。

有关“中华老字号”的具体管理办法另行制定。

关于保护和促进老字号发展的若干意见

【发布单位】商务部　发展改革委　教育部　财政部　住房和城乡建设部　文化部　税务总局　工商总局　质检总局　知识产权局　旅游局　银监会　证监会　文物局等14部门

【发布文号】商改发〔2008〕104号

【发布日期】2008－03－31

【生效日期】2008－03－31

各省、自治区、直辖市、计划单列市及新疆生产建设兵团商务主管部门、发展改革委、教育厅(教委、教育局)、财政厅(局)、建设厅(建委、建设局、规划局、房地局)、文化厅(局)、国家税务局、地方税务局、工商局、质量技术监督局、知识产权局、旅游局、银监局、证监局、文物局(文管会):

为贯彻落实党的十七大关于加快培育我国知名品牌,加强对民族文化的挖掘和保护的精神,引导具有自主知识产权、传承民族传统文化和技艺的老字号企业加快创新发展,进一步发挥老字号企业在经济和社会发展中的重要作用,现将《关于保护和促进老字号发展的若干意见》印发你们,请认真贯彻执行。

为贯彻落实党的十七大关于加快培育我国的国际知名品牌,加强对民族文化的挖掘和保护的有关精神,引导具有自主知识产权、传承民族传统文化和技艺的老字号企业加快创新发展,发挥老字号企业在经济和社会发展中的重要作用,现提出以下意见。

一、充分认识保护和促进老字号发展的重要性和紧迫性

老字号是指历史悠久,拥有世代传承的产品、技艺或服务,具有鲜明的中华民族传统文化背景和深厚的文化底蕴,取得社会广泛认同,形成良好信誉的品牌。我国是一个历史悠久的文明古国,千百年的社会经济发展,孕育了众多具有浓郁民族特色、匠心独具、享誉国内外的老字号。据了解,建国初期我国约有老字号1万多家,分布在餐饮、零售、食品、酿造、医药、居民服务等众多行业,在满足消费需求、丰富人民生活、倡导诚信经营、延伸服务内涵、传承和展现民族文化等方面发挥了重要作用,在全国人民、海外华人和国际友人当中具有深远影响。

老字号所传承的独特产品、精湛技艺和经营理念，具有不可估量的品牌价值、经济价值和文化价值。老字号承载着优秀的中华民族文化，是新时期开展诚信兴商、弘扬商业文明的核心内涵和宝贵财富。扶持老字号传承和发展信誉好、质量优的产品和服务，是扩大消费、满足居民消费需求、促进社会和谐、培育自主品牌的有效途径。引导老字号利用品牌优势做精做强，不断发展壮大，是走自主创新道路、实施名牌战略的重要任务。

由于历史原因和体制转换的影响，我国老字号企业在发展中遇到许多新情况和新问题。部分老字号企业组织化程度低，体制、技术、管理落后，市场开拓能力较弱，发展后劲不足。特别是长期以来，由于对老字号的重视和支持力度不够，缺乏合理的发展规划，保护措施不到位，继承和发展老字号传统特色技艺和文化方面缺少必要的政策支持，制约了老字号的发展。提高全社会对老字号振兴发展的重视程度，切实做好保护和促进老字号发展工作，已经成为当前一项十分重要和紧迫的任务。

二、指导思想和工作目标

指导思想：以科学发展观为指导，以市场为导向、企业为主体，坚持保护与发展并重、继承与创新并举的原则，为老字号发展营造有利的政策环境，保护老字号传统文化遗产，支持老字号企业体制、技术和经营管理创新，传承和弘扬老字号优秀文化，促进老字号在振兴发展中创造更多的社会、经济和文化价值。

工作目标：通过全社会的努力，建立保护和促进老字号发展的支持体系，挖掘整理传统产品和技艺，增强老字号企业自主创新和市场竞争能力，培育一批发展潜力大、竞争能力强、社会影响广、文化特色浓的知名老字号。

一是做精做强一批。合理运用各种资源和手段，支持一批优势明显、具有发展潜力的老字号企业，整合市场资源，优化企业结构，通过采用现代经营管理方式和实施"走出去"战略，成为具有较强竞争能力的著名自主品牌。

二是改造提升一批。支持一批具有一定品牌影响力和市场认知度，但在发展中有困难的老字号企业，进行技术改造，挖掘文化内涵，以体制、经营、技艺创新为重点，吸收各方资源参与，培育新的增长点。

三是恢复发展一批。对具有优秀文化传统，能够体现中华民族文化特色，但活力不足、困难较大或濒临破产的老字号，通过引进战略投资者等途径实施改组改制，使之重获新生，实现有效的保护和发展。

三、建立保护体系，优化老字号的发展环境

（一）将老字号发展纳入城市规划及城市商业网点规划。在制定城市规划中充分考虑对老字号原址原貌的保护。在老字号门店较集中的地区，要划定保护范围，制定专门的保护规划，进行重点保护，严格控制。有条件的城市要集中建设老字号特色商业街，汇聚各类老字号店铺，增加城市人文景观和商业功能，完善旅游服务功能，弘扬民族商业文化，促进旅游消费增长和特色经济繁荣。

（二）保护老字号在拆迁改造中的利益。旧城拆迁改造中要尽可能保留老字号原有风貌，涉及老字号原址的拆迁方案要建立听证制度，征求社会各界意见。涉及国家重点建设工程和重要市政工程，确需对老字号实施拆迁的，要尽可能安排回迁；无法回迁的，应按照有利于老字号经营和保持店铺原有风貌的原则就近安置；无法就近安置的，要依法给予货币补偿。对被拆迁老字号的补偿要及时足额到位，尽量缩短老字号因拆迁造成的歇业时间。

（三）开展老字号知识产权保护。引导和支持老字号企业进行商标注册、专利申请工作，依法加强对老字号企业商标的保护，依法严厉打击侵犯老字号商标权、专利权、著作权及企业名称、商业秘密的行为。引导和支持老字号企业加快在境外商标注册，向老字号企业境外维权活动提供支持。通过各种形式向老字号企业介绍知识产权保护知识，提高保护自主知识产权的自觉性和主动性。

（四）加大对老字号文化遗产的保护力度。将符合条件的老字号技艺优先纳入非物质文化遗产体系，将老字号传统建筑、老字号集中的商业街区纳入物质文化遗产体系。对纳入物质文化遗产保护的老字号建筑、历史文化街区要严格按照有关规定做好保护工作。涉及已纳入文化遗产保护体系的老字号的相关重大建设项目，必须建立公示制度，广泛征求社会各界意见。

四、建立促进体系，推动老字号增强市场竞争能力

（一）加快推进老字号企业改革。鼓励和引导老字号企业建立健全现代企业制度，根据市场变化选择发展战略，增强企业活力，提高赢利能力。支持老字号企业进行资产重组，依法确认老字号企业无形资产的价值和权属，鼓励各种资本参与老字号企业改组改制，特别是对劣势老字号企业实施战略重组。鼓励具有竞争优势的老字号企业通过市场运作，控股、收购、兼并同行业其他老字号，组建和发展老字号企业集团，提高老字号整体市场竞争能力。

（二）鼓励老字号创新经营方式和技术工艺。鼓励和支持老字号企业运用连锁经营等现代流通方式，健全营销网络，拓展业务领域。鼓励和支持老字号企业挖掘文化内涵，加快技术改造，确保产品质量和安全，大力开发特色突出、质量上乘、符合消费者需求的产品和服务。

（三）协助解决老字号融资信贷问题。鼓励和引导有关金融机构对老字号企业创新发展所需的贷款给予支持，鼓励和引导信用担保机构对老字号的创新发展给予担保方面的支持。鼓励发展较好的老字号企业开展资本运作，支持符合条件的老字号企业上市。加大老字号企业招商引资力度，拓宽老字号企业的融资渠道。

（四）运用财政资金支持老字号创新发展。支持老字号企业继承、挖掘优秀传统工艺、技术，加强市场营销，深度培育自主品牌。支持构建面向老字号企业的公共服务平台和服务体系，在经营管理咨询、人才培训及拓展国内外市场的宣传、项目推介等方面提供服务。凡符合规定条件的老字号企业，均可按规定申请国家有关品牌发展资金、促进中小企业发展专项资金、中小企业国际市场开拓资金等政策的扶持。地方各级商务主管部门和财政部门可结合实际，视本地财力情况，采取有效措施，加强对老字号企业的资金支持。

（五）支持老字号开拓市场。在政府采购和援外物资采购方面，同等条件下优先考虑老字号产品。在进出口配额分配和特许经营许可方面，在法律法规许可范围内优先考虑老字号产品和企业。有关政府部门组织的各类经贸洽谈、展示交易活动，要为老字号企业和产品优先提供展示摊位，并对企业参展过程中遇到的困难予以支持。支持老字号企业采取组团参展、单独设展、考察交流等方式了解国际市场，寻找商机。加大老字号纪念品的开发力度，积极推广老字号旅游产品，在外事接待、纪念品采购中优先选择老字号产品。充分发挥各驻外机构的力量，为老字号企业到国外招商引资、开拓国际市场提供便利。

（六）完善老字号人才发展机制。鼓励老字号企业开展人才培训和技艺交流，对老字号传人、技术骨干、经营管理人员的培训予以支持。开展对掌握主要传统手工技艺的老字号代表性传承人的确认，支持传承人授徒传艺，并为其提供必要的传习活动场所以及开展展示、研讨和宣传活动的条件。鼓励有关机构和专家为老字号发展提供智力支持。鼓励高校和中等职业学校毕业生到老字号企业就业，为职业经理人参与老字号企业经营管理提供便利。

五、挖掘老字号内涵，传承发展老字号特色

（一）建立老字号名录体系。认真开展老字号普查工作，全面了解和掌握老字号的发展现状及存在问题。运用文字、录音、录像、数字化多媒体等各种方式，对老字号发展史料进行真实、系统和全面的记录，建立健全老字号档案。建立老字号的统计监测制度，通过对关键指标的动态监测，及时掌握老字号发展动态。

（二）加强对老字号的宣传。鼓励新闻出版机构制作、出版宣传老字号的电视专题片、纪录片、书籍和画册，发行老字号消费指南、手册和地图，营造有利于老字号发展的消费环境和社会氛围。政府部门组织的有关宣传、交流活动要尽可能安排和增加老字号内容。支持举办老字号展会，通过多种形式组织老字号企业进行跨地区和跨国界的交流、宣传，不断创新宣传方式和手段。各级各类学校要逐步将优秀的、体现民族精神与民间特色的老字号内容渗透到学校教育活动中。鼓励旅游企业积极开发老字号旅游产品，打造老字号特色旅游线路，提高游客对老字号的保护意识。

（三）加强老字号文化和技艺的研究、保护和传承工作。加强老字号自身对技艺、服务、经营管理、文化等特色的挖掘、研究、保护和传承工作。鼓励有条件的老字号和相关单位收集、整理、保管、展示老字号史料，积极整合开发其旅游功能。对传统文化特色鲜明、具有广泛群众基础的老字号传统产品、技艺和品牌，要创新经营机制，吸引社会资本参与，不断创新发展。

六、加强领导，形成多方协调的有效工作机制

（一）发挥政府部门的主导作用。由商务主管部门牵头，联合发展改革、教育、财政、建设、文化、税务、工商、质检、知识产权、旅游、银监、证监、文物等部门，建立协调高效的工作领导机制，明确任务，各有侧重，形成合力，共同做好保护和促进老字号发展的各项工作。

（二）加大地方政府的支持力度。地方各级商务、发展改革、教育、财政、建设、文化、税务、工商、质检、知识产权、旅游、银监、证监、文物等部门要密切联系，加强协调，将有关工作积极向当地政府汇报，争取将保护和促进老字号发展工作列入重要工作议程，纳入当地经济和社会发展整体规划。要协调制定促进老字号振兴发展规划，明确工作目标、任务和措施。

（三）鼓励社会各界参与。要广泛吸纳有关学术研究机构、大专院校、企事业单位、行业协会、社会团体等各方面力量的参与，共同为促进老字号振兴发展提供支持和保障。充分发挥专家的作用，建立促进老字号振兴发展的专家咨询机制和检查监督制度。指导有关协会组织老字号开展交流合作，鼓励专业的管理咨询、法律事务机构对老字号企业在经营管理和法律等方面存在的问题进行诊断和辅导。积极引导新闻出版、广播电视、互联网等媒体对促进老字号振兴发展工作进行宣传报道，营造促进老字号振兴发展的良好氛围，赢得全社会对老字号的重视和支持。

（四）充分调动老字号企业的积极性。要做好对老字号企业的宣传和引导，充分调动老字号企业振兴发展的积极性和潜能。通过建立重点企业联系制度，组织老字号创新与发展论坛，召开老字号企业座谈会等形式，及时掌握老字号企业的经营发展状况，分析研究老字号企业面临的问题，着力解决老字号企业在改革、发展、创新中的各种困难，促进老字号企业为经济发展与社会和谐做出更大贡献。

国家级非物质文化遗产保护与管理暂行办法

（2006年10月25日中华人民共和国文化部部务会议审议通过，自2006年12月1日起施行）

第一条　为有效保护和传承国家级非物质文化遗产，加强保护工作的管理，特制定本办法。

第二条　本办法所称“国家级非物质文化遗产”是指列入国务院批准公布的国家级非物质文化遗产名录中的所有非物质文化遗产项目。

第三条　国家级非物质文化遗产的保护，实行“保护为主、抢救第一、合理利用、传承发展”的方针，坚持真实性和整体性的保护原则。

第四条　国务院文化行政部门负责组织、协调和监督全国范围内国家级非物质文化遗产的保护工作。

省级人民政府文化行政部门负责组织、协调和监督本行政区域内国家级非物质文化遗产的保护工作。

国家级非物质文化遗产项目所在地人民政府文化行政部门，负责组织、监督该项目的具体保护工作。

第五条　国务院文化行政部门组织制定国家级非物质文化遗产保护整体规划，并定期对规划的实施情况进行检查。

省级人民政府文化行政部门组织制定本行政区域内国家级非物质文化遗产项目的保护规划，经国务院文化行政部门批准后组织实施，并于每年十一月底前向国务院文化行政部门提交保护规划本年度实施情况和下一年度保护工作计划。

第六条　国家级非物质文化遗产项目应当确定保护单位，具体承担该项目的保护与传承工作。保护单位的推荐名单由该项目的申报地区或者单位提出，经省级文化行政部门组织专家审议后，报国务院文化行政部门认定。

第七条　国家级非物质文化遗产项目保护单位应具备以下基本条件：

（一）有该项目代表性传承人或者相对完整的资料；

（二）有实施该项目保护计划的能力；

（三）有开展传承、展示活动的场所和条件。

第八条　国家级非物质文化遗产项目保护单位应当履行以下职责：

（一）全面收集该项目的实物、资料，并登记、整理、建档；

（二）为该项目的传承及相关活动提供必要条件；

（三）有效保护该项目相关的文化场所；

（四）积极开展该项目的展示活动；

（五）向负责该项目具体保护工作的当地人民政府文化行政部门报告项目保护实施情况，并接受监督。

第九条　国务院文化行政部门统一制作国家级非物质文化遗产项目标牌，由省级人民政府文化行政部门交该项目保护单位悬挂和保存。

第十条　国务院文化行政部门对国家级非物质文化遗产项目保护给予必要的经费资助。

县级以上人民政府文化行政部门应当积极争取当地政府的财政支持，对在本行政区域内的国家级非物质文化遗产项目的保护给予资助。

第十一条　国家级非物质文化遗产项目保护单位根据自愿原则，提出该项目代表性传承人的推荐名单，经省级人民政府文化行政部门组织专家评议后，报国务院文化行政部门批准。

第十二条　国家级非物质文化遗产项目代表性传承人应当符合以下条件：

（一）完整掌握该项目或者其特殊技能；

（二）具有该项目公认的代表性、权威性与影响力；

（三）积极开展传承活动，培养后继人才。

第十三条　国家级非物质文化遗产项目代表性传承人应当履行传承义务；丧失传承能力、无法履行传承义务的，应当按照程序另行认定该项目代表性传承人；怠于履行传承义务的，取消其代表性传承人的资格。

第十四条　国务院文化行政部门组织建立国家级非物质文化遗产数据库。有条件的地方，应建立国家级非物质文化遗产博物馆或者展示场所。

第十五条　国务院文化行政部门组织制定国家级非物质文化遗产实物资料等级标准和出入境标准。其中经文物部门认定为文物的，适用文物保护法律法规的有关规定。

第十六条　国家级非物质文化遗产项目保护单位和相关实物资料的保护机构应当建立健全规章制度，妥善保管实物资料，防止损毁和流失。

第十七条　县级以上人民政府文化行政部门应当鼓励、支持通过节日活动、展览、培训、教育、大众传媒等手段，宣传、普及国家级非物质文化遗产知识，促进其传承和社会共享。

第十八条　省级人民政府文化行政部门应当对国家级非物质文化遗产项目所依存的

文化场所划定保护范围,制作标识说明,进行整体性保护,并报国务院文化行政部门备案。

第十九条　省级人民政府文化行政部门可以选择本行政区域内的国家级非物质文化遗产项目,为申报联合国教科文组织"人类非物质文化遗产代表作",向国务院文化行政部门提出申请。

第二十条　国家级非物质文化遗产项目的名称和保护单位不得擅自变更;未经国务院文化行政部门批准,不得对国家级非物质文化遗产项目标牌进行复制或者转让。

国家级非物质文化遗产项目的域名和商标注册和保护,依据相关法律法规执行。

第二十一条　利用国家级非物质文化遗产项目进行艺术创作、产品开发、旅游活动等,应当尊重其原真形式和文化内涵,防止歪曲与滥用。

第二十二条　国家级非物质文化遗产项目含有国家秘密的,应当按照国家保密法律法规的规定确定密级,予以保护;含有商业秘密的,按照国家有关法律法规执行。

第二十三条　各级人民政府文化行政部门应当鼓励和支持企事业单位、社会团体和个人捐赠国家级非物质文化遗产实物资料或者捐赠资金和实物用于国家级非物质文化遗产保护。

第二十四条　国务院文化行政部门对在国家级非物质文化遗产保护工作中有突出贡献的单位和个人,给予表彰奖励。

第二十五条　国务院文化行政部门定期组织对国家级非物质文化遗产项目保护情况的检查。

国家级非物质文化遗产项目保护单位有下列行为之一的,由县级以上人民政府文化行政部门责令改正,并视情节轻重予以警告、严重警告,直至解除其保护单位资格:

(一)擅自复制或者转让标牌的;

(二)侵占国家级非物质文化遗产珍贵实物资料的;

(三)怠于履行保护职责的。

第二十六条　有下列行为之一的,对负有责任的主管人员和其他直接责任人员依法给予行政处分;构成犯罪的,依法追究刑事责任:

(一)擅自变更国家级非物质文化遗产项目名称或者保护单位的;

(二)玩忽职守,致使国家级非物质文化遗产所依存的文化场所及其环境造成破坏的;

(三)贪污、挪用国家级非物质文化遗产项目保护经费的。

第二十七条　本办法由国务院文化行政部门负责解释。

第二十八条　本办法自2006年12月1日起施行。

江苏省企业著名字号认定和保护办法

苏工商〔2012〕265 号

省各直属工商行政管理局、省局机关各处室、直属事业单位、社会团体：

为全面落实省委、省政府提出的创新驱动战略，推动企业自主品牌创新，完善企业品牌保护机制，规范企业著名字号的认定、使用和管理，鼓励企业使用独创字号，维护公平竞争秩序，实现字号区域联动保护，根据《关于发挥工商职能支持企业创新促进现代服务业发展的若干意见》有关规定，省局制订了《江苏省企业著名字号认定和保护办法》（以下简称《办法》）。现将《办法》印发给你们，请认真贯彻执行。

《办法》由注册登记部门牵头组织实施，具体负责《办法》的制定和修改，及时研究实施过程中的新情况、新问题，并协调外资登记管理部门共同落实《办法》。相关责任部门必须建立内部管理制度和操作程序，规范操作。

各地接通知后，要立即按照要求开展工作，在市级建立相应的字号保护机制。在贯彻执行中发现问题，请及时与省局注册分局联系。

江苏省工商行政管理局

2012 年 7 月 19 日

第一条　为保护企业合法权益，规范企业著名字号的认定、使用和管理，鼓励企业使用独创字号，维护公平竞争秩序，根据《中华人民共和国反不正当竞争法》和《企业名称登记管理规定》等有关法律、法规的规定，结合我省实际，制定本办法。

第二条　企业字号是企业名称中显著区别于其他企业的标志性字词。本办法所称的江苏省企业著名字号是指依法经江苏省各级工商行政管理部门登记核准，具有一定的市场知名度，为相关公众所熟知，并按本办法予以认定的企业字号。

第三条　江苏省工商行政管理局（以下简称省工商局）为江苏省企业著名字号认定的主管部门，负责江苏省企业著名字号认定和保护的组织、协调、实施工作。

第四条　省工商局认定江苏省企业著名字号时，应当听取相关行政管理部门、行业协会、专家、学者的意见。

第五条　江苏省企业著名字号的认定和保护应当尊重历史，并遵循公开、公平、公正、诚信的原则。

第六条　符合下列条件的企业,可以自愿提出企业著名字号认定申请:

(一) 本省登记的企业;

(二) 企业字号连续使用五年以上;

(三) 企业名称规范,为相关公众所熟知,具有较高的市场认知度和信誉度;

(四) 销售(营业)额、税收和市场占有率等主要经济指标近三年在本省同行业中位居前列;

(五) 有健全的管理体系,连续五年无质量事故;

(六) 有完善的售后服务,消费者投诉率低;

(七) 企业依法经营且业绩良好,连续五年内无严重违法失信行为。

第七条　有下列情形之一的,不得认定为江苏省企业著名字号:

(一) 以通用地名、行政区划名或者其简称、俗称作字号的;

(二) 以著名江、河、湖、海、山以及风景名称作字号的;

(三) 以与他人著名字号相同、相近文字作字号的;

(四) 具有通用或者公益特征的文字;

(五) 违反国家法律、法规和规章规定的其他情形。

前款第(一)、(二)、(四)项规定中,因历史形成且在实际使用中已被公众所熟知的字号除外。

第八条　符合前条规定的企业,申请认定江苏省企业著名字号,应当向省工商局提交下列文件、材料:

(一) 企业法定代表人或负责人签署的《江苏省企业著名字号认定申请书》;

(二) 登记机关核准使用该字号的起始时间证明(名称预先核准通知书复印件或初始使用该字号的企业名称登记注册证明);

(三) 加盖企业公章的《营业执照》副本复印件;

(四) 企业基本情况及企业取得省级以上的荣誉称号或获奖的相关文件或证明;

(五) 会计师事务所出具的体现企业近三年营业收入、利润总额、纳税总额、净利润等项内容的审计报告;

(六) 省级以上行业主管部门、行业协会或其他相关权威部门、机构出具的企业近五年主要经济指标在全省同行业中排位情况的说明或证明以及广告宣传费用的相关证明材料;

(七) 有关产品质量(服务)管理体系认证证明或者企业字号管理制度;

(八) 所在地消费者协会出具的近五年商品(服务)质量的消费投诉情况的证明;

（九）其他相关文件、证明材料。

第九条 集团型企业或母子型企业，且企业名称使用相同字号的，由集团的核心企业或母公司作为江苏省企业著名字号认定的申请人，经认定后，集团的核心企业或母公司为江苏省企业著名字号所有人。

第十条 江苏省企业著名字号认定程序：

（一）企业向登记机关提出书面的著名字号认定申请。

（二）登记机关对企业提交的材料进行审查，必要时可进行实地考察，审查合格签署意见。

县级登记机关收到本办法第六条规定的企业申请认定材料后，按本办法规定进行初审，符合要求的，签署初审意见，并将申请材料报送其上一级登记机关。

设区市级登记机关负责组织对县级登记机关上报的申请认定材料和本级直接受理、初审的申请认定材料作进一步复审和核实，并视情况听取相关部门意见。复审符合条件的，由设区市级登记机关签署复审意见，将上报文件连同申请材料一并上报省工商局。

省工商局登记的企业直接向省工商局提出申请。

（三）省工商局应当根据本办法第六条之规定对著名字号认定申请进行审查。

（四）经省工商局认定符合条件的，由省工商局发布征询公告，公开征询社会各界意见。若征询公告发布后30日内有异议，经省工商局重新调查后认为确属不符合条件的，不予认定；征询公告发布后30日内未出现异议或虽有异议但经过省工商局重新调查后认为符合条件的，予以认定，由省工商局发布认定公告。

第十一条 省工商局应建立江苏省企业著名字号数据库，录入企业著名字号的相关信息。经认定的江苏省企业著名字号，从认定公告发布之日起，在其有效期内，即受到如下保护：

（一）未经江苏省企业著名字号所有权人许可，申请人在同一行业内申请将与江苏省企业著名字号相同或相似文字作为企业字号使用的，在全省范围内不予核准登记；

（二）未经江苏省企业著名字号所有权人许可，申请人在不同行业内申请将与江苏省企业著名字号相同或相似文字作为企业字号使用的，可能引起公众误解的，在全省范围内不予核准登记；

（三）按照江苏省工商行政管理部门与其他省市工商行政管理部门签订的字号保护协议，受到省际之间的联合保护。

江苏省企业著名字号认定前，本省其他企业、个体工商户、农民专业合作社已经依法以与其相同或者近似的文字作为字号使用的,可以继续使用,但不得利用广告或者其他方法作引人误认、误解的虚假宣传。

第十二条　江苏省企业著名字号有效期为三年,自公告之日起计算。期满前三个月由该著名字号所有人重新提出认定申请并按本办法予以重新认定。

第十三条　有下列情形之一的,省工商局应当撤销该江苏省企业著名字号资格并予以公告:

(一) 以提供虚假证明材料等欺骗手段获取江苏省企业著名字号的;

(二) 严重损害消费者、经营者合法权益,造成不良社会影响的;

(三) 丧失江苏省企业著名字号认定条件的;

(四) 有其他违法行为,情节严重受到查处的;

(五) 违反法律、法规和规章规定的其他情形。

有前款所列行为的,任何单位或者个人均可以向省工商局提出撤销该著名字号的申请。

第十四条　根据前条规定被撤销江苏省企业著名字号的,该企业三年内不得再次提出认定申请。

第十五条　对未经认定擅自使用"江苏省企业著名字号"字样,假冒江苏省企业著名字号,作引人误解的虚假宣传的;或擅自使用他人江苏省企业著名字号,引起相关公众混淆误解的,工商行政管理部门可依据《中华人民共和国反不正当竞争法》、《企业名称登记管理规定》法律法规的规定予以处理。

第十六条　江苏省企业著名字号的征询公告和认定公告由省工商局统一在省级媒体上发布。

第十七条　本办法由省工商局负责解释。

第十八条　本办法自印发之日起施行。

苏州市企业知名字号认定和保护办法

【发布单位及文号】苏州市人民政府〔2008〕106号

【发布日期】2008-08-21

【生效日期】2008-10-01

第一条　为保护企业知识产权，规范企业知名字号的认定、使用和管理，鼓励企业使用独创字号，维护企业合法权益，根据《中华人民共和国反不正当竞争法》、《企业名称登记管理规定》等法律法规，结合本市实际，制定本办法。

第二条　本市行政区域内企业知名字号的认定、使用、管理和保护，适用本办法。

本办法所指企业知名字号，是指享有较高的商业信誉，为相关公众所熟悉和知晓，显著区别于其他企业的标志性文字，并按照本办法予以认定的企业字号。

第三条　各级人民政府应当建立和完善企业知名字号的管理和保护机制，组织协调有关部门做好企业知名字号的保护工作。

第四条　工商行政管理部门是企业知名字号认定的主管部门，具体负责企业知名字号的管理和保护工作。

有关行政主管部门按照各自职责，做好企业知名字号的培育和保护工作。

第五条　有关行业组织应当引导企业自我约束、自我规范、自我管理，促进企业创新自主品牌。

第六条　工商行政管理部门会同市政府有关部门、行业协会以及专家、学者、律师组成企业知名字号评审委员会，具体负责企业知名字号的评定工作。

第七条　企业知名字号的认定应当尊重历史，遵循公开、公平、公正、诚信的原则，不得向企业收取任何费用或接受企业资助。

第八条　符合下列条件的企业，可以自愿提出企业知名字号认定申请：

（一）企业字号连续使用五年以上，具有独创性；

（二）为相关公众所熟知，具有较高的市场认知度和信誉度；

（三）连续三年经营业绩良好；

（四）有科学完善的企业管理体系，连续五年无质量事故；

（五）依法经营，无相关知识产权纠纷，连续五年无严重违法失信行为。

第九条 有下列情形之一的,不得认定为企业知名字号:

(一)以通用地名、行政区划名或者其简称、俗称作字号的;

(二)以著名江、河、湖、海、山以及风景名称作字号的;

(三)以他人知名字号、驰名商标、著名商标、知名商标相同、相近文字作字号的;

(四)具有通用或者公益特征的文字;

(五)违反国家法律、法规和规章规定的其他情形。

前款第(一)、(二)、(四)项规定中历史形成、社会公认、具有特指性的字号除外。

第十条 申请认定企业知名字号应当提交下列材料:

(一)《苏州市企业知名字号认定申请书》;

(二)企业登记管理机关核准使用该企业字号的起始时间的相关证明;

(三)《营业执照》副本复印件;

(四)连续五年年度资产负债表;

(五)企业基本情况及企业取得的荣誉称号或者获奖的相关文件和证明;

(六)行业内商品(服务)市场占有率或者广告宣传费用的相关证明材料;

(七)有关产品质量(服务)管理体系认证证明或者企业字号管理制度;

(八)其他相关文件、证明材料。

第十一条 集团型企业一般由集团的核心企业作为知名字号认定的申请人,经认定后,集团的核心企业为知名字号所有人。也可以由集团的核心企业下属子公司作为知名字号的申请人,经认定后,该子公司为知名字号所有人。

第十二条 企业知名字号认定程序:

(一)向所在地工商行政管理部门提出书面申请;

(二)所在地工商行政管理部门对企业提交的材料进行初审,必要时可进行实地考察,初审合格,报市工商行政管理部门;

(三)市工商行政管理部门组织企业知名字号评审委员会进行评定,符合条件的,发布征询公告,征询社会各界意见;

(四)征询公告发布后三个月内未出现异议,由市工商行政管理部门报市人民政府予以公布,并颁发《苏州市企业知名字号证书》。

第十三条 企业知名字号从认定公告发布之日起在全市范围内予以保护。未经知名字号所有权人许可,其他企业和个人不得将可能引起公众误认的,与知名字号相同或者相似的文字作为字号。

企业知名字号所有人可以在牌匾、包装、说明书上标注“苏州市企业知名字号”字样,可以使用企业知名字号进行广告宣传。

鼓励获得企业知名字号的企业发展连锁或者加盟经营。

第十四条 有下列情形之一的,由市工商行政管理部门提请企业知名字号评审委员会认定后予以撤销企业知名字号,并报市人民政府予以公告:

(一) 弄虚作假,伪造证明材料,骗取企业知名字号的;

(二) 严重损害消费者、经营者合法权益,造成不良社会影响的;

(三) 违反诚实信用原则,使用中损害他人合法权益等违法行为的;

(四) 有其他违法行为,情节严重受到查处的;

(五) 丧失企业知名字号认定条件的;

(六) 违反法律、法规和规章规定的其他情形。

企业要求放弃已取得的“苏州市企业知名字号”的,由市工商行政管理部门向社会公布。

第十五条 被撤销知名字号的企业,五年内不得再次提出认定申请。

第十六条 工商行政管理部门依法对侵犯企业知名字号权的行为进行查处。

未取得“苏州市企业知名字号”的,在牌匾、包装、说明书上标注“苏州市企业知名字号”字样或者以“苏州市企业知名字号”进行广告宣传的,由工商行政管理部门责令限期改正,逾期不改正的,可处以三万元以下的罚款,并予以公告。

第十七条 个体工商户的知名字号认定参照本办法执行。

第十八条 本办法自2008年10月1日起施行。

附录三 苏州市老字号创办年表

创办时间	老字号名称	创办人	备 注
明永乐年间	御窑金砖	不详	从明代开始，苏州相城区陆慕御窑村烧制的御窑金砖就受到历朝历代帝王的青睐，成为皇宫建筑的专用产品。明永乐年间，明成祖朱棣迁都北京，大兴土木建造紫禁城。经苏州香山帮工匠的推荐，陆慕砖窑被工部看中，由于质量优良，博得了永乐皇帝的称赞，赐名窑场为“御窑”。而“金砖”是大型方砖之雅称，因质地密实，敲之作金石声，故称“金砖”；后又因专运北京的“京仓”，供皇室使用，称为“京砖”。
明嘉靖十八年（1539 年）	子冈玉坊	陆子冈	据《苏州府志》记载，生于苏州太仓的陆子冈是明代最负盛名的琢玉巨匠，当年学艺出师后在苏州开设了自己的琢玉作坊，其技艺尊享“吴中绝技”，他在所制玉器上都署上“子冈”“子刚”款识，人称“子冈玉”。2010 年子冈玉坊荣获中国商业联合会珠宝首饰鉴定评估中心授予的“中国最早琢玉品牌”荣誉称号。
明嘉靖年间	得月楼	盛苹州	苏州餐饮业著名菜馆，初创地址位于苏州虎丘半塘野芳浜口，当时盛极一时。恢复于 1982 年的“得月楼”移址苏州繁华中心观前街太监弄，因电影《小小得月楼》而闻名遐迩。
明万历元年（1573 年）	辑里蚕丝	不详	辑里蚕丝源于南浔七里村，明末，“七里”雅化为“辑里”，故称“辑里丝”。清代末年至民国初期，辑里丝在国内和国际多次获奖。位于震泽的吴江辑里蚕丝制品有限公司拥有的“辑里蚕丝”2010 年入选“中华老字号”。
明崇祯十七年（1644 年）	宁远堂	成氏	由宁波药商成氏创办于苏州西部重镇木渎，据诸葛亮名句“非淡泊无以明志，非宁静无以致远”之意，取店名为“宁远堂”，同治三年（1864 年）迁址阊门外山塘街星桥堍，是苏州创设年份最久、至今仍在营业的四大名药店之一。
清康熙二年（1663 年）	陆稿荐（注册商标：大房/陆稿荐）	陆蓉塘	始创店址位于观前街东首醋坊桥堍，又称“大房陆稿荐”，是苏州历史最为悠久的熟肉名店。因陆氏后裔经营不善，光绪二十七年（1901 年）由倪松坡租用陆稿荐牌号经营。陆稿荐为防他店冒牌，特地用以麦穗为底座加添“大房”两字并注明“只此一家，并无分出”的标记，向民国政府登记为注册商标。

续表

创办时间	老字号名称	创办人	备　注
清康熙年间	老万年银楼	史氏	据记载,苏州在唐宋时代就有金银业聚处的“金银巷”。康熙四十九年(1710 年),苏州已有金银铺 79 家,老万年银楼字号即创建于此,到乾隆年间,苏州手工业达到鼎盛时期,金银业亦趋于兴旺,为庆贺老万年银楼生意兴隆还特意修建了一座“万年桥”以示纪念。
清雍正十二年(1734 年)	雷允上	雷大升	药店原称“诵芬堂”,创设店址位于苏州阊门内专诸巷天库前周王庙弄口,咸丰十年(1860 年)设“申号”于上海新北门外,1934 年设“北号”于河南北路天后宫桥北堍。民国十一年(1922 年)雷允上已发展成拥有十几个门类、几百个品种的庞大的中成药体系,与北京同仁堂齐名于海内外,时有“南有雷允上,北有同仁堂”之说,其商标“九芝图”成为我国最早的注册商标之一。
乾隆二十二年(1757 年)	松鹤楼	徐氏	苏州最具代表性的苏帮菜馆,原是一家面馆,光绪二十八年(1902 年)松鹤楼扩大为菜面馆,店主为徐金源。民国五年(1916 年)因其子不善经营转租给徐金源生前好友张文炳,易名“和记松鹤楼”。民国十八年(1929 年)松鹤楼在原址翻建扩建,成当时地方名流宴请首屈一指的大菜馆。
乾隆二十四年(1759 年)	沐泰山	沐尚玉	创设店址在阊门外渡僧桥堍,以“泰山图”为商标,故取“沐泰山”为店名,是苏州四大名药店之一。
清代中叶	金山石雕	不详	金山石雕以木渎金山及其附近出产的金山花岗石为材料,艺人以金山、藏书、枫桥金山石三大产区的细石匠为主,是历史悠久的吴中地方特色传统工艺。金山石矿的开采始于晋宋,盛于明清。清代中叶,姑苏城内外各类建筑的石灰石部分几乎全部被金山石所代替。民国初年,金山石矿名声大震。2007 年,金山石雕技艺被列为江苏省级非物质文化遗产项目。
乾隆三十八年(1773 年)	稻香村(注册商标:禾)	沈树百(相传)	稻香村起源于苏州,相传乾隆皇帝下江南于苏州品食稻香村糕点后,赞叹为“食中隽品,美味不可多得”,并当即御题“稻香村”匾额而名扬天下。素有“中药同仁堂,糕饼稻香村”“糕点泰斗、饼业至尊”之誉。后有北京三禾稻香村、苏州稻香村、河北稻香村和唐山玉田稻香村等。苏州本地也出现了“桂香村”“谷香村”“稻香利”等类似招牌,稻香村为保自己牌号,特设计双穗围禾字图作商标,报国民政府农商部注册。
乾隆四十六年(1781 年)	乾生元(注册商标:乾)	不详	创建于木渎古镇的乾生元店名原为“费萃泰”,以生产松子枣泥麻饼而蜚声海内外,被列为宫廷御膳点心;清光绪七年(1881 年)吴中商人蒋福堂将店名更名为“乾生元”,以乾坤八卦为首称,“元”即第一,意为乾生元生产的麻饼天下第一。

续表

创办时间	老字号名称	创办人	备　注
乾隆五十五年（1790年）	石家饭店	石汉	石家饭店创建于古镇木渎中市街，初名“叙顺楼菜馆”，又名“石叙顺”。民国十八年（1929年），李根源为该店更名为“石家饭店”。
乾隆年间	汪瑞裕	汪道生（代理人）	苏州春蕾茶庄的前身是百年老店“汪瑞裕茶号”，由安徽省歙县西乡揭田村汪仁瑞堂宗祠的公产出资开设，资主代理人名汪道生。总店位于原春蕾茶庄的旧址（观前正山门口）。同时在观东醋坊桥堍开设分店，名“汪东裕茶号”，简称“东号”；在大成坊口开设另一分店，名“汪广泰茶号”，简称“西店”。汪瑞裕被公认为苏州茶号之首。
乾隆年间	姜思序堂	姜氏	苏州明代“吴门画派”影响遍及大江南北，吴门画家达800多人，相传其中有一位姜氏画家特别善于制色。乾隆年间，进士姜图香之后在苏州阊门都亭桥开设店铺经营国画颜料，因姜图香这一宗支的堂名为“思序堂”，该铺即以“姜思序堂”命名。
嘉庆十一年（1806年）	恒孚银楼	程氏	恒孚银楼是中国四大著名珠宝首饰名楼之一，嘉庆年间由安徽歙县人程氏始创于观前街东首，取“恒孚”之名，就是立信誉永存之意。光绪十一年（1884年）恒孚为扩大经营，在今老阊门口西中市开设分号，后称“西恒孚”。1904年，恒孚银楼先后在无锡、盐城、杭州、上海等地开设分号。
嘉庆十四年（1809年）	良利堂	陆绪卿	创设店址位于苏城东隅肖家巷酱园弄口，最初店名按药店习俗冠以姓，称“陆良利堂”，同治四年（1865年）改为“良利堂”。清末时赢得苏州四大名药店之一的桂冠。
嘉庆二十一年（1816年）	香玉糟油	李梧江	太仓糟油由李梧江创制，再传于后人，起初为小作坊生产、经营，店名为“老易诚”。1915年在巴拿马举行的王国博览会上，太仓糟油荣获金质奖章，后太仓糟油注册为“香玉”牌糟油。
嘉庆年间	绿杨馄饨	不详	绿杨馄饨店始创时开设在苏州市邵磨针巷，后移址苏州繁华地段观前街碧凤坊口。1962年重建，1999年被国内贸易部评为“中华老字号”。
道光元年（1821年）	黄天源	黄启庭	黄天源糕团店创建时开设在苏州东中市都亭桥堍，业主黄启庭，号天源，故名。1874年，黄天源由店中牵烧师傅顾桂林接盘经营，1931年顾桂林交给儿子顾紫封经营，在观前街开设了东黄天源店。
道光六年（1826年）	如意（檀香扇）	不详	檀香扇是苏州著名传统工艺品，据传苏州制作檀香扇的第一个作坊叫“张多记”。苏州檀香扇厂始创于道光六年（1826年），是中国制扇业最负盛名的檀香扇产地。“如意牌”檀香扇纤巧秀雅，芬芳宜人，多次被工艺美术界评为全国第一。

续表

创办时间	老字号名称	创办人	备　注
道光十七年(1837年)	天益生	沈氏	创设于苏州凤凰街南端,以"唯天为大,有益为上,生命为贵"之意取"天益生"为店名,是苏州平民药店代表之一。
道光年间	五芳斋	沈氏	创始人沈氏起初在齐门外开了一家甜食铺,因沈氏膝下生有五个女儿,分别取名玫芳、桂芳、莲芳、荷芳和芝芳,故取名"五芳斋"。咸丰四年(1854年)将店址迁至玄妙观三清殿西侧。咸丰八年(1858年)在上海开设糕团店,取名"姑苏五芳斋"。民国十年(1921年),张锦泉在浙江嘉兴开设"五芳斋粽子店",后来名气超过了创始于苏州的五芳斋本店。
道光年间	角直萝卜(注册商标:角直)	张春来	角直萝卜源于"鸭头颈酱卜",又称"源丰萝卜"。角直酱品厂前身是由"张源丰""沈成号""鼎康"三家酱油、酱菜、糕饼作坊合并起来的,1956年公私合营成立"角直酱品厂",根据地名改称为"角直萝卜"。
咸丰元年(1851年)	恒泰兴	潘氏	始创店址位于山塘街渡僧桥东北堍,取名"潘恒泰兴"。此后酱园几经风雨,多次改名,民间习惯称之为"恒泰兴酱园"。到新中国成立前后,恒泰兴已成为苏州同行中资力最雄厚、业务最兴旺、生产最先进的酱园。
咸丰三年(1853年)	奥灶馆	陈秀英(又名颜陈氏)	最初戏称为"鏖糟面","鏖糟"是昆山方言,不太干净的意思。1956年公私合营时,根据"奥妙在灶头上"的意思和谐音,正式命名为"奥灶馆"。
咸丰五年(1855年)	三万昌	盛尧明	三万昌茶馆原址位于玄妙观西角门内,"三万昌"意喻为"绵绵不绝,繁荣昌盛"。当时的茶馆不仅是人们喝茶休闲的地方,也是商人洽谈生意、报人获取信息、文人高谈学术的地方,称作"茶会"。苏州的一些米行、油坊老板来"三万昌"边喝茶边谈生意,由此形成米市茶会和油市茶会,三万昌遂成当时苏州粮油交易中心及粮油行情的信息中心。
同治元年(1862年)	潘资一	潘氏	潘氏望族在临顿路393号始创"潘资一",开始店名为"潘大吉堂药铺"。同治二年(1863年)太平军失败后,潘大吉业主把店名改为"潘资一药铺"。由于公益事业逐渐扩大和为便于管理,潘资一由原来施诊给药慢慢演变为药店。
同治二年(1863年)	乾泰祥	周以漠	乾泰祥丝绸有限公司是苏州历史最为悠久的绸布店,开业伊始是坐落于宫巷口的一开间小店。光绪三十四年(1908年)苏州商务总会绸缎业名册中记载:乾泰祥,店址观前街,业主华荣庭。
同治三年(1864年)	观振兴	顾启林	观振兴面馆吴语俗称"老法面馆",即"老式面馆",是苏州最具影响的正宗苏式面店之一,原名"观正兴",店址位于玄妙观正山门口。1911年由赵焕林的儿子赵和尚经营,并改名为"观振兴"。

续表

创办时间	老字号名称	创办人	备　注
同治三年（1864年）	聚新春	不详	据苏州史志记载，创办人在阊门外开设了一家面点铺，聘用名师张新春掌厨，制作各式面点。当时筹备正值新春，又合借掌厨吉名，东家故以"聚新春"为店招。
同治三年（1864年）	同德堂	徐杏桥	创始者宁波人徐杏桥当年来到昆山走街串巷卖药，后在玉山镇南大街上开设药铺，取名"徐泰山堂"，为典型的"前店后作坊"的布局，是昆山城内规模最大的药店之一。1911年，徐杏桥病故后，药店由其儿子徐景伯继承经营，业务进一步发展壮大。1937年，徐景伯病故，徐译生接手管理药店，1945年建造了洋楼，以鹤立鸡群的建筑规模在昆山药业界奠定了龙头地位。
同治六年（1867年）	袁氏堂/中平澄泥堂	袁鸿石	"中平澄泥堂"的前身为"袁氏堂"，由制蟋蟀盆名家袁鸿石创办于苏州相城区陆慕。2007年，第五代传人袁中平同时注册了"袁氏堂""中平澄泥堂""澄泥蟋蟀盆"3件商标。
同治七年（1868年）	天福（黄埭西瓜子）	殷福熙	始创于苏州相城区黄埭镇河渎桥东，店名"殷福熙茶食糖果号"，其炒制的西瓜子有独特的玫瑰香水风味，称"黄埭西瓜子"。天福食品厂初始名为"殷瑞记"，在1927年前，改名为"天福糖果店"。
同治九年（1870年）	采芝斋	金荫芝	开设在观前街东段的采芝斋原为古董店，光绪十年（1884年），古董店老板夫妇因告老还乡，把店面租赁权转让给金荫芝，金荫芝觉得"采芝斋"名字不错，其中"芝"字又和自己名字相应，于是把店招正式定为"采芝斋"。
光绪元年（1875年）	童葆春	童氏	清代中叶，浙江慈溪童氏以善于经商闻名于江、浙、沪地区，在常熟广开各业店铺，号称"童半城"。光绪元年（1875年）在苏州道前街东首开设药铺，店名"童葆山"，光绪末年（1908年）因火灾重建改名为"童葆春"。
光绪二年（1876年）	太仓牌（肉松）	倪德	太仓肉松是太仓市传统特色食品中的珍品。倪德是我国肉松生产的鼻祖，初创时字号为"倪鸿顺肉松店铺"，缘由其"童叟无欺、货真价实"经营之道。后因慈禧太后、光绪皇帝对肉松美味称赞有加，故太仓肉松遂成为官礼物品，驰誉四方。
光绪四年（1878年）	太和爊鸭	吴少堂	周市太和爊鸭是昆山著名特产之一，始创名为"太和馆"，当时老板吴少堂和其子吴景福继承了祖传奥秘，又收集了民间各种配方，加以研究取其之长，使太和爊鸭经过几代流传至今。
光绪八年（1882年）	王鸿翥	王庚云	初创店址位于观前街醋坊桥堍，"王鸿翥"店名除以"鸿鸟飞翔，福至于庭"之意外，还寓意展翅腾飞、奋发向上，因而又以鸿鸟嘴衔灵芝图作为店标和产品商标。

续表

创办时间	老字号名称	创办人	备　注
光绪九年（1883 年）	义昌福	张金生	创办初期在宫巷摆了一个只有几张桌子的饭摊，起名“义昌福”，后在石路建馆开了义昌福分号才得以繁荣。1937 年毁于日寇战火，1938 年在原址上重建了规模与以前相似的义昌福。
光绪十年（1884 年）	近水台	贾凤珍	始创地址在胥门外万年桥大街由斯弄口。由于地临胥江之滨，邻近日晖桥北堍，以名句“近水楼台先得月”之意，取名“近水台”。
光绪十一年（1885 年）	叶受和（注册商标：和合）	叶鸿年	叶受和开设在观前街东段，原名为“叶受和茶食糖果号”。据史料记载，叶鸿年是受了别人的气才开这家店的，店开出来后，他一定要让顾客受到和气，故取名为“叶受和”，意在和气生财。后注册商标为“和合”。
光绪十一年（1885 年）	平望酱品（注册商标：莺湖）	不详	吴江平望调料酱品厂始创于清光绪十一年（1885 年），前身是平望顺达酱园，注册商标“莺湖牌”。平望调料、酱菜于 2010 年被商务部列入保护与促进的“中华老字号”。
光绪十二年（1886 年）	杜三珍	倪松坡	初创时店名“老三珍”，位于苏州阊门吊桥，后来肉店交到倪松坡的儿子倪慎安手里，倪慎安学医出生，不熟悉业务，由他的儿子倪兆洪主持店务，并将“老三珍”改名为“杜三珍”。
光绪十二年（1886 年）	沙洲优黄	汤锦涛	沙洲优黄起源于“汤恒元酒店”，始创于张家港后塍南街，自己酿酒供应，清末民国初汤锦涛把酒店传至其子汤玉章之手后，作坊改称为“汤恒元糟坊”，后相继开办鼎元隆等 6 家糟坊。新中国成立后合并为后塍联营处。1956 年公私合营取名“后塍澄新酒厂”。
光绪十三年（1887 年）	王四酒家（常熟）	王祖康	始创时为坐落在常熟虞山北路兴福街北段的一家小酒店，取名“王万兴酒店”。1920 年王祖康去世，其子王润漳继承父业，在当地乡绅名流的建议下，将店改名为“王四酒家”。
光绪十六年（1890 年）	孟家羊肉面	孟一同	相传郑和下西洋时，将船上所携山羊品种传入太仓，双凤的养羊业带动了羊肉产业。当年孟一同在双凤老街西市开了一爿“孟家羊肉面馆”，成为“双凤孟家羊肉面”第一代创始人。
光绪十六年（1890 年）	山景园菜馆（注册商标：辛峰牌）	黄培章	当年创始人黄培章曾随官进京做家厨，学得一手满菜制作和捏、塑、雕刻菜肴装饰等技术，回故里后与众大师合伙在常熟石梅坊东侧书院弄内造楼，因能观虞山山景，故取名“山景园”。
光绪二十二年（1896 年）	元大昌	不详	原名“元大昌绍酒栈”，由绍兴柯桥人开设在阊门石路。元大昌成立之初，主要销售散装绍兴黄酒、白酒和冬酿酒。苏州至今保留着“冬至大如年”的习俗，离冬至只剩下几日时，冬酿酒就会上市，前来购买的人络绎不绝。在卖“冬酿酒”的商家里，元大昌最负盛名。

续表

创办时间	老字号名称	创办人	备　注
光绪二十二年（1896 年）	升美斋	周孝泉	始创店址位于苏州醋坊桥堍，是藏书农民进城租房开设的第一家堂吃羊肉店（俗称“羊作”）。字号取其“美斋”者为美味佳肴也，“升”为递升、光大、最美之义，寓“最佳的美味，发达的字号”之涵义。
光绪二十四年（1898 年）	老庆泰	傅云祥	始创店址位于苏州万年桥堍，“老庆泰”羊肉馆的字号取其长久、极盛、安宁之意，寓意年年吉庆，岁岁安泰，至今已是五代祖传的百年老字号。
光绪三十年（1904 年）	新聚丰	不详	原名聚丰园，早期店址位于卧龙街（今人民路）祥符寺巷口。民国二十九年（1940 年），王庆生接管菜馆店务后，更名为“新聚丰”。
光绪年间	玉露春	不详	玉露春茶庄始创店址坐落于姑苏城玄妙观内，以经营茶叶、茶馆为主。京城、上海等行商、官吏每每以“玉露春”茶庄碧螺春茶馈赠乡亲，一时间名震江南，是茶时，往往门庭若市，商贾云集。
光绪年间	俞长盛	俞长盛	太仓双凤养羊、食羊的习俗源远流长，俞氏祖居双凤镇中市桥东的寺西巷，属镇东部闹猛地段，其先辈俞长盛于清朝光绪年间，利用沿街门面房开店设坊，俗称“羊作”，时人呼其为“俞长盛羊作坊”。
宣统三年（1911 年）	万福兴	宋之芳	始创店址位于苏州东中市都亭桥堍，创始人宋之芳的愿望是“万福送万家，万家祈万福”，于是取店名“万福兴”，是苏州具有代表性的糕团店之一。
清末民初（1912 年）	艺石斋	周梅谷	初名为寿石斋，由著书画家、篆刻家吴昌硕的得意门生周梅谷创办于宫巷，1932 年更名为贞石斋，1961 年复名为艺石斋，是我国唯一从事碑帖生产的单位。
民国三年（1914 年）	李良济	李金宝	始创地址位于苏州枫桥白马涧，创始人李金宝出生于药材世家，初创时店名为“李记药铺”，后改为“李良济”，寓意“良心良药、济人济世”。
民国七年（1918 年）	光明眼镜	不详	明清时期，苏州的虎丘和专诸巷是全国闻名的眼镜制造基地。光明眼镜店开设于观前街，创建时店名为“明光眼镜行”，是苏州历史最悠久的专业眼镜店，1999 年被国内贸易部授予“中华老字号”称号。
民国十六年（1927 年）	津津	祝季中	苏州清朝末代状元陆润庠于清光绪二十二年（1896 年）在娄门外大街创办东裕盛和酱园作坊，制作酱油、豆腐干、乳腐等。1912 年原籍仪征的祝季中来苏州当学徒，1927 年在东海岛开设新新牛肉素鸡作坊，主要生产牛肉干、卤汁素鸡及山楂、小橄榄之类小食品，不久“新新”改为“津津”卤汁豆腐干。
民国二十二年（1933 年）	大鸿运	姚福林	旧址位于苏州道前街，原名“大鸿运京苏菜馆”，以烹饪老百姓喜爱的苏帮菜享誉苏城。几经变迁，20 世纪 50 年代初中断营业，1988 年重建大鸿运酒店。

续表

创办时间	老字号名称	创办人	备　注
民国二十四年（1935 年）	东来仪	徐梓清	初创店址位于观前街洙泗巷口，原名“东来仪纸号”，抗日战争期间，迁移至观前街中段，以纸品门类齐全为长，声誉日增。1999 年被国内贸易部授予“中华老字号”称号。
民国二十八年（1939 年）	朱鸿兴	朱春鹤	前身是苏州卧龙街（今人民路）鱼行桥堍（今吉由巷口）的一个面摊，由于生意日见兴旺，便在原地建起瓦屋五间，正式开了家面馆。当时苏州面店多以“兴”字为名，朱鸿兴即为朱姓老板所开的店，希望自己鸿运当头、生意兴隆。著名文学家陆文夫先生在《美食家》中多次提到朱鸿兴头汤面，使朱鸿兴名声大振。
民国三十一年（1942 年）	国际照相馆	强文标	初创地址在观前街邵磨针巷，为一开间三层楼，一楼为营业部，二楼是电光摄影室，三楼设一个日光摄影棚。为提高摄影档次，强文标从上海聘请到了具有一流摄影水平的摄影师李昌林，加上苏州人一向把上海当作海派流行的领导者，对上海的产品、上海师傅的手艺格外相信，于是国际照相馆的生意日益兴隆。
1952 年	南园宾馆		原系蒋介石在苏别墅“蒋公馆”和何亚农（其二女儿、女婿即著名物理学家何泽慧、钱三强夫妇）花园别墅所在地，1952 年成为苏州市国宾馆。2003 年，江苏国泰国际集团对南园宾馆进行管理，2009 年成为中国商业联合会“中华老字号”会员单位。
1954 年	环绣山庄（刺绣）		苏州刺绣，相传已有两千多年历史。宋代时，苏州已是“户户有刺绣”。苏州刺绣研究所的前身是建立于 1954 年 3 月的苏州市文联民间艺术研究组刺绣生产小组，1955 年 12 月改为苏州刺绣工艺美术生产合作社，1957 年成立苏州刺绣研究所，坐落在世界历史遗产、著名园林环秀山庄内，注册商标“环绣山庄”与苏州园林艺术相得益彰。
1954 年	红艺牌（红木家具）		红木家具是用酸枝、花梨木等古典红木制成的家具，中国红木家具的制作主要有“京作”“苏作”“广作”等流派。苏州红木雕刻厂创建时由苏州市一批制作“苏式”红木类产品的艺人组成，继承明清两代红木家具“苏作”之精髓，成为红木家具“苏作”的代表。公司注册商标为“红艺”牌红木家具，2007 年成为中国商业联合会“中华老字号”会员单位。
1954 年	虎丘牌（民族乐器）		苏州民族乐器制作技艺历史悠久，民族乐器生产已有一千余年历史。据史料记载，乐器制作早在宋代已有初具规模的民间作坊生产，至清代乾隆年间苏州乐器制作艺人钱君达、张玉成二人曾被召集进京为皇宫制作宫廷乐器。由于苏州的乐器制作水平技艺高超，在清代许多乐器以其自身固有的地方韵味而冠以“苏笛、苏笙、苏管、苏锣”之称。苏州民族乐器一厂为国家级非物质文化遗产“苏州民族乐器制作技艺”传承、保护单位，中国商业联合会“中华老字号”会员单位。

附录四　苏州市老字号企业名单

序号	企业名称	老字号名称	备注
食品类(14家)			
1	苏州陆稿荐食品有限公司	陆稿荐（注册商标：大房/陆稿荐）	中华老字号（商务部）
2	苏州稻香村食品工业有限公司	稻香村（注册商标：禾）	中华老字号（商务部）
3	苏州乾生元食品有限公司	乾生元（注册商标：乾）	中华老字号（商务部）
4	太仓糟油食品有限公司	香玉糟油	
5	苏州黄天源食品有限公司	黄天源	中华老字号（商务部）
6	苏州市相城区黄埭天福食品厂	天福(黄埭西瓜子)	中华老字号
7	苏州采芝斋食品有限公司	采芝斋	中华老字号（商务部）
8	太仓肉松食品有限公司	太仓牌	中华老字号（商务部）
9	昆山周市太和爊鸭食品厂	太和爊鸭	
10	苏州叶受和食品商店	叶受和（注册商标：和合）	中华老字号（商务部）
11	苏州杜三珍餐饮管理有限公司	杜三珍	中华老字号
12	苏州万福兴糕团食品有限公司	万福兴	
13	苏州津津食品有限公司	津津	中华老字号（商务部）
14	苏州桂香村食品有限公司	桂香村	
酱园类(5家)			
15	苏州吴中区角直酱品厂	角直萝卜（注册商标：角直）	中华老字号（商务部）
16	苏州工业园区苏润贸易有限公司	恒泰兴	中华老字号
17	苏州万康副食品有限公司	万康	中华老字号

续表

序号	企业名称	老字号名称	备注
18	苏州市吴江区同里酱制品厂	公号酱园	
19	苏州市吴江区平望调料酱品厂	平望酱品（注册商标:莺湖）	中华老字号（商务部）
餐饮类(20 家)			
20	苏州市得月楼餐饮有限公司	得月楼	中华老字号（商务部）
21	苏州松鹤楼餐饮管理有限公司	松鹤楼	中华老字号（商务部）
22	苏州市石家饭店	石家饭店	中华老字号（商务部）
23	苏州市绿杨餐饮服务管理有限公司	绿杨馄饨	中华老字号
24	昆山奥灶馆有限公司	奥灶馆	中华老字号（商务部）
25	苏州观振兴饮食有限公司	观振兴	
26	苏州市江南食单餐饮有限公司	聚新春	中华老字号
27	苏州市义昌福酒店	义昌福	中华老字号（商务部）
28	苏州市近水台面馆	近水台	中华老字号（商务部）
29	常熟市王四酒家有限公司	王四酒家	中华老字号（商务部）
30	太仓市城厢镇孟家羊肉店	孟家羊肉面	
31	常熟市山景园菜馆有限公司	山景园菜馆（注册商标:辛峰牌）	中华老字号（商务部）
32	苏州吴中区藏书升美斋羊肉店	升美斋	中华老字号
33	苏州吴中区藏书老庆泰羊肉馆	老庆泰	中华老字号（商务部）
34	苏州市新聚丰菜馆	新聚丰	中华老字号
35	太仓市双凤镇俞长盛羊肉面店	俞长盛	中华老字号
36	苏州市大鸿运酒店有限公司	大鸿运	中华老字号
37	苏州市朱鸿兴饮食有限公司	朱鸿兴	中华老字号（商务部）
38	浙江五芳斋实业股份有限公司苏州分公司	五芳斋	
39	江苏国泰南园宾馆有限公司	南园宾馆	中华老字号

续表

序号	企业名称	老字号名称	备注
建材类(3 家)			
40	苏州市相城区陆慕御窑砖瓦厂	御窑金砖	中华老字号
41	苏州市金山石雕艺术有限公司	金山石雕	中华老字号
42	苏州市中平砖雕文化发展有限公司	袁氏堂/中平澄泥堂	中华老字号
珠宝首饰类(3 家)			
43	苏州子冈玉坊手工艺品有限公司	子冈玉坊	中华老字号
44	苏州老万年金银有限公司	老万年银楼	
45	苏州恒孚首饰集团有限公司	恒孚银楼	中华老字号（商务部）
工艺类(7 家)			
46	苏州姜思序堂国画颜料有限公司	姜思序堂	中华老字号
47	苏州如意檀香扇有限公司	如意檀香扇	中华老字号
48	苏州艺石斋有限公司	艺石斋	中华老字号
49	苏州刺绣研究所有限公司	环绣山庄（刺绣）	中华老字号
50	苏州红木雕刻厂有限公司	红艺牌（红木家具）	中华老字号
51	苏州民族乐器一厂有限公司	虎丘牌（民族乐器）	中华老字号
52	苏州玉石雕刻厂有限公司	宝鼎玉雕	中华老字号
医药类(10 家)			
53	苏州雷允上国药连锁总店有限公司宁远堂药店	宁远堂	中华老字号（商务部）
54	雷允上药业有限公司	雷允上诵芬堂	中华老字号（商务部）
55	苏州雷允上国药连锁总店有限公司沐泰山药店	沐泰山	中华老字号
56	苏州市良利堂药店	良利堂	中华老字号（商务部）
57	苏州雷允上国药连锁总店有限公司天益生药店	天益生	
58	苏州雷允上国药连锁总店有限公司潘资一药店	潘资一	
59	昆山双鹤同德堂连锁大药房有限公司	同德堂	中华老字号
60	苏州雷允上国药连锁总店有限公司童葆春药店	童葆春	
61	苏州雷允上国药连锁总店有限公司王鸿翥药店	王鸿翥	中华老字号（商务部）
62	苏州市天灵中药饮片有限公司	李良济	中华老字号

续表

序号	企业名称	老字号名称	备注
茶叶类(3家)			
63	苏州春蕾茶庄有限公司	汪瑞裕	中华老字号（商务部）
64	苏州三万昌茶叶有限公司	三万昌	中华老字号（商务部）
65	苏州玉露春茶叶有限公司	玉露春	中华老字号（商务部）
酿酒类(2家)			
66	江苏张家港酿酒有限公司	沙洲优黄	中华老字号（商务部）
67	苏州元大昌酒业有限公司	元大昌	
丝绸类(2家)			
68	苏州辑里丝绸有限公司	辑里蚕丝	中华老字号
69	苏州乾泰祥丝绸有限公司	乾泰祥	中华老字号（商务部）
其他类(3家)			
70	苏州市光明眼镜有限公司	光明眼镜	中华老字号
71	苏州东来仪百货文化用品商店	东来仪	
72	苏州市国际照相馆	国际照相馆	